A GLOBAL HISTORY of the VOLKSWAGEN BEETLE

甲壳虫的全球史

〔德〕伯恩哈德·里格尔 著

乔爱玲 柯明 译

中国出版集团

東方出版中心

图书在版编目(CIP)数据

甲壳虫的全球史/(德)伯恩哈德·里格尔著;乔爱玲,柯明译. —上海:东方出版中心,2019.7
ISBN 978-7-5473-1486-9

Ⅰ.①甲… Ⅱ.①伯… ②乔… ③柯… Ⅲ.①汽车工业—工业史—世界 Ⅳ.①F416.471

中国版本图书馆CIP数据核字(2019)第102265号

上海市版权局著作权合同登记 图字:09—2019—490号

甲壳虫的全球史

出版发行:东方出版中心
地　　址:上海市仙霞路345号
电　　话:(021)62417400
邮政编码:200336
印　　刷:上海盛通时代印刷有限公司
开　　本:890mm×1240mm　1/32
字　　数:258千字
印　　张:11.5
版　　次:2019年7月第1版第1次印刷
ISBN 978-7-5473-1486-9
定　　价:49.80元

致我的母亲和我父亲的记忆

伯恩哈德·里格尔成功地首次综述了大众甲壳虫真正令人惊叹的故事。从希特勒计划为其预计的“雅利安”社会提供大规模生产的民众汽车开始，里格尔展示了这种“丑小鸭”如何成为战后世界各地大规模机动化的标志。这是一次令人信服的阅读。

——V. R. 伯格翰，哥伦比亚大学

一本引人入胜的书！里格尔带领读者了解了大众甲壳虫的全球历程，展示了这一标志性产品在不同时代和地点的众多含义。甲壳虫汽车的历史阐明了商品文化的全球吸引力、社会经济不平等的扩散以及购买商品的变体意义。

——艾米丽 S. 罗森博格，*A world connecting* 编辑

伯恩哈德·里格尔以机智和轻松的方式讲述了甲壳虫的故事……这是一部始终关注国际纠葛的德国纪事。里格尔所描述的文化历史具有跨国界的影响力……是对传统民族史事的明智选择。

——海德威格·里希特，《法兰克福汇报》

大众甲壳虫的故事复杂、有趣、国际化，充满未知，而且非常迷人。里格尔出色地将历史、事件和人物结合在一起，塑造出了一辆能突破重重困难的标志性汽车。

——C. J. 迈尔斯，《选择》

目录

CONTENTS

序言:“有些形状很难改进”

“这款汽车将为数百万低收入的新客户敞开大门”,1938 年 2 月在柏林举办的车展上阿道夫·希特勒指着诸多备受炫耀汽车中的一款形体小、价格便宜且适合家庭使用的样车如是预言道。受政府的委托,由费迪南德·保时捷(Ferdinand Porsche)设计,这款甲壳虫形状的汽车在第二次世界大战(简称“二战”)前夕揭开了面纱,一举成为“民众之车”,亦称大众汽车,从而使百万大众实现了拥有私家汽车的梦想。不过,这一梦想最终实现的背景却不是希特勒所预料的。第三帝国从未生产过这款汽车,保时捷脑力劳动的产物只在纳粹政府崩溃后才成为全球热卖、家喻户晓、人人皆知的甲壳虫汽车。在第二次世界大战战后期间,甲壳虫汽车在把西欧带入大规模机动化时代的过程中不但起到了重要的作用,而且在美国也同样大获其胜,并一举成为美国的主流小型汽车。到了 20 世纪 60 年代后期,那些生活在郊区富裕地区的人们和反对居住郊区的反主流文化叛逆者们,竟不约而同地开上了大众汽车。在 1938—1968 年,甲壳虫汽车,也只有甲壳虫汽车,才能从横跨两个极端(从极端右翼政治派别到极端左翼政治派别)在顾客中产生意义深远的吸引力。与此同时,在拉丁美洲,大众汽车首先在巴西公路上占据了主导地位。随后，在 20 世纪 90 年代末，又在墨西哥的公路上占据了主导地位。2003 年当墨西哥甲壳虫汽车的生产帷幕最终拉下后，已有 2 100 万辆甲壳虫汽车驶离装配流水线，在世界各地奔跑起来。不过，甲壳虫汽车的魅力并没有随着制造的结束而停止。每年都有成千上万来自欧洲和北美洲各地的人们聚集在一起，展示、欣赏和驾驶着经过精心复原的老式大众汽车。自 1998 年以来，对原款大众汽车赞赏的同时也推动了新甲壳虫汽车的销售。复活的甲壳虫汽车数量在不断增长，而第一辆复活的甲壳虫汽车的灵感却来自对这款汽车的怀旧。全世界数以百万计的人们竞相购买并开上了这款旧式甲壳虫汽车，从而使之成为一个远远超越个人使用的出行工具。甲壳虫汽车像可口可乐一样，成为全球的图标。[1]

在充满了曲折的全球发展旅途中，甲壳虫汽车在商业上一举获得成功，并在 20 世纪诸多名车当中理所当然地名列前茅。费迪南德·保时捷的小小创作发展成为第一款销量超过福特在 1908—1927 年期间生产的、带有传奇色彩的 T 型汽车。这两款名车之间有着许多相似之处和相互关联[2]。用术语来讲，T 型汽车和大众汽车属于稳健性汽车，许多车主认为这两款汽车的性能既可靠又易于维护。T 型汽车和大众汽车在它们各自的鼎盛时期，均为人们的厚爱之物，这一点在无数个充满了爱意的绰号中被展示得淋漓尽致。此外，这两款汽车的吸引力还在于它们相对低廉的购买价格，这一特点使得社会各阶层的人们都可能拥有一辆私家汽车。标准化大规模生产方法使福特汽车和大众汽车降低生产成本成为可能，从而能将汽车性质从奢侈品转变为日常用品。作为美国和德国第一批可负担得起的优质车辆，这两款汽车都产生了巨大的吸引力，因而它们能够牢牢地矗立在本国民族标志的万神殿里。在20世纪初至20世纪20年代，亨利·福特在美国的成功引起了大西洋彼岸的兴趣和羡慕。两次战争期间，在英国、法国和德国的公众开始讨论制定“民众之车”计划的同时，他们竭力在欧洲的条件下复制福特所取得的成就。《我的生活与工作》的德文译本勾勒出亨利·福特在密歇根州高地公园工厂背后的原则，并一举成了德国魏玛时代的畅销书。在热心的读者中，阿道夫·希特勒的热情最高。长期以来，亨利·福特的崇拜者希特勒在德国发起了“民众之车”运动。没有这位独裁者的支持和认可，费迪南德·保时捷在1934—1938年的研发设计是不可想象的。当费迪南德·保时捷经过潜心研究，计划找一家适合批量生产样车的汽车制造厂时，去了底特律，在那里，他除了参观许多其他汽车制造厂外，还参观了福特在鲁日河的工厂。[3]

然而，经过比较发现，大众汽车和福特汽车之间存在着显著的差异。最为重要的是，福特T型汽车的商业成功主要体现的是一种美国现象。可以肯定的是，福特T型汽车是在19世纪90年代至20世纪20年代的鼎盛时期发展为全球关注的目标的，但与美国大众汽车市场相比，第一次世界大战后，美国与世界其他国家在经济上的差距十分明显，其海外销售也惨淡。相比之下，甲壳虫汽车自从1945年投产后，便超越了发源国——第三帝国，赢得了联邦德国以外的客户，并一跃成了国际畅销车。大众汽车公司的生产运行期特别长久，在“二战”结束后至21世纪之交，吸引了许多汽车驾驶者。甲壳虫汽车成了第一款激发复古汽车的经典。虽说T型汽车在产生全球神话的国家产品中脱颖而出，但大众汽车却发展成了全球性商品，它的国际吸引力源于它在长久的一生中发生的无数的文化嬗变。

甲壳虫汽车起源于第三帝国，一跃成为联邦德国的图标，它在全球不同环境中的吸引力以及持续牢固的市场形象，赋予了大众甲壳虫汽车一个极其复杂的历史。大众汽车的技术优势为这款汽车的成功提供了重要线索。费迪南德·保时捷于 20 世纪 30 年代的设计为汽车提供了重要的基础，从而吸引了数以百万计为寻求一种经久耐用、经济实惠且具有一流驾驶特性汽车的顾客。“二战”后，当大规模生产开始时，沃尔夫斯堡的大众汽车公司总部的工程师们根据这款汽车的主要设计特点进行了改进，坚持不懈地对其修改，弥补缺陷，使之适应不断变化的市场条件。为此，甲壳虫汽车给出了一个惊人的提示，即在其最初发明很久之后，由于技术上的些微调整，使得产品在不变的变化中始终保持着吸引力。同时，大众汽车公司的管理层也敏锐地意识到，只有在高标准生产的情况下，最佳的技术设计才能取得商业成功。这款汽车的独特技术特点、持续的产品开发以及大众汽车公司倡导的生产方法共同在吸引无数寻找便宜货的顾客方面发挥了决定性作用。[4]

尽管如此，甲壳虫汽车的光环超越了它的功能性。在一个充斥着日常用品实用性的世界里，能激发起像对大众汽车那种情感的商品实在不多。几十年来，“甲壳虫”这一绰号为大众对这款汽车的钟爱给予了重要的提示。大众汽车最显著的特点之一是它的形状，车体的前部呈圆形，挡风玻璃几乎为垂直状，车的顶部缓缓下行最终与锐曲线形的汽车后体连接在一起。观察者从一开始就对甲壳虫汽车的臭虫形状、圆形轮廓给出了评论。这些特点在一个棱角形的汽车世界里，赋予了甲壳虫汽车一种独特的、即时可识别的外观。如同可口可乐瓶的设计特点一样，大众汽车的车身在 20 世纪的经典设计排名中名列前茅。“有些形状很难改进”，1963年大众汽车广告的标语如是宣称道。这则广告的特色是一张用甲壳虫图案装饰的鸡蛋照片，由此断言这款汽车的轮廓相当于一个经典的形式，一个生生不息的永恒象征。数以百万计的汽车驾驶者们认为德国产的这款小汽车不仅物美价廉，而且还是个“好蛋”。此外，最受其吸引的还有这款汽车独特的、健全的和友好的气氛。

社会与文化观察者们长期以来一直被汽车的无形品质所困惑。写到20世纪50年代中期首次在市场亮相的豪华而时髦的雪铁龙DS时，罗兰·巴特(Roland Barthes)几乎把汽车与中世纪的“伟大的哥特式大教堂”相提并论，并因此而闻名。他发现当代社会竟然把汽车看成是“至高无上的创造”，当作是“纯粹的神奇物”。虽然没人把甲壳虫汽车比作教堂建筑，但是巴特却把汽车解读成神奇的手工艺品，认为符合早在19世纪形成的商品文化分析传统。[5]

卡尔·马克思在《资本论》中写道，商品的另一个术语是“可交换的物品”——“最初出现时”可能“非常琐碎”，但经仔细观察就会发现是“一些非常奇怪的东西”。马克思尤其感到震惊的是，许多商品的价格“与它们的物理性质完全无关”。他们拥有的不是内在本身的价值，而是在复杂的社会过程中获得价值，进而建立无数的社会关系。通过将注意力集中在商品的物质属性之外，马克思鼓励用分析的方法来理清社会过程，从而确定为什么社会在高度重视某些商品的同时贬低其他商品。尽管这些东西表面上很琐碎，但他却发现了许多商品都充满了“形而上学的微妙之处和神学上的细微之处”。受其复杂性困惑，马克思避开了一个比喻，将其称之为“恋物癖”。他说，商品与许多社会和个人所认为的超自然现象很相似，商品“一旦彼此及与人类建立了关系”，就会表现为“赋予了生命的独立体”。换句话说，商品不应被视作死物，而应被理解为拥有并过着自己生活的物体。[6]

马克思指出了一个至关重要的现象。他把商品比作盲目崇拜之物，因而引起了人们对零售商品里存在的迷人能量的关注。当商品在社会内部和社会之间流通时，便获得社会性生命，进而产生了自身的动力。正如一位学者所言，社会创造了物质世界，在这个世界中，商品由于他们的“交际、表现、情感和表达能力”而变成了“活性剂”。物质对象往往具有深刻的个人和集体意义，因为它们使“抽象……变得具体，从而更接近生活体验”。在很大程度上，正如机械钟和手表长期以来体现了“时间”的具体概念一样，汽车可以看作是抽象概念的物理表现，在诸多抽象概念中，从“速度”和“自由”再到“非传统”和“财富”。毫无疑问，在大量生产的最标准化的商品中，许多大众汽车仍然被视为深受尊敬的个人珍宝，车主们亲切地为他们清洗、打蜡、抛光和喷漆。驾驶行为与所有权本身一样，也提供了将车主与汽车捆绑在一起的多种联系体验，使他们将自己的汽车视为比从 A 点带到 B 点更重要的物品，而这种感受远非青少年和其他浪漫主义者仅仅驾车从 A 地到 B 地，在行车期间某个地方停下车时所获得的乐趣可比。[7]

大众汽车公司令人惊讶的商业成功只是在经过了异常漫长的战前历史之后才取得的。尽管德国最初要求购买一辆经济实惠的汽车的呼声早在魏玛共和国就出现了，但第三帝国为推进大众化而设计的汽车直到“二战”后才开始投入生产。这款汽车的漫长起源不仅突出了价格合理汽车背后的梦想寿命，而且鉴于战前的起源和战后的成功，大众汽车还跨越了贯穿德国近代历史的深刻鸿沟。尽管潜在的批评者和竞争对手可能会利用富有的兵工厂，从历史的角度来诋毁这款汽车，但甲壳虫汽车仍然在德国乃至其他国家轻轻松松地摆脱了那些令人不快的起源问题。在全球之旅中，甲壳虫汽车被悬挂在一个由管理者和政治家以及私人描述所编织，由公开故事所组成的记忆网络中，这些故事回忆了各种各样的事件，如获得驾照、家庭的第一个假期和年轻人的冒险故事。然而，关于甲壳虫汽车的公众和私人过去的乐观故事，只有在历史的某些见不到的方面才能证明是有效的。在国内外，支撑甲壳虫汽车的发展靠得是记忆和健忘症的相互作用。

大众汽车最初的国际知名度引起了民众对全球化显著趋势的关注。无论是否反对全球"可口可乐殖民化"，还是全球"麦当劳化"，国际品牌和商品的传播并不仅仅导致了全球文化的统一。耶利米(Jeremiahs)哀叹全球化的有害影响，忽视了它不能等同于无情的美国化进程。随着全球化步伐的加快，来自欧洲、亚洲和非洲的大量产品开始在世界各地流通。尽管美国在世界范围内具有不可否认的突出地位，但在1945年之后，更广泛的国际化特征则是世界文化。很少有商品能比一款获得国际声誉的德国汽车能更好地说明这一趋势，尤其是在美国。与此同时，汽车的历史突出了长期以来以全球化为特征的社会不公平现象。大众汽车公司成为一家汽车制造商，分别在几个地理区域生产甲壳虫汽车，包括拉丁美洲，作为不断发展的国际分工的一部分，这款汽车的制造商在不同地区采用了截然不同的劳资关系和工人报酬方法。简单地说，第一款大众汽车强调的是全球化的机制，在传播令人心动的、丰富多彩的商品文化的同时，也传播了社会的不平等。[8]

随着甲壳虫汽车从一个国家向另一个国家迁移，它在全球的成功与变色龙的品质密切相关。像皮肤适应各种环境的动物一样,全球性商品要想在商业上获得成功,就必须适应当地的条件。如果商品来自他处,且固执地以异国情调为特色,而不是融入当地环境,往往会遭到顾客的拒绝。文化适应游戏决定一个具有国际血统的商品是否能够在国外长期站稳脚跟,这关系到企业的未来。这些适应过程可以采取多种多样的形状和形式。比如世界食品,如果国家特色菜肴希望吸引异国他乡的就餐者,就得在菜肴的成分和烹饪方法上进行相应改变。

相比之下,甲壳虫汽车是在没有进行重大的实质性改变的情况下跨越了消费文化的边界。甲壳虫汽车在技术和美学方面基本上保持了原汁原味,但在以出口商品为特征的国家,它的含义却不尽相同了。大众汽车本身没经历实质性的改变,却经历了非物质文化上的适应过程,因此其适应了广泛的民族汽车文化。许多全球性的物品之所以受欢迎,主要归功于这些物品的灵活性,以及它们在整个生命周期中所产生的新的意义的能力。当这款汽车在不同地方引发截然相反的联想时,它的适应性几乎达到了不可思议的程度。甲壳虫汽车对许多国家的适应能力几乎是无限的,能够承受异常彻底的文化蜕变,作为出口商品,有时甚至会完全失去其自身的特征。在一些国家包括美国和墨西哥,大众汽车已经逐渐被尊为自己国家的偶像,而不是德国制造的汽车。到了 20 世纪末,甲壳虫汽车已经获得了多个国家的身份——鉴于其第三帝国的根基,这是一个显著的转变。[9]

在整个 20 世纪后半叶,由甲壳虫小汽车在全世界范围内的扩散态势可知,在众多已获得全球明星地位的多用途人工制品中仍处于遥遥领先的地位。当然,马克思在陈述商品价值时说商品价值与它的物理属性"绝对没有联系"时,夸大了他的论点。

没有技术优势,大众汽车的成功是不可想象的。然而,汽车工程的特性却解释不了在极其多样化环境中回应甲壳虫汽车的深厚感情。虽然汽车的技术质量是甲壳虫汽车的成功故事中必不可少的组成部分,但它并不能为世界许多地方的驾驶者和乘客对这款汽车的热情给出详尽的解释。汽车的物理性质(包括其独特的形状)与其含义之间的关系,因地因时而各有所异。研究汽车坚固的材料核心与更柔软、更具延展性的社会意义之间的试探性和不断变化的转换性联系,从而为大众甲壳虫汽车从无形的梦想走向全球偶像的旅程提供了一个主旋律。

“民众之车”问世之前

1927年10月，德国小型汽车俱乐部提出倡议：“（我们）呼吁采取基本措施促进小型汽车的购买和维护，以使所有的德国人都能拥有一辆汽车。”该协会成立于6周前，位于柏林郊区奥伯肖纽埃德，既没有雄心壮志，也没有使命感。这个协会并非为了追求少数民族的事业，而是自信地宣称，为“文明进步的利益”争取经济实惠的汽车，以“提高德国人民的社会水平”。然而，大多数德国人似乎对这种高瞻远瞩、理想主义的言辞并不太重视，因为他们本应代表该组织来宣传“小型汽车的理念”的。只有《我的小汽车》这本杂志孤独的首期才在柏林国家图书馆的书堆中幸存了下来。德国的小型汽车俱乐部初办时满怀希望，不过，很快就销声匿迹，几乎没有留下任何痕迹。[1]

协会只是一个短暂的插曲，象征着德国汽车业在20世纪20年代下半叶的状况。那一年目睹了在奥伯肖纽埃德举行的小汽车俱乐部创办典礼，那时汽车行业在德国公路上的表现还是相当罕见的。说得确切一点，每196个德国人当中，只有一个人注册了一辆车。如果把卡车和公共汽车排除在外的话，这一比例会进一步下降至每242个居民拥有一乘用车。根据这些数据可见，魏玛共和国远远落后于西方工业国家。相比之下，在法国和大不列颠，当时的计数（包括卡车和公共汽车）之比是 1∶44，是德国机动化水平的四倍之多。与美国比较所产生的效果最为鲜明。1927 年，美国统计学家计算出的比率是每 5.3 个人拥有 1 辆汽车，使美国成为迄今为止世界上机动化程度最高的国家。造成这种境况，德国公众是可以原谅的，因为他们对于将汽车带到普通公民力所能及范围的呼吁没有给予太多的关注。这种要求显然是带有着极强的乌托邦式的光环，为此当代人很可能会受到怀疑，或者是被报以充满了讽刺意味的微笑。[2]

对于工程师在汽车早期发挥了突出作用的国家来说，大规模机动化的前景依然不切实际，必然会引起人们的恼火。不仅如此，这个问题也挫伤了民族的自豪感。毕竟，是威廉·梅巴赫（Wilhelm Maybach）、戈特利布·戴姆勒（Gottlieb Daimler）和卡尔·奔驰（Carl Benz）在 19 世纪 80 年代制造了第一辆由尼古拉斯·奥托（Nikolaus August Otto）和欧根·兰根（Eugen Langen）在 19 世纪 70 年代研发的内燃机驱动，而非马拉的车辆。[3]

1929 年卡尔·奔驰逝世，享年 85 岁。德国一家汽车杂志称赞卡尔·奔驰是个“天才”，说他给“这个文明世界……征服时间和空间提供了一种手段……通过这一壮举，卡尔·奔驰成为全球工业的共同创始人之一。……现如今，这个工业已跻身于排名最高且最负盛名的‘制造业分支机构’之列”。如同讣告里详细描述的那样，奔驰在第一次世界大战（简称“一战”）前对汽车的发展做出了极大贡献，但在 1918 年后，奔驰几乎就没有做出什么可值得炫耀的成就。“一战”后，德国的汽车工业未能实现其开创性的承诺。[4]

20 世纪 20 年代，即使最仁慈的评论家也难以将德国描绘成一个汽车国家。虽然公众很清楚德国在汽车普及方面远远落后于其他国家，但这个话题从未上升到公众议程的头条位置。德国魏玛政府屡遭社会、政治、经济危机和冲突的困扰，把有关汽车问题的讨论推到了后台。

德国汽车拥有率的低下现象极少引起公众的关注，其原因是这个问题本身很少引起公众的争议。在诸多分析中，人们对大量的物质障碍问题达成了广泛的共识，这些障碍使得汽车大众化的前景远远超出了德国人的视野。其结果是，为了弥补这种状况，例如，为更广泛的人群设计一款汽车的呼吁，只是断断续续地浮出水面。“民众之车”这个概念在魏玛共和国时期从来都没有显示出清晰的公共轮廓，相反却始终保持着一个相当模糊的概念。

德国观察者在评估他们国家大规模机动化的潜力时持有怀疑态度，尤其是当他们得知美国与他们国家之间存在着深刻差异时更是如此。早在20世纪初，汽车在美国就成了广大民众的交通工具。在“一战”年代，美国在汽车的全球霸主地位毋庸置疑。1927年，美国人的汽车拥有率占世界总拥有率不低于80%，同时，底特律的汽车制造商为全世界的汽车制造、设计和营销方法设定标准。在20世纪初到美国旅游的德国游客发现，在汽车问题上，美国与魏玛共和国之间存在的鸿沟就像分离美国和德国的大西洋一样即深刻又宽广。令德国观察者震惊的不仅仅是纯粹的汽车数量，评论员还把人们注意力转向了工业生产的新形式，以及伴随大规模机动化现象所产生的社会后果。早在德国采取具体措施制造一款“民众之车”之前，这个想法就有了跨国性质的渊源，尽管这个想法轮廓还很模糊。由于这个原因，我们的故事得先从美国开始讲起，然后再转向德国，一个非常不可能生产一款“民众之车”的国家。[5]

美国在汽车行业的领军地位，突显了20世纪上半叶全球经济中心从西欧向美国的更大转变。自19世纪末以来，美国的经济增长率一直高于欧洲国家；关键工业材料的产量数字表明美国在很大程度上超过了欧洲。在1900—1928年，美国煤矿的年产量增加了一倍多，从193 208公吨猛增至455 678公吨，而原钢铁产量则从10 217公吨激增至51 527公吨。作为西欧最大和最具活力的国家经济体，英国和德国发现跟上这种扩张速度已是不可能的了。至1928年，英国和魏玛共和国的年度煤产量分别为241 283公吨和150 876公吨，而英国和德国钢铁公司同在1928年的产量则分别为8 637公吨和14 517公吨，从而令美国的担忧显得多余。[6]

首先，美国的工业优势地位源自国内因素。除了以化石矿藏和铁矿石形式提供了大量原材料外，在“一战”结束之前，数以百万计移民的涌入使劳动力队伍得到了壮大，从而推动了美国的经济扩张。尽管进步党号召实施反垄断法，但美国的法律框架还是支持成立大型公司，以实现规模经济效果，控制财政资源维持高投资水平。随着美国成为世界上最大的国内市场，工业增长也得益于迅速扩大的国内需求，在这种情况下，社会各阶层都能够接触到前所未有的商品。[7] 在1920—1921年发生的短暂经济衰退伴随着美国在“一战”后对和平时期的经济调整，这种暂时性的收缩很快就被轰轰烈烈的20年代的繁荣所取代。“一战”前后几十年间，在美国与西欧之间形成的经济差距不仅使大西洋两岸的汽车拥有率水平形成了鲜明的对比，而且还使汽车工业成为美国最有活力的商业领域之一。一位访问美国的德国工会成员援引官方统计数字报道说，1924年，“由于过去十年事态发展的结果”，美国 1/10 的工作直接或间接地与汽车行业有关。[8]

当然，由于著名的 T 型汽车已经成了史无前例的畅销车，福特汽车公司便是第一个闯入美国商业场景的汽车巨头。1908 年 10 月推出的 T 型汽车实现了亨利·福特建造“通用汽车”的雄心，根据他授权的传记《我的生活与工作》，“通用汽车能够满足大众的需求”[9]。最为重要的是，在尚未适应汽车要求的交通环境中，T 型汽车通过坚固且可靠的性能而出类拔萃，并迅速地成了坚固、稳定和可靠的同义词，为汽车赢得了声誉。正如汤姆·麦卡锡（Tom McCarthy）笔下所写的那样，由于简单的设计工程特性，这款汽车已经“做好了承受打击的准备，然后马上回来再争取更多”。T 型汽车由相对坚固、可靠的四缸 20 马力的发动机驱动，且离地间距足够大，适宜在崎岖不平整的地面上行驶，包括春秋两季在常常变得泥泞不堪的路面上行驶。这款汽车还得益于在汽车底盘部件中广泛地使用了热处理钒钢。用这种材料设计的 100 英寸宽的轴距，让汽车变得既轻便又坚固，车厢空间足以容得下四个人，外加一些重物。尽管司机们对福特采取了迄今为止罕见的将方向盘放在左侧以便于发现迎面驶来的车辆以对其表示欢迎，但他们认为这款汽车的运行成本低是其最为重要的优点。这些适度的运营费用来自每加仑 25 英里的汽油里程、不经常发生的故障，以及在出现问题的情况下，维修费用也较低。[10]

《我的生活与工作》一书宣称，“真的很简单”，“意味着提供最好的服务，使用起来最方便”。由于汽车技术还处于起步阶段，需要便成了简单之母，因为使用复杂部件的技术解决办法只会增加故障的可能性。T 型汽车的特点就是技术简单，因而许多维修都可由汽车驾驶者自己来完成。按照这种基本功能的精神，T 型汽车无疑是一款非常实用的汽车，但若说它很舒适却并非如此。该公司在 1915 年就决定给汽车装上电动前照灯，却从来没有把供暖系统当作这款汽车的一个标配。早在 1912 年，一家部件制造商开发了一种耐用的按钮式电动起动器，但是福特汽车公司出于成本原因考虑，在 1926 年才决定安装这种装置。在此之前，驾驶者们要么在维修站额外安装一个电动启动器，要么就用力转动手摇杆来启动汽车，这种操作不只是单调乏味，而且充满了人身危险。有时，发动机在启动时会发生反火，这时手动曲柄在剧烈的震动中就会发生反方向旋转，这样很容易导致手腕和拇指断裂。为了防止这种伤害的出现，汽车驾驶者得到的建议是手持曲柄时不要抓得太紧，最好用张开的手掌推动它。[11]

美国人显然认为这些缺陷并不重要。在 1908—1927 年，福特汽车公司生产了超过 1 500 万辆 T 型汽车，这一全球性销售记录直到 1972 年才被大众甲壳虫汽车打破。T 型汽车从一开始就以前所未有的数量生产并销售着。到了 1911 年，其年产量已接近 3.5 万辆，1919 年又猛增至 53.370 6 万辆。至 1921 年短暂的“一战”后衰退中断了美国历史上第一次大规模汽车热潮时，美国道路上行驶的汽车有 2/3 是 T 型汽车。虽说类似长跑赛这样的公关噱头证明了汽车的可靠性，但福特汽车公司在口碑宣传活动中获益更多。其间，对这款汽车深感满意的汽车驾驶者们向有兴趣购买汽车的朋友和熟人推荐了这款车。在大多数汽车因性能不稳定而臭名昭著，公众对汽车制造商的满口承诺必然会持怀疑态度之际，普通市民的非正式和无偏见的赞扬，在把 T 型汽车确立为值得信任的产品方面是非常有效的。

1911 年，一项对 2 000 名驾驶者所进行的调查显示，85％的汽车驾驶者购买福特牌汽车是因为另一位车主的亲自推荐。[12]

除了这款汽车的技术优势之外，在 1890—1925 年美国的人均实际收入增长了 85％这一事实为 T 型汽车所取得的巨大成绩提供了至关重要的先决条件。20 世纪初，随着越来越多的美国人开始拥有了购买和维护廉价汽车的一次性财富，福特汽车公司的产品首先瞄准的是汽车市场下端的一个庞大市场。当其他汽车制造商追逐汽车价格超过 1 000 美元的豪华买家时，福特则将他的产品瞄准了远远低于这个门槛的客户。1908 年这款车以 825—850 美元的价格推出，1920 年这款汽车的零售价还不到 450 美元，这一巨大的降价为其打开了一个新的销售领域。为了巩固公司客户群，福特汽车公司还在全国范围内扩展了经销商网络，这些经销商网络不但拥有备件，还为客户提供不错的维修服务。[13]

工资的上涨和汽车价格的下跌无疑有助于解释为什么在 19 世纪 20 年代会有如此多的美国人能够买得起像 T 型车那样的汽车。然而，被压抑的需求推动了早期汽车繁荣，也说明了当时美国生活的更严峻的一面。在 20 世纪早期，美国农村人口几乎占总人口的 60％，在福特的顾客中占了最大的比例。农场里从不乏生计，但常常是野蛮和肮脏的，同时还涉及长时间的劳动和单调沉闷的工作。农村的家居设施依然很原始，大多数家庭仍然缺乏中央供暖和室内管道系统，而这些便利设施却越来越被城市居民视为理所当然的。美国乡村居民更是把 T 型汽车当作一种具有多种功能的车辆，使福特的创造变成了一种不只是用来运载人和货物的多功能的工具。农民们还把皮带固定在后轴或曲轴上，用来驱动磨石、水泵、锯子、黄油搅拌器等。既然这款汽车在崎岖不平的地面上能继续行驶，因而它还被当作拖拉机的前身来使用。“在田里”，一位历史学家回忆道，他的家人在农场里用过福特汽车，“T型汽车还用来拖干草耙、割草机、谷物捆扎机、耙和干草装载机”[14]。

作为一个个体流动的源头，首先，汽车本身缓解了美国农村人口的社会孤立现象。它不仅使农村城镇的人们在购买供应品和销售农产品时变得容易了许多，还为社会交往提供了新的机会。有了T型汽车，乡村人既可以走亲访友，也可以开车进城去跳舞、看电影，这比乘坐马拉车要快得多，也使出门的概率变得更加频繁。男人绝不是这种新型交通工具的唯一受益者。妇女们也满怀欣慰，以热情的姿态迎接着这一社会视野的扩大。“是你的汽车把我们从泥泞中拯救出来，给我们的生活带来了欢乐。”1918年，一位农民的妻子在给亨利·福特的一封私人信中如是写道。到了1920年，中西部地区53%的农户拥有了这款汽车，远在西部地区的农户汽车拥有率为42%。福特因自己的汽车在乡村大众中大受欢迎而感到自豪，这并不仅仅是因为这些发展为他公司带来了巨大利润。福特在密歇根州的农场里长大，对乡村生活的艰苦有着第一手资料。[15]

美国城市中产阶级和郊区居民也喜欢这款T型汽车，尽管原因略有不同。由于城市车主比乡村居民使用公共交通工具更方便，他们的汽车主要用在周末娱乐和假期中。其结果是，城市居民成了许多旅游配件的主要顾客。这些旅游配件包罗万象，从遮阳篷到帐篷，再到打开就可使用的折叠床，他们甚至把许多T型汽车改造成了“福特旅馆”。尽管这款车作为休闲产品具有很强的吸引力，但T型汽车在开始销售的第一个十年里，城市的需求并没有跟上农村地区的销量。一些专业人士包括医生和律师，出于与工作相关的原因购买了汽车，但总的来说，城市居民发现 T 型汽车作为一种工作工具，其用途要比农民少得多。与农村居民相比，城市居民还面临着更高的车库费用和维修费用，因为他们往往不太擅长修理汽车。[16]

不管住在哪里，驾驶者们很快就与他们的汽车建立了紧密的、高度的情感联系。1915 年，一位记者评论道，福特汽车的最初状态并不适合“表达个性……因为福特汽车看起来都是一个模样”。当然，这种一致性源自福特那句著名的俏皮话：“只要汽车是黑色的，任何顾客都可以把汽车漆成任何他想要的颜色。”然而，随着供应商大量涌入市场，市场中开始充斥着名目繁多的技术附加物和改装配件，如转向指示器、座椅垫、挡泥板、时髦散热器罩等。更为甚者，车主们根据他们的审美偏好和实际需要改装他们的汽车。美国人给他们的汽车取了无数个名字和绰号，这表明，这些改变以及日常使用将标准化的技术对象变成了一种独特的个人财产，车主们也因此对自己的爱车产生了深厚的感情。不久之后，“Tin Lizzie”（轻便小汽车）和“Flivver”（廉价小汽车）这两个词作为大家共同钟爱的词语进入了词典，标志着 T 型汽车已被提升为国家图标——在随后的几年里，许多面向更广泛人群的汽车都将沿着这条轨道行驶起来。[17]

由于 T 型汽车似乎产生了无穷无尽的需求，福特汽车公司开始寻找一种低成本、高效益的方式来批量生产这种由众多技术组件组成的高度复杂的产品。迪尔伯恩（Dearborn）提出的解决方案在整个 20 世纪都证明是具有深远的影响力。公司员工在不断扩大，由 1908 年的 450 人扩大至 1921 年的 3.27 万人。除此之外，该公司还通过分工，在制造过程中发起了开创性的组织变革，并将其提升到前所未有的高度。不可否认的是，在福特开始组装 T 型汽车时，已将制造过程整合成一系列单独的、专门化的任务，由此而产生的优势在一个多世纪以来的世界经济信条中一直占据着显著的地位。早在 1776 年，亚当·史密斯(Adam Smith)撰写了一部名著《国富论》。他在开篇里赞扬了一个小小的制针车间是如何通过把生产程序分成“18 个不同的工序”而将产量提高了一千多倍的。[18]

然而，福特和他的经理们受到了一种更为先进的分工形式的启发，这种分工形式在 19 世纪末受到了广泛的评论。缝纫机和自行车等复杂机械产品的制造商用可互换的部件按照精心协调的工作顺序组装产品。最值得注意的是，他们使用了专用机床，如冲床和电焊机。这类机器操作简易，可以让大部分非熟练工人使用，从而减少了对训练有素的工匠的需要。这种生产模式率先在美国使用，被称为“美国式制造体系”，并在几个方面引起了人们的关注。本质上，机械化工具的使用把制造技能从人转移到了机器，从而降低了工厂对人力所需的“技术要求”。这种新的机械化形式之所以在美国实施特别有利，是因为它弥补了技术劳动力长期且持续性的短缺，尽管移民浪潮源源不断。先进的生产机械化使企业能够在降低价格的同时增加产量。这一“美国式制造体系”之所以能生产出大量的相同商品，其原因是它的生产程序依赖于可互换的部件和统一的劳动程序。简单地说，在大部分非技术性劳动力的帮助下，“美国体系”的发展在很大程度上，为低成本高效率地大量生产复杂、高度标准化的机械商品打开了一扇门。[19]

尽管早期的美国汽车工业意识到了这些新的制造方法的好处，但只要汽车制造商能在小型奢侈品市场上运营，他们就不太关注制造方法。手工式的生产形式仍盛行于处在萌芽阶段的汽车工业，那里的大部分汽车，如底盘，从头到尾都由技术人员组成的团队组装。然而，福特开发T型汽车的目的在于开拓更广阔的销售领域。随着订单量的增加，福特公司的管理层开始采用“美国式制造体系”的机械化生产方式。例如，公司内部的工程师开发并安装了许多专用机床，为T型汽车制造那些可互换的零部件。相比之下，这些机器的速度、精确度和一致的质量使最灵巧的工匠都自叹弗如。1915年，一位来访的工程师对福特公司的机械化惊讶不已，在他描述一种“特殊的半自动”机器时说，这种机器能够“同时从四面在同一个圆柱体铸件上钻孔，而且一次就能钻出49个孔来”。不过，这种效率是有代价的。手工制造汽车很容易满足顾客的特殊要求，但福特最著名的汽车却因此而成为一种标准化的商品。提供T型汽车的技术变化(除了车身类型外)需要昂贵的程序和修改设备，从而推高了价格。在借鉴“美国式制造体系”的教训时，亨利·福特目睹了量产的一个僵化变体的诞生。[20]

管理层面临着一项特别棘手的任务是，保持数千名工人和数百万零部件的稳定生产流程。与缝纫机和自行车相比，大批量生产汽车会涉及更加复杂的物流问题，并导致了许多瓶颈。福特的经理们在芝加哥屠宰场现场找到了解决工作流程问题的办法。成千上万的动物尸体悬挂安装在天花板的栏杆上，按照规定的速度沿着专门的屠宰工位运送，然后再由少数包装工以极快的速度分割加工。[21]

经过几次访问伊利诺伊州后，1913年福特管理层将这些残暴的“拆卸线”背后的原则转移到了高地公园的工厂。从管理的角度来看，通过一系列高度专业化生产和装配点机械传输工件有几个优点。不久后被称为“装配线”的流水作业大大地缩短了生产时间，从而为T型汽车在商业上获得了成功的前提条件——持续的价格下调奠定了基础。“在1913年之后的10年里，生产量几乎每年翻一番，而T型汽车的价格则下降了大约2/3”，一位学者如是总结道。[22] 装配线还扩大了工厂车间的管理控制，迄今为止那里的工人们已设计了许多拖延策略来减缓生产程序。由于传送带的节奏决定了工作节奏，工人们别无选择，只能使自己的速度适应管理层规定的标准。装配线默许福特公司的高管雇用非熟练工人取代熟练工人，而非熟练工人就像《我的生活与工作》一书里吹嘘的那样，只需“几个小时或几天”就可以培训出来。1913年，公司开始雇佣大量外国出生的移民，尤其是来自南欧和东欧的移民。在一年之内，这些新来的工人竟占了工厂雇员的70%以上。美国第一款标志性汽车就是由许多几乎不会说英语的员工制造出来的。[23]

对于劳动力来说，装配线的到来意味着劳动条件的急剧恶化。装配线上单调乏味的生活和身体上的劳累也使福特汽车公司为此付出了沉重的代价。1913年，该生产线刚刚推出后，每月就有数千名员工离开了公司，而每年的员工流动率猛增到370%以上。许多人发现福特汽车公司的工作简直令人无法忍受。一位工人回忆说，20世纪20年代初，朋友在高地公园工厂度过第一天回家后已是筋疲力尽：“他一屁股瘫坐在椅子上，就连吃不吃晚饭都不在乎了。…… 他只是太累了，而且浑身疼痛不已，都不在乎自己能否动弹了。”两天后，那个新就职的工人就辞职了。福特汽车公司成为让员工服从其劳动程序节奏而臭名昭著的许多汽车制造商中的一个。像T型汽车这么深受人们喜爱的汽车之所以存在，其原因是繁重而单调的工作程序绝非巧合。也只有先进的机械化才能够充分降低生产成本，让更多的人们拿得出钱来购买汽车。[24]

如果装配线在汽车制造厂里成为工作场所异化的象征，那么福特对最初人员流失的反应就是一个例子，其他汽车制造商几乎和他的生产程序一样频繁地复制。1914 年 1 月，福特汽车公司宣布将使工人的每日工资翻一番，每班工作 8 小时，报酬是 5 美元。新的薪酬计划付诸实施的那一天，求职者把招聘办公室围了个水泄不通，场面十分混乱。即使在密歇根州冬天接近零度的气温下，消防部门把消防皮龙对准人群，也无法驱散那些叫嚷着要找一份高薪工作的人群。[25] 福特公司的就业需求只是在宣布每天 5 美元的工作报酬后，才开始回升的。除了薪酬政策之外，福特公司还力求通过福利措施巩固员工队伍，如建立医院，创办储蓄和贷款协会，提供体育设施和创办夜校，开设英语课程和实施贸易见习。福特的管理理念是由一种深刻的家长式作风支撑的。除了放弃所有形式的工会活动外，雇员还必须在工作和家庭中严格自律。福特公司的“社会部门”调查人员收藏了数千份个人员工的私生活档案。他们采访家庭成员和邻居，搜集赌博、酗酒或性混乱的证据。为了符合公司的物资和教育条件（包括每天 5 美元的报酬），福特员工必须过着健康节俭的生活，如被发现有违者，其工资很可能会被降低，或还有更糟糕的风险。移民劳工为生产那些轻便小汽车（Tin Lizzie）所带来的适度财富付出了高昂的代价。[26]

与此同时，亨利·福特的名声也随着他的生意的发展而水涨船高。在汽车业发展的初期，他为汽车做宣传，磨炼了营销才能。现在他又运用推销技巧，把自己塑造成为一个“腰缠万贯的民间英雄”。在写作和采访中，福特塑造了一个强有力的公众形象，一个富有常识的直言不讳的人，一个能用简单的例子来说明看似不显眼的措施却能产生惊人效果的人:“如果 12 000 名员工每人每天节省 10 步,你就可以节省被浪费掉的 50 英里的运动和白费的能量。”消除浪费,或寻求“效率”,这一说法若用略微不同的说法来表达,便成了福特公司创业原则中的一个重要主题。为了与生产力的理念保持一致,福特坚持认为,5 美元的日薪不是一种慷慨,而是对那些专心致志的工人所创造出的利润的公正回报。福特辩称,在有才干的企业家的领导下,资本主义不仅以商品的形式提供货物,而且还以高工资的形式提供货物。成千上万的游客来高地公园的巨型工厂参观,自 1919 年起,鲁日河开始考察福特不断扩张的帝国,彼时福特公司已成为一家纵向一体化的企业。在开始一场灾难性的冒险之前,他们先是收购了铁矿石和煤矿、森林以及铁路线,然后开始了一场灾难性的冒险,以维持自己在巴西的橡胶种植园。[27]

名声并没有使亨利·福特免受公众攻击。除了高地公园工厂的工作条件和他对工会的苛刻态度之外,福特的反犹太主义倾向曾在不止一家的出版物里表现出来,并因此在美国受到了谴责。然而,无论是有争议的管理方式,还是他的反犹太观点,都没有损害福特的国家明星地位。在 20 世纪 20 年代中期,他的公司遇到了经济困难,不过,他高高在上的地位却保持了下来。福特在多家出版刊物上发布了这一消息,然而继第一波大规模机动化的浪潮之后,它却没有注意到消费者产生了新的偏好。就在福特继续推行基于 T 型汽车的单一模型政策时,美国的汽车驾驶者需求的却是更广泛的产品选择和更舒适的车辆。作为通用汽车公司的市场领军者,福特失去了统领市场的地位。通用汽车公司提供了一系列品牌的目的是鼓励顾客不断地购买“高档货”。该公司出产的雪佛兰牌汽车在 20 世纪后半叶特别受美国驾驶者的青睐。然而，尽管存在着这些问题，福特作为一个受人尊敬的名人地位基本上没受到什么影响。轻便小汽车是他创造的第一款完全符合普通大众要求的汽车。在美国人的想象中，这一壮举远远高于其创造者的反犹太主义和任何管理上的缺陷，或者是工人对不够人道的工作条件的不断抱怨。[28]

商业上的巨大成就使亨利·福特的名气远远超越了美国国家的万神殿。除了不断扩大业务外，以福特的名义写成的畅销书在确保和巩固他无与伦比的全球声誉方面也发挥了重要的作用。《我的生活与工作》的德译本在1923年出版后，不到一年的时间就卖出了20多万册。在德国，这本书引起了人们的极大兴趣，因为福特的成功故事集中体现了一种活力，这种活力使美国经济通过扩大利润率超过了西欧。鉴于魏玛共和国的多重经济弊病，许多德国人拿起了《我的生活与工作》一书，希望手里拿着的是一本为国家提供治疗的处方书。[29]

在20世纪20年代初，没有一位评论员因为将德国的经济状况描述为糟糕透顶而引起争议。在"一战"爆发后不到10年里，德国已经从欧洲增长最快的工业强国的地位，沦为许多同时代人眼中的一个空壳。军事失败，导致魏玛共和国民主宪法不稳定的动荡革命，《凡尔赛条约》对德国赔偿要求不明，使得1918年后恢复稳定的政治秩序和经济增长的试图变得复杂起来。尽管臭名昭著的赔偿问题被证明在中期内比德国官员最初担心的经济责任要轻，但德国不得不应对严重的经济混乱。1918年后，由于欧洲领土的重组，德国把1/3的煤炭储量和3/4的铁矿划归给了法国和波兰。"一战"后初期，政治和经济动荡屡屡成为头条新闻，最终在1923年使一轮恶性通货膨胀达到了顶峰，对许多德国人来说，这场通货膨胀在经济上的代价是昂贵的，就像在心理上一样，令人不安。只有进行彻底的货币改革和重新谈判赔偿，以及大量引入美国商业贷款才能为德国建立一定的政治和经济秩序，从而在1924—1929年启动魏玛共和国的脆弱稳定阶段。[30]

在这种背景下，福特在一场充满激情、备受争议的关于美国的辩论中扮演了一个关键性的参照点，魏玛公众越来越将其视为“不受制约的、无条件的现代性密码”。无论是讨论好莱坞电影、纽约和芝加哥的生活，还是讨论美国女性相对解放的风俗，评论家们都从美国事务中看到了以工商业为特征的未来社会的积极和消极方面。[31] 与美国一样，福特在德国赞扬和谴责那些与意识形态议程保持一致的美国企业家的同时，也发挥了广泛而具有分裂性质的吸引力。例如，德国商界对福特主义的拥护者强调，大规模生产方法产生的生产力收益将为提高魏玛经济的效率提供不可或缺的工具。德国工会主义者，不管福特对有组织的劳动有多反感，都对美国企业家的高工资政策表示赞许。美国工人的收入是德国工人的两倍。除了这些对繁荣的认可之外，还有一群怀疑论者，他们把福特描绘成一个带着邪恶福音的“伪救世主”。当社会改革者将批评的矛头集中在工作场所产生的疏离感时，商人们警告说，福特式的大规模生产将有损于德国工业作为高质量产品供应商的声誉。文化末日预言家提出了最全面的反乌托邦呼吁，对未来以统一、标准化的商品为主导的消费文化进行了猛烈的抨击，暗示着这些商品只不过是“工作、思想和生活本身机械化”的信号而已。[32]

当亲美和反美评论使亨利·福特在德国成为一个家喻户晓备受争议的名字时，魏玛关于福特主义的辩论明显缺席：在德国几乎没有哪个观察家会问“通用汽车”——福特帝国赖以生存的产品——会不会随时为德国消费者提供一个现实的前景。魏玛时代的德国人把福特看成是大规模制造商，而非仅仅是汽车制造商，这是大西洋两岸经济状况对比的标志。德国游客对美国的汽车文化持怀疑态度。刚到底特律时，工程师弗朗茨·韦斯特曼（Franz Westermann）为自己能在曼哈顿的繁华中保持镇静而感到自豪，当他看到密歇根汽车城里的汽车在路上无休无止的行驶时，弗兰兹·韦斯特曼简直都不敢相信自己的眼睛了。“我笑了，”他回忆道，“底特律的汽车数量大约是整个德国的两倍，”数百家汽车经销商的（特色）展厅就像我们的那些小型汽车工厂一样大；街上的汽车几乎和行人一样多。那天结束时，他走到酒店房间的窗口，目不转睛地看着“数百辆汽车，一辆接着一辆地疾驶而过，可以说，目所能及的都是汽车”[33]。

韦斯特曼的怀疑说明了大多数德国人认为自己国家拥有“通用汽车”的前景有多遥远。直到20世纪20年代，机动车在德国的许多地方仍然很少见。可以肯定的是，在20世纪20年代中期政治和经济稳定恢复之后，德国公路上的轿车数量增加了四倍多，从1922年的8.0937万辆增加到1928年的42.2612万辆。然而，这只是在严格限制之内的数字扩张，而不仅仅是与1925年美国拥有1.540万辆汽车的数量相比。法国，这个只有德国2/3人口的国家，同期的车辆登记数量从24.2358万辆增加到75.7668万辆。即使在柏林，一个德国汽车最集中的地方，机动化道路交通量在20世纪20年代中期仍然很小。“一战”结束后，德国首都作为一个令人兴奋的文化实验中心，可能因其充满活力的夜生活、富有刺激性的艺术场景和充满活力的新闻景观而享有国际声誉，但事实证明，在1925年前，这个现代化的大都市里没有必要安装交通信号灯。[34]

在魏玛共和国时期导致汽车增长缓慢的原因有多种。对于德国汽车制造商来说，只要这个领域被无法承担大规模生产所需投资的相对较小的公司所主导，福特主义就仍是一个难以琢磨的目标。1927 年，在德国运营的汽车制造商不少于 27 家。戴姆勒和奔驰这两家汽车制造商都在为有钱的汽车驾驶者生产豪华型轿车，而且这两家汽车制造商都雇用了 2 000 多名工人，但在 1924 年，他们的平均日产量却仅为 4.4 辆和 5.3 辆。劳动密集型的生产程序和材料的高成本使得这两家公司负债累累。即使在 1926 年戴姆勒—奔驰合并成立新公司后，这家新公司也发现不可能为装配线或以大规模生产方式为先决条件的众多专用机床融资。戴姆勒—奔驰的生产成本仍然远远高于美国同类公司，然而，其产量却远远低于美国的同类公司。[35]

迄今为止，只有欧宝公司（Opel），德国最大的汽车生产商，在 20 世纪 20 年代末雇用 1.2 万名员工，这家公司在 1924 年引进了福特式生产模式，降低了成本，增加了产能，并因此脱颖而出。庞大的八层建筑，高耸的塔楼，拔地而起的烟囱，让位于拉塞尔海姆（Russelsheim）的工厂看起来像一座“神奇的城市”，一个丰满地展示着公司历史的地方。欧宝在装配线上生产 14 马力型和 40 马力型汽车，并于 1928 年确立为德国汽车市场的领头羊，其生产出的车辆大约占全国总量的一半。装配车间里的“6 000 台机器奇迹般的运转着”，往往会给参观者留下深刻的印象，但合理化在拉塞尔海姆却有着明显的局限性。与美国的做法相反，欧宝没有使用可互换的零件来组装汽车。此外，熟练的体力劳动者占公司总雇员的 2/3；在美国汽车生产中占主导地位的非技术熟练工，在拉塞尔海姆则仅为少数。即使是德国最先进的汽车制造商，其机械化程度也远远没有达到美国的水平。[36]

鉴于国内企业的能力有限，外国生产商认为德国未来是一个有前途的市场。为了规避高昂的进口关税，美国公司在德国建立了组装工厂，使用横跨大西洋船舶运来的零部件来生产汽车，并在 1928 年占领了德国市场的四分之一。福特和通用汽车成为魏玛德国最具影响力的外资企业，决定在德国建立全面的生产基地，以便先发制人，应对未来的贸易保护主义措施。1931 年，福特在科隆建立了一家新工厂，打开了德国的大门。1929 年，通用汽车首先收购了欧宝公司。德国媒体对这家德国最大的汽车制造商的接管表示忧虑，认为外国公司生产的汽车可能入侵德国的道路，是国家软弱的一个警告信号。当时，没有几个观察家能预测到德国公司在 20 世纪后半叶会走在汽车制造业的最前面。[37]

20 世纪 20 年代，德国汽车行业不稳定的地位并非是管理不善造成的，而是反映了该行业无法控制更大、更根本的问题。简单而言，德国汽车制造商长期缺乏国内需求。在某种程度上，社会地理位置阻碍了汽车在魏玛共和国的普及。像德国这样人口稠密、公共交通系统完善的国家，个人交通机动化的需求不像美国那么迫切，因为美国幅员辽阔、人烟稀少。[38]

然而，最重要的障碍是经济状况。经过 10 年的战争、政治动荡和恶性通货膨胀，在魏玛时期绝大多数德国人的收入仍然严重低迷。大约在 1925 年，一项调查得出的结论是：全国只有一半的产业工人会把每年 1 000 马克(250 美元)的工资带回家，这些钱被广泛认为是保证有两个孩子的工人家庭的基本住房和食物所必需的最低工资。名义上讲，在引入日薪 5 美元的工资政策后，这一水平的年度工资仅为福特工人工资水平的 1/4，那么，难怪德国工会成员提请注意福特的薪酬政策。大多数德国农民发现自己处于同样紧张的物质环境中。在德国魏玛时期，超过 3/4 的农村土地所有者的耕种面积还不到五公顷(12.5 英亩)，其收入低于基本生活水准要求。1928 年，农村的平均收入仅为每年 1 105 马克(263 美元)。[39] 与美国形成鲜明对比的是，在美国已经证明农村人口是使 T 型汽车在商业上取得成功的关键，德国农民开车却是一种罕见的景象。如果让德国的农民和工人考虑实现个体交通机动化，他们首先想到的是摩托车而不是汽车。与汽车相比，摩托车不能提供任何保护元素，还把骑车人暴露在更大的人身危险中，不过摩托车低廉的购买价格和维护成本弥补了这些缺点。在 1923—1929 年，摩托车的销量比汽车高出 1/3，从而使汽车注册量从 5.938 9 万辆激增到 60.834 2 万辆。[40]

只要占人口 75%以上的农民和工人认为拥有汽车只是一个遥远的愿望，就可以说大多数汽车驾驶者都属于德国魏玛时期陷入困境的中产阶级。尽管富裕的精英人士，如企业家、银行家和高层管理人员，在整个战争和恶性通货膨胀期间成功地保护了他们的资产，但大部分德国中产阶级，如店主、商人、有薪雇员和公务员以及其他人的储蓄，经过一连串的金融打击，在战争贷款投资的损失和在 1914—1923 年反复出现的通货膨胀浪潮中蒸发了。与英国和法国的中产阶级相比，德国的中产阶级着装邋遢，休假时间减少，拥有收音机、家庭电影和相机的更少，而且可以预见他们拥有的汽车也不会多。1928 年的一项商业调查显示，德国能接纳的车辆不超过 22 万辆，大致相当于生活上无忧无虑的富裕医生、律师等专业人员以及高级白领员工和公务员的人数。虽然市场调查不能以表面价值来衡量，但研究显示，即使在魏玛共和国的“黄金岁月”结束时，任何要求汽车拥有权在社会范围扩大到超出坚实的中产阶级的阶层，其意义都是不现实的。[41]

考虑到受国民经济的限制，1926 年，发动机小于 40 马力的中小型汽车占使用中汽车总数的 75%以上。在 1924—1931 年，“小欧宝”的产量达到了 12 万辆，被证明是最受欢迎的车型。这款 14 马力的汽车因其绿色油漆涂层，被昵称为“树蛙”，分为两座车或四座车，最高时速只有每小时 38 英里。尽管欧宝仿效了雪铁龙 5CV 的设计，并因此节省了汽车的开发成本，在 1929 年初，这款汽车的零售价在 2 300 至 3 200 马克(550 美元和 760 美元)之间，远远高于 10 年前 T 型汽车的价格。然而在 1930 年，销售标签并没有阻止一位试车手将“树蛙”称赞为“德国最受欢迎的汽车，经得起外行、专家和鉴赏家的批评”[42]。

认为欧宝价格太高的汽车驾驶者可以开迪克西轿车(Dixi)，一款配有四冲程、15 马力发动机的汽车，这款汽车的时速可达 40 英里。迪克西牌汽车是在英国奥斯汀七(Austin Seven)的基础上制造的，是另一款具有外国血统的车辆。这款汽车由摩托车和航空发动机制造商宝马公司制造，1929 年的售价约为 2 500 马克(595 美元)，年销量在 5 000—6 000 辆。

技术问题不是宝马第一款汽车产品无法与欧宝相媲美的原因。[43] 相反，汽车在规格尺寸方面与主要竞争对手相比却不太有利。1929 年，一则广告可能让潜在买家保证：迪克西可以轻轻松松地“运载三个人和他们的行李”，或者运载“两个大人和两个孩子”，但宝马汽车公司认为有必要在三年内重新向市场投放更大车身的汽车。汽车行业和新闻界大松一口气说，汽车已不再

炫耀汉诺马格微型汽车的驾驶者：两座式，车的前后部呈圆形，被魏玛时期的德国人亲切地称为“面包卷”。（明信片，由作者收藏）

是“婴儿”了，不过，上涨到每辆 2 825 马克（672 美元）的价格，却让记者们感到失望。[44]

国内唯一的一个获得知名追随者的著名设计是在 1925—1928 年由河马公司生产的 10 马力、两座式汽车。很快，这款因前后部分安装紧凑、车身部分呈圆形而被命名为“面包卷”的汽车，吸引了近 1.6 万名买家，在生产运行结束时其零售卖价竟达到了大约 2 000 马克（475 美元）。尽管车主们坚持认为，汉诺马格（Hanomag）为汽车“提供了极好的舒适性”，但这款汽车因基本技术的原因，成了许多人的笑料。“一块锡片，一瓶油漆就能制造一辆汉诺马格汽车。”一个顺口溜如是说。类似于摩托车的传动装置，在发动机和后桥之间用的是链条而不是传动轴。虽然这种设计方案使生产成本保持在低水平状态，但考虑到驱动

700 磅重的车辆而不是重量轻得多的摩托车所涉及的磨损，这种设计被证明是不可靠的。然而，最奇怪的是，汉诺马格的驾驶者和乘客只能从一侧上车，因为从第二扇门上车会使小汽车失去平衡。1928 年，当汉诺马格陷入亏损时，这款汽车的制造也随之停止了，这让忠实的粉丝们深感遗憾，他们保留了对这款“要求不高，非常抗损，随时待用”的小型单汽缸汽车的美好回忆。[45]

除了这款汽车相对高的价格和技术限制外，高昂的维护成本阻碍了德国向一个汽车驾驶者之国的转型。尽管在 20 世纪 20 年代，轮胎、汽油和发动机机油的费用不断下降，但据一位车主估计，宝马系列的迪克西牌汽车上路行驶大约需要 1 200 马克。德国汽车驾驶者的汽油消费量是美国人的 3 倍，上路税高达美国的 7 倍，从而引发了媒体的争论性比较，认为司机是一头“肥乳牛”，被一个据称优先投资于国有铁路的国家吸干。然而，车主所面对的最大的单一费用却与国家毫无关系。由于人们普遍认为汽车需要车库保护，城市业主，大多数住在公寓里，不得不以每年 400 到 700 马克的价格租用一个车库，大约相当于一个两居室公寓的费用。[46]

反过来说，对车库的需求也反映了汽车在德国销量增长路途上的又一个障碍。与美国的车型相比，许多德国产的汽车被证明是些技术上不可靠的人工制品，还需要细心护理。1925 年，一本技术入门手册中列出了一系列看似没完没了的提示，从告诫车主“不要把”新车“停放在阳光下”开始，因为新涂的油漆容易起泡。手册上还写道，为了“延长汽车的寿命”，每次出行后必须清除从街道上落到车身的灰尘和污物。除了提供美容建议外，这本手册还强调了定期检查机械部件的重要性：“每隔 6 个月，弹簧需要涂上一次石墨混合油。为此，弹簧需要放松，上述混合物在弹簧轴承之间应填充上述混合油。汽车每行驶 900 英里，其车轮的滚珠轴承必须用品质优良的发动机润滑脂润滑。明智的做法是每 3 个月彻底清洗一次滚珠轴承。”对于那些既没有时间也没有能力自己实施这些汽车维护的人来说，经常去昂贵的维修站是保证车辆平稳运行的必然。在这些条件下，冬天是汽车车主们特别害怕的季节，因为在这个季节，保持汽车良好的工作状态常常需要做很多工作。这些典型的维护程序通过向“女司机”推荐特定的车型来嘲弄那些公然利用女性技术不称职的流行观念的广告，因为这些车型的服务要求很低。在魏玛共和国期间的日常生活中，维护车辆所涉及的大多数工作将汽车公平且公正地置于男性领域。[47]

然而，高昂的成本和技术上的缺陷并没有削弱汽车驾驶者对汽车用品的高度尊重。有钱的大佬会持有一辆或多辆汽车作为奢侈品，而来自中产阶级背景的大多数汽车驾驶者，买车的目的是为了工作。当代人认为，对于医生、律师、旅行推销员和商人来说，“小型汽车原本就是专门用途性极强的车辆，它使车主摆脱了对铁路、电车和其他公共交通工具的依赖”。汽车只有作为一种“不可或缺的工具”，扩展了车主的专业技能，并因此承诺提高收入，才能证明汽车的巨额财政支出和维护所需的个人劳动是合理的。大多数在魏玛共和国时期买车的德国人都是受有形物质利益的驱使所致。[48]

与此同时，车主们坚持认为他们的汽车远不止是乏味的工作工具。他们指出，尽管汽车有其职业上的好处，但在工作时间以外的私人生活中更能显示出它真正的吸引力。事实上，许多汽车驾驶者都称赞这款汽车是解决职业生活压力和工作单调乏味的有效方法。一位车主热情地说:“在工作日结束后,对于饱受折磨和压力重重的城市居民来说,也许没有什么能比开着一辆小巧玲珑、快速的汽车逃离城市房屋的海洋更令人愉快的了。”许多车主则把自己当作“质朴而体面的中产阶级”,没有经历过广泛与工厂体力劳动相关的苛刻形式的异化,尽管如此,他们强调只有在专业环境之外才能找到真正的自我实现。[49]

下班之后,在周末和假期期间,汽车从专职工具变成了一种逃脱手段,让人们真正摆脱了这一切。像以前没有其他交通方式一样,汽车提高了业余活动的解放效果。正如一位汽车拥护者所抱怨的那样,铁路把乘客“塞进”“人满为患”的车厢里,然后再按照既定的时间表和轨道行驶来“折磨”乘客。相比之下,机动车则提供了更多的自由度、灵活性和舒适性,让驾驶者有机会选择自己的旅行伙伴,在旅途中选择休息时间、旅行路线和行车速度。当他们获得“完全独立”时,车主们称赞汽车使他们感觉自己像个“领主”和“达官贵人”。汽车解放了自由时间,从而培养了中产阶级驾驶者在日常生活中错过的个人自主意识。然而,汽车丰富私人生活的能力是在严格的限制下发挥作用的。大多数小型汽车充其量只能容纳两到三个人。因此,在魏玛共和国时期,驾驶者们发现很难称赞这种汽车在提高家庭生活方面的潜力,虽然小型汽车无疑加强了个人的自主意识。同时,车主坚持认为他们的汽车远不止是普通的工作工具。[50]

像徒步漫步者一样,魏玛时期的德国人在周日开车去参观风景如画的教堂和城堡废墟,在湖边停下车来游会儿泳,在草地上打个盹,欣赏欣赏风景。由于没有饮酒的限制,他们还会利用沿途的餐馆、酒吧和酒馆进点餐,喝口小酒,还经常以早餐“肉汤和啤酒”开始他们的旅行,然后再吃点午餐以及享用点儿下午茶和蛋糕，然后伴随着“小麦啤酒和石油”，后者是一种高辛烷值的酒精，结束一天的旅程。有些郊游活动变成了酗酒之旅，但大多数报道都表明，汽车驾驶者不是为了文化体验而开车的，而是在追求极其传统和田园诗般的乐趣。因此，汽车承诺的不仅是摆脱日常工作，而且还是摆脱魏玛共和国的政治、社会和经济动荡。最为重要的是，对一种不寻常的正常状态的渴望激发了20世纪20年代中产阶级对汽车的渴望。[51]

尽管如此，汽车的吸引力绝不限于中产阶级汽车漫步者享受安静的乐趣。虽然许多评论家在1914年之前谴责机动车在德国（和其他地方）是一种新的危险，但是新的交通法与驾驶者、公众之间的通融过程早在20世纪20年代就破坏了对汽车的基本抵抗。[52] 随着基本敌意的消退，汽车巩固了它作为一个崇拜对象的地位，远远超出了车主的圈子。这款汽车在德国魏玛引发的无限热情在全国赛车场的广大观众中表现得最为明显。尽管1932年5月发生了严重的政治危机和经济困难，柏林AVUS（德国汽车试车跑道）赛道上的德国大奖赛还是吸引了30多万观众。一位记者气喘吁吁地说：“柏林陷入了前所未有的赛车狂热之中。”不管是谁，只要能弄到钱，都会把它投到AVUS的门票中，包括“那些饿着肚子去买站台票的失业者”。所有评论员，不论政治派别如何，一致认为，观众们从“一场气势恢宏的竞争中”得到了丰厚的回报，因为最受欢迎的德国赛手曼弗雷德·冯·布劳奇（Manfred von Brauchitsch）和鲁道夫·卡拉西奥拉（Rudolf Caraciola）等人，“以超过140英里/小时的‘可怕速度’相互追逐”。[53]

伴随着1932年AVUS赛车等赛事的媒体风暴不仅仅是为了庆祝汽车赛车手们的大胆尝试。赛马场的刺激使汽车与许多其他技术齐头并进，而这些技术的速度和动力长期以来一直吸引着德国和其他地方的公众。铁路、轮船、飞机、飞艇、摩托车——所有这些和其他“技术奇迹”都激发了公众的想象力，因为它们在越来越短的时间内跨越了越来越长的距离，令许多观察家交口称赞并将其说成是“征服自然”。自 19 世纪 50 年代以来，科技发展受到人们的热烈欢迎，把人类对自然世界日益扩大的控制当成是异常时代到来的证据，而这个异常时代的特征不同于以往所有历史时代：“现代”。在许多当代人的眼中，汽车被列为一种推动人类进入一个令人兴奋的新的“现代”的技术。[54]

这种具有吸引力的技术仍然是大多数人无法企及的，这让魏玛共和国时期的公民感到无比沮丧。无论政治派系如何，新闻界都对缺乏买得起的汽车表示遗憾。1924 年，当汉诺马格在柏林车展上推出那款小型汽车时，得到了自由派的柏林日报的欢迎，并称它为“所有社会圈子的选择”。然而，主流报纸，社会民主党日报《沃沃茨》，在题为“民众之车缺位”的评论中对这一评价表示不以为然。这份“左倾”日报解释说，除了“太贵”之外，汉诺马格单缸发动机双座轿车在几项技术指标上出现了不足。民用汽车需要设计成四座、配置水冷四缸发动机，其车轮和轮辋可拆卸的汽车，电灯和自动起动器应该是理所当然的标配。这份报纸的结论是，销售价格应该尽可能便宜。该报同时还明确地表示，人们需要的廉价家用汽车，并且应该易于维护和维修。5 年后，当通用汽车接管欧宝时，这个问题仍在以同样的说法辩论着。柏林日报评论说，“一辆价格低廉，维护费用经济型的小汽车”代表了社会扩展汽车拥有权的一个不可或缺的先决条件。尽管人们开始呼吁推出买得起的家庭用车时正面临着魏玛共和国的终结，但这个话题从未被提到公共议程的最前位。[55]

为更广大的民众提供汽车仍然是公众关注的次要问题，这不仅仅是因为魏玛共和国面临着因长期经济和政治不稳定所致而带来的更加紧迫的问题。相反，这个问题本身就是一个不可能的问题。只要收入保持低下，汽车价格居高不下，“民众之车”始终就是一个无定形的概念，而这个概念只能在台下背景中流传，却永远不可能在公共领域范围中占据中心地位，尽管在更广泛的社会圈子中人们对汽车情有独钟。毫无疑问，亨利·福特已经证明了如何大规模生产一种满足基本需要的、廉价和性能可靠的汽车，但他的成功也揭示了美国与魏玛共和国之间的经济鸿沟。只要低微的工资和薪水限制了需求，企业就没有动力融资来研究机械化制造方法，而机械化制造方法恰恰就是降低汽车价格的关键。反言之，只要汽车价格仍然昂贵，考虑购买汽车的也只有那些少数把汽车视为职业收益和私人娱乐来源的中产阶级顾客了。德国社会对汽车表现出了相当大的欲望，却未能产生出巨大的商业需求。其结果是，德国汽车工业及其潜在客户双双陷入了僵局，在可预见的将来，似乎不可能借助“民众之车”的概念打破僵局。事实上，1929 年华尔街金融崩盘后，德国的经济也崩溃了，汽车的大众普及前景变得比过去的 10 年更加遥远，由此凸显了魏玛社会现代性的物质限制。

是民众团体的象征吗?

1938年7月30日,亨利·福特在底特律隆重地庆祝了他的75岁生日。生日庆祝从早晨开始,有8 000名儿童参加了聚会,唱"生日快乐"歌;晚上以1 500人的宴会而告结束。那天这位著名的实业家亲自接待的为数不多的祝福者中,有德国驻克利夫兰领事卡尔·卡普(Karl Kapp)。卡普能有幸与福特面对面地会面,是因为他代表阿道夫·希特勒给福特带来的一份特殊礼物。这位领事引用福特的"在机动化和向人民大众提供了汽车方面的开创性工作"一语,授予了这位美国企业家一枚硕大的德国鹰骑士团的十字勋章,这是纳粹国家给予外国人的最高荣誉。[1]

这枚奖章立刻激起了美国犹太团体的愤怒,更反映了希特勒长期以来对福特的刻意尊重。尽管纳粹政权的首脑对美国的民主宪法、大众文化的全球吸引力、其假定的唯物主义及其地缘政治权力怀着深深的矛盾心理,但他对底特律大亨的崇拜却毫不动摇。早在1922年,福特的肖像就被用来装饰希特勒在慕尼黑的私人办公室。[2] 像许多其他欧洲人一样,希特勒对福特的商业成功感到惊讶,认为他是开发经济型汽车以及使工人工资加倍的社会恩人。不过,希特勒对福特的崇拜远远超出了他作为汽车制造商的创业活动。尤其是在20世纪20年代初，这位纳粹领导人被以福特名义出现的“国际犹太教徒”、声名狼藉的反犹太教组织抓住时更是如此。希特勒不仅同意福特对“犹太人”的谴责，将其称为“世界控制后的抓手”，而且在“一战”后几年德国政治和经济动荡的背景下，希特勒也是众多享有德国权力的人员之一；他赞成美国人的武断指控：“德国国家机构症结的主要来源”是“犹太人的影响”。在20世纪20年代早期，希特勒自封为纳粹党领袖，甚至还把《国际犹太人》一书列入了一个强烈反犹太名册的清单上，将其定为“每个纳粹者必读之书”。虽然福特虚情假意地试图远离在20世纪20年代末以他的名义发表的一些反犹太偏激言论，但是他并不准备拒绝这个激进的反犹太政权颁发给他的奖章，而这个政权在过去两年里曾不止一次地向福特汽车公司直接征求意见。[3]

无论是德国人还是美国人，都不承认这枚奖章也是对纳粹政府最近从福特汽车公司得到忠告的回报。从1936年开始，当纳粹领导层在推行一项雄心勃勃的大规模机动化计划时，几个德国代表团咨询了福特汽车公司。鉴于“一战”后妨碍汽车发展的经济条件，德国极不可能成为这种企业的候选者，尤其是20世纪末30年代初的经济大萧条使大部分的人口进一步贫困时更是如此。然而，对付那些看似无法逾越的障碍并没能阻止纳粹者，至少他们是多次这么宣称的。与之相反的是，希特勒这个人偏偏喜欢在公共场合摆出引人注目的姿势，这些姿势使他和他的追随者们发起了别人难以想象的大胆妄为行动。在1937年柏林车展的讲话中，希特勒用自己的职业轨迹来说明国家社会主义的反叛狂热，同时在不经意间泄露了政权累积的激进主义背后的活力。这种激进主义在1939年引起了全世界轰动："我不需要向你保证一个设法从默默无闻的士兵中崛起，登上国家领导层面上的人……也会设法解决即将到来的问题。没有人会怀疑我不惜代价执行我所制定的计划的决心。"[4]

如果说纳粹者把自己当成一支被大胆的使命所吸引的力量，那么他们之所以把汽车大众化纳入他们的高调行动中就不言而喻了。毕竟，试图让更多的人能够开上汽车，与代表纳粹德国最终政策目标的激进扩张主义议程的联系甚微。然而，虽说存在着激进主义、种族主义、军国主义和政治镇压，这个政权对德国民众的情绪绝非无动于衷。尽管目前还不清楚德国政府日益激进的政治和种族主义措施，在何种程度上得到了德国社会的普遍认可和支持，但事实证明，迎合私人愿望的政策，如提供廉价度假旅行，却是非常受欢迎的。鉴于汽车在 20 世纪 20 年代对纳粹党选民的强烈吸引力，特别是对中产阶级的吸引力更是如此，他们构成了纳粹党选民的坚实核心，为该政权推动向所有人开发汽车提供了重要动力。由于该政权承诺为广大民众提供迄今为止完全无法负担的消费品，因此它试图将纳粹德国描绘成一个有很多东西可以提供给人民的有吸引力的国家。"民众之车"只是独裁政权预想的富裕的纳粹未来所包含的诸多消费物品之一。为更广大的人口设计和销售汽车的计划与纳粹的意识形态的当务之急有着密切的联系，并因此超越了在更多消费者力所能及的范围内给他们带来耐用消费品的务实倡议。实际上，对"民众之车"的追求与纳粹政府旨在重塑并加强德国社会的更广泛的努力交相呼应。把德国变成一个拥有汽车的国家所做出的努力与促进汽车发展的其他政策紧密联系在一起，同时也与建立一种符合现代国家的更广泛的愿景的新驾驶文化措施密切联系。就像机会主义一样，意识形态驱使纳粹作出了"民众之车"的规划。[5]

1933 年 1 月 30 日，当纳粹者加入政府时，如同伊恩・克肖(Ian Kershaw)总结的那样，希特勒和他的追随者们以出乎意料的速度动摇了内阁中保守派的多数席位，并通过"伪法律措施、恐怖、操纵和甘心屈服的综合手段"巩固了他们的权力。[6] 自从 1929 年以来德国经济急剧衰退，失业率上升到 600 万，在魏玛共和国执政的最后几年里，纳粹通过街头恐怖活动煽动了广泛的政治动荡。希特勒的追随者们声称，只有来一场全面的"国民革命"才可以拯救这个国家。纳粹者把自己塑造成为试图振兴国家的右翼革命者。为了打击所谓马克思主义、自由主义、民主主义和政治多元主义的有害影响，以及把阶级利益置于国家利益之上的资本主义形式，纳粹提出了一个崭新的强大德国的愿景。

根据构成纳粹意识形态的思想精髓，"雅利安人"的种族同质、社会上等级森严的"民众团体"(民族共同体)为"德国的再生"提供了基石。正如 1934 年党的新闻秘书执笔撰写的畅销书里所陈述的那样，第三帝国的意图是恢复"深深地埋藏在德国灵魂深处的北欧种族不可改变的价值观"[7]。纳粹意识形态围绕着寻求恢复和振兴沃尔克的基础展开；"沃尔克"(Volk)这个词用英文单词"people"对译不完美，因为"people"体现不出种族歧视的意思。根据这种观点辩称，如果不更新"people"的意思，在达尔文主义的国际环境中，这个国家若想"保持自我，走向新的伟大"是不可能的。"民众团体"的构建不仅激发了对政治对手的迫害，也推动了对犹太人和其他所谓的"外侨团体"的进一步排斥；它还通过东欧侵略战争推动帝国对"生存空间"(Lebensraum)的追求。

为此，纳粹在获得政权后立即通过大规模的重整军备行动，开始着手做准备。[8]

种族复兴这一华而不实的言语使纳粹具有了一种根深蒂固的返祖性质。20 世纪 30 年代可以把苏联社会主义者比作是打造了一个全新的社会主义者，并向共产主义迈出了第一步的工程师；纳粹则更容易被理解为追求种族恢复的考古学家。纳粹有意识地强调所谓永恒不变的种族特征，这意味着挖掘和再次唤醒沉睡在错误历史变革瓦砾之下的德国人民的素质。[9] 尽管纳粹“血与土”思想具有这种返祖的核心，却并不是一个希望扭转历史时钟的反现代运动。纳粹不仅招募了许多科学家，包括医生、优生学家、生物学家和精神病学家参与他们的种族项目；他们还一再声称，国家只能希望在高生产力工业部门的帮助下，在经济和军事上坚持自己的立场。纳粹除了提倡生产力的观念之外，还敦促“民众团体”效仿经常坐汽车和飞机旅行的希特勒，“借助最新科技设备，采取彻底的现代生活方式”。简言之，纳粹试图创造一个渗透着现代性精神的高度技术化的环境，在这种精神激励下，德国人民不可改变的种族特征才将蓬勃发展。[10]

纳粹者对科技的迷恋有助于解释为什么希特勒在上任还不到两周的时间里，却肯拿出时间来参加 1933 年 2 月 11 日在柏林举办的国际汽车和摩托车展览会的开幕式。尽管魏玛共和国总理拒绝了类似的邀请，但独裁者却欣然接受了，这是本次展览会的组织者向他的竞选基金捐赠 10 万马克而作的姿态。事实上，希特勒的爱车情节由来已久。他从来没学过开汽车，但是自 20 年代中期以来就开始非常喜欢乘坐梅赛德斯品牌的高端豪华轿车。这辆车是该党赐给他的，由他自由支配使用。希特勒在德国柏林首席汽车经理面前宣布，汽车可“与飞机相提并论”，都可被列为“人类最神奇的交通工具”。他的政府，这位领导人继续说道，将打破之前的政策；据说这些政策“对德国汽车生产造成了极大的破坏”，而不是“促进这一未来的重要行业”。希特勒自上任伊始，便开始推行汽车友好政策，为寻求“民众之车”奠定了思想意识背景。[11]

“鼓励体育赛事”是希特勒在 1933 年 2 月向德国汽车经理们作出的第一个承诺。在 1933—1939 年，国民政府向戴姆勒—奔驰和汽车联盟举办的赛车队支付了 500 多万马克的补贴。这笔钱还不足于支付汽车比赛费用的 1/4，却给了这两支车队一个竞争优势，并促成了它们在欧洲赛道上的空前霸主地位。从 1934 年到 1937 年，德国汽车在 23 项大奖赛中至少赢得了 19 项比赛，创造了每小时 250 多英里的多项速度纪录。这些比赛在数十万观众面前举行，其意义远远超出了他们以速度见长的群众性场面的特征。正如 1936 年轰动一时的摩托杂志报道中所说的那样，竞赛在汽车联盟的 V-16、5.8 升、450 马力的汽车与配有 8 缸、4.2 升和能产生 420 马力发动机的梅赛德斯—奔驰的“银箭”之间展开，这说明德国制造的“现代赛车”“绝对主导”了这个汽车运动的时代。与此同时，党报将赛马场上的胜利解读为“德国技术的重要性和德国崛起的意愿”。1933 年后，媒体多次将胜利描述为国家迅速复兴的证据。1936 年，当德国的竞争者占据摩纳哥领奖台上的所有 3 个位置时，一位记者用一句话来庆祝这一壮举，根据后来的发展，这句话有了很大的不祥内涵：“德国以优越的举止赢得了一场激烈的战斗，现在我们要继续战斗。”[12]

如果说促进汽车竞赛反映了纳粹对国际霸权的好斗欲望，

希特勒在 1933 年 2 月于柏林宣布的第二项倡议就承诺了在国内展开全面重建计划。据独裁者说，“实施一项慷慨的道路建设计划”是国家高度优先的一项任务。根据魏玛共和国的建议，该政权在 1933 年 6 月公布了一项野心勃勃的计划：在 5 年内完成 6 000 千米的四车道、长途高速公路或高速公路，从而启动了规模空前的道路工程。与提案的野心勃勃性质相一致的是，对高速公路的大力宣传，即使按照第三帝国的奢侈标准衡量，这种宣传工作力度也是非同寻常的。经过源源不断的文章、小册子、照片和新闻短片庆祝这个项目的早期进展情况之后，希特勒于 1935 年 5 月在达姆斯塔特(Darmstadt)和法兰克福(Frankfurt)之间的第一段修建铁路的地方举行了一个由 60 多万人参加的、精心设计的群众仪式。该计划的协调工程师弗里兹・托特(Fritz Todt)利用这个机会对“阿道夫・希特勒的道路”大加赞扬，将其说成是“新德国的象征”。[13]

官方媒体强调，新公路在几个层面上揭示了它们的重要意义。在文化方面，纳粹认为高速公路是德国创造活力的证明。不久，被称作“帝国金字塔”的高速公路将把第三帝国铭刻在“世界历史之书”里，一家徒有其表的党报如是宣称道。纳粹希望通过筑路来巩固他们进入世界文化遗产的道路，便将这个基础设施项目与“人民社区”联系在一起。纳粹党的一位官员在 1935 年预测，除了未来的商业优势外，新的、舒适的道路将“连接整个德国的人民”，从而增强人民之间的凝聚力。[14] 支持者们还将高速公路视为对工业化影响的补救措施。一本小册子解释说：“我们生活在一个技术时代，我们越是拥有它，就越渴望回归自然。由于汽车可以很快的速度行驶很远的距离，因此它也可以把汽车当作通向大自然的桥梁。同时，高速公路还是技术最先进的道路，是人类与景观之间的中介。”根据“血与土”的福音观点，为把城市和乡村连接起来提供了再生的源泉，这个论点还暗示，高速公路将有助于维持工业化德国的种族基础。最后，但并非最不重要的是，人们期望高速公路通过一个庞大的公共工程项目来促进“民众团体”的恢复。希特勒许诺招募 30 多万失业工人，为国民经济注入 50 多亿马克。1933 年，他还吹嘘说，高速公路标志着“德国大众汽车制造厂建设的里程碑”。[15]

尽管围绕高速公路大张旗鼓地支持了这样一个假设：公路建设支持国家的复苏，减少失业率，但这项计划却大大低于政府的承诺。[16] 高速公路从未雇佣超过 12.4 万名工人。在纳粹德国时期，这一承诺与其他创造公共就业项目非常雷同，“对失业率的持续减少贡献甚微”。纳粹德国的失业率下降是因为 1932 年夏，也就是说在纳粹掌权之前的半年，经济开始全面复苏。一旦该政权掌权，其经济刺激源于债务驱动的军备驱动，破坏了公共财政，导致建筑材料和人力严重短缺，从而延误了道路建设。尽管没有别的国家能像 1942 年纳粹德国那样拥有 3.9 万千米四车道高速公路，但其高速公路网络仍然凌乱不堪，而且落后于计划数年。在经济和基础设施方面，公路项目是一个巨大的失败。尽管如此，宣传仍然强调高速公路增强了劳动力市场、民族凝聚力和种族再生的能力，并在机动化政策与振兴“民众团体”之间建立了牢固的联系。[17]

除了启动一个建设项目，该政权还试图将德国不断扩大的道路变成公共场所，以展示德国的大众化、沙夫特和其行为方式。其他举措也指向了类似的意识形态目标。如果机动化政策有助于德国社会重塑纳粹“民众团体”的形象，那么政府内部的争论就远远不止需要改善基础设施这一个议题。除了启动一个建设项目外，该政权还试图把德国不断扩张道路变成公共竞技场，将大众汽车、斯卡夫(schaft)及其行为精神昭示于众。为了使道路使用者的行为符合“民众团体”的概念，政府在1934年5月进行了一次影响深远的尝试，重塑了德国商贾式的交通文化，并通过了新的《帝国公路法规》。这个新的框架取代了先前参差不齐的区域道路法规体系，其中速度限制在德国各地差异就很大。除了提供新政权巩固其权力的“协调”(一体化)范例之外，这项倡议还致力于为国家驾驶文化注入新的行为标准。该法典在第25段里规定“公共交通的每个参与者都必须以既不危及、也不妨碍、更不损害任何人的方式行事，而这一切在某种特定情况下却是不可避免的”。这一规定给GG汽车驾驶者在确定他们的道路行为方面留出了很大的余地，因为如此一来，汽车驾驶者只要不危及对方几乎就可以做任何事。1934年，一位记者曾评论说:“只要道路上空闲着，人们就可以根据自己的意愿来开车。”他明确地补充说，如果在双道车道上没有迎面驶来的车辆时，汽车驾驶者不必非得保持靠右边行驶。此外，该法规取消了所有的限速规定。以前汽车和其他车辆在建成区被禁止以超过20英里的时速行驶时，纳粹政府把适当速度的决定权留给了那些开车的人。新的交通法规限制了政府的控制，对司机寄予相当大的信任，并赋予他们前所未有的自由，这一举措似乎与政府的独裁性格不符。[18]

在某种程度上，公路法规是对汽车游说团多年来一直反对限速呼吁的回应。此外，新的指导方针与更广泛的反对假定的对道路过度管制的欧洲运动相适应，例如，英国立法者在1930年废除了所有限速。在英国，立法者废除了速度限制，因为他们认为中产阶级驾驶者占了英国车主的大多数，他们有遵守“非正式、绅士行为准则”的自律。从而使鲁莽驾车的发生率变得最小化。[19] 虽然德国政府也相信非正式的公约能够指导道路行为，但这位英国绅士并不是纳粹行动的灵感来源。相反，却使帝国的交通法规上升到了“纳粹思想”的法规层面，1934 年，一本名为《把枪支交给人民》的政党党籍手册如是说。由于它赋予了驾驶者更多的自主权，取消了速度限制，公路法规及其第 25 段规定，除了助长无政府主义外，什么作用也没有；相反，却把“公共利益凌驾于个人利益之上”，因为相互义务感应该会控制道路行为，该刊物如是解释说。《把枪支交给人民》这一极具扭曲且充满了讽刺意味的标题，号召驾驶者们遵守“人人为大家着想”的格言。在纳粹德国，这绝不是对行驶在路上的谨慎行为的孤立诉求。正如党报的沃尔基切尔·贝博切特(Völkischer Beobachter)所说的那样：“用强大的马力驾驶一辆大轿车……增加的并不是(驾驶者)的权利，而是驾驶者体谅他人的义务。”直到 1939 年，希特勒仍然大力支持这一原则，谴责那些“不体谅地对待他人的同志(大众)的人，认为他们从根本上就不是什么纳粹者”。[20]

党政官员和新闻界宣称“骑士精神”和“自律”是培养驾驶风格的美德，这种驾驶风格在没有限速的情况下可以防止混乱并维持“秩序”。[21] 当这种相互体谅的精神延伸到所有公路使用者，从道路行人和骑自行车者，再到摩托车手和汽车驾驶者那里时，就会建立起一种新的“交通共同体”(Verkehrsgemeinschaft)。根据上文所引用的党籍手册，“交通共同体”这一概念的目的是提供一种“民众团体的镜像”，常被党员、交通专家和法律评论员所引用。从 1938 年起，一本写给车主的入门书里也提到了类似的问题：“驾驶者，给车轮后面的同志友谊和骑士精神树立了一个榜样。交通共同体是民众团体的一个组成部分。”[22] 虽然“交通公同体”原则上不限男女，但反复强调的“骑士精神”表明，按照国家社会主义根深蒂固的、等级分明的性别观念，该政权希望汽车驾驶者主要是男性。

“交通共同体”这个原则占据了纳粹意识形态的几个核心问题。对于每个人，从低微的行人，到自行车手，再到摩托车和车主来说，“交通共同体”的目的就是“弥合现有的阶级对立”，正如《把枪支交给人民》一书中所宣称的那样。与此同时，这一制度绝非以使不同道路使用者之间的等级制度趋于平等为目的，而是为了推广一种代码，该代码承认并缓和了少数高动力汽车驾驶者与多数动力不足汽车驾驶者之间的差异，或者是与根本没有交通工具者之间的差异。“交通共同体”顺利运行的责任主要由它的“成员”承担。道路使用者本人，尤其是汽车驾驶者必须承担一种特殊的责任，因为他们处于等级的顶端。当局在这个新的共同体框架中只是扮演了一个背景角色。与其说是国家机构，包括警察在内，严格控制日常的交通事务，不如说是按照上面的指令，把重点放在汽车驾驶者教育上。交通事故的肇事者固然要面对惩罚，但是，正如一位法律评论员所说的那样，新交通秩序的特点强调的则是“特别宽宏大量”的精神，相信道路上的德国人在相互尊重的基础上能够找到一种富有活力的方式。[23]

因此，集体主义和个人主义因素构成了“交通共同体”概念的特征。毕竟，只有当清楚驾驶者和其他道路使用者拿出足够的个人主动性来扮演各自的角色时，参与交通才有可能产生一种共同体感。纳粹不仅仅将大批德国人投入汽车使用的大军中，还确实设想过大规模地动员个人加入其中。除了支持他们追求“交通共同体”外，这种对个人的认可也是为了增强纳粹领导人对汽车的解放意识。1933 年 2 月，希特勒在柏林车展的演讲中，通过将汽车与铁路进行对比，阐明了汽车的解放作用，说铁路的既定路线和时间表“终结了个人在交通运输中的自由”。然而，汽车的到来给人类一种服从自己命令的交通方式。……“不是时间表，而是人的意志”决定了汽车的行程。因此，法律专家指出，只有在这个制度下，通过立法的方式保证“最大交通自由”来支持汽车的解放性能的做法才适应这个政权。在无数次庆祝集体主义活动中，政府在其机动化政策中都把自己标榜成个人主义的拥护者。[24]

当然，纳粹的“交通共同体”是建立在个人主义上的一种极为狭隘的、歧视性的变种。在意识形态上，它与种族同质的“民众团体”很接近，可以预见，它没有给德国的犹太居民以任何地位。早在 1933 年 5 月，国家的主要汽车俱乐部，ADAC，就把它的犹太会员扫地出门了。1938 年 11 月 9 日发生的所谓的“克里斯蒂尔纳赫特”（或称“碎玻璃之夜”）暴力事件中，91 个犹太人死亡，267 个犹太教堂和大约 7 500 个企业遭到破坏。这次暴力事件发生后，在反犹太背景情况下，国家禁止犹太人驾驶者在国家的道路上行车。在接下来的一个月里，政府又禁止犹太人进入文化机构，剥夺了他们的福利待遇，同时还掀起了一波征用潮。1938 年 12 月 3 日，警察局长、党卫军首领海因里希·希姆勒（Heinrich Himmler）禁止所有的德国犹太人驾驶和拥有汽车。时年 57 岁的犹太裔教授，维克多·克伦佩勒（Victor Klemperer）三年前通过考试后成为一名热情的汽车驾驶者，他准确地解释了希姆勒的法令：“犹太人‘不可靠’，因此不允许犹太人开汽车。”此外，犹太人的驾驶行为还有辱德国的“交通共同体”,尤其是因为他们居然敢用德国工人亲手建造的高速公路。[25] 这个禁令对我们打击非常大。“交通共同体”中的个人因素因此与政府的种族主义关注紧密相关。在第三帝国,汽车的推广是与反犹太主义齐头并进的。

“交通共同体”最终还是辜负了纳粹的厚望。废除限速以及相对宽松的交通监管使得当局无法应对居高不下的致命交通事故。在1933—1939年,每年有6 500—8 000名德国人在路上丧生,这一点表明在欧洲德意志帝国中,交通环境最危险。1939年,希特勒严厉地抨击这种强劲的势头。他咆哮道:“那些夺去全国7 000人生命,令3—4万人受伤的家伙简直就是撒向人民的瘟疫(Volk)。他们的行为是极不负责任的,因此对他们的惩罚也是理所当然的。”认识到粗心驾驶和“超速”为事故引发的主要原因,独裁者间接地承认了政权的监管政策失败了。于是,政府于1937年11月修改了公路法规,允许警察不仅可以起诉直接对撞车负有责任的汽车驾驶者,而且还可以起诉那些危及交通但并未造成事故的汽车驾驶者。由于死亡率仍然居高不下,1939年5月,该政权又向前迈出了一步,重新实施了时速限制规定:在城镇的时速限制为大约40英里/小时;公路上的时速限制为大约60英里/小时。政府自己承认,太多的道路使用者在驾驶汽车时没有做到谨慎驾驶。这位纳粹驱动者仍然处在一个虚构的意识形态中,然而,政府的监管政策就建立在这个人物的身上。[26]

然而,除了车轮后面的无情行为之外,正是汽车在德国社会中的不断增加,为一个发展成熟的“交通共同体”设下了最重要的障碍。如果像希特勒在1934年宣布的那样,政府将汽车视为“最现代的交通工具”,那么以行人和骑自行车者为主导的道路使用者群体就远远不符合纳粹在技术发展前沿对德国的设想。可以肯定的是，在纳粹执政后，汽车的销量稳步增长。在1932年的失业高峰时期，汽车市场实际上毫无生气。那一年，为了省钱，车主们几乎让1/3的德国汽车退役了，经销商们只卖出了4.8万辆汽车。第二年，新车销量上升到9.4万辆。这一上升趋势在一定程度上反映了1933年政府给予的免税政策，这项政策把汽车维修费减少了15%。1933年12月底，政府还降低了驾驶执照的费用。汽车市场的扩张一直持续到"二战"爆发。1937年，注册汽车数量首次超过100万辆，1939年竟达到了130万辆。除了政府的财政缓解之外，更广泛的经济复苏支撑了销售，同时制造业成本的下降也起到了同样的作用。例如，欧宝将23马力的4座P4型汽车的价格从1934年的1 990马克/辆降低到1936年的1 450马克/辆。此举帮助通用汽车子公司巩固了在德国的主导地位，使其市场份额超过了40%。虽说在1932—1937年，汽车的拥有率从每135人拥有1辆汽车，上升至每61人拥有1辆汽车，但这种趋势并没有缩小德国与西欧对手之间的竞争差距。毕竟，英国和法国在10年前就已达到了类似水平。[27]

大约在执政一年后，政府野心勃勃地呼吁大规模机动化，以实现一个技术现代化、高度机动化的"民众团体"。1934年3月，希特勒上台执政大约一年后，又回到了在柏林举办的汽车会展上，在那里他生动地讲述了全国汽车事务上的一些阴暗面，说："为了与英国和美国的现有水平相匹配，德国的汽车保有量必须从目前的50万辆分别增加到300万辆或1 200万辆。"希特勒撇开汽车行业长期存在的商业困难不说，却对全国的汽车经理们教训道:"(目前的状况)反映了我们人民的总体生活水平或其经济技术能力,这种说法纯粹是一派胡说。"在希特勒看来,这些胡说除了引起国家声望问题外,也为德国公路上相当少的汽车数量带来了一个社会问题。"据称数以百万计的体面、勤劳又勤奋的同胞们"无法考虑购买一辆汽车给希特勒留下"痛苦的感觉"。他继续道,是时候让汽车失去"以阶级为基础"的地位了,而令人遗憾的是,这种"以阶级为基础"的特点却"为越来越多的人提供了购买汽车的机会"。希特勒指出,要把汽车带到更广泛的社会阶层手中,扩大对"有用"物品的获取范围,并开发出一种丰富的"周日和节假日快乐来源",然而,这些乐趣目前仍是社会精英们的专属。简而言之,政府的目标是将汽车在德国社会中的地位从社会排斥的工具转变为凝聚力的工具。

希特勒认为"德国汽车工业最重要的任务是推进汽车的建设,从而不可避免地研制出一批拥有数百万新买家的汽车",而这一状态的转变责任就落在了汽车生产厂家的肩膀上。特别是,汽车必须"调整价格以适应数百万潜在买家的消费能力"。当希特勒呼吁汽车工业为德国的全面机动化设计一辆廉价的汽车时,他概述了他是如何预计自己的奢侈需求将得到实施的,他敦促汽车行业应仿效无线电行业的做法。在 1933 年 5 月至 8 月期间,该行业在约瑟夫·戈培尔(Joseph Goebbels)宣传部的主持下成立了一个财团,为低端市场开发和生产简易无线电设备。[28] 由官方命名的"民众之接收器"(Volksempfänger)。这种设计简单的收音机只需要 76 个马克便可购得,价格上比传统收音机低了大约 1/4。这款"民众之接收器"的销售非常火爆,在投入生产后的 4 个月内便吸引了大约 50 万订单。能有如此旺盛的销售量部分原因在于付款计划允许客户分期付款。然而，这种无线设备在国际市场上却全然无竞争力可言，眼下国际市场主要由更精密、价格与美国无线电设备相仿的产品所主导，其销售量远远超过了德国同类产品。在这款收音机提高了政府向国内传播宣传信息的能力之时，“民众之接收器”将收音机带到了德国人的手中，在此之前德国人认为这种消费品是难以负担的奢侈品。[29]

希特勒在一次关于经济型汽车的演讲中提到了“民众之接收器”，他不只是向汽车工业推荐了一种在不同环境下被证明成功的设计和生产协作方法，还将廉价汽车与越来越多的消费产品结合起来；通过这些产品，政府试图证明新兴的“民众团体”将如何提高普通德国人的生活水平。多年来，媒体上出现了各种各样的“民众之产品”报道，宣传者总是不厌其烦地重复着所有这些宣传报道，证明纳粹在致力于把一个以短缺为特征的经济体扔进历史的垃圾桶。政府承诺，“民众之冰箱”“民众之电视机”“民众之公寓”“民众之拖拉机”和其他计划中的商品，将跟随“人民之接收器”，引导大众汽车这一成员进入一个富裕和技术现代化的新时代。于是，“民众之车”因此而构成了纳粹消费社会更广阔视野的一部分。最近在严重衰退的背景下，伴随着大量失业和明显的收入下降，大量“民众之产品”的前景给这个政权披上了一层大胆的经济外衣，其乌托邦主义完全符合纳粹自封的民族革命者形象。尽管大多数人仅限于观看汽车在大街上经过，或者在赛马场、展览会上以及光鲜亮丽的休闲杂志上欣赏它们，政府还是承诺通过扩大汽车保有量，将普通德国百姓从旁观者变成现代性的实践者。[30]

希特勒在1934年柏林车展上的讲话中避开了“大众汽车”或“民众之车”这个词，但许多人都知道这就是他的意思。“那么谁来制造民众之车呢?”展览刚一结束,汽车杂志《汽车与体育》就提出了这个问题。[31] 这个问题立即让汽车工业感到头痛,当获悉帝国交通部制定的汽车规格时,这个问题变得更加严重了。到了第二年夏天,官员们要求看到一辆能坐 4—5 名乘客,价格不超过 1 000 马克,最高时速可达 50 英里,耗油量为每 100 千米以上在 4—5 升的样车;这样一款汽车只要在上面安装上机关枪,就可以轻轻松松地改装成军用汽车。政府明确表示,从技术角度上讲,“民众之车”旨在从根本上区别于魏玛时期汽车市场上的低端小型、空间狭小的车辆,魏玛时期的汽车以极低的速度行驶时,很难容纳 4 名乘客,政府的目的却是以一个特别有吸引力的价格推出家用汽车。

德国汽车制造商或许对政府支持汽车的总体立场以及 1933 年颁布的减税政策感到高兴,但对这种价格合理的汽车的呼吁却让商界感到根本不可行。虽然对军事适应性的要求可以通过设计一款不同的车体来满足,但其他的几项规定则令汽车工业陷入了困境。行业里没人认为政府设定的最后期限是现实的。此外,当时的新款小型汽车的经销价格大约是 2 000 马克。当然,德国汽车业的高管们都明白,低廉的购买价格和维护成本是汽车大众化市场的先决条件,但是,一辆目前以半价销售的汽车如何产生利润,则超出了他们的想象能力。至于这款汽车是如何在未经德国试验的情况下制造的,以及谁将为如此巨大的投资提供资金,都是汽车行业甚至在 1934 年没有开始考虑的问题。简言之,汽车企业家们认为希特勒提出的“民众之车”的要求完全不切实际。[32]

国家的主要生产商没有冒着激怒希特勒的危险公开表达他们的关切,而是拖延时间。他们指示游说机构——德国汽车工业联合会(RDA),向一个研究协会捐赠 50 万马克,并将开发样车的任务交给了一家工程咨询公司。这一举动背后隐藏着一个显而易见的希望。根据希特勒野心勃勃的要求,一位无党派专家将证实这份简报不切实际,并促使政府修改或放弃对“民众之车”的追求。德国汽车工业帝国联合会预计咨询过程将达到预定的结果,至少说车辆的规定价格很低。在这一点上,汽车工业严重低估了这个项目在未来几年中将获得的活力。事实上,汽车制造商给这个项目提供了一个物质基础,并无意中扮演了一个决定性的角色,因为他们找到了一个工程师,这位工程师无意中作为“民众之车”的承办者被载入了史书[33]。

费迪南德・保时捷出生在 1875 年,是个地地道道的奥地利人,像希特勒一样,在德国追求着自己的远大志向。1934 年,当德国汽车工业帝国联合会在斯图加特(Stuttgart)联系他的咨询公司时,这位老人正在赶时间。在 1918 年前,费迪南德・保时捷凭借曾为奥地利军队设计豪华汽车和重型野战火炮牵引车赢得了他的汽车业的复苏。奥匈帝国崩溃后,他搬到了位于斯图加特的戴姆勒工厂,在那里他负责监管超动力 SSK 梅赛德斯(Mercedes)的研制工作。这款汽车在 20 世纪 20 年代末和 30 年代初引起了欧洲赛道的关注。1929 年,由于成本严重超支以及小型汽车试验中的技术故障,他失去了戴姆勒—奔驰的工程的总监职位。毫无疑问,保时捷是个足智多谋的工程师,但他的火暴脾气和无视金融纪律的个性也是众所周知的。尽管后一种品质使他在 54 岁时,在工业界享有不可雇佣的完美主义者的声誉。在 1931 年后的几年里,他在斯图加特的自由职业咨询公司里组建了一支充满了想象力的汽车工程师团队,致力于制造技术先进的汽车。[34]

虽然德国汽车工业帝国联合会的策略最初似乎取得了成效，却未能阻碍“民众之车”的进展。保时捷和他的团队可以借鉴他们之前为摩托车制造商尊达普（Zündapp）和 NSU 所做的关于廉价经济型汽车的研究，但是当他们在 1935 年 6 月提出一个关于二冲程一升发动机的方案时，却无法隐瞒其零售价定位在 1 400—1 450 马克的现实。德国汽车工业组织召开的技术委员会上得出的结论是，保时捷未能达到始终定位在每辆车 1 000 马克的目标价格标准。然而，这次挫折并没有给这个项目，或者说给保时捷在其中所起的作用造成什么损害，因为到了 1935 年年中，这位工程师已经在技术问题上成为希特勒的信心。1933 年 5 月，保时捷因回报希特勒的信任而得到了希特勒的高度赏识。当时这位工程师作为汽车工会的一个代表团成员，正在游说新政府首脑为汽车比赛提供补贴。保时捷汽车联盟开发团队精通资金运作，在短短几个月内便赢得了比赛，从而伴随着欧洲赛道上的成功，为德国的复兴带来的新闻繁荣奠定了基础。[35]

保时捷在担任“民众之车”总设计师一职时，非常注意与希特勒培养友好关系。他热情地报道了这个项目，刻意避免提及许多技术问题，例如，困扰着他的团队设计轻量、坚固、经济的发动机的技术问题。当那些持有怀疑态度的大型汽车制造商代表们私下揶揄这种“民众之车”为“希特勒的宠儿”时，保时捷留给希特勒的印象一定是“实践家”的典型，而纳粹报界则因他坚持不懈地排除令人生畏的障碍对他表示尊敬。除了有选择地接近真相，保时捷还具有给领导留下深刻印象的本能。1936 年 7 月 11 日，当这位工程师偷偷带着两个先进的样车到奥伯萨尔茨堡（Obersalzberg）——希特勒的巴伐利亚山庄隐居处，在向包括赫尔曼·戈林(Hermann Goring)和高速公路计划负责人弗里茨·托德(Fritz Todt)在内的一些党内大人物展示时,他取得了一次特别的成功。那个场景给希特勒留下了持久的印象。几乎在6年后,在"二战"期间,他仍能回忆起"这些人开着汽车在奥伯萨尔茨堡上上下下来来回回地开着,大黄蜂似的围着他那辆大型梅赛德斯汽车嗡嗡作声的情景"。[36]

与此同时,由于保时捷为了一款汽车要求越来越多的资金,引起了德国汽车工业帝国联合会的警惕。正如德国汽车工业逐渐意识到的那样,这款汽车有可能成为小型汽车市场技术成熟的竞争对手。当德国汽车制造商联合会最终在1938年从与保时捷的合同中退出来时,它所资助这个项目已经耗用了不少于175万马克,这可是一笔巨款,足以使希特勒的随便哪个工程师都可以将他先前苦苦挣扎的咨询业务建立在一个健全的财政基础上。德国汽车工业帝国联合会试图用几份关键备忘录来抨击保时捷,但意识到自己别无选择,只能对他有求必应,开放资金,以免加剧与希特勒之间的紧张关系。1936年,希特勒回到柏林车展,发泄他对全国汽车经理缺乏热情的失望,说:"我已经下达了命令,决定以无情的决心继续为德国'民众之车'的制造做好准备。"他宣布道:"我会给他们一个结论,先生们,这将是一个成功的结论。"[37]

然而,两个重要的、紧密联系在一起的问题似乎都很棘手。保时捷的试验汽车没有一辆能以希特勒为了确保广泛的公众吸引力而坚持的1 000马克的价格生产和批发。这一关键障碍使人们对制造这款汽车的问题深感暗淡。毕竟,这个项目所承诺的只有损失,别无其他收获。从总体来说,对这两个问题的解决办法都带有希特勒无视总体经济管制的特点。1936年7月

11 日，在奥伯萨尔茨堡（Obersalzberg）展示两辆样车之后，独裁者欣喜若狂地下令将样车零售价定为 990 马克——这是一个极具象征意义的数字，这个数字可能标志着汽车的经济承受能力，但却缺乏所有财政上的可行性。同日，政府核心圈子决定把现有的汽车制造商排除在“民众之车”的生产之外。取而代之的是，计划建立一个年产量为 30 万辆汽车的新工厂，该厂将在 1938 年初开始交货。

保时捷并没提醒希特勒这项计划在财政上不现实的性质，而是嗅到了一个追求个人抱负的机会，这个抱负远远超出了他作为样车设计师的任务范围。戴姆勒—奔驰公司总裁罗伯特·阿默斯（Robert Allmers）经过几个月的观察说道：“我不禁会产生这样的印象，保时捷正在酝酿着成为一家大型专用汽车制造厂技术总监的梦想。”换句话说，希特勒最喜爱的工程师毫不掩饰地希望这位领导人能够为“民众之车”建造一家新工厂。作为该项目的最忠实支持者，保时捷显然有着掌管这家工厂的很好机会。1936 年秋，他前往密歇根考察这家世界上最先进的汽车工厂。福特汽车公司坐落在鲁日河畔的工厂引起了他极大的好奇心。[38]

为“民众之车”建造一个大型工厂的决定，揭示了希特勒和保时捷是如何在保证他们的野心和共同挑战经济基础的同时相辅相成的。保时捷以他的样车向希特勒保证，这个“人民共同体”大众机动化的愿景是希特勒政权触手可及的。与此同时，通过为保时捷提供“民众之车”设计师和生产基地经理的双重角色，纳粹政府向这位工程师展示了一个终身的职业前景：他可以把自己变成德国的亨利·福特。对政治的迷恋助长了希特勒的激情，而保时捷的主要动力则是技术上的渴望。

费迪南德·保时捷(1875—1951)的庆典肖像。保时捷监制了第三帝国"通过快乐获得力量之车"的创建,成为纳粹德国最出名的工程师之一。(联邦德国,图像183-2005-1017-525)

保时捷在公共场合中总是穿三件套装,而不是政党制服,小心翼翼地拉开与纳粹官员之间的距离,他在塑造一个非政治专家的形象。不过,无论外表装束如何,保时捷绝不是一个政治上保持中立的工程师。为了确保与保时捷的合作,种族主义政府操纵了这个工程师。相反,保时捷在政权内部却成了一个有影响力的玩家。在推动"民众之车"前进之时,保时捷积极寻求希特勒的支持,因为他充分地意识到独裁政权能为他提供私营企业无法提供的机会。[39]

在希特勒的支持下,精明的保时捷在第三帝国诸多权力中心之间游刃有余地转战腾挪,他甚至把他的咨询公司置于开发一款与后来生产的大众汽车非常相似的汽车位置上。虽然这款汽车与费迪南德·保时捷的名字关联最密切,但它的存在还是要归功于保时捷咨询公司的诸多专家,如车轴、变速器、悬架、发动机设计和其他领域的专家。例如,厄尔文·柯曼达(Erwin Komenda),此人侧重研究这款独特的圆形车身。斯图加特的工程师们也没有在概念真空中工作。他们从27岁的匈牙利籍失业工程师贝拉·巴恩尼(Béla Barényi)那里借鉴了大量的设计思路。贝拉·巴恩尼设计的配有空气冷却式后置发动机、经济型圆形小汽车图册于1934年在法国汽车出版社出版。空气冷却式发动机和流线型车身设计对塔特拉T97(1937年首次在捷克斯洛伐克制造)负有重要的智力债务。

与此同时，希特勒对汽车的设计没有产生什么直接影响。他最初对后置发动机的反对在最终产品上也没有留下任何痕迹，而且样车的轮廓与独裁者在 1934 年 3 月与保时捷会面时画的铅笔草图没有任何相似之处。[40]

从斯图加特车间里生产出来的是一款技术先进的经济型汽车。它的心脏是一个后置四缸、一升、箱式、对置发动机。只要拧开两个紧固螺钉，就可以轻而易举取下发动机修理或置换。按照当时的标准，动力可提升到 23 马力，这对于一辆只有 4 米多一点的小型汽车来说可谓是一款强大的组合体了。把发动机安装在汽车后部可以直接将扭矩传递到后轴上，既确保了有足够的压力落在后轮上，也因此而改善了抓地力。紧凑的对向设计，短小的水平对置发动机气缸使得活塞移动速度相对较低。这种设置安排除了保留宝贵的空间外，还减少了磨损，从而保证了使用寿命以及低运行成本。工程师们选择的空气冷却式设计，将汽车的重量限制在 1 000 千克左右，同时还提高了燃油效率，使每一百千米的耗油量大概保持在 7 升左右。空气冷却式技术方案还意味着冷却剂既不会沸腾也不会冻结，即使发动机处在极端的天气条件下也能照常工作，同时还减少了温度在零下时保护车辆的需要。装有这种发动机的汽车，保证了坚固的性能和维护保养简单的特点，毫无疑问，这些特点为后来的军事改装提供了首要条件。然而，首先也是最重要的是，这款汽车的技术特性确认了对繁琐的维护要求以及更广泛人口所面临的财政紧缩的抱怨，这两个因素都阻碍了德国在 20 世纪 20 年代实现机动化的设想。空气冷却式汽车除了将运营成本降到最低以外，在冬天也可以将其停在户外，这一特点对于车库严重短缺的国家来说是一个重要的考虑因素。“民众之车”在设计阶段得到了大量的资金支持，这是对“二战”期间德国普遍存在的物质匮乏文化的一个回应。[41]

保时捷工程师心心念念地想着降低运营成本的必要性，但这款汽车绝不能被视作是个廉价物品。这款汽车的高离地间隙和封闭、坚固的车身底盘使得汽车能在崎岖不平的地面上行驶；其单独的车轮悬架，置于汽车前部的扭杆，又保证了行车的良好性能。保时捷咨询公司为汽车配备了四个齿轮，这一创举使得这款汽车的行驶状况比仅仅装有两三个齿轮的传统式经济型汽车更加顺畅。由于它能够在长距离内保持每小时 60 多英里的最高速度，“民众之车”已经做好了在高速公路行驶的准备。工程技术团队还采用了供暖系统作为标准配置，这对于 20 世纪 30 年代的所有欧洲产的汽车来说是一个昂贵的配置。在外观方面，全钢质车体绝不是国际标准，即使对于 30 年代美国的高档汽车来说，也是该车的最显著特点。这款经过空气动力学测试的圆形外壳设计可容纳多达 5 人，它赋予了小型汽车流畅的流线型轮廓，吸收了国际装饰艺术风格的美学元素。[42]

1937 年夏，保时捷安排了一次德国汽车迄今为止所经历的最广泛和最昂贵的道路试验。用的是戴姆勒—奔驰在斯图加特制造的 30 辆样车，测试距离超过 250 万千米，花费了大约 50 万马克。这一道路试验证实了保时捷团队组装的汽车无论在技术上，还是在美学上都体现了该产品的勃勃生机。与第三帝国时期在小型汽车领域占主导地位的箱式汽车相比，“民众之车”的外观设计更加现代化，达到了更高的速度，所依托的结构异常坚实。在 20 世纪 30 年代末期，除了其他已上市销售，或者是即将上市销售的欧洲经济型汽车之外，德国的“民众之车”也算是脱颖而出了。“民众之车”与装有两座水冷式半升前置发动机的菲亚特500相比，空间更大，舒适性也好了许多。1936年菲亚特500推出后，意大利民众就将它昵称为“Topolino”或“小老鼠”。自1937以来，雪铁龙特别为法国乡村汽车驾驶者开发的2CV配置了一个带有三档变速箱的两缸前置发动机。这款汽车可以大约30英里/小时的最高速度驱动一辆重量还不到400千克的车辆，这种造车方法优先考虑了重量轻于斯图加特的德国工程师所青睐的坚固性。当菲亚特和雪铁龙选择制造集经济型汽车与紧缩型汽车技术于一体的汽车时，保时捷的样车所采纳的工程技术几乎丝毫没有把经济纳入考虑的痕迹。“民众之车”的技术人员为了让汽车驾驶者保持低成本持有，在技术上采用了比意大利和法国同事更加雄心勃勃的解决方案。当然，这种汽车制造工程方法也给出了一个理由，用于说明为什么保时捷设计生产出的车辆不可能低于1 000马克。[43]

由于希特勒推迟作出关于在1936年间生产设施的决定，直到1937年2月人们才清楚在哪里，如何制造这款汽车。德国劳动阵线(Deutsche Arbeitsfront，简称DAF)的负责人，罗伯特·莱伊(Robert Ley)让他的组织发挥了作用。1933年5月，工会被取消了，取而代之的是德国劳动阵线，作为独裁者，该组织主要关注的是劳工管理问题，并成了该党的最大机构。实际上该机构要求所有“雅利安”劳动力都必须加入其中。德国劳工阵线拥有庞大的缴费成员以及从工会没收的财产，是为数不多的几个有能力参与到“民众之车”项目中的机构之一。在1937年，莱奥弗(Leyover)目睹了几个关键决定的制定。根据他规定，该工厂必须建在汉诺威(Hanover)以东约45英里的深郊，靠近鲁伯格·海德(Luneburger Heide)的法勒斯雷本(Fallersleben)，因为靠近米特兰德卡纳尔(Mittellandkanal，德国中部的船运河）与连接鲁尔（Ruhr）地区和柏林铁路沿线的地方，交通十分便利。他还指派了保时捷会同几名德国劳动阵线官员第二次访问美国。在那里他们视察了汽车制造厂，会见了亨利·福特，还从福特工厂聘请了几位经验丰富的德裔工程师。莱伊在批准建造一座巨型工厂所需的 1.7 亿马克项目中发挥了重要的作用，使之拥有了自己的发电站，铸造、轧制与铸造设施，机械车间、车体车间、冲压机、工具车间和管理大楼。这些工厂计划在五年内将年产量从 1939 年的 15 万辆汽车提高到 45 万辆，最终把年度目标定在不少于 150 万辆汽车上。德国劳动阵线设想了一个真正的福特式等比例垂直整合工厂，其大规模生产能力不仅使法勒斯雷本附近的欧洲最大汽车厂的利润丰厚，而且还要超过鲁日河工厂的生产能力；该厂所受的启发就源自这家汽车制造厂。

1939 年在柏林展出了一款名为“通过快乐获取力量之车”。这款汽车由费迪南德·保时捷在纳粹政权的支持下研发，融合了“二战”后大众汽车商业成功的大部分特征。（明信片，阿希姆·巴德收藏于慕尼黑）

由于这个新的制造中心位于农村，一个几乎无人居住的地区，该政府在1938年3月还委托一家建筑公司为3—6万居民开发一个模范城市。[44]

除了提高莱伊的组织机构的公众形象外，工厂还计划与德国劳动阵线所宣称的改变工作场所劳资关系的目标保持一致。作为一种新的、理想的劳资关系形式，它从零开始建立一个庞大的制造基地，提供了一个展示"工厂社区"(Betriebsgeminschaften)是如何培养管理层和工人之间的协作精神的难得的机会。据德国劳动阵线推测，新工厂将证明生产"民众之车"的"拳头工人和头脑工人"将如何在工作场所形成一个等级森严、和谐而有凝聚力的"民众团体"的。德国劳工阵线也把大众汽车项目置于它的翅膀之下，因为这一汽车计划与消费者参与消费行为之间的关系十分一致。德国劳动阵线通过它的程序性命名的"通过快乐获取力量"(卡夫杜奇·弗洛伊德，或称KdF)部门，赞助了无数个经济拮据雇员的业余活动。低廉的郊游和度假活动构成了KdF给予的最成功的礼物，而这一礼物的赠与是以振奋工人、提高他们的生产力为最终目的。在"二战"爆发之前，KdF已经发展成为德国的一家最大的旅行社，总共为5 400万德国人组织了旅游活动，其中包括许多次前往地中海、挪威和马德拉的邮轮旅游，为此他们做了大力的宣传。在机动化计划中KdF扮演了重要的角色，承诺要增加数以百万计德国人的闲暇时间，以便与KdF自称的致力于"社会公正"或"真正的社会主义"的目的相一致。因此，在1937年下半年，KdF的官员开始在德国劳工阵线内把"民众之车"当作一项"社会工程"来带头推动。[45]

1938年5月26日，德国军队进驻奥地利两个多月后，第三帝国领导层聚集在法勒斯雷本附近的一片森林中为工厂奠基。

5万名观众，其中大多数是由专列送抵深郊，为全国广播电台现场直播长达一小时的仪式搭建了舞台。当希特勒到达时，“号角齐鸣，人声鼎沸”，党卫队几乎无法控制人群。一位当地的女学生如是兴奋地写道，因为“每个人都在向前挤来挤去，为的只是看上一眼”。在希特勒及其随行人员专用的警戒区内，有三款“民众之车”——一款是标准豪华轿车，一款是配有可伸缩帆布车顶的豪华轿车，还有一款是在阳光下闪烁着光芒的敞篷式轿车。这三辆汽车十分巧妙地摆放在用鲜亮的森林绿色植物覆盖着的木制看台前，党魁们在那里发表了演讲。第一位发言的是罗伯特·莱伊，他以一个主题结束他的演讲，这个主题后来成了一个无所不在的宣传套话，他把民众之车制造厂称作是（希特勒）最喜爱的工厂之一。KdF官员概括地陈述了汽车的技术特点后，希特勒登上了讲台，他强调长期以来自己的献身精神，声称在早期阶段他的想法一直都被认为“不可能”而遭到摒弃。最近，希特勒在国外政治上取得了一些成功，此刻正在准备为工厂奠基。受此鼓舞，希特勒得意洋洋地宣布道：“我讨厌‘不可能’这个词。”为了酬谢“通过快乐获得力量”部门的支持，这位独裁者把即将在这家工厂制造的汽车命名为“轿车”，然后表示希望整个项目出类拔萃、独树一帜，成为“民众团体的象征”。希特勒坐在敞篷车的乘客座位上，穿过欢呼的人群驱车前往火车站，费迪南德·保时捷的儿子坐在希特勒身边，为希特勒开车，而总工程师则坐在汽车的后排。[46]

一年后，“通过快乐获取力量”部门为了促销，发起了一场汽车公关风暴。除了发行特别邮票和邀请记者试驾外，KdF还在办公室、工厂、展览会、宴会和汽车赛中展示样车。该党的机构还向国际媒体示好，例如努力争取《纽约时报》对其作出有利的报道。高速公路上爬行着成千上万辆闪闪发光的小小甲壳虫汽车的前景给自己留下了印象深刻,从而不经意间获得了那个最早时使用的绰号,而这个绰号在“二战”之后成就了这款汽车的可爱昵称。然而,最为重要的是,这个昵称招来了需求,同时,大量的文章也向德国民众保证汽车的质量无可挑剔。

小册子初次印刷量为 50 万份,仅需 20 芬尼(德国硬币)。这本名为《你的 KdF 汽车》的小册子强调了这款汽车的许多设计特点,包括后置发动机和带扭力杆的悬架系统,几乎就是保时捷在其汽车联盟赛车中使用过的“复制品”。在第三帝国严密控制的媒体环境里,一份份出版物对 KdF 汽车在公路上的卓越性能赞不绝口,一致认为这款车是个“技术奇迹”。[47]

德国邮政发行了这张特别邮票以作为政府推广 KdF 汽车广泛宣传活动的一个部分。图像强调了车辆的空间感、速度和舒适性;汽车平稳地行驶在高速公路上。(阿希姆·巴德收藏于慕尼黑)

几位专栏作家强调，汽车的技术质量反映了政府承诺提供一款经济实惠的汽车，因为只有可靠的产品才能将维护成本降到最低。由于其广泛的测试阶段，这款汽车将不会患任何“婴儿疾病”，这在20世纪20年代曾如此频繁地令驾驶者烦恼不已，于是争论开始了。

Die Deutsche Arbeitsfront

KdF-WAGEN-SPARKARTE

NR. 1/606. Voraussichtliches Lieferjahr

Wagenführ Karl

Vor- und Zuname (bei Frauen auch Geburtsname)

Wohnort: Mchn. Poststation: Mchn.

Straße: Adalbertstr. Nr. 82/2.

Geboren am: 11.1.10 in: Mchn.

Genaue Berufsangabe: Vermessungsassessor

Besitzt Führerschein: ja Klasse: 3 b.

31. März 1939

Diese Karte ist ausgestellt am:

von der Kreis-Dienststelle:

Gau: Gebietsdienststelle München-Nord Augustenstraße

(Unterschrift des Ausstellers) (Dienststempel)

Volkswagen-Werk

每个希望获得KdF汽车的德国人都必须提前攒钱。每个储蓄者的信用都会被记录在一本小册子里；未来的车主在这本小册子里贴着一些带有胶水的红色小邮票，右下角就有一张。每一枚邮票价值5马克。（储蓄本，阿希姆·巴德收藏于慕尼黑）

纳粹政权对低成本机动化的承诺本身体现在990马克的汽车购买价格以及政府制定的分期付款计划里。为了购买一辆“民众之车”,德国人加入了储蓄计划,每周支付5马克,直到达到交货价格。虽然这个计划对“通过快乐获得力量项目”非常有利,因为它在生产开始之前就筹集了资金,但是莱伊却以完全不同的措辞陈述了组织机构的意图:“在德国,不应有任何德国工人不能参与的事情。”[48]

这款汽车本身就让宣传人员认为这款汽车非常适合通过快乐作为休闲组织的形象来补充力量。正如德国劳工阵线的官方杂志《阿贝特勒姆》Arbeitertum解释的那样:“KdF汽车注定要给民众团体内的每个德国成员在其闲暇之时提供放松和快乐的机会。”另一家出版物赞扬了这款汽车,说:因为这款汽车会“给数以百万计的人们带来力量、幸福和快乐,而这一点直到现在人民却只能将就而为之”。无数插图强调了这个主题,彩色图画以山为背景,把汽车置于山景之前,暗示着可以驾车去阿尔卑斯山区郊游。同时,公关照片也把家人和朋友在森林空地或湖边帐篷旁放松休闲、享受乡村生活的场景纳入其中。[49]

这些线路上的沿途广告不仅占据了传统的主题,而且对旅游目的地的推广以及汽车和摩托车的前景宣传无处不在;他们还把与汽车相关的休闲活动描绘得全然不带一点政治色彩,从而摆脱了政府对意识形态的偏见。虽然“民众之车”的存在源自与种族复兴紧密相连的意识形态冲动,但宣传材料却始终在发挥着它的非政治利益。政府的宣传坚持认为,驾驶汽车是获得许多私人乐趣的关键。

尽管如此,军国主义和其他政治主题偶尔也会悄悄地出现在看似无政治意义的广告里。例如,在KdF招股说明书中的一

纳粹党一再颂扬"通过快乐获得力量之车"是休闲娱乐的源泉。照片里的汽车停放在湖边,一对夫妇正坐躺在帐篷前面的气垫上。(联邦德国,图像 146-1988-019-16)

幅图画。画中一辆黑色的"民众之车"停放在一所独栋住宅前,住宅的男主人正在照料他的花园,在最显著的位置上站着一个小男孩,只见他用渴望的眼睛注视着那辆汽车。不管图内的主题是什么,中产阶级的幸福场面都带有好斗的痕迹。乍看上去,这个小男孩,可能是车主的儿子,看起来很是天真无邪,但他手里拖着的那个玩具大炮,却出卖了纳粹德国的军国主义文化。[50]

众所周知,由于纳粹德国政权对公共领域的严格控制,这使得衡量纳粹德国的公众舆论状况较为困难,但现存大量证据表明,德国人民对车辆作出的反应却是十分强烈的,而且兴致盎然。

一位工人的儿子回忆起他对汽车公告时的热情反应是这样的:"我完全被迷住了。你知道,随着时间的推移,每个人,每个家庭都能买得起一辆汽车，他们的计划真是好极了。”在一份秘密报告中，一位措辞严厉的社会民主党人甚至将德国社会说成是一个“KdF 汽车精神病院”。在很长一段时间内，KdF 汽车一直是人群中所有人的主要话题。在希特勒为工厂奠基不久之后，一家重要汽车杂志《电机与运动》恳求读者不要再询问有关 KdF 汽车了，因为编辑人员已经无法应对如潮水般涌来的信件了。在 1938 年 8 月初—1939 年底，大约有 27 万人在 KdF 开设了储蓄账户——1938 年初，在一个只要求 110 万辆汽车注册的国家里，这个数字就算相当可观了。[51]

许多人因工作原因加入了储蓄计划，希望通过汽车增加他们的收入能力，毫无疑问，另一些人受汽车吸引则是因为他们把汽车当作享受和娱乐的来源。毕竟，自魏玛共和国结束以来，汽车作为一种难以捉摸的休闲工具并没有失去它的吸引力。1935 年，一位来自慕尼黑的学生出乎意料地被一位富有的朋友带到农村去兜风，他在写给父母的信中几乎无法抑制自己的兴奋，说:“我们晚上 8 点钟才回到慕尼黑。我们完全被开车这种刺激所震撼。瞧我们都看到了些什么！如果乘坐火车，我是不可能游览所有这些地方的。仅仅一个下午的时间，我们就在轻轻松松、无忧无虑的驾车过程中饱览了巴伐利亚上游的全部美丽景色。”对于一些像这个年轻人那样，可支配收入有限，但前景良好的德国人来说，1 000 马克就可买到一辆汽车大大地诱发了他们的强烈欲望。[52]

KdF 汽车在不到 18 个月的时间内便吸引了 25 万多储户，不过，这项倡议最终还是导致了经济上的失败。由于纳粹领导层忽视了基本会计原则，从 1939 年的一项临时计算得出的结论是，基于迄今为止下达的订单进行生产运行，每辆车将造成

1 080 马克的毁灭性损失，大大地超过汽车的预计零售价格！德国的人口远远达不到生产量所需求的数量，而生产量甚至会使生产成本远远地超出官方价格。[53]

尽管兴趣盎然，订单数量却仍然很低，部分原因是许多能买得起汽车的德国人对这个政权缺乏信心。一些潜在客户迟迟不肯为汽车生产设施尚未开始运行的汽车提前付款，另一些人则越来越关注第三帝国日益激进的外交政策。当战争爆发时，对 KdF 汽车的申请几乎完全崩溃了。在 1940—1945 年，加入了这项计划的新储户只有 7 万人。[54] 然而，最重要的是，绝大多数德国人实在是太穷了，买不起汽车。尽管重整军备推动了更广泛的经济复苏，人们得到了充分就业，但与魏玛时期相比，收入并没有显著增加。在 20 世纪 30 年代中期，当 83%的人口月收入还不到 200 马克时，极少双收入蓝领家庭的收入会超过 225 马克。城市工人物质匮乏，生活拮据，农村的生活水平却从经济上急剧衰退的直接影响中恢复过来了，这不能不说是得益于农产品价格上涨以及政府资助的全面注销债务计划。然而，这些收益并没有把农业收入提高到允许德国农村人口能像美国人在自己国家里实行大众机动化中发挥关键作用的程度。收入较低的人存钱却不是为了购买汽车，而是更加青睐摩托车。摩托车的数量从 1934 年的 89.4 万辆增加到 1939 年的 158.287 2 万辆。在“二战”前夕，大部分机动车的发动机低于 200cc，成本还不到 500 马克，因而吸引了绝大多数蓝领客户。摩托车也因此比任何汽车都更具备“民众之车”的资格。然而，最重要的是，德国仍然是一个自行车国家。1939 年，骑自行车的大约有 2 000 万人。[55]

即使是月薪在 300—360 马克的中产阶级，作为 KdF 计划的核心客户，也只能通过削减其他方面的消费来维持他们的贡献。其结果是，因为老百姓提供“民众之车”而广受赞誉的项目，几乎变成了一个专门为那些生活在物质相对舒适的少数中上阶层者的项目。值得注意的是，为 KdF 汽车存钱的人中有 1/3 已经拥有了一部汽车。于是乎，扩大汽车使用范围计划的失败几乎立即显现出来了。1938 年，党卫队安全局编纂的关于德国社会情绪的秘密报告没有咬文嚼字：“KdF 汽车订单至今没有达到预期。”结果，第一年生产的产品卖不出去。工人的参与范围只在 3%—4%。[56]

那些付钱参与这项计划的德国人因此很失望。在第三帝国崩溃之前，1938 年 9 月以大众汽车公司名义成立的这家公司在其规模偌大的工厂里所生产的 KdF 汽车还不到 630 辆，其中大部分车辆交付给了表现突出的政权领导人。储户们的失望并不是因为费迪南德·保时捷缺乏奉献精神，他在 1938 年和 1939 年工厂的建设阶段担任了关键的管理职位，通过与政治事务管理内部的高层接触，推动工程顺利竣工。在政府将物质资源和人力资源输送到直接军事部门之时，大众汽车工厂与即将到来的战争努力的相关性成了争论的焦点。在货币长期短缺的情况下，进口汽车工厂所需的高度合理化的专用设备证明是很困难的。建筑材料，包括水泥、钢铁和玻璃也很短缺。当军方征用了建造工厂的大多数工人以加快完成位于德国西部边界的防御工事时，法勒斯勒本(Fallersleben)附近的建筑工作因为德国劳工阵线获得了墨索里尼政权的批准雇佣了 6 000 名工人，而得以继续进行下去。1939 年夏末，前来工地参观的人对规模宏大的工厂正面外观，其长度为 1.3 千米(0.8 英里)，但由红砖砌的外墙后面几个偌大的厅里却缺少许多必要的制造设备，这给他们留下深刻的印象。附近临时命名为“KdF 汽车之城”的定居点的基本状态特别引人注目，揭示了战前德国的经济就严重超支。在1939—1940年间，大约80%的居民住在木制的兵营里，因为在1941年建筑活动停止之前，居住区规划项目只完成了10%。[57]

1939年9月，当纳粹德国入侵波兰时，大众汽车的管理层放弃了KdF汽车生产计划，把重点转移到维护工厂在战争经济中的独立性。费迪南德·保时捷为了战后能把工厂恢复到民用目的，因而严重依赖家庭成员来保障工厂在战争期间的运行。就在他儿子费里(Ferry)仍然保持着明显的存在之时，他的女婿安东·皮耶奇(Anton Piech)却扮演了最重要的角色，于1941年5月接管了工厂的运营指挥权。在战争期间，工厂吸引了各种各样的军备合同，除了机动车辆之外，从生产炉灶、地雷和反坦克武器到为中型Ju 88轰炸机生产机翼，无所不包。选择大众汽车工厂作为修理厂之后，德国空军(Luftwaffe)还选大众汽车公司作为V-1飞行炸弹的主要生产基地，在战争后期，德国人作为“复仇武器”向英国发射了数千枚V-1飞行炸弹。[58]

为了保证产量的稳定性，保时捷和皮耶奇像几乎所有从事战争生产的德国工业雇主一样，游说政府争取强迫劳工。随着工人人数从1940年12月的6 582人增加到1944年4月的17 365人，外国人的比例高达60%，大约是其他武器工业生产部门的两倍。他们的工作条件反映了他们在纳粹种族等级制度中的地位。虽说丹麦和荷兰的工人经签订定期工作合同源源不断地到来，但战俘、政治犯以及来自东欧的强迫劳工却占了相当大的比例。东欧人和政治犯极有可能过着长时间工作、工作危险、营养不良、衣不蔽体、兵营木屋寒冷透风拥挤、医疗护理不到位和集中营监管式的生活。他们不仅要遭受警卫随时的暴力伤害，还要遭受随意的施虐行为，如食堂厨师在厨房的剩饭菜里掺进玻璃碎片，让营养不良的犯人在搜寻食物时受伤等。1942 年 10 月，波兰籍的朱利安·巴纳斯(Julian Banas)违心来到大众汽车公司，很快就清楚了自己的地位："当时我就明白了我不过是一个奴隶。……来 KdF 城镇的第一天就让我明白了我只是个东西，一个能干活的东西。"在经历了几十年的磨难后，"那种在对任何事情都没有任何影响的境况中的感觉"仍然困扰着他。[59]

可以肯定的是，工厂所围绕的经营目标是工业生产，而不是政治和种族迫害，但是长期的忽视加上任意的虐待造成了致命的后果。在纳粹德国的种族等级制度中，东欧囚犯的地位很低，属于经历最糟糕的囚犯。劳动力包括一千多名年轻的波兰人和白俄罗斯妇女，她们到达时就营养不良，常常甚至连鞋子和冬衣都没有，其中大多数人是在他们自己国家一次次的随机逮捕中落到了德国党卫队的手中。一些女性强迫劳工到达 KdF 时，要么怀孕了，自己却没觉察到；要么在集中营怀了孕，那里的男女囚犯是可以互相探望的。从 1944 年中旬开始，东欧妇女在孩子出生后不久就被迫把孩子遗弃在附近的鲁亨(Ruhen)村的托儿所里。1946 年，一位英国检察官公然不满道，鲁亨新生儿病房的条件令人难以置信："夜里，虫子从那些营房的墙壁里钻了出来，直接爬满了孩子们的脸和身体。一个目击者描述了一个活生生的蚂蚁丘冢。……有些孩子身上长了多达 30 到 40 个疖子或痈。"营养不良，被害虫包围着，在 1944 年 7 月至 1945 年 4 月期间抵达鲁亨的大约 300 至 350 名新生儿很快都死于感染。靠近鲁亨，在拉格伯格（Laagberg）附近的集中营代表了一个残暴的政权，这个政权由一个指挥官主持，他有计划地将600—800名囚犯中的一些人，主要是政治犯处死。如果说大众汽车公司作为经营性制造厂在战争中幸免于难，那只是因为绝大多数外国出生的强迫劳工在不计其数的人权侵犯事件中维持了生产。[60]

战时，由奴役劳工生产的产品中军用车辆占有突出的地位。“二战”爆发之前，军方改装KdF汽车的试验因军方采购部门的紧张局面以及技术问题而搁置了下来。1939年秋，保时捷的团队重新开始了一项新的纳粹德国国防委员会的工作，该委员会于1940年1月通过了一系列的官方测试。与KdF汽车相比，军用车辆具有更高的地面间隙、更强大的传动装置、更宽的轮距，以及适合更宽、更结实的轮胎的轮辋。最值得一提的是，这款车配有一个轻量级的有棱角形的车身和一个可伸缩的帆布车顶。很明显，纳粹国防军装备用的轻型汽车严重不足，于是军事司令部下了一个超过6.5万辆改装车的订单，以及装有螺旋桨、能穿越河流的两栖车辆。这款汽车因座椅的形状，获得了一个热门绰号——桶子汽车（Kübelwagen），这款汽车在许多战区都享有显赫的地位。[61]

在战争期间的持续经营过程中，生产桶子汽车在大众汽车的生存中扮演了一个重要的角色。来自国防军的需求给管理层提供了投资工厂的机会，使之通过装备油漆车间、附加传送带，以及新的自动化车床、钻机和冲压机来补充现有的机械园区。到了1942年，这家工厂已经变成一家部分地实施了合理的制造程序，同时还是生产基于KdF轿车的工厂。当数千名强迫劳工生产出数万辆桶子汽车时，工厂在战时条件下的初步阶段展示了福特式大规模生产的潜力。关键是，这一初始阶段在1945年4月11日美国军队抵达“通过快乐获得力量之城”时便告结束了。尽管盟军在1944年夏的空袭中杀死了数十名工人，但是汽车生产一直持续到战争结束。空袭摧毁了许多建筑物，但生产设备的损害却只有7%。管理层将大多数武器制造分散到其他地点，汽车组装线却仍然留在原主要生产地，为了防备炸弹袭击的影响，只是把大部分设施从楼上移到楼下。即使在1945年头三个月，那时整个德国的公共秩序都崩溃了，这种安排确保了生产的稳定性，使工厂能够交付出4 000多辆桶子汽车。[62]

在国防军作战的许多战场上，这款军用汽车所具备的机动性、可靠性和坚固性，证明了其是建立在民用设计的基础上。众

1942年，北非的桶子汽车。三名国防军士兵坐在车上勘察广袤的沙漠战场；其背后有一个烟雾柱冉冉升起。德国军人即使在极端的环境中也不乏对桶子汽车的强劲性能表示尊意。（联邦德国，图像101-784-0228-29 A）

所周知，桶子汽车的车身安装在经过稍加改装后的 KdF 汽车的底盘上，该车在战争期间的存在有力地提醒着人们，政府许诺大规模机动化纳粹德国的真实动机。战争伊始，宣传机构就开始关注这方面问题，并随着德国的胜利，又用士兵的口吻表达了对汽车所有权的幻想。

"战后，这些小恶魔之一（即桶子汽车）将属于我的。不过，会比这款汽车更加漂亮：油漆闪亮，车体漂亮，车顶可伸缩，车内装有烟灰缸和花瓶。然而，有一点我心里却明白：汽车的心脏将保持不变。"一位弃笔从戎汽车记者在 1941 年如是写道。一年后，戈培尔（Goebbels）在一家报纸上发表了一篇文章，提醒德国民众，他们是在为何而战。可以预见，他对纳粹德国未来的愿景，包括"祖国鲜花遍地、人民幸福安康，宽阔的道路似银色丝带，横贯在一派美丽之中，让驾驶小汽车的平民们奔驰在路上"的幻想。[63]

然而，随着国防军命运的改变，关于战后富裕生活的宣传前景逐渐退居幕后。当希特勒军队发现自己处于防御状态时，桶子汽车很可能在军衔和文件中引起了联系，这与盟军 1942 年在德军防线上撒下的传单主题更为一致。在"卡夫这样的自由人"的标题下，有两张照片形成了鲜明的对比，一张是 1938 年热情洋溢的希特勒在查看 KdF 汽车微型模型的照片；另一张照片拍的是在利比亚沙漠，桶子汽车旁边的地上躺着两名扭曲的德国士兵尸体。[64] 在视觉上援引纳粹的满嘴繁荣承诺的同时，蒙太奇把"民众之车"描绘成德国人民在纳粹者手中遭受的致命背叛的象征。在战争快结束时，"民众之车"传达了不止一个信息，一则是提醒人们注意该政府曾作过的在一个富裕的纳粹德国促进大众机动化的承诺，二则是由于政策以致命的失败和种族灭绝告终而未能履行这一承诺。

对“民众之车”的追求构成了纳粹政策的一部分，该政策声称德国在充满了活力、种族同质、高度军事化和技术现代化的“民众团体”的愿景中占有了突出的位置，使得以前曾负担不起

Hitler besichtigt das Modell, Berlin 1938

Der fertige Wagen in Libyen 1942

希特勒在观看大众汽车模型，柏林 1938 年（上图）
在利比亚的成品车，1942 年（下图）
（明信片，阿希姆·巴德，收藏于慕尼黑）

的消费品让“普通”德国公民都能买得起。虽然汽车竞赛表明了德国的国际竞争力，但宣传人员强调，高速公路建设显示的是政府对“民众团体”的承诺，从长远来看，这个承诺是通过种族再生和国家凝聚力来保证的。一项新的公路法规给驾车者前所未有的自由度，并因此加强了汽车是个人自由工具的理念。“民众之车”因此恰好符合了该政府的以大规模机动化为基础的现代性“交通共同体”的愿景。

英国战争宣传机构在非洲德军防线上空散发传单的目的，是提醒德国国防军士兵注意第三帝国的诺言失信。上图中展示的是保时捷（上）和希特勒于 1938 年视察“民众之车”模型。下图是 4 年后拍摄的，照片上展示的是死在沙漠中的两名士兵，在尸体旁边停着一辆桶子汽车。这款汽车是在保时捷设计的基础上改制而成的军用车辆。

机动化政策引人注目，并吸引了大量资源，尽管政府注重快速重整军备，但令人惊讶的是，其中有许多政策以失败告终，并不仅仅是因为纳粹德国输掉了战争。新的交通法规有几处需要修改，包括为了减少居高不下的死亡率而在 1939 年重新引入限速措施。公路建设项目没有达到提供就业机会所承诺的规模，使得道路网络不完整，东一段西一段的，支离破碎。“民众之车”是建立在一厢情愿的基础之上的，因为德国社会甚至都不能远程调动经济资源来支持大规模机动化。

然而，简单地把第三帝国的机动化政策看成是一场惨败，就有可能掩盖其战后留下的遗产。1937 年修改后的公路法规直到 1971 年才开始基本生效。1945 年后，联邦德国高速公路网络就是建立在希特勒时代修建的高速公路的基础上的。关于

“民众之车”，纳粹留下了一款技术复杂、经过广泛测试的样车，以及一批庞大的无债务生产设施。这些设施在整个战争过程中都在运行，尤其是转为军事用途时。政府的宣传运动还设想了一个未来，其中大规模机动化尤为突出，同时强调汽车明显增强非政治形式的休闲的能力，包括周末出游和度假。德国社会的大部分人对普遍拥有汽车的前景寄予了热情的欢迎，这证实了纳粹者成功地唤起了强烈而广泛的社会期望。纳粹从未监督过这款汽车的生产，于是便把“民众之车”作为一个诱人的和负担得起的私人愿望的对象。

与此同时，“民众之车”由第三帝国诞生，这款汽车是一个极其矛盾的遗产，因为它的存在归咎于一个凶残的政府。这个政府把光明的未来展现在德国人民面前，却给战后社会带来了一个毁灭的国家，令这个国家承受着种族灭绝和无数战争罪行的道德负担。在纳粹的宣传中，这款在 1945 年以前从未生产过的汽车被大肆吹捧为“民众团体的象征”，却很可能沦为德国战败和道德沦丧的缩影。工厂的发展有可能加深第三帝国在汽车上犯罪性质的印记。法勒斯勒本附近工厂的战时运转依赖于来自全欧洲的强迫劳工，他们的苦难范围从营养不良和住房不足，到被任意施加暴力，再到使数以百计的战时劳工子女死亡。诚然，强迫劳工并没有生产“民众之车”。尽管如此，他们的活动始终保持着军事生产的权利，因此不由自主地帮助保护了最初为“民众之车”建造的工程。无论是作为希特勒声望工程的意识形态血统，还是战时工厂的非人道管理行为，这两者都使得 1945 年前这款汽车的谱系遭到了严重的破坏。

然而，“民众之车”并没有随着纳粹的灭亡而灭亡。德国的灾难性崩溃发生之后，这款汽车能幸存下来应归功于一个不断变化的国际格局。在战争结束的几年内，这个格局被证明是有利于在西方盟国控制下的德国那些地区的经济快速重建。在1945之前，具有历史研究价值的国际势力已经在重要的概念和社会方面塑造了这款汽车。德国对大众汽车的梦想以及为其生产而建立的工厂组织安排，从亨利·福特在大西洋彼岸树立的样板中获得了关键性的推动力。法勒斯勒本附近的制造厂在一支庞大的意大利工人队伍的帮助下完工，在战争中由来自欧洲各地不同国籍身份的劳工经营。因此，“民众之车”在战争结束之前就拥有了相当大的美国式和欧洲式的规模，在战争结束后不久的几年里又增加了一个全新的跨国层面。1945年，德国无条件投降了，德国当局也因此失去了对工厂运作的操控权。工厂位于英国占领区，这些占领者们就是在这种情况下，于1945年在一个被摧毁的、困难重重的国家里开始了费迪南德·保时捷设计的民用生产。

“我们不应该提出任何要求”

1945年4月10日，当大众汽车工厂的安东·皮耶奇(Anton Piëch)接到消息说，美国人正在向“通过欢乐车获取力量之城”(City of the strength-through-Joy Car)进军时，这位公司负责人暂停了桶子汽车的生产，向南部逃去，与他岳父费迪南德·保时捷一道来到了位于奥地利的泽拉姆·西(Zellam See)的家族庄园。同时，所有的德国武装力量也放弃了这个城镇。皮耶奇仓促撤退的第二天，美国军队一枪未发地占领了KdF这座城镇。由于这个定居点在他们的地图上没有标出，美国士兵对此没有给予进一步的关注。美国军队在这个城镇没有对工厂进行仔细搜查，也没驻扎部队，而是紧追他们的德国对手而去。此刻，这些德国对手正在混乱中向东撤退。[1]

与德国大部分地区的暴力和破坏相比，第三帝国在KdF城镇几乎悄无声息地崩溃了。尽管如此，在缺乏国家权威的情况下，当那些营养不良、衣衫褴褛的强迫劳工从营地里跑了出来并把他们压抑的怨恨转向德国人时，公共秩序很快就崩溃了。一位德国居民回忆道：“他们高喊口号，然后就开始行动了。”傍晚时分，他们爆发了。……他们砸坏了前门，然后有几个人死了，一个屠夫和其他几个人。他们清空了公寓，毁掉了所有的东西。

不过，并非所有的暴力都是肆意而为的，“他们确实在寻找些什么人”，目标指向的是那些虐待外国劳工的典型人，德国目击者承认道。为了避免遭到报复，一些德国人躲进了 KdF 城镇周边的大片森林里。直到 4 月 15 日美军正式占领该镇时，才有了些许的稳定和平静。[2]

1945 年 6 月，盟军胜利者们完成了将德国划分为四个占领区的计划后，KdF 城镇的东边缘被划归为英军管辖区，距离苏联占领区只有 5 英里。城镇上等待着英国当局的是一系列实际挑战，大约有 1.7 万居民，其中一半是非德国籍居民。除了确保治安，英国官员还得保证充足的供应，设法帮助数千名外籍劳工返回他们的国家，监督将稀缺的住房资源分配给即将潮水般涌入城镇的数千名难民。占领者因人力有限，只能处理这些和其他一些任务，他们迅速把许多责任委托给德国官员。为此，他们建立了一个新的德国地方行政机构，其结构和办事程序与纳粹时代的做法迥然不同。新的开端的一个明显标志是英国人批准了 KdF 城镇取自附近一座中世纪城堡的新名字。这个新名字是德国市长在 1945 年 6 月为这座城镇选的。从此以后，KdF 城镇就被称作为“沃尔夫斯堡”。[3]

大规模机动化是纳粹的梦想和沃尔夫斯堡存在的理由，当然，在 1945 年没有人肯浪费时间去思考这个问题。当时，纳粹者为实现现代德国的愿景而作出的暴力尝试所造成的灾难性后果主导了整个被摧毁的国家的日常生活。城市被摧毁了，城市里的住房、食物、衣服和燃料严重短缺，货币贬值，交通网络中断，以及纳粹对商业的严格控制，造成了严酷的经济现实。在这个现实中，许多德国人把日常生活视作一场为达到收支平衡的生存斗争。最初的盟军计划，如 1944 年的摩根索计划（Morgenthau

Plan)：美国财政部长设想建立一个非军事化、非工业化、以农业化为主导的德国，这一切几乎没有承诺会带来有利于广泛拥有汽车的经济和社会条件。在这种情况下，汽车制造厂及沃尔夫斯堡的前途——都受到了第三帝国起源的玷污——因而不甚明朗。1945 年，如果大多数德国城市的居民不知所措地问自己未来几年会怎样，那么萦绕着沃尔夫斯堡的不安全感就会显得尤为突出。纳粹政权的灾难性垮台和德国的毁灭，已经摧毁了这个城镇赖以生存的基础。不过，1949 年当英国的占领接近尾声时，沃尔夫斯堡及其汽车制造厂的前途却是安全的，因为工厂庆祝了自战争结束以来第 5 万辆汽车的组装。到了 12 月份，汽车产量已经达到了 8.54 万辆。[4] 离开工厂大门的车辆的频率越来愈高，而这些汽车不过是费迪南德·保时捷为纳粹政权设计的稍加修改的版本而已。

因此，沃尔夫斯堡成为民用汽车生产基地是在占领时期。为什么英国人决定制造一辆有纳粹血统的汽车，以及这一决定如何确保大众汽车的生存，并不是战后汽车历史上唯一重要的问题。尽管当时的媒体焦点非常分散，但当地的发展很快就吸引了西方各报纸、杂志和新闻短片的好奇心。记者们不仅越来越注意到沃尔夫斯堡不断增长的经济活动，鉴于右翼极端分子在 1948 年底的地方选举中取得了惊人的胜利，一些评论员还质疑，距离苏联统治区 5 英里的小城镇是否正在演变成“新法西斯主义”的温床。占领年代因此而突显出许多经济、社会和政治困难，而这些困难在战争刚爆发时就困扰着沃尔夫斯堡的汽车生产，并解释了为什么在小型、圆形汽车的案例中，第三帝国遗留下来的遗产会涉及一个漫长而复杂的过程，而这个过程并没有随着英国当局的离开而结束。[5]

1945年6月负责德国西北部大片地区的英国军事当局认为,在为确定德国命运而进行的国际谈判之时,防御区的首要任务是维持公共秩序。为了加强控制,占领者制定了一个独立而相对温和的目标。英国占领者与那些怀着雄心勃勃的计划来到西南部地区的美国人不同,美国人计划通过全面再教育的方式在德国人民中铲除纳粹的文化根源,而英国人则致力于确保他们自己的安全免受德国敌意的侵扰。根据英国的理由,实现这个目标的最佳办法是把纳粹官员从关键行政岗位上赶下台来,任用那些与过去政权保持一定距离的德国人来取而代之。同时,英国占领者最初对改变广大人民的政治观点没有表现出多大兴趣。毕竟,德国在不到30年的时间里发动了两场血腥的全球战争这一突出表现,对有影响力的英国观察家来说,意味着在德国的"民族性格"中存在着一种强烈的侵略性倾向,而这种倾向,正如争论所述,需要几十年才能根除。此外,在遥远的殖民帝国中,极少数英国官员会经常通过增选地方精英成员来控制大片领土,从而使这种间接统治的惯例形成战后德国的职业政权。在德国的英国政权寻求的不是发起全面的文化变革,而是有计划地借助看似可靠的地方官员的帮助,来避免对职业当局的安全的公开挑战。[6]

除了维持防御区的公共秩序,英国占领者还面临着养活和安置德国人和完成在大规模破坏时被困在德国领土上的数以百万计的其他欧洲人的任务。由于盟军在停止敌对行动之前没有为战后的德国制定全面的计划,如何管理这个被占领国,目前还不清楚。关于经济问题,盟国一致同意德国工业应该去除其军事潜力,但除此之外,德国未来的生产能力仍然是一个有争议的话题。盟军在1946年3月提出一个计划,旨在把德国重工业

(煤炭、铁钢)的产能降低到1938年所达到产量的一半的“工业水平”,然而,英国对这种惩罚性做法却不以为然。可以肯定的是,英国官员赞同让德国为给世界造成的损失和苦难付出代价,例如通过拆除和转移生产设施,但是他们还警告说不要在经济上扼杀德国。其理由是,一个停滞不前的德国经济将会推动对食品和其他重要商品进口的需要,从而增加了占领成本。自从英国摆脱了“二战”以来负债累累的状况,昂贵的占领政权便会威胁着把有限的资源扩展到崩溃的边缘。英国观察家还告诫说,要警惕抑制德国经济可能产生的潜在政治影响。一个工业上大势已去的德国不仅会在中欧留下战略上不受欢迎的权力真空;持续的贫穷和社会的不满也可能导致德国激进右翼的复苏。这个情景让人们想起了魏玛共和国的情景,那时的不稳定,部分源于《凡尔赛条约》最初实施的严厉的经济法规。鉴于这些经济和政治风险,1945年7月后,“建设性实用主义”便成为英国经济政策的特征。[7]

大众汽车厂家作为民用汽车生产基地的能力尚未得到证实,要想将其作为战后德国稳定的潜力支柱,应对1945年德国的大规模破坏和混乱局面,还为时过早。尽管如此,作为潜在的修复目标,这个巨大的工厂引起了英国当局强烈的兴趣。为了确保工地的安全,英国当局派遣了伊万·赫斯特(Ivan Hirst)前往沃尔夫斯堡。伊万·赫斯特是一名29岁的陆军专业学生,毕业于英国皇家电气和机械工程师部队,获得曼彻斯特理工学院学位。当他在1945年8月初到达时,赫斯特发现,尽管盟军空袭造成了成堆的瓦砾,但工厂70%的建筑物和90%以上的机器却幸存了下来。这使得大众汽车厂家成为德国唯一一家原则上可以在战后立即投入生产的汽车厂。赫斯特还发现了大量德国管理层在战争结束时囤积的各种物资。1939 年在柏林汽车展览会上，一位高级官员召回了这款 KdF 汽车，赫斯特把战争期间为数不多的几辆带有平民车身的样车之一送到了英国陆军司令部，并在那里证明了它的功能。[8]

在 1945 年 8 月期间，英国军方游说盟军当局准许生产 KdF 汽车，以缓解阻碍占领区管理行动的车辆短缺问题。正如 1946 年 7 月的一份报告所指出的那样，英国占领区有 2 200 多万居民，却只有不到 6.1 万辆汽车，其中 65%可以说是“破旧不堪”。[9] 英国政府官员推断，在沃尔夫斯堡生产的汽车将不但能支持该管区的日常工作，这些车辆还可以替代从英国进口的价格昂贵的汽车，因为从英国进口汽车势必会增加占领区的管理成本。为了使他们的诉求对占领国具有吸引力，在美国、法国和苏联政府的支持下，英国成功地证明了在大众工厂生产汽车的可能性。1945 年 8 月 22 日，英国军政府向赫斯特下令在 1946 年 7 月之前制造并交付两万辆汽车。虽说这个计划过于乐观，但它却为大众汽车工厂赢得了至关重要的缓解机会。如此一来，大众汽车工厂虽然没有正式从潜在的赔偿名单中删除，却也算是暂时地被豁免了。[10]

建立和维持生产证明是件非常复杂的事儿，需要一个拥有非凡技能组合的经理，而伊万·赫斯特正是英国人找到的一个最适合这份工作的人。伊万·赫斯特对汽车充满激情，具有非凡的即兴创作天赋，虽说英国在战争中胜利了，但他对德国人民仍然保持着谦逊的态度，他强调说“我们”，“把自己看成是工厂的临时受托人”。通过援引“受托”一词，这位大众汽车工厂的英国厂长的意思是，他明白自己的角色超越了工业生产设施的短期保存和管理范围。在战后的几年里，英帝国主义在非洲的背景下得到了突出的地位，托管这一概念表明了对外国统治的一种态度，其动机是出于在英国的控制下为人民谋福利的道德愿望。尽管后殖民世界对非洲托管的慈善效应颇有争论，但对于大众汽车工厂来说，这种方法被证明是非常有利的。作为沃尔夫斯堡的受托人，赫斯特在为成功的事业奠定基础的过程中发挥了核心作用。[11]

在最初的几个月里，清除车间瓦砾，对污水系统进行基本维修，确保重要材料的安全，与供应商建立联系，起草生产计划等就耗去了赫斯特的全部精力。延误和层出不穷的困难导致了1945秋季的多次挫折。接近年底时，大众汽车厂家只生产出了58辆汽车，因为直到11月末，工厂才为汽车装配作好准备。为了完成总的生产定额，英国当局预计沃尔夫斯堡的月产量在1946年1月达到4 000辆，这简直就是一个乌托邦式的目标。[12]

在一定程度上，赫斯特无法满足上司的期望，因为他在创造井然有序的大规模工业生产所不可缺少的稳定、可靠和可以胜任的劳动力方面正面临着许多难以克服的困难。在第三帝国时期担任过该工厂要职的许多德国人仍然留在沃尔夫斯堡，但他们的出现却是喜忧参半。赫斯特知道他只能任用经验丰富的德国员工来经营这家庞大的工厂，但是留住这些人的愿望却与防止纳粹分子和政权的积极支持者重返战后社会领导岗位的去纳粹化的努力相冲突。1945年夏，早期的一波逮捕行动导致人们对身居要职犯下了重大罪行的人提起了起诉。1946年6月，作为早期司法行动的一部分，英国军事法庭下令处决了一名医生，因为根据这位医生的授意，在大众汽车工厂出生的东欧强迫劳工的子女死在鲁亨营地。那年秋天，西部地区的盟军把注意力转向了更大范围的人口。美国人要求在他们属地的所有成年德国人填写一份含有131个关于个人党派关系、职业、服兵役情况等问题的问卷，而英国人采用的则是集中而为的作法。为了控制因这种做法而产生的不可避免的大量档案，他们指示那些在第三帝国时期担任过重要社会、行政和经济工作要职的10%的德国人填写一份较短的表格。[13]

尽管赫斯特并不同情前纳粹分子，但他还是认为这个过程是“令人头痛的”。最初他试图尽量减少去纳粹化对工厂的影响，因为撤换合格员工势必会扰乱生产进程。然而，到了1946年1月，只有少数的员工被解雇，1945年前熟悉这项工作的德国人和驻扎在英国其他地区的高级管理人员都提出了抗议，强烈要求重新进行这项工作。其结果是，当地去纳粹化委员会于1946年6月下令解雇了228人，其中包括业务负责人、技术总监、4名部门负责人和几名工头。工厂产量立即下降了60%。[14]

1946年7月，英国当局宣布去纳粹化结束，尽管如此，这个问题却拖了好几个月，破坏了沃尔夫斯堡的气氛，因为那些失去工作的人提起了上诉。1947年2月，他们当中有138人的判决被推翻了。这些人虽然舒了口气，却对他们经历的不公正磨难深感愤慨。与此同时，那些与第三帝国保持着临界距离的德国人，因对最初决定的多次修改，越来越失望。除了这些缺点外，去纳粹化使昔日政权的追随者遭受了令人不安的冲击，“从而促使他们去适应联邦德国大部分地区的新的政治环境”。相比之下，在沃尔夫斯堡，人们对于去纳粹化的不满情绪加剧了爆炸性的政治事件，导致了右翼极端分子在1948年末的惊人复兴。[15]

尽管去纳粹化过程存在着种种问题，赫斯特还是设法招募了一大批劳动力，从 1946 年 1 月的大约 6 000 名，增加到 1947 年 12 月的 8 383 名。然而，年营业额却仅为 50%。其结果是，管理层被迫将新的、缺乏经验的工人永久地纳入了生产程序，这个过程大大地降低了生产率。许多在大众汽车制造厂的工人纷纷离开这里去寻找更稳定的工作，认为沃尔夫斯堡工厂只是一个临时雇主，因为它的名字仍然还列在潜在赔偿的名单上。此外，住房情况令人沮丧，几乎无法鼓励居民留下来。

由于纳粹政权从未建造过总计划中描述的那种示范城镇，1945 年 4 月前用于收容强迫劳工的难民营地被作为最普通的住所提供给了工厂雇员。除了最起码的卫生设施和供暖设施外，难民营里的生活还存在着人满为患和缺乏隐私的问题。往往几个家庭共用一个房间，他们把毯子悬挂在天花板上，间隔开各自的区域。[16]

大多数强迫劳工在 1945 年离开了此地，但这种极其基本的住房存量却被超额认购了，因为有了第三帝国留下来的几十个营房，沃尔夫斯堡迅速成为战后吸引数百万在德国漂泊的难民的中心。复员的德军士兵和获释的战俘大批前往沃尔夫斯堡，希望在那里找份工作。一位居民回忆道，这些人到来时往往带着战时的暴力行为习惯。面对一位犹豫不决的官员，一位前军人为了自己和他的同志们取得居留证，公开诉诸人身威胁："他拉着那个男人(官员)的领带说：'你给我听着。在我的一生中，除了杀人，我什么也没学会。是否再杀一个人对我来说没有什么区别。所以，如果你们这些蠢货们不能马上给我们一个住址，我就会立刻把你打趴下。'"这种粗鲁的行为毫无疑问使得那里的居民们离开沃尔夫斯堡，去那些人们行为可能更文明的地方。[17]

当地人口过度拥挤也是因为成千上万逃离苏联管控区的德国人涌入所致；还有一些人是因为英国和德国当局为了疏导移民离开被炸毁的城市地区，而被送往沃尔夫斯堡的。后者包括被波兰、捷克斯洛伐克、匈牙利等在内的国家政府，在 1945 年从其领土上驱逐出来的数以百万计的德国人。这些所谓的“被驱逐者”中有几千人最终到达了沃尔夫斯堡，在许多情况下，他们初到难民营时，除了身上穿的衣服，几乎两手空空，一无所有。沃尔夫斯堡也因此成了几百个“流离失所者”的家园。“流离失所者”这一称呼是对那些在战争结束时不能或不愿意返回原籍国的来自欧洲各地的平民的简称。大众汽车厂家的高周转率直接与这个临时的本地劳动力有关。许多被除名的难民屏住呼吸，在工厂干上几天，然后再到别处继续找寻未来。[18]

与此同时，许多长期从事正规工作的劳动者证明自己是靠不住的。高达 40%的月旷工率一直持续到 1948 年年中，从而进一步削弱了提高生产力的努力。由于食物短缺，许多工人失去了在这家工厂的工作，不得不到别处另谋生计。在一个接近或低于生存水平的社会里，经常缺勤是许多工人生存策略的一个部分。1945 年，英国占领者把个人食物分配量限为每天仅 1 000 卡路里，后来，在 1946 年 3 月才将食物分配量提高到 1 100 卡路里。典型的每日口粮配置是两片面包、一点人造黄油、一匙清汤寡水的菜汤和两只小土豆。[19] 结果是，“人人都在找吃的”。关于食物的话题有很多，一个难民回忆道。在这种情况下，大众汽车厂家的工人不得不用其他方法来补充官方发放口粮的不足部分。他们除了耕种小块土地外，还要到农村去觅食，向农民索取食物。对所有东西的极度需求助长了非法黑市的迅速发展，其中香烟作为主要货币，取代了几乎毫无价值的马克。

在沃尔夫斯堡，情况特别危急，因为占人口很大比例的难民几乎失去了所有财产，他们没有东西可以交易。

在所谓的“饥饿年代”里，保证食物和其他基本主食花费了相当多的时间，所以许多工人不能每天到工厂来露脸也就不足为奇了。没有什么能比 1946 年 10 月工厂生产第一万辆汽车时拍摄的照片更能说明德国工人的心情了：“我们生产了一万辆汽车，而我们的肚子里却什么都没有，谁能接受呢？”有一幅工人的画曾这样呈现：车身前面的另一幅草图展示着一大杯啤酒、一根香肠和一支冒烟的雪茄说明——所有这些宝贝都不是沃尔夫斯堡平民百姓力所能及的。[20]

普遍存在的短缺问题对生产也产生了直接影响。尽管英国政府把优先供应权给了工厂，但由于德国基础设施受到破坏，原材料普遍缺乏，确保每月充足的钢铁和煤炭配额成了一项重大挑战。即使运抵工厂的钢材，因其质量低劣，也常会引起人们的关注。德国职业部门的划分是另一个障碍，因为它切断了工厂与英国管区以外的生产化油器、大灯和其他电器零件的制造商的联系。管理层不得不设计专门的机床来加工劣质材料。所有这些瓶颈实际上都使得建立可靠的日常生产制造程序成为不可能。[21]1946 年 11 月，当异常严酷的冬天袭击欧洲时，任何举措都无法维持生产。随着港口的冻结和铁路网络的崩溃，全国各地的原料和食品分配实际上都停滞不前了。1946 年 12 月初，工厂室内的温度下降到 19 华氏度(零下 7 摄氏度)。出于对劳工身体健康的关心，在库存低下以及设备故障问题日益严重的情况下，管理层暂停生产，直到 1947 年 3 月 10 日才重新开工。沃尔夫斯堡的居民像全国其他地方的德国人一样，在 1946 年至 1947 年的冬天受尽了严寒和食物缺乏的折磨。[22]

在这种不吉利的环境下生产的汽车出现了许多故障是不足为奇的。1946 年 12 月，工厂里静悄悄的，赫斯特向德国经理们发出了一份备忘录，他在备忘录里表示希望“一旦恢复生产，60％或更多从作业流水线上下来的汽车不再需要修理或更换发动机”。这一高比率质量缺陷反映了那些因材料不足和机器不可靠所造成的生产问题。据内部故障报告所示，接二连三的故障导致了沃尔夫斯堡制造的汽车问题连连：引擎盖和车门闭合不严，前灯爆裂，汽缸的“使用寿命太短”，而且在很多情况下方向盘转向手感“很重”。许多成品车在最终交付前不得不重新上一次油漆，因为成品车往往被存放在战时被毁坏的大厅里，风吹雨打腐蚀了汽车上喷涂的军用哑光绿漆。就可靠性和做工而言，战后不久离开沃尔夫斯堡的那些汽车与 20 世纪 50 年代生产的、与被认同为质量和性能可靠的同义词的大众汽车相比，仍存在着很大差距。[23]

当赫斯特竭尽全力维持生产之际，工厂是否会作为赔偿而被拆除的问题仍然悬而未决。在关于生产基地可否转移到英国的高层讨论过程中，伦敦官员要求英国汽车制造商对车辆和工厂进行了评估。1945—1946 年，英国汽车工程师对沃尔夫斯堡的几次访问和汽车测试结果不一。工厂的规模和设备就像福特汽车大规模生产的潜力一样，给英国的来访者留下了深刻印象，因为这种设计把“手工劳动淘汰到了不同寻常的程度”。[24] 英国专家称赞了这款汽车因安装了自扭杆悬架而具有的“优良道路保持质量”。同时，汽车测试员也注意到了一些严重的问题：汽车内部气味难闻，制动性能差，发动机“动力不足”，以及发出的震耳欲聋的噪声尤为突出。[25] 尽管这款汽车有一些技术上的优势，专家继续道，但还是需要“相当大的改进。……要让汽车符合英国公众期望的商用汽车的标准”。其结果是，英国汽车工业在把大众汽车生产基地转移到英国的问题上没看到有什么优势，尤其是涉及沃尔夫斯堡汽车制造厂的庞大规模时，这么做也会使海峡彼岸的整个汽车制造业陷入混乱。英国工业不会轻而易举地放弃往日的KdF汽车。相反，是工厂的规模和在第一年生产出的汽车的缺陷，解释了为什么英国制造商没有在英国生产汽车的计划。随着国际经济的崩溃，没有人能预料一种臭气熏天、噪声又大、又没有舒服感的汽车不久之后会卖得那么火。[26]

确保沃尔夫斯堡生存的决定性因素是西方盟国针对德国的具体问题和迅速变化的全球政治格局而制定的新经济政策。1946—1947年的“饥饿冬天”已经证明，在现有的严苛政权下，德国社会无法维持自己的生存。除了面对民众起义的梦魇之外，西方盟国开始担心对持续性物质匮乏的不满会使联邦德国人民容易受到苏联政治主张的影响。苏联试图扩大其在欧洲的势力影响范围，对此，美国和英国越来越怀疑。美国人很快就成了西方阵营的主导力量，他们意识到，在东西方之间日益明显的紧张局势中，德国提供了一个关键的政治战场。由于几次国际会议未能就德国的政治前途达成协议，苏联和西方盟国采取措施在政治和经济上巩固占领区，从而进一步挑起了相互间的不信任。1946年10月，美国政府放弃了对德国工业的限制性经济政策，这一举措标志着在前敌对国里开始实施积极的重建政策。1948年，这一战略变化最终导致了将德国的西部地区纳入马歇尔计划，这是美国帮助振兴西欧经济的一个著名贷款计划。[27]

大众汽车厂家是西方新经济政策的最早受益者之一。1947年春，美英两国当局下令让联邦德国汽车厂生产16万辆汽车，这一要求“实际上免除了德国汽车工业的被拆除”之虞。鉴于这一新形势，英国当局开始着手寻找一位精力充沛、有能力管理沃尔夫斯堡大型生产设施的德国首席执行官。理想的情况是，这位新“总经理”应该具备集已验证的管理经验和汽车行业技术专长于一身的经历背景，以使他带领工厂踏入扩建的航道。对于一个希望经营一家工厂的候选人来说，一份与纳粹政权相对远离的记录和一个相对不妥协的政治过去是至关重要的要求，因为这家工厂的存在是一个国家社会主义的声望项目，因此很容易受到未来的审查。考虑到1939年前德国汽车工业在国际上的落后状况，以及在依赖数以百万计强迫劳工的战时经济中德国的核心业务所发挥的作用，占领者所寻找的，具备那种资质的经理确实很罕见。费迪南德·保时捷，战后因向法国汽车制造商征用机器而在法国被监禁18个月，此人完全不适合这个职位。虽然保时捷在斯图加特的设计公司在战后的时代幸存了下来，随后又在他儿子的带领下蓬勃发展起来，但“民众之车”的创造者只是在他1951年去世之前才去了一次大众汽车制造厂。[28]

1947年秋，当英国当局得知住在汉堡的海因里希·诺德霍夫(Heinrich Nordhoff，1899—1968)，正在寻找一个永久职位时，他们毫不犹豫地邀请他去了沃尔夫斯堡。诺德霍夫是柏林技术大学机械工程专业的毕业生，1929年欧宝被通用汽车公司接管后，他加入了欧宝公司。他曾在服务部担任过要职，其间几次访问美国；因他的谈判技巧得到了欧宝董事会的认可，欧宝董事会在20世纪30年代末派他去柏林，在那里他从纳粹政府的手里拿到了合同。作为第三帝国时期德国最大的轿车生产商的一名执行官，他也曾是试图破坏政府计划的“民众之车”的管理者之一。战争结束时，诺德霍夫在布兰登堡(Brandenburg)经营欧宝的卡车工厂——欧洲同类产品中最大的一家设施类型。尽管如此，诺德霍夫的职业生涯并不是一帆风顺的，不过，他对美国汽车行业的商业实践的第一手知识，以及他在大规模生产方面的经验，使他在德国高管中脱颖而出。[29]

诺德霍夫希望继续留在通用汽车子公司，但他被美国占领当局拒绝了工作许可证，尽管底特律的雇主支持他，因去纳粹化过程的变化无常还是让他失去了在通用汽车公司的职位。由德国陪审团组成的去纳粹化陪审小组建议将他清除，持有否决权的美国军事政府禁止他今后在他们的部门就业。美国人之所以作出这个决定，是因为纳粹政权曾授予诺德霍夫"战争经济领袖"的称号，这个称号是由 400 名不同阶层的商人组成的团体颁发的，其中包括，但并非完全由纳粹的坚定支持者组成。诺德霍夫从未加入过纳粹党，他之所以获此殊荣，主要归功于他对战争时期努力做出的管理贡献，而非政治上的忠诚。美国人认为所有这些领导人在意识形态上都是可疑的，因此不适合担任高级职务，不过，英国人却没那么担心。于是，诺德霍夫虽遭到了美国人拒绝，却受到了英国人的青睐，他认为自己在"整个去纳粹化过程是一个充满了问题"的典型例子。[30]

不论对诺德霍夫去纳粹化的审查有多么反复无常，但他并没有在第三帝国中摆脱道德污点。在战争期间，他在勃兰登堡管理的卡车制造厂雇佣了 16 到 21 名外国工人。诺德霍夫，一个虔诚的天主教徒，似乎为强迫劳工提供了足够的食物口粮、衣服和住处，但他却阻止不了落在救世军卫队手里的劳工受虐。救世军卫队就是靠暴力行为来维护强制劳动制度的。诺德霍夫的传记作者写道："为了让战争的作品完好无损"，"经理亲自实施强迫劳工制度”。可以肯定的是，他不是众多以冷漠或残忍对待强迫劳工的德国企业家和管理者之一。然而，尽管诺德霍夫信奉天主教，远离纳粹党，并试图减轻战争劳工的痛苦，但他还是通过支持纳粹恐怖政权的战争努力与之沆瀣一气。[31]

如果诺德霍夫在战争期间为维护个人道德节操所作的努力使他与他许多同事不同，那么在一段强制性失业期后，升任大众汽车公司的“总经理”是符合联邦德国经济精英中更广泛的模式的。在冷战初期阶段，随着经济重建势头的强劲，西方盟国认为，除了让众多职业生涯受到政治影响的管理者重整旗鼓外，别无选择。结果，一群四十多岁的、在战时经济中有任命经验且有影响力的（虽然是次要的）人担任了战后联邦德国经济的掌舵人。由于许多既定董事也官复原职了，联邦德国商界在 1945 年的政治分水岭上表现出了显著的用人连续性。[32]

1948 年 1 月 1 日，诺德霍夫上任时，大众汽车工厂的生存问题成了他的工作重点。去年秋天访问沃尔夫斯堡后，他对自己面临的困难没有幻想。迄今为止，这家工厂主要为军方生产车辆，但民用市场上的竞争前景则是一个完全不同的命题。走马上任的新总经理撸起袖子疯狂地干了起来，他每天工作 17 个小时，以稳定工厂的阵脚。[33]在 1948 年最初几个月里，诺德霍夫建立了一个分级管理结构，以加强对工厂的控制，这一举措得到了英国官方的支持。凭借他在欧宝服务部门的经验，他扩大了英国在 1946 年 10 月开始的经销商网络。诺德霍夫与瑞士、瑞典和比利时达成了几项出口协议，为公司带来了急需的美元。最为重要的是，诺德霍夫把主要精力都放在了工厂及其产品上。他最初的调查显示，工厂的生产效率太低，成本太高，因此他要求将个人生产力提高 30%。由于提高汽车质量成为关键目标，新任首席执行官加大了努力以消除威胁到汽车竞争力的技术缺陷。[34]

事实证明，在 1948 年上半年，无法把汽车月产量大幅度提高到 1 000 辆以上这一现实不能视作是诺德霍夫的失败，而是反映了德国经济的不正常。1947 年，西方盟国开始承认，德国的商业活动只有经过认真的改革后才会从冬眠中苏醒过来。盟国专家和一组自由派德国经济学家发现了两个密切相关的问题。首先，定量配给制度严重地限制了供给，从而助长了黑市交易，因为黑市交易是非法的，所以黑市永远不可能成为持续增长的场所。由于战时的通货膨胀削弱了马克的价值，黑市反过来又实行了繁琐的易货协议，这些协议经常迫使交易者组织起一条复杂的交易链以保证获得某种特定商品。简单地说，盟军的稀缺性规划和一文不值的货币加在一起，推动了一个不仅非法而且效率低下的影子经济，这对经济增长构成了严重的阻碍。[35]

当诺德霍夫试图稳定沃尔夫斯堡的运转时，谣言四起，说官方的规划和配给将在 1948 年夏被严重削减。这意味着供求的市场力量将很快决定大宗商品的流动和价格，其程度将远远超过 20 世纪 30 年代中期以来德国的情况，当时纳粹加强了其国家主导的军备驱动。反过来说，引入市场机制需要货币改革，以利用现有的经济活动水平来平衡流通中的货币量。1948 年 6 月 20 日，当局在西部地区发行了一种新货币——德国马克（DM）。[36]

多年来，德国的集体记忆把这一天与商店的橱窗联系在一起了。一夜之间橱窗里塞满了以前所没有的商品，回顾式地预示着未来的繁荣。然而，在当时，大多数当代人对英美商务部经济主管路德维希·埃尔哈德（Ludwig Erhard）和联邦德国未来经济部长为限制马克在流通中的数量而实施的严厉规定深感震惊。虽然每位公民分两次收到了60马克，但私人储蓄账户实际上减少了93.5%。虽然工资、薪水、租金和公共养老金还保持券面价值，但所有其他定期付款，包括私人养老金，却都减少了90%。商界也未能毫发无损地逃脱，因为企业不得不注销90%的财务储备。[37]

埃尔哈德将货币改革与大多数商品的价格解除管制结合起来，从而在很大程度上废除了配给制度，迫使黑市歇业。埃尔哈德承认他的政策给许多普通公民造成了经济损失，但他希望他的措施能在几个方面刺激经济增长。然而在1948年6月20日之前，钱确实很充裕，但实际上几乎不值得去赚。据一位学者观察，“虽说现在商品量很大，钱却紧俏”。这种现象给了德国人民巨大的工作动力。[38] 埃尔哈德和他的支持者们因此就他的改革会把民众推向工作岗位，抵消席卷德国各地工作场所居高不下的缺勤情况赌了一把。改革者还估计，储备急剧减少的企业将需要新的稀缺货币来维持运营，从而迫使它们通过生产和在竞争激烈的市场中销售的方式中赚钱。接下来的几个月显示，货币改革和自由市场的引入对德国西部地区的经济复苏起到了至关重要的刺激作用。尽管如此，发展之路还是充满了许多障碍。

在货币改革之后，大众汽车厂家很快就显现出改善的兆头。自1948年6月下旬以来，由于雇员们现在把工作看成是正常的、有意义的收入来源，劳动力的波动和缺勤率直线下降。稳定的劳动力促进了生产的计划，随后发展起来的更可预测的供应流也是如此。其结果是，个人的生产率得到了提高，产出也增加了。1948年7月，1 800辆汽车离开了沃尔夫斯堡的汽车制造厂；1949年6月，出厂汽车的数量超过了3 800辆。工厂不断上升的生产曲线反映了1948年发生了重大变化，客户的需求不断增长。1947年，占领者几乎获得了工厂产量的3/4。一年后，在沃尔夫斯堡生产的汽车中，有60%销往国内客户，其中商人占到了最大的份额。一家简报解释说，对"工业"的优惠交付是为了帮助更广泛的经济复苏。销售和生产率的提高使管理层在1948年10月宣布加薪15%，将平均每小时的工资提高到1.34马克，大大高于大多数除德国煤矿工人以外的薪酬水平。初露头角的联邦德国媒体注意到这些令人鼓舞的经济趋势，并以沃尔夫斯堡为例，说明马克所覆盖的领土出现了好转势头。[39]

虽说国内销售量有了提高，但诺德霍夫从未对国际市场有半点疏忽，甚至加倍努力开发一款适合出口的汽车。为了确保这款汽车对国外客户的吸引力，他于1948年10月初邀请外国汽车经销商到工厂里来，并要求他们评估大众汽车的五种不同内饰和外观设计。"我们知道我们的汽车有缺陷。我们在竭尽全力消除这些缺陷"，总经理在强调商人信息反馈的重要性之前解释说："我们希望并且必须保持基本结构不变。我们已经改变了汽车外观，这是不容忽视的。请不吝赐教，言无不尽。你们的意见会产生决定性的后果。"他向推销员信誓旦旦地保证道。诺德霍夫暗示，这款汽车的基本技术特征是合理的，只是需要在美学上作出大量改进。[40]

经销商对这些实验样车的反应如何，我们一无所知，但管理层在1949年6月推出了新的"出口版本"汽车。这款汽车的设计比保时捷原款汽车更舒适，但用的仍然是一个不同步的传动系统，配备的还是机械制动器。不过，经过改进的样车隔音效果更好。最重要的是，内部设计师将注意力转向了汽车的斯巴达式内饰，用铬条装饰仪表板，安装遮阳板和可调式软垫座椅，座椅上覆盖着结实的、色彩协调的织物。此外，这款汽车还涂了一层耐用的合成树脂光泽漆，既增加了车身的使用寿命，同时也增强了视觉的吸引力。参加产品发布会的记者可能认为新车闪亮的外观主要是出于商业目的所作出的改造，但诺德霍夫则将这一特点提升到汽车决定性特征之一的层面上来认识。对于“豪华式出口轿车”来说，总经理解释道，“淡绿色”“中棕色”和“波尔多红色”三种汽车颜色，“绝对取得了和平特色的效果”。在有纳粹血统汽车的背景下，把汽车油漆的光泽与和平联系起来的尝试并没有像最初展示的那样。诺德霍夫暗示，1949 年制造的汽车与军国主义纳粹独裁者委托制造的“民众之车”不同，与在英国管理下生产的绿色亚光漆的汽车也不相同。诺德霍夫在强调出口样车的新美学特征时，力图将其与最近受过伤害的过去分离开来，并将其重新塑造成一种战后的商品。[41]

但是剥离沃尔夫斯堡制造的、带有纳粹色彩的汽车不只是闪亮的新油漆。毕竟，许多材料特性，包括汽车的独特轮廓、配置的空气冷却式后置发动机，以及扭杆悬架，均来自第三帝国，并因此使人想起了仅发生在几年前，纳粹党人大肆宣扬大众汽车制造业是手工艺品的象征的事件。除了对独裁统治的记忆外，沃尔夫斯堡的政治发展本身也容易混淆汽车的形象问题。在 1948—1949 年，这个小城镇不仅为汽车制造业制造了全国新闻，而且也为右翼极端主义的奇葩崛起和把民主的民族主义敌人变成了市议会最强大的力量制造了全国新闻。1949 年 1 月，《柏林日报》的一位记者竟然提出了“谨防沃尔夫斯堡的新法西斯主义”的警告。[42]

两个月前，一个以德国正义党（Deutsche Rechtspartei, DRP）为名义的分裂组织稳稳地获得了 64％的地方选票，把社会民主党从市议会中赶了出来。1948 年 11 月，以压倒多数的前纳粹党组成的民进党，在一个极其激进的平台上与选举进行斗争，这个平台包括要求立即结束去纳粹化的行动，把全部主权归还给按战前边界划分的统一的、重新军事化的德国。1948 年末的这次民族主义暴发可能被看作是一次间歇性的抗议，但 1949 年 5 月和 8 月的进一步投票显示，沃尔夫斯堡的极右派在这两个时段里分别增长了 48%和 40%。在这些场合里，一些选民在他们的选票上要求："我们想要阿道夫·希特勒当政。"只有保守的基督教民主党、社会民主党和英国当局支持的共产主义者之间的空前合作才使民族主义者不受地方管辖。类似的倾向在大众汽车公司的工人代表选举中也显现了出来，一位前任德国空军少校和几个激进的右翼组织的创始人在 20 世纪 50 年代早期赢得最多的选票。纳粹党标志涂鸦屡见于工厂的墙上。在西方国家，没有任何一个城市能像沃尔夫斯堡那样，对复仇主义倾向的支持到了那种程度。[43]

在某种程度上讲，德国正义党得益于越来越多的人对纳粹的怀念以及对去纳粹化日益严重的反感。1948 年 5 月，英国辖区民意调查显示，只有不到 30%的公众认为纳粹是一个"坏主意"，而绝大多数人认为这是一个"执行伐善的好主意"。正如哲学家卡尔·雅斯贝尔斯(Karl Jaspers)在 1946 年所说的那样，那些认为去纳粹化取得成功的人数还不到 30%。这些数字在一定程度上反映了去纳粹化专家咨询组的判断的不一致性，也说明了德国绝大多数人完全拒绝直面"有罪的问题"。[44]

盟军对战犯越来越宽容的态度只是加剧了这种倾向。1946 年，英国当局毫不犹豫地处决了负责鲁亨儿童集中营，使那里儿童死亡的医生，但两年后，他们又宣布当地党魁恩斯特·吕特格(Ernst Lütge)无罪。据他声称1943年11月，在大众汽车厂家审讯时他为了自卫才枪杀了一名手无寸铁的乌克兰战俘。吕特格的抗辩之词是基于杰出人物的证词上的，包括费迪南德·保时捷的一份长篇声明，保时捷称赞了这位党务官员所谓的人道主义行为。保时捷强调说，吕特格曾为强迫劳工提供充足的食物，并且还“坚持正确、体面地对待外国人。……在我的记忆中他是个纯洁、仁慈的人”[45]。那个乌克兰受害者是因为“非法”煮土豆引起了吕特格的注意的，这暴露了保时捷声称的所谓口粮充足不过是种企图自我免罪的荒唐、具有讽刺意味的企图罢了。此外，据公诉方披露，这位党务官员在1944年因开枪射杀和殴打另一名偷水果的战时强迫劳工致死后，被德国法院判刑。[46]

在一个虚假行为可以占上风的环境里，像吕特格这样已被定罪的杀人凶手都可以逍遥法外，可见沃尔夫斯堡是右翼极端分子的一块特别肥沃的土地。在某种程度上说，右派之所以蓬勃发展是因为德国正义党把竞选活动的赌注几乎全部下在了沃尔夫斯堡。此外，正如一位历史学家所观察的那样，这个城镇“缺乏经验丰富的政治家，他们本可以在魏玛共和国时期积累经验”，以便有效地对抗右翼分子。其实，在沃尔夫斯堡人中有相当一部分不想放弃最近的过去。据一位记者观察，在这一扩大右翼选举活动的群体中，有“前军官、专业士兵和列兵”，以及“1945年后由于政治原因被迫放弃生计的人”。后者有前任党卫军成员和当地的纳粹要人，包括沃尔夫斯堡的前任市长和市财政部部长，他们都失去了在市政府的工作，却在汽车制造厂获得了职位。这位记者总结说，实际上，沃尔夫斯堡充当了“失败者的接待营”，他们维护了沉闷的“军人团队精神”。[47]

同时，德国正义党发誓以战前边界为界为民族团结而战，这深深地吸引了成千上万的德裔难民和流亡者。这部分人大约占了沃尔夫斯堡人口的一半之多，是这个地区平均数值的两倍多。尽管他们在大众汽车制造厂工作，但他们的生活在 1948 年末几乎没有改善的迹象。住房短缺问题持续存在着，在当年早些时候投入的马克引发了许多基本主食价格的大幅上涨，致使许多城市的居民走上了街头。由于缺乏物资储备，联邦德国各地的难民和流亡者都受到了最严重的打击。在沃尔夫斯堡，由于最近抵达那里的极度贫困人口打破了比例平衡，在看似持续不断的剥夺中高涨的不满情绪，在右翼派取得的非凡成功中发挥了重要的作用。[48]

关于沃尔夫斯堡是激进右翼势力据点的报告对大众汽车厂家构成了极大的商业危险，对这款汽车在意识形态渊源上的名声再次构成了威胁。1948 年 11 月下旬，德国正义党在选举中获胜后，诺德霍夫因担心疏远员工，起初不肯向过去的纳粹劳动力们发表讲话，后来，他在向全厂员工发表慷慨激昂的演说中放弃了缄默。“价格高，所有商品都很稀缺，而且质量往往很差”，总经理指出，“这既不是(德国两区)政府的错，也不能通过加入某个组织来改变。……或者是在大街上如此这般地击鼓利诱”。他接着说，沃尔夫斯堡市民不得不承认造成灾难性现状的原因和规模，而不是期待着“1938 年时的那种生活水平”。

“过去和现在被我们发动的战争分离开了，而在这场战争中我们被打败了；过去和现在被失去的数以百万计的死亡者分离开了，而这些人都是在他们最好的年华时丧生的；过去和现在被失去了数以万计的有价值的机器和工厂分离开了，令我们失去了难以想象的原材料宝藏;过去和现在被我们毁坏的货币和储蓄分离开了,我们的田地日益贫瘠,我们的国家被可怕地分裂成了碎片,然而却没有人知道如何将其重新拼凑起来。”[49]

除了为最近的货币改革辩护,诺德霍夫还明确地呼吁他的同胞们接受失败所产生的义务,以及为德国人自己制造的困境承担责任。诺德霍夫明确地否定了纳粹是个“执行伐善的好主意”的说法。他把自己定义为反对一种新生的集体牺牲文化,这种文化使德国人在积极参与纳粹政权活动的沉默中,成为盟军轰炸和强制驱逐的被动牺牲品。诺德霍夫并没有否认德国人遭受的苦难,但是从他的角度来看,德国人不得不为他们造成的困难承担责任。在解读员工暴乱行为时,诺德霍夫没有越雷池一步。例如,他既没有提到犹太人的种族灭绝,也没有提到其他以德国的名义犯下的罪行,因此恰到好处地避开了“有罪问题”。在绝大多数德国人成为被动受害者的氛围中,他呼吁人们接受战争所导致的物质后果是个例外,就像他对犹太人和非德国人蒙受的痛苦保持沉默是惯例一样。[50]

首先,这位大众汽车厂家的首脑呼吁员工们按照以下格言抓住主动权:“我们不要提任何要求,而是安静地做唯一能带领我们摆脱最深痛苦的事情,那就是工作。”在1948年的整整一年里,他都在反复谈论这个主题,要求员工“去干起来吧”。他在6月份宣称货币改革将“揭示谁能取得成就”,几个月后,他提出了这个想法:提醒我们“只有一件事能使我们取得进展,那就是工作和取得成就”。通过重申在障碍面前“实现”的必要性,诺德霍夫援引了一个大多数雇员耳熟能详的比喻。其实,许多纳粹演说家在战争期间采用的也是这种雷同的表达方式。例如,在

1942年5月，希特勒宣称这场战争是一场“德国企业家的成就之战”，终将以“最后的胜利”而告结束。即使是像诺德霍夫这样的出于政治目的发言人也发现，用历史上未受污染的语言来超越最近的过去是不可能的。[51]

考虑到20世纪40年代后半叶第三帝国对德国投下的长期阴影，大众汽车公司还没有消除纳粹的过去影响，以塑造出一个新的公众形象。1949年6月，当诺德霍夫向公众展示第一款“出口”样车版本时，他小心翼翼地尝试着将这款汽车与战后的和平时代联系起来，结果证明效果甚微。一方面，联邦德国破碎的媒体景观限制了故事的传播，因而为沃尔夫斯堡制造的汽车提供了新颖的诠释。然而，更为重要的是，德国的早期政治和社会框架阻碍了在沃尔夫斯堡制造的汽车的另一种形象的形成。只要沃尔夫斯堡从当地激进分子和大量难民的困境中获利仍是报端新闻，把这款汽车与和平联系起来的尝试就不可能有效。结果是，昔日的KdF汽车在第三帝国崩溃和联邦德国崛起之间的文化边缘的夹缝状态下开始了它的战后生涯。

第三帝国灭亡后，谁真正拥有这座巨大的工厂这一持久的基本问题说明了与汽车紧密相关的事的不确定性。1949年，联邦德国国家成立后，英国当局取消了许多经济限制，但他们却无法确定谁是这家工厂资产的所有者。经过几个月的争吵，英国占领者与波恩的新联邦政府签署了一项笨拙的妥协协议，将工厂归于联邦德国和下萨克森州(Lower Saxony)共同所有。谈判人员自己也承认这种法律结构——公司在市场经济背景下经营时受双重国家监督——是一种不受欢迎的经济混合体，并一致认为有必要由联邦法律来解决所有权问题。因此，这家公司在联邦德国历史上的初期，仅仅是在临时所有权的前提下扩大了生产规模，现在越来越多的同时代人开始将其称之为“大众汽车公司”。

1949 年，尽管汽车和生产场地都处于不安全的状态，但是在占领时期为工厂后来的经济好运奠定了重要基础。英国通过将费迪南德·保时捷的样车投入生产来缓解汽车行业短缺的务实决定，这对大众汽车公司的未来至关重要，因为它将汽车公司从潜在的赔偿清单中去除了。在 1945 年夏天至 1947 年年底极端困难的条件下，伊凡·赫斯特开始了民用汽车的连续生产，建立一个全国性经销商网络，并雇用了大量的劳动力，推动了大众汽车雏形的技术改进。赫斯特为海因里希·诺德霍夫的倡议奠定了基础。自 1948 年以来，诺德霍夫就倡议为大众汽车制造厂建立一个良好的商业基础。这位前欧宝经理不仅发起了一场提高生产率的运动，而且还把开发适合国际市场的汽车作为他的首要任务之一。这位新经理带领工厂度过了货币改革的困难时期，监管了生产初期的扩张，这对未来是个好兆头。

事实上，占领时期标志着德国汽车公司在等级制度上发生了转变。虽说沃尔夫斯堡的运营始于 1945 年底，但直到 1947 年下半年，欧宝、福特和梅赛德斯—奔驰才恢复生产。所有这些公司在空袭中遭受的破坏都远远超过了大众汽车公司，而战争刚一结束，盟军当局又给了大众汽车公司一些特权。这一早期的活动有助于形成沃尔夫斯堡的商业优势。到了 1949 年年初，大众汽车制造厂在早期就明显地领先于竞争对手，在此前一年生产了 1.9127 万辆汽车，而战前德国的主要汽车生产商，欧宝的产量仅为 5 762 辆。[52] 这些数字是否预示着联邦德国汽车业格局的持续变化，目前尚不清楚。尽管如此，一个新的汽车玩家已经浮现了出来。大众汽车公司厂家凭借着庞大的、无债务的、福特式的生产设施，以及经过良好测试、由保时捷设计的汽车，大众汽车在 20 世纪 40 年代末开始商业运营，并因此享有显著的长期优势。在随后的十年里，这款汽车走出了第三帝国的阴影，成为年轻的联邦德国无可争议的集体象征。当时英国开始把欧洲最大的汽车工厂从纳粹的声望项目和军事生产场地转变为欧洲最大的民用汽车工厂。大众汽车随后的经济实力和汽车在文化上的突出地位，却要归功于战后几年沃尔夫斯堡的发展，当时英国人开始了将欧洲最大的汽车制造厂从享有纳粹声望的项目和军事生产基地转变为民用汽车厂的进程。

早期联邦德国的标志

“上周六，新闻记者和电视记者为了纪念这个经济奇迹在镜头前进行了盛大报道。”为了庆祝在沃尔夫斯堡生产的第 100 万辆汽车，大众汽车公司厂家组织了一场盛大的庆典，对此，《明镜周刊》发表了详细文章。上午宗教仪式结束后，10 万人聚集在为庆祝这一时刻而临时搭建的体育场内，观看一场“国际名胜”的壮观场面。记者不相信地揉了揉眼睛说：来自世界著名的红磨坊，衣着光鲜的女士们摇摆着双腿，南非黑人合唱团唱着《灵歌》，32 名苏格兰高地女舞者伴随着风笛的节奏跺着脚，瑞士旗手旋转着手中的旗子。经过 3 个小时令人眼花缭乱的音乐和舞蹈，最近获得了一枚著名的星级联邦服务十字勋章的总监，海因里希·诺德霍夫，踏着由 12 支仪仗队演奏的约翰·施特劳斯旋律走上了舞台。他在简短的演讲中对工人们的辛勤劳动表示感谢，演讲结束时，他发出了一个极具特色的感人号召：“向着第二个 100 万辆车前进！”

演讲结束后，诺德霍夫转变了角色，以游戏节目主持人的身份监督抽奖活动，为聚集在那里的员工分发 51 辆大众汽车。那些想进一步消遣的人可以在整个周末去玩旋转木马、坐过山车、开蹦蹦车或观看足球比赛等参加其他娱乐活动。“这是一个持续三天的盛大节日”，记者如是说。[1]

所有人，包括 1 200 名接受大众汽车公司邀请参加庆典活动的新闻界代表在内都知道，在德国不光彩地垮台 10 年后，大众汽车公司能如此慷慨地举行庆典，就在于社会对这家公司主打产品的强烈需求。在沃尔夫斯堡，汽车就是明星。大众汽车公司承认这一事实，把第一百万辆汽车给漆成金色，还在保险杠上镶嵌了莱茵石。在 20 世纪 50 年代，这款汽车除了唤起当地人的骄傲之外，还在联邦德国各地发展成为名副其实的金牛犊。大众汽车不再是一个中立的、功能性的目标，而是成了一个与联邦德国快速复苏密不可分的显著集体象征。联邦德国的迅速复苏很快就被普遍称作“经济奇迹”。到了 20 世纪 50 年代末，《明镜周刊》给这款汽车贴上了“德国奇迹最钟爱的孩子”的标签。大众汽车公司追求的是积极的公共关系政策，以资鼓励对其主要产品进行如此恭维的解读。无论诺德霍夫公司召开记者招待会，举办生产庆典，推出畅销车的改进车型，还是在车展上摆摊，诺德霍夫都坚持为数百名，有时甚至是数千名记者和客人提供奢华的环境、无可挑剔的款待和慷慨的报销安排。除了吸引新闻界外，公司不仅发行了大量关于该产品的宣传册、小册子和宣传活页，而且在 1954 年还制作了一部名为“凭我们自己的力量”、长达 75 分钟的实况彩色电影，在全国范围内发行，以便宣传大众汽车稳步崛起的消息。大众汽车公司的公共关系针对的是《安全之旅》，这是一个月刊，在 20 世纪 50 年代中期达到了 6 位数的发行量。[2]

大众汽车公司在联邦德国被提升为标志性的地位，不能全部归因于制造商的促销活动。即使最昂贵的公关策略，如果不能引起当代人的共鸣，也会一落千丈。在早期联邦德国的许多公民眼中，大众汽车是核心价值观的体现，这些核心价值观界定了他们正在建设中的新国家。尽管受累于第三帝国的起源，大众汽车公司充满了矛盾的遗产在汽车标志性上升时呈现的困难，远远比可能预期的少得多。这款车的吸引力，部分源于它所提供的机会，可以沿着有利的路线重新叙述德国最近和受到严重损害的历史。这些传说包含着对当下历史的极具选择性的诠释，突出了某些主题，而把那些可能让战后德国人陷入道德困境的人边缘化。这与其说是直接的“镇压”，倒不如说是用一种特殊的方式来叙述德国的过去，帮助大众汽车在1945年后经历了一次“历史洗车”。[3]

当汽车作为一种集体标志出现时，它的许多象征性力量就会从它的无处不在中涌现出来。在20世纪50年代中期，年销量达到6位数，大众汽车在联邦德国大规模机动化中的中心作用是保证汽车在联邦德国社会几乎无处不在。这款汽车的迅速发展在“大众汽车”这个词上留下了深刻的印记。最初，一个模糊的词语指代了更广大的人口可以买得起的汽车，这一想法曾被纳粹大肆喧嚷过，“大众汽车”变成了一家成功公司的一个耳熟能详的品牌名字，也成就为最成功的产品。

大众汽车的高知名度和根植于私人领域的坚定根基，是联邦德国为数不多的几个基本无争议的集体标志之一。最近德国陷入了野蛮状态，随后由于冷战又分裂成两个独立的国家，使得几乎所有试图为国家集体身份提供的基础尝试都变得复杂化起来。在政治领域，由于民族主义被纳粹彻底抹黑，寻求集体认同证明是特别困难的。此外，鉴于这个国家最近的分裂，很少有同时代的人会把联邦德国看成是一个“国家”。结果，就目前而言，联邦德国的新民主体制没有引起人们的多少热情。颇具讽刺意味的是，联邦德国首都——波恩，因人口稀少（大约 10 万人）、面积狭小而被许多当代人称为“联邦村”。甚至在 1952 年就国歌达成一致意见之前，新国家的政治精英们也发生过几次激烈的冲突。[4]

然而，缺乏联邦标志，以及围绕这些标志展开的对立辩论并不能掩盖广大民众重新树立集体形象的愿望。1954 年，联邦德国队以令人惊讶不已的冠军身份从瑞士世界足球锦标赛凯旋时，受到了人们的热烈欢迎。这次胜利提供了“获得几乎是神话般的象征力量的集体成功体验”。而在随后的庆祝活动中，球队成员坐着大众制造的敞篷汽车穿越慕尼黑游行，显示了联邦德国民众对集体参照点的普遍渴望，不过所谓的“伯尔尼奇迹”仍然是一个孤立的、完全不同寻常的插曲。在这方面，足球场上的胜利与大众汽车有着根本的不同。大众汽车由于在日常生活中的突出地位而在联邦德国获得了稳定而广泛的主题标志性存在感。[5]

随着大众汽车取得了一个空前所未有的商业成功，公众的注意力不仅集中在汽车上，还经常转向它赖以生存的生产现场。在 20 世纪 50 年代和 60 年代初，大众汽车公司及其毗邻的城镇就像磁铁一样吸引着许多记者和作家，因为沃尔夫斯堡的发展为重建进程提供了光辉的范例，将联邦德国从一个贫穷的、满目疮痍的国家转变为一个充分就业的富裕工业社会。尽管沃尔夫斯堡的地理位置在离铁幕不到 10 英里的地方，是个边缘的、中等规模的城市，却在联邦德国人的想象中占据着显著的位置，并为形成战后复苏性质的当代中心的假设助了一臂之力。始建于第三帝国的这座城市，富丽堂皇，环境优美，却未能兑现政府的诺言，不过，战后的经济轨迹却表明了联邦德国是如何超越最近的过去，从而使公众的目光转向了一个在德国经济历史方面只发挥过很小作用的领域。随着大众汽车公司厂家在企业中知名度的日益突出，大量关于这个厂家及沃尔夫斯堡居民福利的文章和名册，为这款汽车在联邦德国的形象上增添了一些重要的元素，从而把该厂家与工业生产领域出现的成功故事紧密联系在一起。大众汽车公司厂家从一个经济上不切实际的倡议变为著名的成功大企业，与经济繁荣密切相关，这一经济繁荣支撑了50年代联邦德国的政治与社会的整合。1950年朝鲜战争爆发后，联邦德国经济在其后的10年里每年增长8%，在整个60年代，以每年平均6.5%的速度保持着繁荣。化工与电气公司、机械工程公司和汽车生产商的迅速扩张远远超过了煤矿行业和钢铁厂，推动了联邦德国的经济复兴，这一趋势标志着该国制造业基地结构从鲁尔的传统主导领域逐步转移开来。与此同时，联邦德国在全球经济上的地位也变得越来越突出。在1950—1960年，该国出口额占全球出口总额的比例由3%上升到10%。至1960年，约占联邦德国GDP的1/5，出口市场的成功与国内经济重建相结合，为人们生活水平的显著改善奠定了重要基础。50年代，500万套新住宅已竣工，其中一半以上是负担得起的公共住房，为缓解战后住房短缺提供了帮助；失业率从1950年的13.5%下降到20世纪末的1%，同时工资显著增加，通胀膨胀则保持在低水平状态。如此一来，20世纪50年代人均实际收入翻了一番。大部分上升趋势一直持续到70年代初发生的石油危机，从而使1950年与石油冲击之间的时期成为联邦德国历史上繁荣持续时间最长，且最强劲的一段时期。[6]

经济历史学家提出了几种解释来说明这一独特的上升趋

势。有一个学派强调，联邦德国经济在20世纪50年代成功地释放出了生产潜力，这种生产潜力先是被战争间的政治动荡所扼杀，后来又被纳粹好战的经济政策所扼杀。战后紧随其后的岁月进入了一个经济重建阶段，这个阶段在繁荣开始之前就已经使联邦德国跻身于世界最发达的经济体之列。另一个流派的解释已引起了人们对路德维希·埃尔哈德在担任经济部长期间颁布的“社会市场经济”构想所产生的积极影响的关注。埃尔哈德认为，国家的作用是建立一个充满活力的经济秩序，维护企业的自由和竞争，鼓励有社会责任感的企业家精神，在更广大的人群中扩大财产所有权，并为弱者提供社会保障。“社会主义市场经济”虽然只是部分实施了，却成功地限制了经济状况干预主义，并遏制了大企业通过企业联合和信托来避免竞争的普遍倾向。埃尔哈德，如同他的策划畅销书的英文标题所说的那样，推行了一项旨在通过竞争带来繁荣的经济政策。不过，如果没有“二战”后在美国的主持下对国际经济进行根本性的重建，联邦德国的繁荣将是不可想象的。布雷顿森林（The Bretton Woods）体系的固定汇率和通过以美国为主导的《关税及贸易总协定》对国际贸易自由化的推动，为联邦德国公司重返世界市场提供了重要背景。美国支持西欧提出的超国家经济和政治合作倡议取得了类似的效果，因为这些倡议导致欧洲经济共同体于1957年建立，并逐步为联邦德国公司打开了西欧市场。接着，联邦德国自身的增长潜力、新的国际体制框架和经济政策的结合又导致了联邦德国经济的扩张。[7]

很少有哪个地方的经济繁荣会表现得像在沃尔夫斯堡那样明显。在20世纪50年代期间，大众汽车公司巩固了在占领时期所取得的初步领先地位，并以极大的优势稳稳地成了联邦德国的汽车生产商龙头大佬。受国内和国际需求不断增长的推动，大众汽车公司的年产量从1949年的4.6154万辆增加到1961年的大约96万辆，在此期间，公司在联邦德国的劳动力也从1.0227万人增加到69.4446万人。在国内轿车市场中，大众汽车的份额在1951—1961年的波动范围在34%—40%，而联邦德国第二大生产商欧宝则落后了至少15个百分点。沃尔夫斯堡城镇也显示出令人印象深刻的增长迹象：在1952—1960年，居民人数翻了一番多，从大约3万人增加到约6万人。在占领期即将结束时，沃尔夫斯堡的住房仍然以拥挤的营房为主。沃尔夫斯堡开始经历一场建设热潮，从而缓解了该城镇的住房短缺问题，并且在50年代建立了城市基础设施。1950年，每套住宅的平均居住人数为6.9人，但在随后的十年里，这一数字下降到每套住宅居住人数为3.6人。正如美国人习惯于给底特律贴上“汽车城”的标签一样，联邦德国人开始把沃尔夫斯堡称为“大众汽车城”。[8]

20世纪40年代后期撰写关于沃尔夫斯堡报道的记者们把这个城镇与激进右翼分子在当地选举中的特殊诉求联系在一起了，他们把五六十年代的工厂和城镇当成是该国经济活力的展示。1958年初，一位游客在离开不到10年之后回到这个都市时，几乎找不到方位了。“如果你是在昨天看见的沃尔夫斯堡，你今天就会认不出它的；如果你要出发……就得仔细查看其现状，做好准备；如果你明天再回来，就得一切重新开始：迎接你的将是一个全新的、再次不同的、以前未曾见过的地方。”这个城镇的活力直接反映了大众汽车公司的发展状况，正如来自附近汉诺威的一位记者所指出的那样，大众汽车公司已发展成为“一个异常强大的公司，一个强大的联邦德国经济引擎……”

1953 年，当一个自由派记者宣称“德国奇迹”首先是“工业奇迹，或者更确切地说，是一个生产的奇迹”时，他在大众汽车公司找到了主要证据，因为这家公司不仅获得了“欧洲地位”，而且在短短的几年内也取得了重大意义，“这个意义即使是用全球标准来衡量也绝不逊色”。这些新闻报道使一家汽车公司在经济上扮演了一个新的角色。如果说汽车制造商在 1945 年之前在德国经济中扮演的是个小角色，那么联邦德国对沃尔夫斯堡的描绘则把战后经济格局中大众汽车的重要性放在了首位。随着大众汽车公司日益成为联邦德国工业社会的增长动力，联邦德国开始将自己视为一个汽车制造国，这一进程也得到了在拉塞尔海姆的欧宝、在科隆的福特和在斯图加特的梅赛德斯—奔驰上升的生产数字的支持。[9]

大众汽车公司超越了蓬勃发展的国家，引起了人们的好奇心。观察家们试图解释大众汽车的非凡实力时，往往从海因里希·诺德霍夫开始。海因里希·诺德霍夫在 20 世纪 40 年代末奠定的基础上确定了公司所有重要的战略。诺德霍夫初到沃尔夫斯堡时，便引进高度集中的公司结构，这种公司结构赋予了他“非常全面的权力”。总经理通过提拔一批蓝领工人和白领工人来巩固他的权力，而这些被提拔的人都是些被证明有能力的组织者和协调者，他们作为忠诚的副手，胜任着各自的管理岗位。由于大众汽车公司在 50 年代和 60 年代早期的扩张曲线呈直线上升态势，诺德霍夫作为一个经济奇迹工作者的名声仅次于路德维希·埃尔哈德本人，他的政府政策得到了诺德霍夫坚定和公开的支持。除了商业敏锐，许多（自我）推广人才也为诺德霍夫的名声做出了贡献。当他登上公众舞台时，诺德霍夫展示出了他那魅力四射的个人形象；在“庆祝”大众汽车的销量和生产数字时，他表现得更加轻松自如，把人群驾驭在自己的掌股之间，令人群为之着迷。一些国内观察家发现诺德霍夫在公众面前的表现是那么和蔼可亲。对此，尽管诺德霍夫多次表示抗议，他们还是把他比作“美国经理”，而不是典型的德国企业家。其他人却认为他的公开行为举止很是浮躁、“傲慢”。不管这些诋毁者如何评价，大多数联邦德国人，像他在媒体被戏称的那样，称他为“诺德霍夫国王”，因为一个令人羡慕的生产帝国的主人，自有一套特定的规范和独特的“企业灵魂”。[10]

在大众汽车公司诸多价值中，生产率排在了很高的位置。诺德霍夫在1956年对员工发表的一次演讲中解释说，公司并不只是通过向员工提出额外要求来提高生产量的数字，而是专注于“创造一个可以安装最现代、最省力的机器的环境”。虽说诺德霍夫一再低估未来需求的规模，但由他监管的大众汽车公司的生产率大获增长，从而使得大众汽车公司在20世纪50年代的人均产量增加了大约3倍。最初，公司通过更有效地利用现有产能生产出更多的汽车，但在1955年后的进一步扩张又提出了对新方法的需求。

作为投资计划准备工作的一部分，1954年，诺德霍夫指示一组高级管理人员参观芝加哥机床展，并向他汇报“十年后我们的工厂应该是什么样子的设想”。[11]德国来访者在伊利诺伊州学习的最引人注目的技术发展是自动化机床，这些机床既不需要人工装载单个零件，也不需要人工拆卸单个零件。特别是在多个不同机械操作工位之间传送零部件的转换线相结合时，自动化机床在减少劳动力或不再继续雇用员工的情况下为增加产量提供了巨大的潜力。基于电子控制系统，自动化呈现出了一个福特式的大规模生产的强化版本，这个版本保留了高度专业化和标准化的劳动分工形式以及统一的工作程序，同时显著地提高了精确度，减少了车间里的手工劳动量。美国汽车制造商，通用汽车和福特，在20世纪50年代期间实现了最全面的自动化。在这个过程中，他们把几个小制造商赶出了市场，因为他们负担不起这种昂贵的投资。诺德霍夫承认自动化的可能性，并授权逐步采用。到了50年代末，沃尔夫斯堡的工厂在冲压、热处理、油漆和车身车间引入了部分或全部自动化。大约在诺德霍夫为自动化开了先河的十年后，大众汽车公司在60年代中期的生产力水平与底特律旗鼓相当。在制造方法上，该公司严格遵循美国模式。[12]

总经理坚称，生产率的提高并没有使劳动条件恶化。“人们喜欢在我们的明亮、现代化的工厂里工作”，诺德霍夫不止一次地宣称道。许多员工或许不同意这种对日常生活的乐观描述，尤其是那些在50年代占据沃尔夫斯堡一半劳动力的上班族。1953年，一名被驱逐者是以一线工人的身份加入的公司，当他回忆起自己每天的日常生活时，并不怀旧。晚上他骑着自行车前去赶差10分钟4点去沃尔夫斯堡的火车后，再上8个小时的班。尽管他对机油和烟过敏，却还是坚持工作下去。两个和他一起工作的同事很快就放弃了这份工作，去了别的地方，但他却坚持下来了，说“因为我结婚了，需要钱”。特别是在20世纪50年代初，管理层经常遇到“体力不行……跟不上高工作强度的工人”。另一名员工在一次采访中解释说，那是因“战争造成的”长期健康问题。特别是在具有赋税条件的生产区，包括车身车间和冲压车间，搬运重型部件的工人们经常“抱怨”，并发出“停工的威胁，这确实变成了现实”。这些生产区的严格日常程序所导致的纪律问题恰恰就是那些自动化首先要解决的问题。

但是，即使新生产工艺的设置减少了汽车制造业的体力消耗，工人对工作满意度仍然很低。1956年，一位记者在参观这家工厂时，遇到了一些工人，他们说“单调乏味”的工作令他们“疲倦而辞职”。经过八个小时的磨砂，一个半熟练的员工果断地说：“真是够了。一整天都这样！令我心烦不已！”“不，那不是工作”，一位女工退休后回忆起她在大众汽车公司工作时的岁月时如是说。就像几十年前在福特的高地公园工厂一样，20世纪50年代在沃尔夫斯堡的装配线上，辛勤的劳作和单调乏味就是生活的特点。[13]

鉴于大众汽车公司对许多工作要求苛刻的特点和沃尔夫斯堡位于离民主德国边境不到10英里远的农村位置，招聘和留住工人成为管理层一直关注的问题。自50年代中期开始，联邦德国劳动力市场开始出现短缺现象，尤其是缺少技术工人，这也使得汽车制造商处于弱势地位。诺德霍夫在10年中发起的合理化计划，与熟练劳动力在总劳动力中所占比例从1953年的32%上升到1961年的37%的趋势齐头并进，同时也加大了对半熟练工人的培训力度。质量方面的担忧和不愿意把贵重设备交给非熟练的操作者，促使公司雇用更高素质的劳动力，这一趋势与亨利·福特在高地公园的就业政策截然不同。福特在19世纪20年代的机械化的使用使熟练工人的比例从60%以上降低到30%以下，诺德霍夫则不同。在整个20世纪50年代，诺德霍夫的管理层快速地吸引了一批员工，他们的资历不断提高，同时员工流动率始终保持在较低水平，这是高效日常运营的重要前提条件。[14]

正如一位记者在1953年所说的那样，“流水线的灾难”在沃尔夫斯堡既没有引起公众的重大争议，也没有在沃尔夫斯堡引起工人的大规模叛逃，尽管工人们对他们日常劳动惯例的疑虑与大众汽车公司的领导文化有关，对此，诺德霍夫也会这么说。总经理对劳资关系采取了新的态度，对此他于1953年在瑞典商会的一次讲话中做了详细的介绍。他毫不含糊地肯定了企业需要坚定的领导能力，因为有能力的企业家被认为是"带来进步和彻底改变事态的优秀人物"。他补充说，考虑到战时的破坏，给予商人自由的主动权，在"像德国这样的国家里，尤为重要。德国还在感受着那场可怕的灾难性的影响"，其经济体因此仍然缺乏"持久力"。对于公司战略，诺德霍夫是不容许任何干扰的。他发现理想的条件是在大众汽车公司制定一套家长式企业型领导模式，因为当地的工会运动仍然很弱。由于公司只是从纳粹时代才开始的，沃尔夫斯堡的工会分子无法重新启用魏玛时期的组织网络，这是联邦德国其他地方劳工代表用来加强其地位的一个战略。劳动力的构成不成比例，绝大多数的劳工是流亡者，其中许多人在1945年以前没有在工业企业工作过，并且对工会仍然抱有敌意，因此阻碍了工会化的努力进展。[15]

同时，诺德霍夫强调，强大的企业家权威并不一定意味着劳资关系紧张。"以我的经验，"诺德霍夫向瑞典听众解释道，"工人并不抵触领导，而是渴望清晰、有意义的指示。……他还希望拥有优势地位的高管们……能够认可。"为了培养员工对公司高层的信任，总经理建议采取积极的信息政策，他指出，他每季度都会举行全厂范围的会议，向员工介绍最新发展情况。除了强调在公司内部进行有效沟通的必要性外，诺德霍夫还坚信"工会应该是社会对话中积极和值得期待的合作伙伴"，尤其是在工人代表不愿意将"政党政治"引入集体合同谈判的情况下。他概述了他的总体目标，即努力实现"社会和平与社会和解，其方式与毫无成果和完全过时的阶级对立观念截然相反”。[16]

一系列的动机促使诺德霍夫发誓赞成合作性的劳资关系。作为通用汽车子公司欧宝的前任经理，他对通用汽车首席执行官阿尔弗雷德·斯隆（Alfred Sloan）与美国汽车工人联合会（United Auto Workers）主席沃尔特·P. 鲁瑟（Walter P. Reuther）之间的安排特别感兴趣。他们的集体谈判减少了意识形态的张力，使白人汽车工人的工资和福利在战后的初期有了实质性的改善。在整个跨大西洋工作场所保持的社会和解例子中，诺德霍夫不是唯一的一个联邦德国实业家。奥托·A. 弗里德里奇（Otto A. Friedrich）是汉诺威轮胎生产商大陆集团的负责人，与诺德霍夫保持着友好的关系，也借鉴了美国模式来重塑劳资关系。虽然魏玛共和国时期的德国企业界崇拜亨利·福特的大规模生产模式和他对工会的敌意立场，但美国更强调协作性劳资关系的概念在联邦德国被证明更具吸引力。[17]

大众汽车公司的总经理警告说，德国最近的过去也表明，有必要在工作场所搭建一个横跨社会部门的桥梁。“尤其是在上次战争的可怕冲击之后。……如果我们希望作为一个民族和自由的人而生存，我们再也无法承受混战的疯狂了”，他坚持说。这种刻板的表述，暗示劳资关系对存在的个体和集体至关重要。同时，诺德霍夫小心翼翼地指出，他的思想观念不同于纳粹在“民众团体”的标签下提出的社会和谐概念，宣称在劳资关系的背景下，纳粹所提供的不过是些“政治色彩性的倾斜”。为此，诺德霍夫借鉴了美国模式和最近的经验教训，在雇主和工人之间寻找一个共同点。[18]

诺德霍夫对建立新型劳资关系的行动远远超出了言辞。在1951—1971年，乌戈·博克（Hugo Bork）——IG 金属、行业工会属下的当地金属工会分会的领导，成为总经理亲密和可信赖的谈判伙伴。在联邦德国工会放弃对资本主义的激进批判，采取更加务实的战略，以确保劳动力有形物质改善的10年中，诺德霍夫的提议正赶上了这一有利的条件。在沃尔夫斯堡，这种新的合作方式对双方都有利。管理层得益于没有遭受破坏性的罢工，工会也抓住机会，主动带头进行有益合同的谈判，向工人展示了他们的效力。到了50年代中期，集体谈判的成功，帮助德国金属行业工会在代表工人利益的工会理事会的选举中获得了多数席位。与此同时，拥有右翼极端主义观点的候选人在40年代末和50年代初的选举中赢得了最多的选票，他们却失去了支持，这清楚地表明社会紧张和不满情绪正在减弱。尽管如此，大众汽车公司的工会会员仍然相对较少，1967年工会成员只占总劳动力的50%。除了高企不下的流亡者和缺乏当地组织传统之外，持续的经济繁荣也解释了工会在沃尔夫斯堡和联邦德国其他地方遇到的招聘问题。在50年代和60年代初的经济环境下，许多工人满足于投票选举工会代表进入工会理事会，却并不认为需要这个组织本身。[19]

劳资关系的协作方法在大众汽车公司员工所享受的多种物质利益中得到了最重要的体现。像20世纪初在福特高地公园工厂的美国前辈一样，大众汽车公司的工人自20世纪50年代以来，所获得的报酬是联邦德国最丰厚的。在大众汽车公司，平均每小时的工资从1951年末的1.92马克上升到1964年的4.78马克，而其他地区工人的工资仅从1.48马克上升到3.88马克。这种积极的工资曲线只构成了大众汽车公司薪酬吸引力的一个部分。在50年代期间，大众汽车公司的员工获得了一系列福利，包括公司退休计划、人寿保险计划、支持私人住宅建设贷款和圣诞节奖金。[20] 仿照通用汽车公司最近实施的薪酬制度,每位工人和雇员每年还可获得4%的奖金作为股息的一部分。联邦德国其他工业雇主对这一举措表示担忧,因为他们担心大众汽车公司开创了一个刺激其他地方工人期望的先例。与此同时,该公司在1956年初将每周工作时间从44小时减少到42小时,当时联邦德国平均每周的工作时间为48小时。一年后,一家社会民主党报报道说,大众汽车公司已经"秘密引进了每周40个小时的工作制"——这一步骤相当于满足了欧洲劳工运动最突出的长期要求之一。由于担心再次出现一个先例,商界和保守的联邦政府感到十分惊诧,他们试图从诺德霍夫那里得到证实,说他没有在联邦德国最著名的国有企业实行每周40小时工作制的计划。大众汽车公司花了四年时间才让本公司的大部分劳动力享受到每周工作40小时的工作制,但诺德霍夫在1957年拒绝就此问题展开公开讨论,从而间接地表明他的公司默许了一个具有主要象征意义的工会要求。[21]

尽管联邦政府和其他雇主对大众汽车公司的慷慨抱有矛盾心态,但联邦德国媒体却发表了许多赞扬大众汽车公司的工资和福利政策的报道。大众汽车公司的工人从不断增长的收入中获利的程度,在通勤时间的沃尔夫斯堡街道上出现的大量大众汽车中最明显地表现出来。1958年初,一位在轮班时间来到这座城市的游客遇到了刚下班的员工驾驶着汽车"一辆接一辆"地驶过。一年前,保守党日报《世界报》的一位记者统计了一下发现,"在工厂门前的巨大停车场"里有不止4 000辆汽车在那里等待着他们的车主。汽车在当地的激增只是大众汽车公司工人相对富足的一个标志。在1957年前后,作家埃里希·库比(Erich Kuby)在沃尔夫斯堡散步时,惊讶地发现,一个工厂所在的小城镇人口似乎都是由“中产阶级、还是中产阶级，除了中产阶级没有别的什么阶层”的人组成。库比遇到的那些衣着考究、忙于购物的大众汽车公司的工人与从事体力劳动、物质匮乏的其他德国人在外表上形成了鲜明的对照。[22] 大众汽车公司的员工不再以贫穷、职业不安全和微薄的退休金为特征，他们表现出的是不受约束的开支能力。使沃尔夫斯堡的社会发展更加引人注目的是当地人口中流亡者的高企比例。虽然这一群体在50年代联邦德国许多地区的穷人中所占的比例大得不成比例，但在沃尔夫斯堡城镇却成了高薪工业劳动力的重要核心。沃尔夫斯堡的相对富裕和社会同质性似乎已经超越了阶级划分，因此成为类似于“中产阶级社会”，正如具有影响力的社会学家赫尔穆特·舍尔斯基(Helmut Schelsky)在50年代初用一句著名的话所说的那样，它似乎成了联邦德国的一个决定性标志。[23]

一位保守派记者在20世纪50年代末观察时说，沃尔夫斯堡的建筑就像更广大的人口一样，散发出“稳固的繁荣”。大众汽车公司的地方税收资助了营房住区，使之迅速地转变为拥有最新基础设施的城镇，包括沿着宽阔街道分布的住宅和商业建筑、新学校、最先进的医院、大型户外公共游泳池和宽敞的绿色开阔空间。根据英国所谓的“新城镇”计划以及斯堪的纳维亚城市规划模式，当地政府在50年代采取了功能主义的做法。市议会将工业区、商业区和住宅区划分开来，为4 000—6 000名居民建造了带有大草坪、公园，以及通往周边农村的便捷通道社区。[24]

作为一个规划城市，沃尔夫斯堡与联邦德国城市中心如柏林、汉堡、不来梅、纽伦堡和慕尼黑有着根本的不同。举国上下，地方政府都面临着重建城市的任务，连同1945年后被夷为废墟的大量建筑遗产，至于哪些建筑和城市群需要保护，哪些需要替换的问题亟待解决。由于大众汽车公司成立于1938年，那时工厂周围的空间基本上还是一片空白。在1945年前，沃尔夫斯堡既没有战时造成的废墟，也没有许多建筑物，50年代一点点出现的沃尔夫斯堡，使许多观察家都认为它就是现代性和新奇的缩影。联邦德国记者经常关注其“现代市政厅”“现代公寓”和“现代住宅”。从50年代中期的文章中可以看出，人们对“创建一个新城镇”的建议十分钦佩，这样就能让大约8万人“舒适自在地生活”在那里。这些报道引起的好奇心远远超出了新闻界，从而为把沃尔夫斯堡变成“现代朝圣之地”助了一臂之力，至1956年，每周有3 000名游客来此地观光。市议会试图通过公关创新活动来支持该市的声誉，比如在1963年沃尔夫斯堡城镇的25周年纪念日发行了一系列明信片，呼吁联邦德国民众访问“沃尔夫斯堡，这座集现代工业与住宅于一体的城市”。[25]

1963年，沃尔夫斯堡举行了一个25周年年庆，其间，间接地提到了沃尔夫斯堡在第三帝国时期的基础，说明这个纳粹时代的小城镇的起源对战后取得的成绩所产生的影响是多么的微小。对沃尔夫斯堡根源问题麻木不仁的部分原因是公众对战争时期大众汽车公司所犯的罪行保持沉默。自从战时外国工人被遣返回本国后，他们再也听不到自己的声音了。与此同时，大众汽车公司，在战争期间由曾在勃兰登堡的一家卡车工厂雇佣过许多强迫劳工的前欧宝经理的领导，对唤起人们对战时虐待行为的关注毫无兴趣，因此，其几乎与所有联邦德国公司一样，拒绝承担发生在自己公司里的虐待责任。大众汽车公司对战争罪行的公开沉默反映了当时对纳粹犯罪性质的广泛共识。尽管联邦德国官员谴责大屠杀和“二战”是野蛮的暴行，但他们和广大公众很少承认其他犯罪行为，如1939年前的反犹太行动和滥用强迫劳动工。大多数联邦德国人认为，欧洲犹太人遭受的谋杀是由一小撮纳粹精英干的，普通民众没有参与，也不知情。通过封锁不让他们知道发生在第三帝国时期的大部分犯罪事实，这一系列的解释构成了集体的自我开脱，并突显了该政权的欺骗性。据称，通过欺骗手段，德国政府以极大的成效向德国人民隐瞒了其所犯下的大量暴行。[26]

一个突出的论点认为，除了误导民众之外，纳粹还发起了一场狂妄自大的战争，断然背叛了国家，最终招致德国人民遭受空袭，甚至被驱逐出东欧的家园。根据许多战后记载，德国人民把自己看作是第三帝国的集体受害者。德国纳粹的过去在整个20世纪50年代中都以高度的选择性的公众记忆形式出现，这种记忆将德国的苦难推向了前台，同时对犯罪问题仍然保持沉默。沃尔夫斯堡有大量贫困的被驱逐者，注定被视为“二战”后暴露德国困境的地方。这个主题在报纸文章和霍斯特·蒙尼奇(Horst Monnich)1951年的纪实小说《汽车城》(Die Autostadt)中赫然耸现，此书十分畅销，海因里希·诺德霍夫甚至还称赞它揭示了“表面之下的真相”。[27]

然而，在20世纪50年代期间，德国受害者的叙述得到了另一个不同主题的补充，这个主题在战后沃尔夫斯堡的早期叙述中已经闪现出来。大众汽车城不是一个遭受无助痛苦的地方，而是作为早期联邦德国广泛重建的象征吸引着游客。在公司的支持下，海因茨·托德曼(Heinz Todtmann)撰写的《连连获胜的小汽车》一书于1949年出版了，此书是首批将沃尔夫斯堡描绘成一个来自各个阶层和地区的“滞留”德国人的城市之一。……通过他们目前的存在状况，证明他们对重新学习和重建体面是多么认真。托德忽视了当时主导几次选举的激进右派的地方诉求，认识到“一种新的、粗糙的民主形式”，是在工厂城镇“困难和生存的必要性”中诞生的。[28]

艰苦奋斗的平等主义精神远不止是新政治价值观，它使评论家们认为沃尔夫斯堡具有鲜明的文化特色。例如，托德曼发现，沃尔夫斯堡的公民“使美德成为必需”，并努力创造“一个没有什么比取得成就更重要的社区”。坚定的自力更生热情似乎渗透到了各个阶层。诺德霍夫从在沃尔夫斯堡执掌大权那天起，就开始敦促他的员工们全身心地投入到工作中去。他在当地的地位之所以很高，部分原因在于他以身作则的领导作风。在一个炎热的夏日早晨，总经理的大众汽车在去工厂的路上抛锚了，他独自一人“推着（汽车）走了一英里，一直把车推到工厂门口”，从而以身作则，率先垂范。当把那辆破旧的咖啡色汽车推到工厂门口时，他早已汗流浃背了。关于这种职业道德的赞誉充斥着这个城市的许多报道。媒体报道一直不停地夸大战争结束时工厂的破坏程度，却淡化了英国人对大众汽车公司在20世纪40年代后期生存所做的贡献，还把注意力转向了那些“自豪”的德国工人身上，说，他们在沃尔夫斯堡“看到了机会”并为此“撸起了袖子”。1961年，诺德霍夫简明扼要地概括了大众汽车公司成功的原因：“我们是靠着自己干起来的。”沃尔夫斯堡提供了一个靠白手起家而取得成功的德国社会经济的早期例子。源于一种示范性的职业道德与资本和劳工之间的合作方式，这座城镇被视为一种创造成就文化的象征，并在50年代成为联邦德国身份的中心特征。[29]

自从当地激进右翼在20世纪50年代的经济繁荣中崩溃之后，沃尔夫斯堡不再像20世纪40年代末那样成为负面的政治头条新闻了。一场关于大众汽车公司的著名辩论在 20 世纪 50 年代末吸收了大量的政治能量，从而加强了沃尔夫斯堡在公众形象中经济主题的主导地位。1949 年该公司归为联邦德国与下萨克森州(Lower Saxony)联合公同拥有，这一归属的改变从严格意义上讲是一个临时安排。自从那时起，大众汽车公司的实际拥有权问题基本上没有得到解决，致使大众汽车公司成为一个在蓬勃发展的"无归属的公司"，几位记者如是说。直到 1961 年，联邦德国的政治体制通过把公司变成上市公司才结束了大众汽车公司所有权的不定性，在这个公司体制下，联邦德国和下萨克森州各持有 20%的股份，其余的股份则作为"人民的股份"发行给私人投资者。为了把"共有"这个概念传播给平民百姓，如路德维希·埃尔哈德在 1957 年首次宣布"人民的股份"概念时所解释的那样，这种法律释义确保了杰出的国家行为者和私人股东都能对公司的经济命运继续保持积极的兴趣。[30]

正如保守党周刊在 1957 年总结的那样，"人民的股份"是在一个把大众汽车公司变为"德国人民如何在一场可怕的灾难后坚持自己是一个现代工业国家象征"的漫长过程结束时出现的。实际上，有些人认为大众汽车公司不亚于一个工业的"童话故事"。[31] 大众汽车公司以其高效生产力、快速的扩张和技术先进的工厂，在慷慨的家长式领导下的合作式劳资关系和繁荣的劳动力，使众多评论员感到震惊，认为这是一个把它当作国家通过战后重建，在艰苦的工作和创造成就文化的基础上，已超越了受害的典范。沃尔夫斯堡的最新城市基础设施和平静的地方党派政治格局进一步加强了其有序工业的良好印象，主要是非政治的现代性。虽然大众汽车是联邦德国最早的成功案例之一，但汽车制造商快速发展的社会和经济成果吸引了人们对汽车业在

20世纪50年代在联邦德国工业格局中开始扮演的新角色的关注。对公司经济成功的无数描述构成了大众汽车自身形象不可分割的一部分，显示着它作为更加繁荣的中心地位，而这一繁荣现象既惠及了正在扩张的公司，也惠及了国民经济。

当然，经济复苏的辉煌故事一步一步地引导着当代人将联邦德国视为一个汽车制造国，这样的故事也可以用来讲述在科隆的福特汽车公司的故事、在拉塞尔希姆的欧宝汽车公司的故事和在斯图加特的戴姆勒—奔驰汽车公司的故事。然而，大众汽车公司在联邦德国早期的魅力远远超过了生产方面。也正是这家公司通过将汽车本身变成联邦德国社会诱人的经济复苏前景的象征，才使得联邦德国的大众汽车公司化得到了发展。

20世纪在50年代和60年代初，大众汽车在联邦德国的道路上无处不在，满足了人们长期以来对私家车辆所有权没有得到满足的渴望。大众汽车公司制定了国家的汽车标准，并转变成远不止是联邦德国经济复苏的一个指标。这款汽车在联邦德国的象征性地位基于这样一种信念：它的技术特性，即公司一直寻求改进的技术特性，体现了国家复兴的价值。大众汽车公司在第三帝国的根源并没有妨碍其标志性的战后形象，因为联邦德国社会以高度的选择性的方式重述了汽车的历史，认为其商业上的成功证明了联邦德国优于纳粹。毕竟，是战后颁布的命令，才使得整个车辆在独裁政权统治下只剩下了一个空头支票。大众汽车常常被视为支撑战后秩序的品质的物质体现，它预示着50年代形成的一种日益吸引人的常态。尽管联邦德国仍然远远落后于1962年就以每2.8人拥有一辆轿车的比率领先于世界的美国，但却很快赶上了它的西欧邻国。到了1962

年，联邦德国人均拥有汽车的比率稳稳地排在1∶10的比率上，已经分别接近了法国和英国的水平，这两个国家的人均汽车拥有率分别为1∶7.8和1∶8.5。换算成绝对数字，这一趋势相当于联邦德国注册轿车数量从1952年至1963年的大约82.1万辆增加到660万辆以上。造成这一激增的大多数车辆是小型汽车，这与当时在美国销售的豪华汽车形成鲜明的对比。由于联邦德国驾驶者还买不起更贵的车型，1963年在联邦德国购买的116万辆汽车中，有超过95万辆汽车的发动机小于1.5升。虽然这种模式突出了联邦德国物质复苏的局限性，但是它仍然标志着个人交通的一个根本转变，意味着随着摩托车的结束，汽车将成为主要替代品。[32]

在1950年至1965年期间，人们平均每月的税前收入从304马克增加到950马克，为大规模机动化提供了必不可少的先决条件，使联邦德国社会能够将魏玛共和国和第三帝国时期就已经存在的对汽车的需求转化为经济上的实际需求。随着收入的增加，汽车行业的客户发生了重大的变化。起初，对轿车的需求主要来自商界，因为个体职业者和企业家的收入远远高于其他人的收入，并且还能从对私人驾驶者无法使用车辆的减税优惠中获益。1952年，一家日报报道说，私人购买轿车的比例仅占10%。四年后，这个数字上升到40%，但在联邦德国注册的大约230万辆汽车中，差不多有2/3仍然是公司注册的车辆。联邦德国私人拥有的汽车只是在1960年才在数量上超过了商用汽车。[33]

最有能力购买新私家汽车的绝大多数是公务员和白领雇员，他们的工资收入水平比全国平均收入水平高出了大约15%到20%。从1957—1963年，中产阶层对汽车的年购买额从

8.548 1 万辆增加到了 37.299 6 万辆，但对占劳动人口一半的大多数蓝领阶层来说，尽管工资提高了，但仍比全国平均水平低了大约 20％至 25％。这一现象一直持续到 60 年代，因为购买一辆全新的汽车仍然超出了他们的经济承受能力。购买新车的体力劳动者的人数由 1957 年的 7.477 4 万人增加到 1963 年的 30.246 2 万人，不过，他们更有可能转向不断扩大的二手车市场。1963 年，近 73 万名工人通过这条廉价渠道成为汽车的拥有者。1959 年，1/4 的中产阶级家庭拥有了汽车，而工人阶级家庭拥有私家车的却只有 1/8，其中大多拥有的是发动机的动力小于一公升的二手车。50 年代和 60 年代初的联邦德国遵循了一条与美国截然不同的大规模机动化的社会道路，美国早期乡村驾驶者所占的比例非常高，这点与赫尔穆特·谢尔斯基(Helmut Schelsky)所描述的“中产阶级平等社会”的模式大相径庭，却带有当代收入差距的痕迹。[34]

20 世纪 50 年代最流行的汽车包括发动机动力小于半升的微型汽车，这类汽车通常是由那些受到摩托车市场崩溃威胁的公司研发。宝马公司对此作出的反应是，从意大利摩托车制造商伊沃(Ivo)获得依斯达(Isetta)气泡车的生产许可证。三轮蛋型双座轿车于 1955 年以 2 580 马克的价格引入联邦德国市场，这款汽车的特点是司机和乘客须同走一扇前门进入车内，由于该车配置的是 12 马力四冲程发动机，其时速可达大约 50 英里/小时。宝马汽车在 1962 年底结束生产时，共卖出了 16 万辆。格拉斯是微型汽车市场的另一家摩托车制造商，在 1955—1961 年，以大约 3 000 马克的价格零售了 28 万辆鹅肝酱车(Goggomobils)。“Goggo”配备了一台两冲程发动机，可产生 13.5—15 马力。这款汽车有四个轮子，两侧各有一扇车门，可乘坐两个成年人和两个孩子。早在宝马和格拉斯汽车生产之前，博格瓦德(Borgward)在 1951 年推出了劳埃德(Lloyd)300，价格为 3 330 马克。这个四座 10 马力的汽车，其二冲程发动机由一个安装在硬木框架上的胶合板车身组成。在销售了大约 1.3 万辆汽车时，劳埃德被嘲笑为“用黏石膏制成的轰炸机”(白塑轰炸机)，因为这款汽车的外皮是由人造皮革而不是金属制成。[35]

虽然这些车型提供了个人汽车的基本形式，却缺乏发动机动力和社会声望，其舒适性也极其有限，发生事故时不能给予足够的保护。“只有那些不惮于逃避死亡的人才肯驾驶劳埃德”，当时一句典型的德语谚语是这样说的。这些问题使汽车的发动机的负荷在 500 到 1 000 立方厘米之间，但程度要小得多。汽车联盟早先取得了成功，其 23 马力的 DKW 梅斯特克雷什(Meisterklasse)与 34 马力的 DKW 桑德克雷什(Sonderklasse)，在 1950 年至 1955 年期间销售了大约 11 万辆。DKW 被车主赞为“小奇迹”(采用了该品牌的首字母)，由于它们的流线型车体和复杂的悬挂系统，DKW 是一款完全成熟的汽车，其零售价为 5 800 马克起。以类似的成本，福特推出了 Taunus 12M，一款 38 马力、1.2 升的豪华轿车。这两款汽车在 50 年代吸引了大约 25 万买家。[36]

然而，所有这些汽车都存在于一个单一竞争对手的阴影下：大众汽车。在沃尔夫斯堡制造的汽车的年度销售量从 1951 年的 6.152 2 万辆急剧上升到 1956 年的 15.173 3 万辆。到了 1961 年，其年销售量居然达到了 36.974 6 万辆。1963 年在联邦德国道路上行驶的汽车大约有 2.1 万辆之多，几乎每三辆汽车中就有一辆是大众汽车公司制造的小轿车。大众汽车公司的强劲市场地位反映了对这种小型汽车的巨大、且似乎永不会满足的需求，尽管“诺德霍夫一心一意追求单一模式政策”，厂家也为之作出了最大努力。因为公司不能以足够快的速度推出明星产品，1955 年，德国客户面临的平均等待时间是四个月，在这段时间这个数字一直持续了一年多，直到 20 世纪末。在类似弗朗科尼亚（Franconia）的魏森堡（WeiSenburg）这样的小城镇里，在 50 年代下半年直接交付一批来自沃尔夫斯堡制造的汽车居然成了本地新闻，因为人人都想买一辆新款的大众汽车，一个汽车交易商如是解释说。[37]

大众汽车公司的车型政策在成功的故事里是一个关键的因素。公司提供的产品要求标准高，其生产成本也在掌控之中，这点不像亨利・福特。亨利・福特对 T 型汽车的大部分修改建议都持顽固的反对态度。在整个 20 世纪 50 年代和 60 年代期间，大众汽车公司继续将其主打产品当作简装版“标准”汽车发货，对价格更昂贵的“出口”豪华轿车则进行精心细致的工艺加工，以取得美容效果（包括对细微处采取镀铬处理）。在汽车独特轮廓保持不变的情况下，汽车内部设计师和技术人员通过不断地改进汽车，来保持它的魅力。有些改动，包括车体涂料和车内使用的织物色彩范围的扩展，都用来强化大众汽车在审美上的吸引力，其他的措施也带来了相当大的技术变化。在 20 世纪 50 年代，工程师将发动机的功率从 30 马力提升到 40 马力，逐步引入方便手动换挡操作的变速箱；加大窗口扩大视野范围，改进供暖系统，增加更舒适、可调式的座椅，安装液压制动器，以使驾驶者能更好地控制车辆。在大多数情况下，沃尔夫斯堡总是先对出口汽车进行技术改造，几年后再将技术用在价格低廉的汽车上。

这种方法具有双重目的。虽然技术变化是通过提高动力、操控性和舒适性来使汽车保持最新状态，但同时还通过生产经济型和技术更完善的出口车型，来使公司的细分市场超越那些寻求基本车轮套件的客户。大众汽车公司间接地迎合了联邦德国豪华汽车市场的低端需求，因为 2 000 马克这个价格高出了出口价格；驾驶者本可以购买一辆大众敞篷车，这款汽车是奥斯纳布鲁克(Osnabruck)的卡尔曼(Karmann)车身店与沃尔夫斯堡密切合作的产物。因此，大众汽车覆盖了联邦德国以小型汽车需求为特征的广泛汽车市场。在 1950 年至 1960 年期间，由于生产率的提高和生产的扩张，大众将出口车型的价格从 5 450 马克降到了 4 600 马克，销量也陡然激增起来。如此一来，出口车的价格比 DKW 种类汽车或福特 12M 型汽车便宜得多，但却比微型汽车贵。斯坦达德(Standard)牌汽车也是如此，这款汽车的零售价大约是 900 马克，低于出口商品汽车的价格。[38]

20 世纪 60 年代后期之前，大众汽车公司没对市场作系统调研，因此没有客户构成的确切信息，大众汽车定位的价格水平使它成为典型的中产阶级汽车。许多中产阶级驾驶者希望支付介于大众汽车和微型汽车之间的价格，因为人们公认大众汽车公司在小型汽车市场上提供了卓越的价值。试验报告一贯称赞它“在运行过程中将经济与动力、技术设计的现代性与精心加工”结合起来。1951 年一位汽车记者总结道：那简直就是“德国市场上最好的汽车”。多年来，车主们对大众汽车的框架、汽车道路操纵特性及其耐力的稳定性交口称赞。这款汽车特别值得一提的是配有四缸箱式发动机，每 100 千米的耗油量为 8 升(即每加仑行驶 29 英里)，在恶劣的条件下启动性能可靠，能以每小时 60—65 英里的最高速度在高速公路上平稳地“呼啸”而过，带领着城市交通快速前行，并因此而赢得了赞誉。[39]

大众汽车和 T 型车一样坚固结实。沃尔夫斯堡生产的汽车很少需要维修，燃油量相对较少。沃尔夫斯堡制造的汽车最初的成本可能比国内的一些竞争对手要高，但从长远来看，价格更便宜——这在一个仍然以财政限制为特征的社会里是一个重要的因素。它的可靠性也使得大众汽车从许多德国老牌汽车和几种当时制造的微型汽车中脱颖而出。作为一款被视为按照德国“质量工艺”的高标准制造的汽车，大众汽车以买得起和享有声望的品质打动了当代人，因为这款汽车的价格相对低廉，而且它的技术特征没有因为价格的低廉而打折扣。[40]

诺德霍夫在 1957 年的一次采访中说，提供“简单可靠的交通工具”仍然是他优先考虑的不二选择。诺德霍夫在 40 年代末监管了严格的质量控制措施的引入，他继续奉行一项政策，几乎是以传教的热情努力地消除失误和缺陷。尽管销售态势旺盛，媒体纷纷称赞公司的产品，但总经理在 1954 年 9 月的一次会议上毫不含糊地提醒高层管理人员自满是要不得的。“我们必须竭尽全力保持质量，消除投诉来源。”这个企业似乎很擅长于识别缺陷，但处理缺陷所花的时间未免太长了，他强调道。为了给严厉的告诫以实质性的内容，他列举了一系列需要立即注意的问题：“目前，人们抱怨车门和轮盖吱吱作响，抱怨门把手不好用，抱怨齿轮（在齿轮箱里）发出的噪声太大，然后，还有一些问题。这一切都令人恼火，我们不能再这样继续下去了，不然总有一天我们就会因此而大大受挫的。”[41]

由于大众汽车公司把质量当作公司的战略基石，公司发誓一定要保持产品的技术优势不变。竞争对手在推出新款汽车时强调的是创新，而沃尔夫斯堡采取的却是更为保守的做法，试图保持大众汽车公认的优势。这种策略产生的原因，与其说是由于对市场运行的反感，不如说是相信顾客会拒绝接受带有缺陷的改造产品。经过多年试验和测试，其研制的产品如空气冷却式后置发动机、扭杆悬架和汽车独特的圆形车体，多年来一直都是这款汽车的核心特征，为技术的连续性提供了切实的证据。尽管在 20 世纪 50 年代和 60 年代初，标准和出口车型的材料特性都发生了重大变化，但公司却强调，它已避开了其认为不必要的变化。例如，20 世纪 50 年代后期，诺德霍夫连续多年推迟引进电子燃油表，因为他认为这种可用的装置不可靠，会损害汽车的声誉。车主们需要认真记录下他们行驶的里程数，不然，就会有半路上耗尽汽油之虞，尤其是当他们忘记给汽车应急备用小油箱加油时。虽然驾驶者抱怨没有燃油表，但诺德霍夫坚持说，大众汽车只给汽车装配“廉价可靠和绝对安全的装置”。[42]

诺德霍夫对质量的专注超越了直接的生产问题。大众汽车经销商和服务站网络的扩大，在战后之后的几年中已经成了关注的焦点，而且在整个 50 年代有增无减。总经理继续分析道，只有一家汽车公司向汽车驾驶者保证，一旦发生故障，他们会随时提供帮助，这样他们才有希望长期保持增长。到 20 世纪末，聘有按照沃尔夫斯堡准则培训的合格员工的特许店有 1 000 多家，并以适中的价格提供维护和维修服务。这种特许店均配有大众汽车标志，在联邦德国几乎无所不在。1960 年，一位记者在汉堡拜访了一家大众汽车服务站，他对技工的效率印象十分深刻。这些技工们在两小时内更换了一个带有凹痕的挡泥板，为一名发生小事故后没经预约就来此服务站的驾驶者修理了保险杠。“账单是 53.2 马克。如果想尝试的话，到另一家服务站也可以得到同样的修理服务”，这位观察家满怀钦佩的心情如是写道。[43]

因此，大众汽车公司在 20 世纪 50 年代和 60 年代早期的商业成功有着非常充分的物质原因。由于大众汽车公司的畅销产品的销量达到了成千上万辆，这款汽车在联邦德国的道路上无处不在。“每隔一辆车……似乎就有一辆大众汽车”，看上去大众汽车像是随着岁月的增长而增加，早在 1950 年，一位汽车记者根据自己的印象如是总结道。在一个汽车拥有率一直落后于其他西欧工业国家的国家，大众汽车公司将联邦德国的转型展示给了所有人看。到了 60 年代初，一家地区性报纸只用一个标题说明了一个显而易见的事实：“大众汽车公司——经济崛起的象征。”[44]

当与第三帝国的背叛历史形成对比时，联邦德国的闪耀尤其明亮，因为联邦德国通过生产数百万辆大众汽车兑现了过去违背的诺言。“战前”，一位汽车记者在 1949 年写道，这款汽车“只是纸上谈兵，骗取人们的储蓄，并产出了大量的宣传”。当联邦德国把拥有汽车的愿望变成现实时，证明了它的优越性并因此获得了合法性。在这方面，大众汽车公司产量的激增标志着第三帝国与联邦德国之间的明显决裂。与此同时，这一过程背后也存在着根本的文化连续性。自从联邦德国借助第三帝国设计的汽车模型，实现了拥有汽车的长期愿望以来，大众汽车公司的迅速发展同时也肯定了过去所提出的“民众之车”的消费者梦想。当时，大众汽车在新的政治和经济框架下追溯性地满足了 20 世纪二三十年代的物质野心，从而成为联邦德国的象征，令其与纳粹时代的延续和破裂密不可分地交织在一起了。[45]

大众汽车之所以能包容第三帝国和联邦德国之间的裂痕和联系,是基于战后普遍的共识,即汽车拥有政治性中立的过去。联邦德国评论员一贯低估纳粹大规模机动化计划在意识形态层面的作用,有时甚至还把希特勒的参与减少到仅仅“一时兴起”的程度。这场争论认为,因为这款汽车而获得称赞的应该是费迪南德·保时捷,而不是希特勒。1959 年,海因里希·诺德霍夫之所以将保时捷描述为“一个非凡的人,一个设计师和工程师,这个设计师和工程师不但是职业意义上的设计师和工程师,而且还是一个全心全意的职业设计师和工程师”。他是一个狂热的、极有天赋的工程师,他的发明——大众汽车——体现了“一代建设者的信条”。诺德霍夫的评价与联邦德国媒体是一致的,他们都称赞保时捷是个“天才”。由于战后对大众汽车在第三帝国历史的描述回避了对保时捷与希特勒之间密切关系的严格审查,1945 年后,这款汽车是以一件技术产品出现的,它的存在归功于一位杰出的工程师,而不是纳粹政权。1955 年,《明镜周刊》,在早期联邦德国时期,常被视为一种罕见的批评新闻声音,以一种明显的不加批判的方式表达了占主导地位的观点:大众汽车相当于“永久的基本建设”这个短语,就像许多当代的评价一样,令其脱离了带有政治性的过去,成为一个工程学的经典,从而赋予了它一个毫无问题的血统。[46]

甚至连军用款的桶子汽车在“二战”中被使用的事实,也没给大众汽车的战后声誉留下明显的污点。相反,大众汽车在战时服役时的军事化身却提高了这款汽车在战后作为优质产品的声誉。50 年代初,一位《明镜周刊》记者把桶子汽车赞誉为“最出色的战车”,因为它的空冷式发动机既没有在“隆美尔沙漠”出现过热现象,也没有“在俄罗斯冬季战役中”结冰。在 50 年代早期开大众汽车的退伍军人的观点都是一致的，他们公开地把自己对汽车的选择归因为积极的战时经历。1951 年，一位以高价大众敞篷车为荣的贵族车主在一份汽车杂志上解释说，他“对大众汽车的偏爱源于那场非洲战役”。在那里，他从的黎波里(Tripoli)开始熟悉了奔驰在沙漠里的大众汽车。[47]

在很大程度上，对大众汽车战时服役情况的积极评价得到了联邦德国早期的一个强大的神话的支持。这个神话认为国防军打了一场光荣的战役，而不是打了一场以许多暴行为特征的战役。自从国防军坚定地认为那则“干净”的神话流传几十年以来，桶子汽车在战争中的使用对五六十年代的大众汽车没有造成道德污染的危险。虽然提到桶子汽车并没有在道义上威胁战后大众汽车，但对大众的军事版本汽车的回忆则引发了战争的致命危险。霍斯特·蒙尼奇(Horst Monnich)的畅销小说《死亡汽车城》中有一段戏剧性的段落，其中库贝尔(Kubel)的两名德国下士发现自己被英国军队包围了，且英国军队封锁非洲洼地所有出口的人数超过了他们，令他们感到毫无希望。当炮弹在他们周围爆炸时，他们确信“现在，现在一切都结束了”。在绝望中，驾驶者开着桶子汽车爬上了陡峭的斜坡。出乎意料的是，“车轮获得了牵引力”。……左冲右突，沙尘飞扬，形成了喷泉。不过，他们却在向上攀爬。“一寸又一寸地，不停地爬着。”尽管火力凶猛，他们最终还是到达了沙丘的顶部。当库贝尔人翻过山脊时，“沙漠就展示在他们前面。他们自由了！”自由是士兵们逃离对手时压倒一切的想法。这个虚构的插曲不只是突出了汽车在荒凉的地形中多才多艺的表现，由于把幸运逃生归功于桶子汽车，它把这款汽车当作一个如同无数士兵面对同样致命危险的物体。特别是在战后初期，许多联邦德国退伍军人可能因此把大众汽车看作是一个历史与自己非常相似的物体：像他们一样，这款汽车逆势而上，还是一个幸存者。[48]

在 20 世纪 50 年代，大众汽车在很大程度上被非政治化描绘为优质产品的起源，其根源在于承诺的破灭和存在的不安全感为大众汽车的巨大文化共鸣奠定了基础。作为一种集经济、简单和高度可靠于一体的商品，这款汽车不仅仅表明了联邦德国经济的复苏，其技术特点也反映了一个新的规范框架，观察家希望这个框架能够为战后的秩序带来稳定。大众汽车公司本身不止一次在这些方面争论不休。与家用工业设计商品的制造商一样，该公司竭尽全力地将其产品定位为一种稳当和坚固的化身，使之发挥着强烈的吸引力，因为这款汽车的朴素外观与纳粹过度吹嘘的承诺和战争的混乱形成了鲜明对比。[49]

20 世纪 50 年代初，大众汽车公司一位公关经理在他撰写的一篇文章里坚持认为，在日益显赫的汽车背后，隐藏着一种新的欲望景观。战后，他被迫把“需要变成美德”，宣称道，“德国人民已经变得现实了。被诅咒的战争越是强加在我们身上，我们就越尊敬有益的和有用的、真正进步的人，而不是开始鄙视原始人。决定价值的不是外观，而是内在的东西。……经过了艰辛的经历之后，在困难时期，一个人学会了欣赏真实的内在价值。”把汽车从纳粹时代剥离出来，大众汽车公司将它的产品与温和实用的价值观联系起来，而这些价值在战后文化中占据了主导地位。诺德霍夫在谈到自己的雄心壮志时，也用类似的措辞描述了自己的目标：“通过高质量的产品，给人们提供真正的价值。”根据大众汽车公司的宣传，这款车的优势代表了一种普通人可以依赖的新款的、稳定的常态形式。[50]

公司努力将大众汽车与和平时期的新常态联系起来，这点引起了广大民众的共鸣。大众汽车公司通过其无处不在的地位,赋予了自身诸如诚实和可靠等价值观,使其在联邦德国文化中普遍可见。关键的是,大众汽车公司通过保持其甲壳虫般的外形,以避免改变其外观。正如一位汽车记者所指出的那样,这款汽车的改进在很大程度上“让人看不出来”,如此一来公司就可以放心地销售了。20 世纪 50 年代末,当第一批记者批评这款车型有些过时,并开始游说公司更换车型时,许多驾驶者辩解说,这正是人们喜爱的稳定象征。一个粉丝用中产阶级男人最常见的关于忠贞和顺从的友情习语说:“我喜欢(我的大众汽车),就像喜欢街角那只瞪着一双忠实的眼睛的狗。”一位汽车记者解释说,这种感情的根源在于汽车的绝对可靠性。驾驶这款汽车时心情是何等的轻松,人民对这款汽车的信任是何等的强烈!这种信赖感保证了大众汽车驾驶者的神经将尽可能地得到放松——在我们忙碌的时代,这是一个非常重要的考虑因素。像这样的说法不仅仅表达了个人的依恋心态,还说明了“需要补偿的稳定性”,这点在早期的联邦德国时期,贯穿于许多生活领域。大众汽车可以被看作是 20 世纪 50 年代建立在像大众汽车一样坚实的基础之上成就的物质证明。换句话说,这款汽车的技术和光学特点反映了人们对战后长期正常生活的共同愿望。这里不是在作虚假的承诺,而是一个诚实、毫不浮华、可靠、立即被认可的产品,它的成功象征着战后新时期及其初期诱人的富裕已经到来了。不管第三帝国的起源如何,大众汽车不仅成为战后国家迅速复苏的象征,而且还成了联邦德国永久特色的价值象征。[51]

随着大规模机动化成为联邦德国战后正常生活的决定性因素,无数同时代的人把他们的大众汽车融入了日常生活中。魏玛共和国时期的汽车驾驶者们称赞他们的小汽车丰富了私人的生活领域，纳粹政权随后在宣传“民众之车”时采用了这一主题。大众汽车的到来为20世纪50年代的数百万人打开了新的、愉快的消遣之门，使许多车主把他们的汽车看作是极其亲密的财产。大众汽车作为一种极为珍贵的个人商品所受到的待遇常常让观察者觉得既古怪又幽默。与此同时，随着越来越多的女性开车，大众汽车在日常事务中日益突出的地位也引发了人们对大众汽车在当代性别秩序中适当位置的激烈辩论。这些紧张局势表明，大众汽车可能会引发社会冲突，尽管如此，但数以百万计的私人拨款却深深地锚定了这辆车在联邦德国日常生活中的地位。

一些联邦德国人迫不及待地想成为汽车的拥有者，并抓住第一个机会抢购了一辆大众汽车。1951年，当格哈德·吉布林(Gerhard KieBling)听一个经营汽车租赁公司的亲戚说要打折出售一辆损坏了的大众汽车时，便毫不犹豫地出手了。虽然这位实习教师负担不起天天驾驶大众汽车的费用，但他还是把有限的可支配收入的大部分用在了周末郊游和到欧洲各地的长假旅行上。在接下来的五年中，他开车走过了9.6万千米。他把帐篷、睡袋、毯子和其他设备堆在后座上，和朋友一起外出旅行，参观德国黑森林，瑞士、法国、意大利、英国和苏格兰高地。许多国防退伍军人回到他们熟知的军事占领区，重拾“青春、冒险和统治”的往事，而那些没有在战争中服过役的联邦德国年轻人有时会将国际旅行视为“公共赎罪朝圣，让自己远离第三帝国”，……建立一个通往新欧洲的桥梁。这两种冲动，似乎没有一种能刺激到吉布林。作为国防军的一名士兵，他在战争中幸存了下来，完成了学业，还找到了一份安全的工作，他只是“想见见世面”。在他的个案中,大众汽车以一种能让他满足对遥远地方的非政治性好奇心的方式改变了他的私生活。[52]

在20世纪50年代初,许多当代人非常羡慕这位年轻教师的长途旅行,因为即使到了20世纪末,也只有不到1/3的联邦德国家庭能负担得起延时的年假。那些能负担得起的人,也是绝大部分时间留在国内,常常和亲朋好友待在一起。[53] 尽管如此,在整个20世纪50年代,汽车新闻界充斥着关于大众汽车公司可以承担国际和国内旅行的文章,并提供了关于旅行线路的建议,以及一些解决实际问题的建议,包括护照规定、货币配额、燃料凭证、外国烹饪习俗、酒店类别、行为指导和至关重要的成本估算。这种文本的泛滥比给未来的游客提供实用建议更有意义。随着经济繁荣和大规模机动化的进展,大众汽车公司敲定了联邦德国境内外的旅行,使之成为更多人坚信不疑的前景。早在这种外出活动对大多数当代人实现之前,旅行就从遥远的梦想变成了一种切实可行的期望。鉴于在联邦德国的突出地位,大众汽车在日益富裕起来的、定期出游的人群中成为正常愿望的过程中起到了关键的作用。[54]

对于大多数联邦德国人来说,不管丈夫、妻子和孩子之间可能存在着怎样的紧张关系,私人生活都是以他们的直系亲属为中心的。汉娜·施斯勒(Hanna Schissler)指出,男人从战场回来时,常常带着残疾和情感创伤,他们“发现自己很难重新融入家庭”,尤其是当他们试图重新发挥他们的传统户主角色遇到阻力时更是如此。除了配偶之间的性别紧张之外,当他们的后代不愿意接受长期缺席的父亲的权威时,代沟便在家庭内部裂开了一条断层线。最后,即使那些幸运的家庭搬进了新盖的公寓,生活条件也会经常受到限制,因为在1953年,规划者平均只允许 4 个人拥有 600 平方英尺(55 平方米)的住房面积。[55]

尽管在 20 世纪 50 年代的家庭中弥漫着巨大的压力，但大多数联邦德国人却在直系亲属的陪伴下度过了许多小时的假期，通过听收音机、读日报等放松身心的方式在自己家中的四堵墙内消磨时间。在某种程度上，这种家庭的回归可以被理解为对第三帝国所特有的、姗姗来迟的、超政治化的反应。经过多年几乎无所不在的政治宣传以及混乱和军事失败所带来的耻辱，大多数联邦德国人确实很想静守和平。国内领域的吸引力也源自对一个不起眼的和预测存在的渴望。从这个角度来看，家庭圈子成了战后联邦德国人希望恢复正常的主要场所。50 年代漫长的工作时间使大多数人没有时间和精力在家庭以外的地方从事活动，从而进一步促成了围绕家庭生活的休闲模式。许多联邦德国人没有把收入增长中的很大一部分用于使他们走出家门的爱好和商业娱乐，而是把钱存起来，用于购买大宗家内用品，如家具、洗衣机、冰箱和电视机。[56]

除了自己建房子或买公寓外，这些物质欲望中最昂贵的部分当然是一辆承诺把联邦德国人的活动范围扩大到家庭之外，同时提供新的家庭乐趣的汽车。1959 年在 900 名汽车驾驶者中有一半参加了调查，他们表示，拥有自己的汽车主要是出于职业的原因，但大多数当代评论员则强调，如果谨慎使用，汽车最适合通过短途旅行来丰富家庭生活。与魏玛共和国时期制造的小型汽车不同，那款汽车体积小，不适合家庭出游，而大众汽车却能为父母和子女提供足够的空间。1951 年出版的《大众汽车》里明确地推荐了这款汽车，因为它允许夫妻携子女在“周末远足旅行”。这样的远足旅行是不需要太多花费的。“在半径 30 英里的范围内，总会有个好机会的”，作者强调说，“聪明的家庭主妇”可以通过自带食物和饮料来进一步限制开支。一家老小到达目的地后，孩子们可以在森林里或湖边尽情玩耍，父母也可以尽情放松：“是的，就是这样，人民会感到更自由，更快乐。……生活够艰辛了，时代更是艰难，每个人都应该抛开压抑，给自己身体有益的东西。”[57]

大众汽车周末田园诗。随着联邦德国在20世纪50年代经济复苏步伐的加快，大众汽车成为战后新的、以家庭为中心的常态的象征。（承蒙J. H. 达金格、弗里德里希-埃伯特-斯蒂夫顿、波恩提供照片）

笔者建议，作为一辆家用汽车，大众汽车让驾驶者摆脱了日常生活中平凡的担忧和物质限制。因此，短途旅行为在田园诗般的景致中实现和平幸福和宁静快乐的家庭理想提供了机会。很少有图像能比在大众汽车前野餐的年轻家庭照片更能捕捉到战后正常生活的景象。照片中的大众汽车停在森林边，各种休闲用品散落在汽车的旁边。此照片于1957年由约瑟夫·海因里希·达金格拍摄，他是几家日报和周刊的经济奇迹纪事画报的作者，他将大众汽车当作太平洋家庭整体的一个组成部分，展现出满满的自我满足感。[58]

汽车在车主中引起的强烈情感被视为诸多引发人们持续关注的奇思妙想之一。车主与汽车的关系始于收购行为，这一事件远非一场平淡无奇的金融交易。购买一辆大众汽车是证明一个人成功和地位的一个特殊理由，作为标志，表明新车主是在经济繁荣中的受益者。“我父亲买的第一辆汽车就是大众汽车，一辆二手的甲壳虫汽车，它为我们家庭的机动化迈出了决定性的一步”，一位男士在回忆20世纪50年代童年生活时如是说。以“小型家庭驾车”形式出现的一种不可避免的拨款仪式，他继续说，“父亲解释新车的优势”是为汽车的家庭化提供第一步铺垫。除了向朋友和邻居显而易见地展示家庭经济的好运外，第一次试驾启动了一个长期的拨款程序，在这个过程中，买方把一辆汽车变成了一个引人注目的个人财产。[59]

许多车主把他们的汽车标为私人领地，对待他们的汽车就像对待一块画布，通过添加附件，在上面表达自己的审美偏好。这种做法有助于消除前驾驶者留在二手车上的痕迹。如果买的是新车，则有助于通过适度更改来改变大众汽车高度标准化的产品特点。可以肯定的是，诸如牵引绳、急救包、修理工具和道路地图等附加设备，以及在自动燃油量表出现之前用来测量油箱内油量用的金属杆，这些附件的主要用途是功能性的，无法表达个人品位。然而，许多汽车驾驶者并不受制于这些实用性的附件的约束。有些人还给汽车添置了辅助灯、铬条、白壁轮胎、贴纸、标签，以及其他更多的附加物。他们一心沉溺于装饰的冲动中，以致招致了人们的嘲笑，说他们是在创造一棵“滚动的圣诞树”。[60]

非常明显的外观改造可能会招惹责难，但几乎没人会对大众汽车的斯巴达式内部装饰表示惊讶。尽管成本昂贵，但安装一台收音机，让人们在沿着高速公路长时间、可能是单调枯燥乏味的旅行途中听听广播，证明是很受欢迎的。除了靠垫外，保护性座椅套可以防止座椅磨损，同时还给大众汽车一种温馨的感觉。[61] 在 50 年代，汽车内部特别流行的美学变化是小花瓶，其中许多花瓶是由高端瓷器制造商制造的，包括罗森塔尔(Rosenthal)和阿兹伯格(Arzberg)。有些夫妻把花瓶装在仪表板上，以保存沿途采摘的花朵，这样，回家后可以当作“引人注目的纪念物”来展示；另一些夫妻不想把沿途采摘的花从车里拿走。“我和我丈夫绝对不想让大众汽车的花瓶里没有鲜花”，在 20 世纪 50 年代中期，一位名叫莉洛·穆勒(Lilo Muller)的女士十分肯定地说。她认为她的花束是家用汽车的一个决定性特征。作为家庭主妇，为了与她们的公认角色保持一致，女性在大众汽车内部留下了明显的审美印记，从而在将它们变成个性化财产方面发挥了至关重要的作用。[62]

根据现代汽车手册，定期保养是男性车主展示他们对汽车的奉献精神的关键活动。甚至汽车手册还向那些对机械知识知之甚少的读者清楚详细地介绍了清洁汽化器、固定燃油泵、检查分配器和调节发电机的信息。然而，一个人对汽车依恋的最好表现是越来越经常在周末进行洗车的仪式。在一些家庭里，这项家务活落到了妻子和孩子身上，但事实证明，许多男性汽车驾驶者非常不愿意把这项活动委托给他们。实际上，家里和家外的，几乎各种各样的除尘家务活都是由女性承担的，不过涉及汽车时，很少有男人觉得暂时停止传统的性别分工会损害他们的阳刚之气。一些作家鼓励车主保持车辆整洁干净，因为汽车的外观是个人公众形象的一个组成部分。为大众汽车驾驶者编写的指导手册把洗车描绘成一种欣赏行为："当决定自己清洗汽车时，我们实际上从来不是为了省钱。而是出于一种崇高的意愿，奖励我们的汽车日复一日地为我们提供忠实的服务。"[63]

除了关心他们的名誉和感激之外，深厚的感情也在促使驾驶者自己动手洗车。一位汽车记者在 20 世纪 50 年代初写道，他把促使男人做清洁工作的冲动比作爱情早期的感觉。他评论说，看到一个中产阶级男人在穿上"他最古老的西装和一双甚至更老的鞋子(之前)提着一桶水、拿着一块海绵和妈妈最好的麂皮，津津有味地'冲洗、打光、除尘车轮'"时，所显露出来的是"某种定程度的爱意和关怀，可以让超然的观察者相信他是在与一位新情人调情"。清洁汽车说明了许多车主与汽车之间的亲密关系。另一位作家以类似的性别方法表达了汽车和驾驶者之间的关系，指出，汽车"是唯一的一件你可以不加指责地说出来，而且带回家还不犯错误的事儿"。虽然两位作者都把汽车当作男性欲望的对象来将汽车女性化，但他们俩都强调了汽车引发的旺盛情感。[64]

1956 年的一则大众汽车广告把大众汽车和车主之间的关系比作夫妻。这句标语把男人的笑脸和大众汽车车身的正面景色形象地融合在一起，广告词宣布说，汽车是"他更好的另一半"。在这则广告中，婚姻的稳定性是一个占主导地位的主题，是关于车主和汽车之间的统一体，不是一场暴风骤雨般的爱情事件。其他人则把大众汽车形容为"好朋友"或家养宠物，这是一个恰如其分的比喻，因为大众汽车接受了大量的整容。难怪有那么多大众汽车，像好朋友和宠物那样，得到了昵称，包括“弗里多林”(Fridolin)、“奥斯卡”(Oscar)，还有，就像红色大众汽车那样，得了个“西红柿”的昵称。联邦德国公民找到了无数的方法来表达对汽车的情感。[65]

20世纪50年代和60年代初，随着汽车销量的飞涨，这一现状掩盖了大众汽车所背负的希特勒起源的许多令人不愉快的细节，车主们依赖于他们的汽车，把大众汽车变成了一个公共标志，其意义超越了把联邦德国的常态建立在坚实基础上的希望。相反，这款汽车却演变成了数以百万计的联邦德国人将其尊崇为个人财产的国家标志。在这方面，大众汽车与德国马克有着根本的不同，德国马克是战后稳定的另一个显著标志。鉴于这一货币作为金融交易手段的特性，德国马克纸币因不断地交换流通，而保持着更加平淡的日常存在感。[66]

无论男女，在把大众汽车变成个人财产方面都发挥了重要的作用，不过，毋庸置疑的是，大多数当代人最终还是把汽车视为男性的领地。尤其是，这个信念源于这么一种假设，即驾驶汽车需要相当程度的技术专长。为了在一个汽车早已成为少数富人专有的社会里传播汽车内部工作的知识，早期联邦德国的汽车手册给出了论述机械方面的长篇文章。赫尔穆特·迪伦伯格(Helmut Dillenburger)的《实用汽车手册》，是本长达450页的指南，在1957年至1961年期间售出了20多万册。除了其他主题外，该手册还用了大约150页的篇幅，密密麻麻的排版，详细地解释了各种发动机类型、制动器、离合器、变速器、点火装置和燃油喷射系统的特点。

他指出：“今天的汽车比它的前辈更强大。……为了正确地认识并运用其潜力，人们需要更多地了解它。”然而，许多同时代的男性却争辩说，为了让汽车驾驶者熟悉他们的汽车，推广普及技术知识这种费力的事，在很大程度上落在了女性身上。女性技术能力不强这种观念由来已久，为了保持对女性技术不称职的长期观点，女性被说成是对汽车工程的功能的兴趣极其有限。1957年，中产阶级妇女杂志《康斯坦泽》(*Constanze*)的一篇文章明确地宣称道：“一个想买汽车的男人必须知道，对于绝大多数女性来说，汽车仅由两部分组成：车身和车内装饰。”[67]

联邦德国妇女的开车能力普遍遭到了怀疑。虽然很少有男性明确指控女性驾驶者严重不称职的言论被刊登出来，但大量的证据表明女性汽车驾驶者不得不苦于要应对私人偏见。1951年，一位大众汽车经销商的女儿以如下方式向《美好的旅行》倾诉：“谢天谢地，我丈夫还没有禁止我开车呢，但我父亲却怀疑我的开车能力。……我该怎么办呢?”有些丈夫确实竖起了无法逾越的障碍来阻止妻子驾驶家庭用车。希尔德·艾尔曼(Hildegard Eyermann)，一名在魏玛共和国时期获得许可证的科班出身药剂师，回忆说：“我们的母亲在父亲活着的时候从来不开车。”在50年代，当乡村医生库尔特·艾尔曼(Kurt Eyermann)带着全家乘坐深绿色的大众汽车出游时，希尔德加德(Hildegard)总是坐在乘客座位上，手里握着路线图，警告她那位紧张不安的丈夫不要在佛朗西亚上部的乡村小路上逆行开车。“即使在冬天，我们镇上的积雪和山丘很多，她也从没开过汽车。她总是骑着自行车购物”，她的女儿们回忆道，几十年后她们对这件事仍然摇头。直到60年代初，那些满怀自信、神采奕奕地开着大众车的女性还觉得有必要为自己辩护，以免受“男性化”或“双性恋”的指控，因为许多同时代的人仍然把大众汽车当作男性专卖品。因此，联邦德国大规模机动化带有一种根深蒂固的汽车误解印记，这种误解在私人领域内表现得淋漓尽致，从而严重地限制了妇女利用所有权的能力。[68]

在联邦德国早期，很难找到关于女性驾驶者数量的可靠数字，因为国家的统计没有把女性汽车驾驶者列为单独的类别。1959年在法兰克福周围进行的一项社会学调查，揭示了性别的不平等现象，这种不平等现象很可能是更广泛的社会模式的一部分：社会科学家遇到的诸多开车者中，妇女所占的比例还不到9%。然而，在50年代和60年代初期，正如统计记录所表明的那样，获得驾驭轿车、卡车、摩托车或轻便摩托车执照的女性驾驶者人数有所增加。1955年，14.122 6万名妇女通过了驾驶一种或另一种机动车的考试；1963年，多达37.262 9万人获得了驾照，通过驾照考试的比例从16%上升到23%。在60年代早期，开车上路的女性人数明显增加。对女性汽车驾驶者关注的问题由几家出版刊物所作出的决定直接地反映了出来。到了1961年，《康斯坦泽》每两周开设一次专栏，专为那些经常开车的读者服务。两年后，《美好的旅行》引入了“贝亚特”(Beate)，一位在关于男女是否“是道路交通的更好参与者”的辩论中支持女性汽车驾驶者的评论员。60年代针对女性汽车驾驶者的专栏作家的出现，强调了一个观点，在汽车问题上忽视性别问题的杂志会有过时之嫌。[69]

20世纪50年代和60年代早期女性汽车驾驶者人数的增加有几个原因。不断增长的财富水平和劳动力市场使得40岁以下已婚职业妇女的比例从1950年的27%左右增加到1961年的40%，这在一定程度上解释了这种趋势：这一变化使更多的妇女处于负担得起驾驶课，或购买和保养得起汽车的经济地位。马莉·施罗德(Marlies Schroder)是个20岁出头、来自艾菲尔(Eifel)农村地区的女裁缝，她在60年代初学会了开车就是一个很好的例子。当地一所驾校雇她做缝纫工作时，她回忆道，她用自己的收入“为自己考驾照”。由于害怕父母反对，“我是偷偷地注册的。直到成功地通过了几堂课，我才向他们承认了我的计划。”略施一点小计和一笔独立的收入，就让这位年轻妇女有了获得许可的机会。[70]

与此同时，公众的辩论还致力于把认为驾驶轿车是男性特权的观点从阵营里分离出来。在整个50年代期间，公共领域里几乎没有明确地表达所谓女性应对汽车的能力低下的观点，这点绝非巧合。从早期开始，联邦德国公共文化就认可了妇女对德国战争所做出的努力，以及军事失败后在“废墟年代”对国家重建中做出的贡献。在这两种情况下，德国女性都充分证明了她们可以在传统意义上被视为男性领地的舞台上填充角色。在这种背景下，那些断然否认女性驾驶汽车能力的公开言论必然会引起极大的争议。1949年后，作为联邦德国政治宪法的《基本法》也起到了同样的作用。虽然50年代的家庭政策采纳了将妇女作为家庭主妇的角色界定为独立的性别领域的概念，同时也赋予了丈夫作为提供抚养者的责任，不过《基本法》还把两性平等作为联邦德国的中心宪法的原则之一。换句话说，无论保守家庭的政策如何，没有人能够合法地剥夺妇女在公共场合开车的权利。

不断上升的就业数字、公众对妇女在战争和重建中所做出贡献的记忆，以及关于两性平等的宪法规定，都为公众挑战对女性汽车驾驶者的私人偏见提供了条件。一些男性公然反对女性汽车驾驶者不能稳妥地驾驶汽车的说法。一种观点认为，信心不足的女性汽车驾驶者缺乏实践，因为她们的丈夫把家庭用车当成了“玩具”，“希望留着自己开。……最重要的是，先生们，让你们的妻子自己开车，这正是她们学会开车的时候”。同时，在50年代，妇女们公开提出了主张，她们——而不是男性同行——应该被认为是更可靠的汽车驾驶者，特别是在避免事故方面更是如此。1950年，《康斯坦泽》杂志上发表了一张秘书的照片。照片上站在自己大众汽车旁边的秘书，被美国职业当局正式誉为该地区“最安全的汽车驾驶者”。一年后，同一份刊物还刊登了一篇标题为《妇女开车更好》的文章。文中引用了德国汽车协会(ADAC)的一位专家的事故统计数据来支持这种自信的说法。50年代的女性除了保证自己的开车能力外，还强调说，她们认为自己是个“热情的大众汽车手”。[71]

这些干预措施设法改变了公众对性别和汽车问题的辩论基调，不过，范围有限。尽管20世纪60年代早期的一些女性作家仍然觉得有必要提醒当代人，“我们和男性竞争者一样能够驾驭道路交通”，但是其他人却断然拒绝讨论刻板的性别归属问题，并用冷嘲热讽的方式对待这些问题。1963年，一位女性专栏作家嘲笑普遍存在的男性自我形象时说：每个女人都知道男人开车开得好，且无一例外。[72] 对于一些女性来说，指责女性无开车能力的说法已不再值得认真考虑了。与此同时，许多男性评论员也开始公开争辩说，女性驾驶者显示的才华往往比男性更多。接受《美好的旅行》采访的几位男性受访者一致认为“女性开车比男性好，她们的责任心更强，开起车来更轻松”。[73]

然而，那些在《美好的旅行》杂志就女性驾驶能力发表过最有信心声明的男性们最后坦承，由于担心招致配偶的批评，自己的妻子从来不在他们面前开车。尽管女性驾驶者在公共场合挑战性别偏见取得了部分成功，但在 20 世纪 60 年代初，随着女性驾车人数的增加，私下里她们的驾车能力仍然还会受到怀疑。尽管如此，即便是在情感上对女性开车抱有复杂看法的那些男性，现在也不得不承认，原则上，女性是可以满怀自信地驾驭大众汽车的。60 年代初，联邦德国人逐渐接受了驾驶者，不论男女，都把大众汽车看作是珍贵的财产这一现象。伴随大规模机动化而来的是性别紧张气氛，尽管如此，但对无数的联邦德国人来说，大众汽车已经成为他们自己清洗、维修、修饰的重要感情的寄托对象。汽车拥有权在男性与汽车（或者女性与汽车）之间形成的紧密联系——是大众汽车在联邦德国时期的标志性地位的核心。

汽车对两性的日常吸引力与有助于解放的潜力密切相关。到了 20 世纪 50 年代初，以德国为例，驾车促进个人自由的观念已经有着漫长而错综复杂的历史了。早在 1910 年，亨利·福特就曾以称赞汽车可以增强个人自由能力而闻名于世，这点同魏玛共和国时期小型汽车车主的观点一致。当希特勒设想把这种"民众之车"当作一种"雅利安人"的专属工具，以便把大众汽车公司从公共交通的限制中解放出来时，也曾援引过这个主题。第三帝国对汽车所有权的种族限制没有延续到联邦德国时代，不过，汽车赋予个人自由的概念在联邦德国却得到了前所未有的重视，这可不仅仅是因为汽车数量的增加。冷战时期占主导地位的趋势和许多公民，包括大众汽车车主描述他们驾驶体验的方式，使得汽车在 50 年代和 60 年代初成了自由的工具。尽管如此，由于车祸导致的死亡人数不断上升，很快又使汽车的解放力量名声在联邦德国社会蒙上了一层阴影。公共安全问题就限制路上自由的必要性引发了一场旷日持久的辩论。

由于这个国家是美国领导的“自由世界”联盟的成员，“自由”为联邦德国提供了一个关键的政治术语。在整个50年代里，联邦德国的政治和经济精英们发表了一系列的公开声明，赞扬个人自由，这与盛行的集体主义精神形成了鲜明的对照。自由言论充斥着大量的政治声明以及对“自由企业”的赞扬，正如路德维希·埃尔哈德在1957年的一篇论文中所宣称的那样，在几年之内，就已把“生命和自由还到了贫困和饥饿的人民手中”。除了严格的政治自由和经济自由之外，迁徙自由也是西方所拥护的核心价值观之一。1954年，威廉·勒普克（Wilhelm Ropke），埃尔哈德的最有影响力的经济顾问之一，甚至把“交通自由”也纳入了联邦德国的特征之中。他把“根据自己的意愿满足自己的交通需要”的能力提升为“个人的基本和不可剥夺的权利”，这是一种“大洋彼岸铁幕国家需要赞成的”“基本自由”。[74]

尽管政治界明确地将汽车与冷战的国内议程联系在一起，但广大公众对这种充满政治色彩的讨论没有表现出多大兴趣。这种不情愿不仅反映了第三帝国时期之后人们对政治意识形态普遍缺乏信心，而且还反映了人们对联邦德国新议会秩序的深刻怀疑。正如一些民意测验所表明的那样，在50年代初，联邦德国新议会秩序仍然保持着强烈的“独裁、反民主和法西斯倾向”。其结果是，新闻记者对汽车增强个人自由能力所表示的赞扬，只限于简明扼要的公告：“汽车使我们自由”，一位汽车新闻作家在50年代初重复着半个世纪以来提出的观点，如是简单地宣布道。他的一位同事同意他的观点，将汽车描述为个人自由的缩影：“掌握方向盘就是掌握个人自由的本质。”通过使用联邦德国政治语言的一个关键术语，把汽车称赞为“个人自由”的源泉，间接地将汽车与联邦德国的自由主义政治价值观联系在一起。随着个人流动性的提高，汽车——尤其是大众汽车——增量的加速表明，联邦德国确实提供了诱人的新自由。大规模机动化在对那些政治上持有怀疑态度的民众表明，联邦德国冷战时期所鼓吹的自由言论不仅仅是在说空话的过程中发挥了关键的作用。[75]

然而，让汽车具有自由吸引力的不仅仅是个人的流动性。汽车本身就可以作为一个隐私区，允许人们规避限制性的道德规范和法律规定。例如，在联邦德国早期，由于家庭条件拥挤，许多寻求独处的未婚男女面临着相当大的困难。找一家旅馆幽会充满了障碍，因为联邦法律会以教唆卖淫为由威胁那些向没有结婚证的夫妇出租房间的经理们。在这种情况下，即使是未婚男女，如果在同一家旅馆预定了几间独立房间，就有可能受到起诉。然而，正如一位汽车指导者在题为“车内接吻”的一节中所指出的那样，车内的色情活动是无可非议的。那些担心招致潜在“公害”指控的读者们收到了这样的建议，即只要夫妇俩人把车停在得当的地方，即使在车内上演色情恶作剧，法律上也不能判定其构成不雅行为：“只有存在着妨碍公众安宁(作为犯罪事实)时才是，不过，公众有必要对此有所了解。公众是从一个人开始的，但不是从警察开始的；当他打开门时就应该把这个情况告诉他，以防窗户起雾。”这个建议似乎已被证明是适当的，因为在整个50年代，没有关于汽车里发生风流韵事的法律案件成为头条新闻。特别是对年轻人来说，汽车是个人的自由空间。为性实验提供了一个安全的场所。[76]

除了增强个人机动性和提供隐私空间之外，汽车的解放品质在驾驶行为中得到了充分的体现。在过去十年里一直驾驶大众汽车的联邦德国人经常用高度激动和热情的词语描述这么做的感受。“我是那么喜欢开车”，一位年轻女士在1951年写关于她驾驶大众汽车郊游时如是描述她的感受。甚至像汽车记者这么有经验的专业人士也发现，试驾“三个星期大众汽车是一种快感”。上文介绍过的那位初中老师，在他第一次乘坐大众汽车兜风50多年后仍然记得驾驶汽车的感觉“极其美妙”。对于越来越多的联邦德国人来说，大众汽车为生活增添了一种新的乐趣，一种汽车上的幸福，与战后几年中悲惨的贫困形成了鲜明的对比。[77]

大规模机动化给联邦德国人的个人身份增加了一个新的维度，由于缺少更好的词汇表述，只能将其称之为“驾驶自我”。然而，当一个人手握方向盘时，自我意识立刻就开始起作用了，不过，自我意识的发展需要时间。把操作者放进一台陌生的机器里，让所有的感官都参与进来，需要获得一套高度协调的个人技能。经过一段时间的反复练习就产生一个习惯的过程，逐渐地将一系列离散的、最初是试探性的、自我意识的行动转变成一种流畅的、基本上是直觉的行为，这种行为可以给男女驾驶者一种与强大的技术装置协调一致的感觉。正如一位社会学家在20世纪50年代所观察到的那样，如果驾驶者获得了一定程度的确信，就能够将注意力从有意识地“推杆换挡(和)车辆的复杂操作转移到沿着道路行驶上”。(如今)驾驶者会自己开车了，这次轮到他把别的驾驶者抛在后面了等。与机器融为一体是现代人用来描述自己驾驶大众汽车时所培养出的驾驭感的一个转折词语。[78]

高涨的权力感构成了驾驶者变革的一个重要组成部分。1957年，一位负责联邦德国道路交通的观察者发现“握住了方向盘，我们就会明显地受到支配权力的不断增长，从而令‘自我’

膨胀。巨大的力量在手指的一触间臣服了，而且还是不折不扣地臣服”。汽车手册的作者反思人与汽车之间的紧密协调时，在古代神话中找到了概念上的庇护。经观察发现，“优秀的驾驶者会把他与他的汽车融合为一个现代版的半人半马怪物，其脑袋控制着引擎和车轮，别无需求”。如此一来，驾驶者们脱颖而出，成为“机器的朋友，不是统治者也不是奴隶，而是向着更高生活意识迈进的介质”。大众汽车绝不是唯一的一款把联邦德国公民变成汽车驾驶者的汽车，但它在国家道路上的普及比任何其他一款汽车都更能帮助联邦德国人体验驾驶自我和解放权力的感觉。[79]

那些在50年代购买汽车的人可以在非常适合汽车的条件下确定他们的驾驶者身份。尽管许多道路起初维护不善，但车主开车时很少受到干扰，因为在20世纪初建成的区域之外的交通密度仍然很低。当汽车数量在50年代后半期显著增加时，联邦政府启动了全面的道路建设规划，以确保交通的畅通。除了对基础设施的投资外，国家在1955年还通过直接给私人车主税收抵免的手段来促进汽车拥有权，免除私人车主的日常通勤费用。[80]最值得注意的是，1953年，交通部部长汉斯-克里斯多夫·西博姆(Hans-Christoph Seebohm)提议取消对汽车的所有速度限制。此后，在波恩议会召开后，立法机关又为驾驶者提供了相当大的回旋余地。西博姆，一位极端保守的德意志民族党(Deutsche Partei)的领导成员，庆祝这项法案不仅是因为它推翻了盟军占领者在1945年实行的限制，从而向着恢复国家主权迈出了重要的一步；更具重要意义的是，他明确地描述了他的倡议是回归“我们过去的、经过考验的规章制度”，还公开提到了1934年第三帝国废除的所有速度限制的交通法。无论是国会议员还是新闻界都没有对西博姆的历史论点提出过异议，没有指出运输部长恢复了一项失败的纳粹政策，这项政策使得政权在 1938 年因交通事故率居高不下，不得不重新全面实行速度限制。相反，国会议员和记者的印象是，纳粹独裁政权颁布限速措施，只是为了防止“二战”开始时的燃料短缺问题。这种实用性的误解使得《明镜周刊》在几年后祝贺政府废除了 1939 年通过的“纳粹法律”。[81]

西博姆对速度限制的自由放任态度建立在这样的假设上，汽车驾驶者会带着“责任感”来驾驭他们的座驾，调整车速，既不使自己也不让其他道路使用者暴露在不必要的危险之中。然而，不久之后，当国家的道路交通事故增加时，人们开始严重怀疑联邦德国的汽车拥有者是否真的能够控制自己的驾驶行为。全国统计数字显示，1950 年在交通事故中有 6 314 人死亡，15.041 6 万人受伤；1953 年死伤人数分别上升到 1.102 5 万人和 29.823 1 万人；1962 年的死伤人数分别达到了 1.408 8 万人和 41.203 6 万人。鉴于这一时期轿车数量增长了 10 倍以上，与以往相比，事故增长量还不到 3 倍，这可能看起来不算多，但当代人对这个问题却不是这么认为的。他们把道路交通事故看作是一种新的、戏剧性的公共风险，其原因和适当的解决办法引发了关于国家、公民社会和个人之间关系的争论。在这场充满曲折的公开辩论中，核心问题是，一个人在路上应该获得多大的自由。[82]

评论员指出交通事故的源头是：缺乏驾驶技术，战后道路网络的糟糕状况，粗心的行人实际上妨碍了汽车驾驶者，还有大卡车的出现。但许多观察者却坚持认为，造成道路伤亡的大部分责任必须由轿车驾驶者承担，因为这个群体扩张速度最快。

最终，人们开始质疑那些汽车驾驶者缺乏以不危及同胞的方式操纵汽车的性格特征。一位汽车记者在一份声明中宣称："只要告诉我你是怎样驾驶汽车的，我就可以判断出你是否是个正派人。"这份声明将个人的驾驶风格提升到了反映个人品格的高度上。一个流行的论点认为，联邦德国汽车驾驶者一旦开上车，所表现的攻击性比西欧同行更突出，西欧国家的交通事故率没有那么高。一位消息灵通人士称："法国驾驶者天生彬彬有礼和待人体贴周到，就像英国驾驶者待人彬彬有礼和体贴周到一样。"对联邦德国驾驶者道德操守的关注，既不限于新闻界，也没有在 20 世纪 50 年代末结束。1961 年，波恩外交部询问驻法国、意大利、西班牙和瑞士大使馆，联邦德国假日驾驶者的侵略性道路行为是否损害了联邦德国的国际形象。尽管外交官们在波恩撰写了消除官员担忧的安慰性的报告，但这一行为本身注定表明，对联邦德国驾驶者行为的担忧普遍存在于许多领域里。[83]

当公众评论员反思这一侵略性的起因时，那些起因似乎已经在国家的道路上显现出来了，所以单凭用经验不足这一理由来解释这个问题是不能令人满意的。相反，他们经过诊断得出的结论是，联邦德国人缺乏礼貌。联邦德国的道路让一些驾驶者想起了战斗区。"每当我出门旅行时，我总会感觉自己像是在开赴前线。你永远不会知道你是否能安然无恙地回家"，一位驾驶者在 20 世纪 50 年代初如是写道。在 50 年代末和 60 年代中期，当著名的汽车杂志把高速公路描述成一个"战场"时，军事主题继续给联邦德国人的驾驶行为评价涂颜色；联邦德国的主流新闻杂志则通过提醒读者每年的受害者总数分别超过"1939 年波兰战役中死亡人数的 1.5 倍、受伤人数的 15 倍这个数字"来给读者留下浩劫的规模印象。[84]

当代社会科学家把攻击性的道路行为归因于驾驶者之间缺乏沟通，但在联邦德国早期的事故辩论中频繁出现的军事主题表明，当时许多联邦德国人怀疑可能存在着一个完全不同的原因。他们担心，不断上升的撞车记录曲线是第三帝国与第二次世界大战遗留下来的不受欢迎的遗产。奇怪的是，明确地提出了这一点的人居然是交通部部长西博姆，他把所谓的"行驶在路上所表现的缺乏自律现象"归因于"战争状况和战后岁月"。对纳粹留下的道德遗产的关注在早期联邦德国的许多情况下出现了，并因此引起了许多呼吁，要求铲除日常生活中存在的纳粹黩武理想的残余。为了全面地让这个年轻的国家恢复文明，人们作出了长期努力，许多礼仪名册，其中一些名册甚至成了六位印数的畅销书，就如何按照与民主政治相适应的、明确的平民路线重塑司空见惯的方式提供了广泛的建议。类似的主题也支持了50年代中期在联邦德国道路上推广更加克制的驾驶方式项目。这些志愿倡议由联邦交通部承保，包括教育计划、在各种媒体上传播信息以及为道路行驶示范行为颁奖。[85]

然而，由于交通事故率的逐渐上升，许多联邦德国评论员认为，除非辅之以更广泛的纪律制裁，惩罚鲁莽行为，否则呼吁自愿改变行为是徒劳的。围绕着国家对公民社会规章制度的制定权以及当局为了公共安全应该限制道路自由度的道路安全立法的争论，在20世纪50年代中期变得迫在眉睫。由于超速总是构成车祸的主要原因，所以在制定有关交通规则的辩论中，速度限制成了一个特别棘手的问题。尽管来自各方的政客和包括警察、城市规划师和创伤外科医生在内的各种专业人士都极力主张实施强制性限速，但是由汽车工业和汽车协会建立的一个强大的游说团，却相当成功地捍卫了个人随心所欲的自由驾驶汽车的重要权力。[86]

在竞选活动中，后者的阵营可以依靠不断扩大的驾驶者队伍的声援，尤其是那些支持大众汽车的人，他们对州政府的监管举措总是愤愤然。“没有哪个国家，下雨的次数像德国那么多，而德国实施禁令比下雨的次数还要多”，1952 年，《美好的旅行》埋怨道。几年后，联邦德国的交通法规强调“德国人热衷于禁令”。1957 年，联邦政府针对公共安全问题采取了行动，在建筑密集区，把轿车速度限制在每小时 30 英里。事实证明，反对德国国家专制主义传统的辩论非常有效。尽管与交通有关的伤亡人数有所增加，但波恩直到 1971 年才不再实施进一步的限制，当时波恩在两条车道的开放道路上引入每小时 55 英里的上限车速，但为了避免公众的强烈抗议，他继续豁免高速公路司机接受类似的检查。那时，联邦德国对速度限制的宽容态度标志着这个国家是一个国际性的监管例外，其根源与大众汽车的基础设计如出一辙，可以追溯到第三帝国时代。[87]

鉴于大规模反对限速运动的成功，大众汽车的声誉在交通安全方面并没有受到长期争议。此外，关于速度限制本身的辩论集中在个人行为上，而不是针对特定的汽车展开的。甚至那些认为汽车交通是造成公共危险的人们，也把注意力集中在驾驶者的个人行为上，而非汽车本身。其结果是，汽车的安全特性逃过了公众的监督，在 20 世纪 50 年代和 60 年代早期，可能导致道路危险的车辆技术缺陷在联邦德国没有引起太多的关注。因此，与交通有关的死亡和受伤人数的增加，对于标志性的大众汽车没有产生任何影响。相反，无数的联邦德国人把大众汽车视为国家是由无数驾驶者组成的一种工具，让他们享受史无前例的个人机动性，并因此培养了一种自由感，这种自由感在持久的、随心所欲的驾驶过程中得到了最有力的体现。大众汽车避开了许多市民在冷战高潮时认为充满思想色彩的政治宣言的深层次怀疑，因此，它起到了作为联邦德国标志的作用，以一种看似非政治的方式表达了自由的概念。

在 20 世纪 50 年代和 60 年代早期，大众汽车传达了一系列关于年轻的联邦德国在社会和经济上现代化的溢美联想，尽管主要是非政治国家。在“经济奇迹”的背景下，大众汽车讲述并夸大了早期联邦德国的一个故事，那就是在努力工作和创造成就文化的基础上取得成功的故事。随着销量的飙升，观察人士强调，大众汽车的好运气既惠及了企业的利益，也惠及了员工的利益。故事是这么讲的，大众汽车的存在归因于大众汽车公司的模范性和高生产率，在诺德霍夫的父权式的领导下，公司采纳合作式的劳资关系，给予工人最高的工资和土地上最好的福利，并资助沃尔夫斯堡从一个兵营定居点转变为一个拥有最新基础设施的中等城市。与此同时，大众汽车公司还向同时代人保证，联邦德国看似奇迹般的变革，并不是一瞬即逝的事件，而在这一场变革中，汽车制造商则扮演着越来越重要的角色。最近在生存艰难和不安全的背景下，坚实可靠的大众汽车似乎是可信赖的缩影，它的普遍存在间接地表达了一个希望，即战后诱人的秩序以及初期的富裕是建立在像小汽车本身一样坚实的基础之上。作为一款体现“德国制造”这个美德标签的汽车，它传达了一种基于高质量工艺的自主成功的故事。最为重要的是，大众汽车相对低廉的价格确保了这款汽车绝不是一个遥远的目标。普遍买得起汽车这一现象表明，联邦德国大部分人口直接受益于经济奇迹。由于汽车帮助联邦德国成为一个驾驶者的国家，无数的男人和女人们，后者始自20世纪60年代初，开始把沃尔夫斯堡生产的汽车当作一种情感对象，融入了他们的日常生活中。联邦德国公民和大众汽车之间的亲密关系不仅归功于新的、以汽车为基础的业余活动，还归功于汽车驾驶者开车时所感受到的一种解放了的快感。大众汽车成为经济奇迹的集体象征——一个数以百万计人共同拥有的象征，而且还被当作一种独特的私人财产。

这款汽车的纳粹血统几乎没有妨碍它声誉的提升。对战争期间工厂侵犯人权的沉默支撑了大众汽车战后的突出地位，就像许多严格选择性的公众故事一样，在很大程度上也同样用了非政治化的语言陈述大众汽车的历史。当代历史记载把焦点聚集在汽车突出的技术特征上，并将其归功于费迪南德·保时捷，一个扮演着政治中立角色的工程天才，而不是承认第三帝国提出的“民众之车”计划背后的意识形态动机。由于大多数关于这款汽车参与军事行动的战争故事都集中在桶子汽车的精湛技术层面上，大众汽车的战时记录也没有给联邦德国媒体带来太多的尴尬。然而，最重要的是，大众汽车在20世纪50年代的激增，使纳粹的失败得到了大大的缓解。通过传递为更广大的民众提供廉价汽车的诱人承诺，联邦德国证明了自己的优势胜于第三帝国，同时也追溯到1933年至1945年期间出现的个人合法拥有汽车的消费者梦想。由于大众汽车不可避免地把最近的过去和历史的现在交织在了一起，它若想成为在联邦德国蓬勃发展的第三帝国的幸存者，看起来是不太可能的，许多联邦德国人都以非常相似的历史观点看待自己的传记，对这一特点也都有着相同的看法。

因此，大众汽车公司的突出表现不仅归因于销售量的迅速增长，而且还归因于能将几个圆圈摆出一个正方形的不可思议的能力。作为日常事务中一个备受喜爱的存在，这款汽车容许当代人将他们最近深陷妥协泥潭的历史诠释为一个成功的故事，并将战后的秩序彻底地沐浴在积极的光辉里。作为一种物美价廉的产品，联邦德国既是消费者又是生产者的共和国，在这个国度里，汽车工业成了一个繁荣的原动力。大众汽车作为联邦德国看似奇迹般的社会经济转型的朴实无华的倡导者，设法表现得既正常又异常，这暗示着战后秩序以及期待已久的初步富裕是建立在稳定的基础上的。作为增强个人流动的工具，大众汽车在冷战高峰时期引起了人们对新的个人自由的关注，却没有陷入公开的党派政治辩论中。生产与消费、工作与休闲、过去与现在、例外与正常、自由自在与看似不带政治色彩的隐私，在 20 世纪 50 年代至 60 年代初，都被认为是大众汽车在联邦德国提出的主题之一。大众汽车更是整合了一系列不同寻常的广泛且有时相互矛盾的联想，它作为一个在社会上普遍存在，文化上充满着活力，基本上没有争议的图标，在联邦德国文化的苍穹中变得熠熠耀眼。继第三帝国之后，联邦德国文化的苍穹中基本上没有了广泛共享的国家符号。

然而，大众汽车的一举成名绝不仅仅是国内的事情。由于沃尔夫斯堡公司自立为联邦德国重要工业公司之一的地位，它的扩张越来越多地归功于国际销售，甚至超过了它在国内市场的主导地位。因此，大众汽车不仅成了在联邦德国国内重建的象征，而且还成了“出口奇迹”，从而迅速地确保了这款汽车在全球的存在。虽说大众汽车起源于第三帝国，但随着海外销售的蓬勃发展，大众汽车在国际舞台上展示出了惊人的文化价值，最终与 20 世纪 60 年代末的反文化潮流齐头共进。

出口大热卖

1963年《体育画报》的一篇文章标题宣称:“甲壳虫汽车的确会漂浮。”作为令人惊讶的说明证据,该杂志提供了一张两页的照片,照片里是一辆在小溪里游泳的大众汽车,在汽车周围是漂亮的佛罗里达沼泽地植被。此照片拍摄于荷马萨斯泉(Homosassa Springs),字幕解释说,“大众汽车是由起重机轻轻地放在水面上的”。虽然《体育画报》并没有“向别的什么人推荐这个实验”,但这辆汽车的两栖性能却令人印象深刻,因为它在水面停留了将近半个小时后才沉没。作者坦称,这项非正统的测试是由无数关于庆祝大众汽车作为一种商品报道的真实性的怀疑引起的,他们想说明的是由于其坚实的工程技术和质量,大众汽车才可以在最不可能的栖息地发挥作用。“大众汽车夸张地悬挂着,这不可能是他们所说的全部”,这篇文章是在承认“即使这款汽车部分是半翅类水虫的形状这一说法有待核实”之前,便提出了怀疑的前提。去年购买了沃尔夫斯堡制造的20多万辆大众汽车的美国人,《体育画报》继续说,正在泡着相貌平平的小妞呢。……不久前,佛罗里达州的一位新娘把一辆微型大众汽车……插在她的结婚蛋糕上,(还有)一对堪萨斯州的夫妇在大众汽车交付时发布了他们孩子的出生通知。旺盛的需求和无数的感情宣言表明“大众汽车在美国找到了家”。事实上，文章得出的结论是，强劲的全球销量使得这款汽车“成了世界上最容易识别的汽车”。[1]

《体育画报》发表过许多文章，其中一篇对美国的汽车驾驶者从20世纪50年代中期以来就开始热情欢迎这款德国进口商品表示惊讶，并因此成为该刊物的特色。大众汽车在美国取得的成功，给众多评论员带来了一个极不寻常的商业故事，这让许多评论员感到困惑不解。美国观察者欣然承认新推出的车型技术特征是其吸引力的重要来源，但他们仍在努力领会无数顾客对大众汽车的喜爱。一些作家提请人们注意甲壳虫汽车的非同寻常的形状，声称这款汽车不太可能畅销。《体育画报》对这款汽车“不起眼”的魅力感到困惑不解，几位商业汽车记者表现得更甚，认为这款汽车“不雅”“笨重”和“丑陋”而对其加以排斥。显然，这款大众汽车没有满足那些男性观察家的审美期望。然而，美丽却存在于旁观者的眼里，许多男女驾驶者都恳求汽车设计要有所区别。根据汽车的圆锥形状，他们立刻在汽车里看到了一只“小瓢虫”，它的“甲虫背部”轮廓看起来很可爱。在美国，大众汽车的商业增长同样依赖于其引人注目的外形和坚实的工程技术。[2]

“二战”后的前20年，全球汽车严重短缺使大众汽车公司一举成为国际汽车厂商，并从中受益匪浅。在战争期间，由于战争导致的破坏、军事征用和关闭民用市场，所有工业国家的汽车保有量在1945年都下降到了低于20世纪30年代末的水平。随着20世纪50年代初的繁荣和朝鲜战争的爆发，订单激增，远远超过了现有的生产能力，并创造了一个经典的销售者市场，使汽车制造商们从被压抑的需求中大受裨益。在整个50年代期间，欧洲汽车工业的主要挑战不是去说服消费者购买新车，而是生产足够数量的新车。旺盛的需求现象在国际上一直持续到60年代，由于《关税及贸易总协定》为战后国际贸易建立了新框架，通过谈判降低了国际商品交换壁垒，维持了繁荣。战后数年的广泛需求为汽车出口商提供了充足的机会，尤其是为大众汽车公司提供了充足的机会，使之充分地利用了这些有利条件。大众汽车公司按照联邦德国标准慷慨地支付员工工资。不过，在整个50年代里，大众汽车公司所支付的工资水平远远低于西欧国家的工资水平，尤其是低于美国这个竞争对手的工资水平。随着公司对自动化投资的增加，生产率也得到了提高，大众汽车公司相对适中的劳动成本，使得它能够以低于国际标准的价格提供高质量的汽车。

强劲的国际销售态势使大众汽车成为联邦德国在全球备受关注的首要焦点之一，给汽车本身留下了深刻的印记。虽然国内外销售的汽车在技术上大同小异，但在更广泛的世界范围内却经历了广泛的排列。作为一次出口大热卖，大众汽车发展成为“在地方、地点和区域之间流动中形成”的跨国商品之一。[3] 在文化方面，甲壳虫汽车进入世界市场需要大量的再本土化，以赋予甲壳虫汽车新的含义，然而这些含义在自己的家乡却并不具备。当外国人看到一辆大众汽车时，他们眼中的大众汽车往往与联邦德国人所见到的大众汽车完全不同。就像《体育画报》里刊载的那样，先在路上把汽车吊起来，然后再置于有水的环境中，如此炮制，大众汽车经常令人不可思议地表现出适应某些国家环境的能力；而在其他地方，大众汽车几乎就漂浮不起来。在决定这种商品能否在出口目的地获得立足点的文化适应游戏中，巨额资金处于危险之中。大众汽车公司之所以能在国际上吸引企业的积极性,不仅是因为消费者以令人惊讶的方式接受拨款的长期过程,有时甚至是以持久的方式重塑了它的意义。

虽然该公司在几十个国家里零售它最著名的产品,但两个精选的例子揭示了甲壳虫汽车在商业和文化命运方面形成的对比的时运。在大不列颠联合王国,大众汽车在战后工厂的生存中起到了决定性的作用,不过大众汽车仍然是一种边缘商品,这种情况充分说明大众汽车若想在欧洲那些拥有强大国内汽车工业的国家里取得成功是有限的。与此同时,大众汽车在美国却成了轰动一时、长期热销的大卖品。这一享有盛誉的跨大西洋的成功对公司的繁荣做出了至关重要的贡献,在国内引起了相当大的关注,并在将大众汽车转变为全球标志性汽车方面发挥了重要作用。那么,当"德国奇迹最挚爱的孩子"离开家门时又会怎么样呢?

诺德霍夫不失时机地将大众汽车定位在拥有国际客户基础的公司。在占领期间,大众汽车就已经开始了小规模的对外销售,50 年代初又迅速地扩大了它的国际业务。考虑到德国传统上不发达的国内汽车市场,以及联邦德国的弱势经济,诺德霍夫坚信,确保海外客户至关重要。1951 年,他向大众汽车公司顾问委员会解释说:"像这样规模的工厂,不能期望像国内市场那样只靠一条腿站稳脚跟,那样既不稳定,又不可靠。"出口业务在诺德霍夫个人考虑的事项中排名前列,这促使他进行了几次漫长的环球旅行,目的是获得自 1949 年开始以来在国际销售领域里的第一手信息。虽然国外销售最初没有盈利,但是诺德霍夫坚持从长远考虑,不得不以仅能覆盖生产成本的价格向国外市场推出汽车,以便从竞争者那里获得优势。在寻求提高出口的同时,总经理没有采取精心策划的战略,而是在展现自己之时,务实地抓住了时机,为此,他常常依靠旅居在国外的德国人进行个人接触。[4]

结果,大众汽车公司迅速发展为对海外市场特别关注的汽车公司。到了 1952 年,沃尔夫斯堡已经向非洲、南美洲和北美洲以及欧洲中的 46 个国家输送了汽车,在海外销售了 4.7 万辆汽车,占其年产量的 1/3。早在 1955 年,该公司在海外的汽车售量(17.765 7 万辆)就超过了国内(15.039 7 万辆)的总销量。在接下来的几年里,出口车辆仍然是大众汽车扩张的核心。1963 年,大众汽车向联邦德国以外的目的地出口了 62 万辆汽车,占其年产量的 55%以上。大众汽车的出口比率远远高于当时联邦德国其他主要公司的出口比率。克虏伯(Krupp)是一家工程企业集团,战后放弃了武器制造,转向民用项目。1954 年该集团将其 15%的产品销往国外。简单地说,大众汽车公司在诸多联邦德国出口公司中名列前茅。[5]

由于公司面向全球市场,总部设在沃尔夫斯堡的这家公司对中部出口在联邦德国更大范围的经济复苏中所起的作用大为欣慰。早在 1951 年,联邦德国就出现了第一次贸易顺差,对外贸易对国内生产总值的贡献从 1950 年的 9%上升到 1960 年的 19%。在 20 世纪 80 年代之前,联邦德国媒体并没把国家称之为"世界出口冠军",但大众汽车公司不断扩大的外交业务却令人印象深刻地昭示着联邦德国不仅成了一个汽车的生产国,而且还成了一个汽车的出口国。尽管如此,大众汽车公司的外交活动并没有直接反映出联邦德国在国际经济中的地位,尤其是大众汽车公司在其市场结构方面存在着差异。随着欧洲一体化在 50 年代后半叶的势头逐渐增强,大多数联邦德国出口商将外贸集中在西欧，而大众汽车公司则在美国市场上大展扩张的宏图。[6]

不过，最初，大部分销售额集中在少数几个欧洲国家。20世纪50年代中期在美国的汽车销量开始增长之前，一半以上的大众汽车出口到瑞典、瑞士、荷兰、比利时、丹麦和奥地利，所有这些国家要么缺少自己的汽车工业，要么只有小规模的国内汽车部门。与此同时，大众汽车公司则以强大、成熟的汽车制造商身份，在西欧国家竭力站稳脚跟，但由于西欧国家政府为保护国内生产商不受外国竞争的影响，致使大众汽车公司的这一努力遭到了挫折。在英国、法国和意大利，保护主义政策在很大程度上阻止了大众汽车的进口。像其他西欧国家一样，英国对进口车辆征收高额关税，这一现象一直持续到60年代后半叶。结果，大众汽车公司没有在这个确保其战后世界生存中发挥核心作用的国家里取得突出的道路存在感。大众汽车公司自1953年起就开始在英国销售其主打产品，十年后，该公司的市场份额仍然低于1%。尽管如此，50年代和60年代初的大众汽车在英国吸引了很多的媒体关注，因为大众汽车似乎浓缩了联邦德国和英国战后经济命运之间的鲜明对比。[7]

“二战”后，英国汽车制造商率先利用了国际上对汽车需求的机会。在1946年至1950年期间，英国公司的年产量从大约2.19万辆提高到大约52.3万辆，其海外销量不少于总产量的75%，在全球汽车出口中占有52%的份额，一度主导了国际汽车贸易。然而，这一成功并没有激发起英国公众的信心，因为英国汽车工业的出口是英国在全球经济和政治地位不断削弱这一令人担忧的预兆下展开的。英国从战争中走了出来，对美国负有沉重的财政义务，偿还巨额国际债务是英国政府的首要任务。

在此背景下，出口汽车成为伦敦赚取外汇的国际经济战略的中心议题，与战后的财政拮据相比，它反映的不应该是英国的实力。除了国际经济地位下降之外，1947年印度和巴基斯坦的独立也给英国在世界范围内政治角色日益不稳定的基础发出了一道刺眼的光。在国内，战争所造成的牺牲和剥夺使人们迫切需要沿着更为公平的路线，通过以福利倡议的形式进行国家干预，比如1948年实施的国民保健基金会之类的形式。然而，没有什么能比1945年后维持了近十年的大规模配给制度，更能使金融复苏和社会重建的经济限制得到缓解。例如，英国的粮食配给制度直到1954年才结束，很久以前，大陆国家就放弃了类似的计划。简单地说，不论是国内的发展还是国际的发展都突出地显示着英国作为全球大国地位的脆弱性。[8]

许多英国人对联邦德国的经济复苏表示担忧。许多英国观察者惊诧地看着这个“二战”的发起国和战败国实现了似乎超越他们自己原有水平的经济复苏。联邦德国的经济发展加强了英国对德国工业的长期关注，这一点可以追溯到19世纪末，那时德国第一次挑战英国的“世界工厂”地位。1887年，在对国家衰落的早期担忧中，英国立法者通过了一项法律，要求在英国销售的工业产品上贴上“德国制造”的标签，希望这项措施会羞辱从德国进口的商品，结果适得其反，这项措施非但没引起人们的反感，相反顾客们越来越欣赏德国制造的成品的工艺，并逐渐把这个短语变成了质量的标志。鉴于英德之间长期存在的商业竞争，“联邦德国制造”的汽车在出口市场上成了英国强劲的竞争对手，这一事实使许多英国评论员感到震惊，认为这是一个历史性的讽刺。[9]

英国媒体紧随其后，对大众汽车努力促进出口增长变得越来越关注。1954年,由于大众汽车在大西洋彼岸各地日益受到欢迎,德国汽车工业在美国的销量首次超过了英国公司。当时英国观察者试图找出德国汽车在广大消费者中所具有的吸引力原因。行车试验显示,尽管大众汽车是在战前设计的,但却为驾驶者提供了一个令人信服的选择理由:车型小,质量高,维修成本低,价格具有吸引力。大英帝国的居民们对大众汽车在恶劣地面条件下的耐用性印象深刻。来自殖民地坦噶尼喀(现称坦桑尼亚,Tanganyika)的一位英国人称赞他那辆二手大众汽车时说:"这款汽车能够受得了我们崎岖不平的道路。……我很喜欢这辆大众汽车,我打算今年休假回家时,再买一辆新车。"甲壳虫汽车除了它的机械性能和经济性能无可争议外,还具有其他一些无形的魅力。一位作者写了一份毫无偏见的测试报告,据他发现,这款汽车"是靠着自己成长起来的。……大众汽车不论以任何速度行驶,都会产生一些令人愉快的误导性。……驾驶者如是希望。"于是,甲壳虫汽车把自己推荐给了那些正在寻找一种朴素无华的诱人产品的顾客。[10]

然而,大众汽车公司的成功并非只是因为它的产品。1956年,一位记者在"欧洲市场"旅游归来时,被德国企业的活力所震撼:"机构高层的动力和热情以惊人的方式传递到批发商和经销商那里",导致了一种"不可战胜"的气氛,这使他想起了"围绕隆美尔(Rommel)在非洲沙漠早期成功的光轮"。这种充满活力的企业文化明显地体现在大众汽车公司的示范性服务组织机构中,其合同要求成员保存大量的备件库存,以便按照固定的价格进行维修。根据英国对该公司成功的描述,服务机构的表现显得尤为突出,由于大多数大众车主的经济条件一般,对他们来说"在任何国家、任何地方提供迅速、廉价和便利的服务都意味着一个新的汽车时代开始”。[11]

大众汽车公司的主要产品及其服务网络给他们留下了深刻的印象，英国评论员还指出了英国政治家和企业家所犯的失误和错误。《每日电讯报》的一位读者在1953年批评说，战后大众汽车公司的复苏“肯定证明了我们的短视政策”。这位愤慨的作者继续说，与其宣布沃尔夫斯堡的工厂为“战利品”或将其拆除，不如“我们派英国官员去整顿工厂、整顿工厂的生产和财务”，从而对英国最成功的制造业之一构成威胁。另一位观察者补充说，英国职业当局的决定以及英国公司随后未能对付大众汽车公司的出口攻势，据称揭示了“对大众汽车公司的潜力评估明显偏低”。《观察家报》打趣道，“在闻到了‘甲壳虫’的味道后，英国工业界翘起了鼻子”。“虽然它没做这种事，但英国观察者却将大众汽车公司的成功，部分归因于英国的无能和疏忽。”[12]

尤其是，批评者指责英国汽车工业不愿意开发与大众技术性能相匹配的车型。一位沮丧的英国尼亚萨兰人（Nyasaland，今称马拉维）居民声称，英国制造的汽车太小，动力不足，缺乏足够的悬挂系统，无法应对尘土飞扬的路况条件。观察人士认为，缺少与大众汽车相当的汽车是“傲慢”和“自满”的表现，而这种“傲慢”和“自满”被认为又是英国制造商的特点。在一次对一位窘迫尴尬的经销商的采访中，由于这位经销商在欧洲大陆销售英国制造的汽车，引发了一连串的愤怒投诉，这些投诉始于备件交货的延迟，进而导致了价格上涨，最后又形成了对市场的普遍漠视，对此记者说道：“你们花在研究大陆市场的时间极少，以至于连门锁都安装错了位置，你们仍然只用英文打印目录和说明书。”[13]

越来越多的不满情绪导致了一些英国汽车驾驶者不顾血统

妥协，放弃国内品牌，选择了沃尔夫斯堡生产的小型汽车。当大众汽车公司于1953年开始在英国小批量销售其主要产品时，保守派的《每日邮报》以一个独特的标题宣布了大众汽车抵达英国的消息："希特勒的民众之车来了。"由于该车根植于第三帝国，联合王国的甲壳虫车主们和大英帝国承受着巨大的压力，他们既要为自己的汽车选择辩护，在20世纪50年代还要捍卫自己的爱国信念。"我原打算买辆英国车，但在5辆汽车的'筛选名单'上，其他4辆都不如大众汽车好"，一位皈依者向他的同胞如是保证道。直到60年代初，反德疑虑仍然是甲壳虫汽车面临的主要问题，正如下文写给汽车杂志编辑的一封信里所说的那样："我并不完全支持这种观点，即大众汽车的唯一错误在于它不是英国的，但对许多人来说，这肯定是它的主要缺点。"尽管这款汽车有其国家和历史背景，但在英国市场却赢得了顾客，正如一些英国车主对一位汽车驾驶者所说的那样，"人们对不断地诋毁大众汽车"表示哀叹。他们争辩说，与其说是顾客购买了大众汽车，倒不如说是英国汽车制造商不能培养出有价值的竞争对手，从而辜负了他们的爱国义务。[14]

不管大众汽车在英国市场的份额如何微不足道，英国评论员都认为大众汽车是他们国家汽车工业的一个重要竞争对手。由于大不列颠在全球地位的脆弱性引起了其对衰退的担忧，德国汽车不仅使联邦德国的经济复苏大为缓解，而且还使公众注意到英国在战后国际经济中保持主导地位的努力可能存在的不足。在20世纪50年代的英国，大众汽车公司仍然是来自国外的竞争对手，虽说在技术成就方面受到了尊重，但同时却未能摆脱其污名的胎记。

1950年第一次有机会购买大众汽车的美国驾驶者对这辆

车的欢迎热情更高。从20世纪50年代中期开始，美国在很大程度上成为大众汽车最重要、最赚钱的出口市场。美国商业上的成功对大众汽车成为全球汽车制造商起到了关键作用。美国驾驶者的感情在汽车上留下了显著的印记，将沃尔夫斯堡制造的汽车转移到一个由大得多的、高动力汽车主导的环境中，使德国汽车进入一个新的环境，从而促使大众汽车公司发生了重大而持久的改变。虽然在美国和联邦德国销售的汽车技术特征大同小异，但大众汽车在美国却获得了一个在德国所未曾有的新身份。直到60年代中期，大众汽车的缩写VW在联邦德国日常谈话中仍然使用“大众”的全拼，但在美国，却立刻变成了“臭虫”或“甲壳虫”。它的技术特点、尺寸和不同寻常的形状把德国汽车与几乎所有的美国汽车区别开来。在联邦德国，大众汽车设定了汽车标准，但在美国，它却成了一款极其非正统的产品。

50年代初，这款汽车在美国大获成功绝非预料之事。当海因里希·诺德霍夫在1949年参观纽约车展回来时，他对任何希望在美国建立销售业务的欧洲汽车公司所面临的障碍都不抱幻想。除了在大陆范围内维持一个有效的服务站网络后勤的复杂因素外，闯入由奢华的“三巨头”主宰的世界上最大和最先进的汽车市场，对于一家名不见经传的公司来说，似乎是一个不切实际的前景。把汽车出口到美国就像把啤酒运到巴伐利亚(Bavaria)一样，总经理如是忧虑道。然而，美国却成了大众汽车在海外的一个最重要的市场，1959年，大众汽车的销量达到了12.042 2万辆，1968年的销量达到了最高峰56.352 2万辆。当时该公司运往美国的产品不少于其总产量的40%。[15]

1955年，尽管在大西洋彼岸销售的2.890 7万辆大众汽车在当年美国汽车市场中所占的份额远低于1%，但主流出版物，包括《纽约时报》《商业周刊》和《民族报》都对当年的联邦德国汽车进行了详细报道,并对其表示赞许。《商业周刊》发现,大众汽车在耐力方面享有盛誉。车主们对这一特性赞不绝口,说:"即使天下罕见的暴雨",汽车都能穿越被洪水淹没的渡口,攀登"杂草丛生的山坡",……并在身后留下一道深深的车辙。……甚至还能四轮驱动,有"极强的抓地力"。其可靠性和令人称道的驾驶特性反映了大众汽车的高技术标准。"总之,这款汽车的一切都是顶级的。那些德国人是真正的工匠",一个早期大众汽车迷如是说。大众汽车的价格相对低廉,每辆车只需 1 495 美元,这个价格越发使得这款汽车更具吸引力,就像其优惠折旧率和燃油消耗率一样,也为这款汽车的吸引力大大增色。1956 年,《大众机械学》杂志举办了题目为"低操作成本"的调查,接受调查者中有 1/3 以上的汽车驾驶者将其列为"大众汽车最招人喜爱的特点"。大众汽车以可靠和负担得起的品质产品进入了世界领先的汽车市场。[16]

经济紧缩持续了几十年,先是因经济大萧条引起,后又因为"二战"而延长,50 年代变成了"美国汽车的黄金时代",汽车注册数量从 1945 年的 2 580 万辆跃升到 1955 年的 5 210 万辆。生活方式的改变决定着对汽车的需求。战后郊区人口在 1947 年至 1953 年期间增长了 43%。每天例行事务,尤其是那些想逛郊区新购物中心和广场的妇女们,越来越依赖于个人交通工具。汽车和房地产的繁荣密切相关,在 1941—1961 年,这些项目的平均个人支出实际增长了两倍。到了 50 年代末,40%的美国驾驶者是女性——这一比例远远高出了西欧的任何地方。1955 年,正如一位经销商告诉正在调查美国人购买大众汽车原因的记者时说,汽车"就是个妻子开着在城里跑来跑去的东西”。“拥有双车的郊区是大众汽车的最大突破口。”50 年代和 60 年代初的市场调查还显示，有超过 60%的甲壳虫汽车在美国是作为第二辆车注册的，其中大约 2/3 在经销商处签订购买合同的顾客上过大学。简单地说，大众汽车在物质安全的白人中产阶级中占有一席之地，他们的成员在 50 年代占了郊区居民的大部分。[17]

毫无疑问，许多驾驶者选择大众汽车是出于实用原因，但甲壳虫汽车的吸引力从一开始就超过了它的直接使用价值。大众汽车车主自信地展示他们的车辆，而不仅仅是将其当作实用的优质产品来拥有。许多驾驶者与新的、小小的拥有行为建立了一种深厚的情感依恋，这让观察者大吃一惊。可以肯定的是，在 20 世纪 50 年代的美国，汽车所有权常常在人和机器之间产生一些高度的个人纽带，尤其是因为许多大型车辆充当着突出的身份象征时。然而，这款小巧玲珑、温和、相对便宜的德国汽车并没有被当作传统的身份象征。相反，这款汽车却有着一种魅力，给汽车驾驶者们施以独特的魔法，使他们迷恋于一种无生命的物体，而这种物体的形状又与美国汽车的主流形成了鲜明对比。

“拥有一辆大众汽车就像谈恋爱。”1956 年，当读者以一种“有史以来最热情”的方式对一项民意测验作出反应后，《大众机械学》杂志给一篇文章取了这么个标题。“驾驶者们的回答令人难以置信。实际上，这些车主们已经爱上了一款汽车。”这辆汽车没有表现出与纳粹政权有着广泛联系的侵略性，而纳粹政权正是它所赖以存在的。相反，人们把它的形状比作“臭虫”或“瓢虫”，觉得它“真的很可爱”。从 20 世纪 50 年代早期伊始，大众汽车在美国的吸引力源自它非同寻常的形状。它的昵称也证明了大众车主有多么珍惜他们的车辆。1955 年,一位女驾驶者完成了一次长途旅行后,简单地用德语称其为“小可爱”并以此来给她的汽车命名。的确,美国人欢迎大众汽车,把它当作具有天真幼稚特征的可爱物质对象。女汽车驾驶者们率先给大众车赋予了可爱的光环,把大众汽车当作吸引女性关爱和奉献冲动的对象。虽然她们并没有直接使这款汽车女性化,但早期大众汽车迷中女性驾驶者的突出表现彰显出围绕着汽车的与世无争和友好气氛。妇女们满怀热情和自信地驾驭着这款汽车。“我想试试‘小虫子’里的所有东西。当我在开车的时候,我就变成了老板”,一位俄亥俄州的家庭主妇在声明爱上了大众汽车时解释说。[18]

“臭虫”在美国的吸引力不仅仅源自它的独特外形,而且与它的大小尺寸直接相关。当联邦德国驾驶者称赞这款车的可靠性时,美国人更可能注意到它那微不足道的比例,正如一位女士在 1955 年寒假开着大众汽车从纽约市到佛罗里达州的轶事所证明的那样。汽车气冷式后置发动机的声音是引起驾驶者注意的一个技术特征,提醒她这不是一个坚实的汽车工程,而是一个“勤奋工作的缝纫机”。此外,她报告了大众汽车的小尺寸是如何引起人们的好奇的。当她登记入住里士满(Richmond)的一家酒店时,“门卫问:‘我们要把她卸在这里呢,还是由你把她弄到你的房间里?’”萨凡纳(Savannah)的服务员清洁过汽车后拒绝接受付款,因为“他们不能因为给个婴儿洗澡而收费”。在联邦德国,小型汽车占据了汽车市场的主导地位,但在美国,大众汽车的比例却很小,这让汽车驾驶者和观察者感到非常反常。事实上,一些美国人勉强承认它是一辆成熟的汽车。[19]

大众汽车从一开始就在美国汽车界占有了特殊的地位。除了它的大小和独特的轮廓之外，大众汽车的气冷式后置发动机标志着大众汽车公司作为一款非正统的汽车，在一个国家（底特律制造的汽车越来越大，越来越昂贵）提供了压倒性的技术和美学背景。1955 年，在 790 万辆新车的销售中，底特律的份额就占了 95%。在“二战”后的十年里，底特律的主导地位要归功于更加壮观的汽车，因为它的平均价格在 50 年代上半叶从 2 200 美元上涨到 2 940 美元。到了 20 世纪中叶，V-8 型发动机功率超过了 150 马力，自动变速器、软悬挂系统和空调被列为美国汽车制造商相互竞争的标准配置。在此背景下，大众汽车的进场似乎是绝对无害的，不会对国内生产商构成重大威胁。事实上，底特律对自己的汽车模式表现出了极大的信心。与汽车制造商呼吁采取保护主义措施的大不列颠不同，被认为是自由贸易最有力的工业支持者之一的美国汽车制造商，积极推动对等取消进口关税。[20]

在这十年里，新美学以非常显著的方式改变了美国汽车，间接地增强了大众汽车外观的无害性。美国制造商跟随通用汽车凯迪拉克系列车型的潮流，引进了双色调的粉彩油漆、丰富的铬制细节、加长的车身以及最著名的尾翼。底特律的日益巴洛克式的创造，为其提供了豪华的背景，使得以车型小巧玲珑、车体浑圆，且配有 36 马力后置发动机为标志的“大众汽车”成为一款“可爱的”小汽车。大众汽车的魅力和与世无争的形象之所以能得到进一步的增强，是因为它没有对美国汽车行业构成明显的危险。“臭虫”以远低于美国普通汽车的价格进入了美国汽车市场，成了利基产品，事实上，许多美国人强调说这款汽车是家庭使用的第二辆车。它在世界领先的汽车市场中显而易见，却又处于边缘的地位，还有尺寸和形状，都突出地表明了这款汽车在美国商品市场中不过是个外来的、独特的和非传统的物件而已。[21]

事实上,很少有美国人对密歇根州汽车厂出现的“怪物”感到不舒服。一位女甲壳虫汽车车主宣称“开我们的原尺寸汽车简直吓得要死”。大众对美国制造商选择忽视小型汽车市场这一行为的极大愤怒,为其购买大众汽车提供了进一步的动力。“啊,底特律。他们太自鸣得意了,可能错过了机会。”汽车进口经销商如是说。1955 年寄给《纽约时报》一封热情洋溢的信中对底特律的产品表示坚决反对,并把他购买大众汽车的决定描述为消费者抗议的一种形式:

> 对大众汽车来说,除了其工程学原理使得这款汽车停车方便、驾驶轻松、燃油经济、安全性能极佳和极高的舒适性之外,还有更多优点。别忘了还有工艺,甚至同步换挡也远比所有超级水力发电机自动电源的新发明更能令人满意和安全。我拥有了这一切,我自然知道。在底特律弄明白这款低档大众汽车的真正面目之前,是不会再看到我 1 美元的。[22]

这家德国公司不仅利用了白人、郊区中产阶级对价格低廉的第二辆汽车的需求,而且还利用了美国驾驶者对底特律产品政策越来越不抱幻想的心理。大众汽车的成功与刚刚兴起的中产阶级消费者改革运动有关,这场运动在 20 世纪 50 年代中期开始清晰地表明自己的观点,并指责炫耀性消费是浪费。尽管极度的享乐主义和丰富多彩的过剩毫无疑问在 50 年代的美国消费文化上留下了一个引人注目的、令人愉快的印记,但节俭的观念并没有消失。在当时的美国文化中，节俭和繁荣绝不是相互排斥的，尤其是经过经济大萧条时期幸存下来的节俭观念。与此同时，一种新的消费精神在十年的后半期获得了动力，在日益被称为“富裕的社会”里，对大公司涉嫌操纵消费者的机制的审查越来越严格。自 1958 年以来，除了约翰·肯尼斯·加尔布雷斯（John Kenneth Galbraith）的同名畅销书外，还有许多作家和活动家，包括万斯·帕卡德（Vance Packard）和拉尔夫·纳德（Ralph Nader），持续不断地对美国当代资本主义进行了批评，并因此声名鹊起。[23]

从早期开始，这些评论家就把目光投向了底特律。除了区分车身和发动机的尺寸以及购买价格外，他们还谴责了每年的车型变化，因为这种变化使美国的汽车因过时而迅速贬值。此外，人们普遍认识到，许多昂贵的消费品，包括美国制造的汽车，通过有意识的设计来限制其使用寿命，因此他们“被迫打破”了对刻意浪费的复杂指控。除了人工制造的短时间保持昂贵的底特律汽车之外，“大众汽车”看起来更可靠，这不仅是因为它的质量高，而且还因为它多年来一成不变的外观。[24]

最为重要的是，大众汽车没有招致任何针对汽车行业消费者的操纵指控，因为人们对市场调查和广告的怀疑不断增加。美国汽车制造商的公关活动成为消费改革者的目标，这绝非巧合。毕竟，没有一家公司会像通用汽车公司那样在 1956 年以 16 249.924 8 万美元的广告预算在麦迪逊大道上大肆挥霍。底特律的促销活动充斥着美国媒体的视野，如利用名人代言、精心策划的年度模特发布会、电视和广播节目的企业赞助，以及报纸和杂志上无数的广告。没有什么能比 1957 年随着埃德塞尔生产线的引入而带来的 1 000 万美元的广告狂欢更能显示出底特律的虚假宣传了。由于技术问题和缺乏竞争力的价格政策，福特不得不在两年内因公众的嘲笑而退出。[25]

除了这种好莱坞式的表演风格，大众汽车在多年来不做贬低性广告的同时扩大了销量，这一事实凸显了这款汽车正在萌芽的神秘性。1956 年，一位记者发现，“一场不可思议的口碑宣传活动有助于提高销售额”，“每个人买一个，就会对另一个人有好处”。一位大众汽车经销商确认道。与麦迪逊大街的专业人士不同，消费者自己在为这个产品说话，这似乎没有任何借口：“我喜欢它，就是因为它是大众汽车。”一位汽车驾驶者解释道。根据《财富》杂志的说法，大众汽车是最稀有的商品，“是一款绝对诚实的汽车”。换句话说，当其他汽车被视为兑现空头支票时，大众汽车公司却被作为一个值得信赖的对象，因为它兑现了承诺。[26]

大众汽车的早期客户并不仅仅是由那些寻找一辆经济实惠的第二辆汽车，来补充他们已购买的大型美国制造汽车的美国白人中产阶级组成。这家德国汽车公司利用了在中产阶级汽车驾驶者中散布的对底特律产品政策的不满情绪。与联邦德国不同的是，那里的汽车物美价廉、经久耐用，代表着战后的新常态；在美国，甲壳虫汽车的特点使它在以规模和表演艺术为主的汽车文化中有着深刻的非传统气息。在一种炫耀的文化中，购买一辆外形独特、价格低廉的小型汽车，停在车道上必然会引起邻居们的注意，这相当于一种明显的不引人注目的消费，显示着驾驶者对合理产品的眼光。尽管不断扩大的郊区因其所谓的社会和文化整合引起了许多令人不安的评论，但它们却为甲壳虫汽车成为个性标志提供了一个理想的环境。

最为突出的是，对美国的驾驶者们来说他们对大众汽车并不完全陌生。在许多观察者眼里，大众汽车散发出一种弥漫着历史的熟悉感——这不仅仅是因为它那圆圆的形状回溯到20世纪30年代流线型的汽车美学。更重要的是，评论员写了一篇题名为“轻便小汽车先生”的文章，称赞大众汽车为“战后T型车”，因为它的购买价格、技术的简单性、坚固性和经济性使他们想起了福特的汽车传奇。因此，对于一些美国人来说，甲壳虫汽车的到来类似于更早、更受约束的消费主义形式的回归。[27]

大众汽车起源于第三帝国，这在美国是众所周知的，几乎没有妨碍它作为一个非传统的中产阶级汽车的萌芽声誉。战后，大众汽车公司在纳粹声望项目上的失败，促进了其商业上的成功，因为相比纳粹大规模生产的汽车，这款汽车不需要太多的去纳粹化。虽然欧洲战争以及德国暴行的记忆在美国公共领域持续存在，但大众汽车从最近作为一个被视为冷战同盟国的联邦德国的化身中获益匪浅。随着朝鲜战争的爆发，东西方对峙愈演愈烈，联邦德国逐渐成为以美国为首的联盟中受到严格监督的伙伴，尤其是由于联邦德国和西柏林在划分欧洲地缘政治断层线上的战略和象征性位置时。[28]

作为盟国，重新评估联邦德国的地位不止限于美国的政界和外交界，也发生在媒体上。美国新闻界就联邦德国巩固国内政治和经济的进程进行了广泛报道，这一进程为一个新的国家融入西方阵营奠定了基础。尤其是，联邦德国经济的快速复苏给美国游客留下了深刻的印象。《纽约时报》的一位撰稿人将联邦德国的经济复苏归因于一种职业道德，这种职业道德与联邦德国人未能直接解决他们最近的过去问题直接相关。在这个“不知疲倦的工业社会里”，工作提供了“神经疗法”，因为，他解释道，“工作是战后的鸦片。工作本身与其说是达到目的的手段，不如说是目的的本身”。几年后，一位为同一出版物撰稿的同事在采访一名工会成员时遇到了同样的现象，这位工会成员证实道：“我们德国人是为工作而活。也许我们投入工作就是为了逃避某些事情。……我想这是一种逃避，但我们不知道的是这种逃避是从何而来。”[29]

无论对联邦德国的民主资格有何怀疑，以及它不愿意正视其最近的过去，美国舆论制造者公开赞赏联邦德国的经济和经济部长路德维希·埃尔哈德提出的政策。《时代》杂志认为的“德国重生……即美国人所能理解的那种经济奇迹”。根据这个出版物，联邦德国在经济上与英国和法国形成鲜明的对比。战后，英国和法国都把核心产业国有化。当欧洲其他国家向社会主义倾斜时，德国却全力的支持自由企业。……其结果是，自由世界得到了反共最大堡垒的祝福。寻找能说明事实的例子常常把美国记者带到大众汽车制造厂来，正如《纽约时报》在 20 世纪 50 年代中期所言，大众汽车制造厂给他们留下的深刻印象是，该厂是“联邦德国工业复苏的领跑者”。沃尔夫斯堡的美国报道将大众汽车的过去视为一个历史背景，强调了一个新的国家在战后沿着西方路线的转型，而不是将大众汽车公司的第三帝国根源视为一个棘手的道德遗产。[30]

早在 1954 年，总经理海因里希·诺德霍夫在《时代》杂志的封面上笑容可掬的形象，体现了“大众汽车的奇迹”，并将国家的复苏之路拟人化。首先，他辛勤工作的献身精神堪称楷模，令美国游客印象深刻。1948 年，他接手大众汽车公司时，《时代》杂志回忆道：“把小床搬进一间四面透风、摇摇欲坠的办公室里，开始了一周七天、每天只有几个小时休息时间的工作。”此外，诺德霍夫还把自己描绘成一个资深的美国教徒，还说他曾经在 30 年代初就计划移居美国，但后来却加入了亚当·欧宝汽车公司——通用汽车的一家子公司。1948 年，通用汽车公司明确表示不会再雇佣他时，诺德霍夫才接受了在德国建立的大众汽车工厂的工作。诺德霍夫先生利用他在美国获得的专长，重组了大众汽车公司的管理、生产、检验制度、营销和大众汽车实际研发规划，1958 年一位采访者在《纽约时报》上如是总结道。来自美国的其他记者把沃尔夫斯堡称作为“伦堡·海德上的迪尔伯恩”(Dearborn-on-the-Luneburger-Heide)，或“克莱恩·阿梅里卡”。[31]

美国新闻报道把大众汽车公司视为德国战后复苏的一个标志，与一个特定的美国模式相适应，从而使一个前敌人一下变成了一个冷战时期的盟友。这不仅仅是因为德国正在变成一个拥有大型汽车制造基地的汽车社会，还因为它使大西洋彼岸的观察者们想起了密歇根的工业景观。把甲壳虫汽车放在故事的中心位置，强调努力工作以摆脱贫困的价值，也使大众汽车和沃尔夫斯堡与美国文化中自力更生的成功主题相一致。最后，美国媒体强调，大众汽车采用的美国商业惯例在使沃尔夫斯堡工厂获得巨大商业成功方面发挥了关键的作用。[32]

这些文章向美国驾驶者保证，大众汽车公司有资格成为一家按照美国商业原则运营的商品生产公司，这象征着联邦德国经济转型和融入西方冷战阵营。同时，大众汽车的令人喜爱的光环加强了美国媒体对联邦德国日益积极的报道。可以肯定的是，没有记者会声称大众汽车那么可爱，且非传统的反映正是德国民族的特点。如果美国人把大众汽车与德国“典型”的民族特征联系起来的话，他们会称赞大众汽车是一款高品质的产品，这反映了他们对工艺和辛勤工作的热爱。于是，一个正在转型的国家的新闻报道结合了美国人非常熟悉的主题和美国汽车驾驶者的特点，为大众汽车在美国的崛起铺平了道路。由于美国媒体把德国和美国的品质归因于这款汽车，它作为一种具有跨国特性和吸引力的外国商品在美国获得了突出的地位，体现了冷战初期的担忧。

20 世纪 50 年代上半叶，大众汽车在美国白人中产阶级中的吸引力得到了间接的增强，虽说私下深感忧虑，但大多数犹太裔美国人不愿意公开批评“德国制造”的商品。当时，许多美国犹太人认为，为了引起公众对第三帝国和大屠杀的关注，他们会把自己说成是受害者，而不是成功的美国社会成员，以便在白人中产阶级中占有一席之地。许多犹太裔美国人担心，国内媒体会将对联邦德国的公开批评视为对一个新的冷战盟友的攻击，从而使犹太人社区暴露在不爱国行为的指控之下。随后，美国犹太群体的一些成员也把 1952 年后联邦德国对以色列的财政支持看作是一个令人鼓舞的标志，表明联邦德国正在背弃其反犹太的过去。美国犹太裔民众对联邦德国问题保持沉默，是大众汽车在 50 年代商业成功的重要前提。[33]

50 年代末和 60 年代初，新大众汽车注册量从 12.044 2 万(1959 年)增加到 24.014 3 万辆(1963 年)，为大众汽车扩大在美国小型汽车市场的地盘，并将其对美国的汽车出口量提高到沃尔夫斯堡年产量的 1/5 提供了一个关键结合点。20 世纪 50 年代末的一次短暂衰退促使更多的美国汽车驾驶者转向更便宜的车辆，使欧洲进口汽车的市场份额在 1959 年增加到 12%以上。在激烈的竞争中，大众汽车成功地从这种趋势中获利。为了赢回顾客，底特律在 1958 年推出的“小型车”零售价约为 2 250 美元，不过这并没有对甲壳虫汽车造成什么直接威胁，因为甲壳虫汽车的价格更低廉。然而，雷诺(Renault)的优雅道芬(Dauphine)款汽车却有此嫌疑。这款30马力、标价约1 350美元的法国轿车销量很大，1959年在美国的进口汽车中名列第二，并因此引起了大众汽车总部的极大关注。[34]

大众汽车公司能捍卫其领先地位的部分原因是它优越的经销网络和提供比法国竞争对手更好的服务。此外，1960年，该公司再次投放市场的汽车使用的是动力更足的40马力发动机和改进的变速器。在整个60年代，沃尔夫斯堡的工程师继续不断地改进大众汽车，将汽车动力提升到了57马力；为了扩大视野范围，加大了车窗面积，还引入新的油漆颜色以符合时尚趋势。同时，他们保留了独特的形状和可靠的空冷后置发动机，从而使大众汽车在美国的道路上独树一帜。总体而言，大众汽车的激增并没有引发广泛的敌意，这与20世纪七八十年代的日本进口产品不同，大众汽车瞄准的仍然是底特律不太感兴趣的那部分市场。[35]

大众汽车公司的服务机构，始终保持的产品质量，以及甲壳虫汽车较之低廉的价格，解释了这款汽车持续的旺销态势。他们唯一解释不了的是，甲壳虫汽车作为非常规性车辆经久不衰的声誉。这个结果在一定程度上归功于管理层在20世纪50年代末作出的战略决策。由于其他小型汽车制造商，包括雷诺在内的小型汽车制造商，大量投资公关活动，以显示说明它的产品可用作德国汽车的替代品，这使得大众汽车公司被迫通过自己的广告创意来维护自己的声誉。然而，雇佣一家代理商会给大众汽车公司带来了很大风险，因为大众汽车的吸引力首先来自对广告心怀疑虑的客户。大众汽车公司需要的是一个促销团队，以通过向一个对销售技巧和消费者操纵持敌对态度的客户推销一种以“诚实”著称的非传统产品，从而来扭转局面。

从客户竞争中产生的商业伙伴关系组成了一个看似不太可能的联盟。作为一家由犹太裔美国人创立的公司，多伊尔·丹恩·伯恩巴赫(Doyle Dane Bernbach, DDB)第一眼就选定了一个不太可能的候选人，来推销一种根植于第三帝国的产品。DDB竞标大众汽车公司户头，作为一个不断扩大的中等规模的机构，以确保其创新活动的声誉。这个机构已经掌握了包括宝丽莱(Polaroid)、奥巴赫(Ohrbach)百货公司、埃尔艾尔航空公司(El Al Airlines)和以色列旅游局在内的不断扩大的客户名单，热衷于将汽车添加到它的投资组合中，因为汽车广告处于公关行业声望等级的顶端。[36] 如果是因为对地位考虑而显现出激发了DDB的动机，那么大众汽车公司选择DDB，则是因为他有着一个独特的定位，专注于汽车的技术特性和经销商提供的服务。DDB对产品细节的重视很可能说服了大众汽车的老板海因里希·诺德霍夫。诺德霍夫和联邦德国的许多商业精英一样，最初反对作广告宣传，认为这是一种浪费性的开支，而不是将其视为必要的投资。[37]

1959年后，DDB为德国客户设计的获奖促销材料，在维持大众汽车地位方面发挥了重要的作用。威廉·伯恩巴赫(William Bernbach)解释说，对沃尔夫斯堡的一次访问使他意识到，他的代理机构需要明确地树立值得信赖的产品的声誉，他回忆道：“是的，这是一款诚实的汽车。我们已经找到了我们的销售主张。”伯恩巴赫意识到，在普遍不信任广告的年代，一项以商业宣传的形式，围绕诚实观念来塑造产品形象的倡议面临着挑战。事实上，商业报纸《广告时代》在1961年对三个富裕的郊区社区进行的一项民意调查显示，80名受访者中没有一个人愿意将广告主管形容为“诚实的”。[38]

在某种程度上，DDB成功地强化了甲壳虫汽车作为一款值得信赖的产品的声誉，因为这个机构形成了独特的风格方法，打破了麦迪逊大道(Madison Avenue)的许多风俗习惯。例如，该机构为大众汽车所作的宣传活动与汽车广告中夸张地承诺汽车驾驶者的“火箭发动机动作”“涡轮推力”等词形成了对比。相反，DDB有意使用通俗易懂的民间语言与消费者交流沟通。此外，它把自己与广告业的视觉惯例区分开来。典型的汽车促销活动采用彩色布局，将汽车置于具有吸引力的环境中，如郊区街道或家庭环境，以期暗示消费者从购买一辆特定的车辆中可能获得的好处。同时，早期的大众汽车公司的杂志广告坚持用斯巴达式的黑白风格设计方案，即只在一个中性明亮的背景前展示一辆大众汽车的照片。这种特立独行的、自觉谦逊的风格帮助DDB将宣传活动从因操纵消费者的名声而备受批评的广告主流中分离出来。随着商业活动节奏的加快，产品和广告风格似乎达到了完美的同步效果，创造了大众汽车公司和DDB都从中获利的商业协同效应。[39]

早期，一条名为“从小处着想”的著名获奖广告就是DDB做的，这则广告很好地说明了该机构是如何将麦迪逊大街悬挂在头顶上的不成文的规定转变为披上“诚实”外衣的甲壳虫汽车的。虽然车辆在视觉上主导了大多数汽车促销活动的插图，将大众汽车的中等距离偏离中心，淡化了产品在广告中的存在，却突出了广告口号中所隐含的谦虚主题。开场白简明扼要地强调了“小型”大众汽车不再是“新奇”的双重含义，从而将甲壳虫汽车描述为一种具有严肃性特点的商品，这种商品没有被认为是一种怪诞的噱头，而是一种成熟的优质产品。为了证实这一论断，后文列举了许多大众汽车车主从驾驶“廉价小汽车”中的获益。高行驶里程、低油耗、修理费用低廉、“保险费不高”和“停车占位小”，所有这些优点都归因于小型汽车的优势。广告宣称，规模很重要，尽管在某种程度上与当时影响大多数其他汽车促销活动的技术至上论调截然相反。

广告的结尾不是直接请求购买，而是使用了鼓励汽车驾驶者“仔细考虑”广告的开场白。汽车作为优质产品的历史典故，其技术特征、经济实惠以及吸引消费者的合理性——所有这些都是大众汽车在整个20世纪60年代广告中的首要主题。[40]

DDB商业活动的独特视角和修辞风格为他们的成功提供了一个解释。这些广告巧妙地运用幽默和讽刺手法，是其十多年来保持吸引力的另一个原因。许多促销活动通过反直觉的、令人惊讶的、完全搞笑的广告引起怀有疑虑的消费者的注意，比如1961年所做的广告，就是以读者希望看到大众汽车照片的空白区域为特色的。“我们的新车型没有什么可展示的”，标语如是宣称道，暗指大众汽车所谓一成不变的特点。总之，DDB把“臭虫”汽车当作一款有趣的、可爱的和滑稽的汽车推荐出来，意味着在一个充斥着虚假承诺的唯物主义社会中，这款汽车正是驾驶者们在寻找的合理优质产品。正如托马斯·弗兰克(Thomas Frank)所指出的那样，该机构将消费者的怀疑主义纳入了考虑，“使之成为广告宣传工具的一部分”，提高了汽车作为一个值得信赖的耐用消费品的声誉。[41]

DDB低调的广告宣传活动不仅比其他许多广告活动招致了更少的怀疑，而且还突显出大众汽车在美国汽车领域的特殊地位。话虽如此，除了有效之外，DDB的广告并没有单独地将甲壳虫汽车的形象从纳粹汽车转变成“酷毙”和“时髦”的消费品。相反，该机构将先前存在的相对松散的协会捆绑在一起，并将它们整合成一个连贯的企业形象图。与美国汽车相比，这款汽车的非传统性为 DDB 非正统的广告策略提供了起点。通过将汽车牢牢地置于美国 20 世纪 60 年代的历史现在时，DDB 间接地强调了大众汽车已从第三帝国的过去时中分离了出来。在广告界，大众汽车作为一款小型的、具有吸引力和非传统性的优质产品，在一个完全没有威胁的气氛里，与生产历史性汽车的起源失忆密切相关。[42]

除了 DDB 的广告宣传活动之外，美国的汽车驾驶者于 20 世纪 60 年代在强调这款小轿车非同寻常的声誉方面发挥了关键作用。大众汽车公司推出了一本名为《小世界》的季刊杂志，在这十年中发行量达到了 50 万册，但公司为了增强顾客忠诚度和控制汽车形象而采取的措施常常难以跟上许多车主的足智多谋。[43] 由于重量轻，购买价格低廉，发动机性能可靠，框架坚固，大众汽车在廉价汽车平台寻找能够根据自己意愿进行广泛重新配置的美国人中得到了高度的评价。大众汽车因此证明了自己是一个灵活的人工制品，能够适应各种生活方式和亚文化。这些改造过的产物，通常与沃尔夫斯堡工厂生产的汽车有点相似，在当代人中，包括在大众汽车公司的经理们中产生了相当大的惊喜。这些汽车的再生之所以显得非传统，与其说是因为它们与美国主流形成了对比，倒不如说是因为它们与那些一成不变的、平淡无奇的“臭虫”有着根本的区别，从而强调了汽车的多样性。消费者花钱购买大众汽车为其带来了一个变形物体的新名声，这个物体可能经历了令人困惑的转变。

这款小型汽车是在 20 世纪 60 年代出现在美国赛车界的，由此说明了这一发展趋势。例如，在不断扩大的“热棒”场景中，用大功率发动机定制的大众汽车成功吸引了人们的注意。此外，一种被称为“方程赛”的新兴业余环形比赛，这种比赛用车的特点是“车身呈雪茄形，配有滚动条和所有……使用的零部件都是大众汽车公司批量生产制造的，从 1963 年成立起，就在全国范围内进行了报道，并在 5 年内聚集了 1 500 名业余驾驶者”。在这些竞争激烈的竞技场上，大众汽车在体育运动方面获得了关注。[44] 一些年轻人的圈子也选择了经过完全改造过的大众汽车。从 20 世纪 60 年代中期开始，五彩缤纷的大众汽车，轮胎宽阔，车身短小，车顶部经常为开放式，在南加州的海滩上随处可见，人们倍加赞赏该车能穿越深沙而过，在陡峭的沙丘上四处奔跑的性能。根据具体的技术改进，这些车辆被分别称为海滩虫、沙丘车和巴哈虫。[45]

这些娱乐性沙滩车把大众汽车公司直接摆放在了加利福尼亚的冲浪场上，这为 20 世纪 60 年代青年文化中著名的且在很大程度上市场化的一条龙，奠定了海滩生活的户外活动、体育运动和非正式享乐主义的基础。沃尔夫斯堡在 20 世纪 50 年代早期发展成为一个运输车，其特点是在改装的“甲壳虫”底盘上装上一个箱形的车身，这种车在冲浪圈子里特别受欢迎。据一位 60 年代的冲浪者回忆，对于那些想在海滩度周末的人来说，巴士车就像“远方的家”。你只需拿好自己的东西，几件衣服、冲浪板，然后就可走人。许多人拿出汽车后厢的座位，把垫子放在那里睡觉。最初的甲壳虫汽车在那些年轻的，大多是经济实力在不断扩大的白人中产阶级驾驶者中产生了强烈的吸引力。在 60 年代，大学生们把甲壳虫汽车融入他们的恶作剧，例如，组织一项名为“大众手提包”的“校际”运动——参赛小队抬着一辆大众汽车跑完一百英尺，然后钻进去把车开回起跑线。[46]

如果使参与娱乐和游戏的甲壳虫汽车融入了享乐主义的生活方式和业余活动，肯定了当代富裕文化，那么，接受关于物质丰富和资本主义的批评观点的年轻美国人也就接纳了这款汽车。20 世纪 60 年代兴起的反主流文化运动的成员之所以被大众汽车所吸引，部分原因在于他们需要负担得起的车辆。不管其政治宣言的严肃性和辩论性如何，反主流文化包含着许多融合的后唯物主义和享乐主义的流派，而这些流派则在众多的游行示威、各种事件、音乐会和节假日中以充满着活力和嘈杂喧哗的方式表现了出来。事实证明，“大众汽车”和大众微型轿车非常适合运送设备和人员去参加这些活动。这些粉丝常常来自同样的白人中产阶级家庭，其成员在 20 世纪 50 年代就已经蜂拥而至地购买了这款汽车。到了 20 世纪 60 年代末，大众汽车已经在郊区富裕惬意生活着的人们和反对移居郊区的反主流文化的成员中赢得了一批追随者，认为这些人都是些典型的缩影。[47]

当然，反主流文化因其非传统的光环而易受甲壳虫汽车的影响。在一个高度重视内在修养的环境中，一辆汽车，正如一位地下卡通画插画家所指出的，(甲壳虫汽车)“像置身于老虎笼子里的鸭子一样引人注目”，为个人观念提供了一个理想的投射面。许多年轻的汽车驾驶者通过用迷幻的漩涡和雏菊彩绘他们的财产来发挥这种特性。[48] 汽车技师约翰·缪尔(John Muir)是个“辍学生”，由他撰写的《如何保持大众汽车的活力》(1970 年)手册中提出了传播最广的反主流文化的诠释。在接下来的 30 年里，这本书的销量超过了 200 万册，通过清晰的一步一步的指示和以地下卡通风格绘制的清晰插图，解决了大多数车主在修车前和修车期间的不安全感。最为重要的是，缪尔叙述的故事偏偏不把大众汽车构架当作外来的、复杂的、无生命的机械装置，而是将其作为一个活生生的有机体。为了让这款汽车更接近读者，他运用了在另类圈子中享有显著地位的东方灵性主义的修辞手法，鼓励大众车主进入汽车的灵魂。“你的汽车会不断地告诉你，你的感觉何在：它在做什么，它需要什么。”他解释说。“感受你汽车的想法是有点奇怪，”他肯定地说，“这里存在着一种融洽的关系，这种融洽关系将弥合你和你的交通工具之间的沟通鸿沟。”因此，缪尔敦促他的读者通过共鸣来培养对汽车的感性认识：“感受你的车，运用你所有的感知能力。当你发现它需要什么时，就去寻找操作方法并带着爱心去操作……（你的车），因果取决于你创造它并保持它活力的愿望。”[49]

按照以互惠为核心的因果概念，汽车是正常运转还是出故障，都反映了车主的动机和行为。缪尔通过将汽车的性能与车主的性格联系起来，使汽车个性化。他认为维持大众汽车需要持续向互惠关系投资，这样才能造福于汽车和汽车驾驶者。缪尔的解释也远远超出了把大众汽车看成是爱情对象的老一套观念。这本手册以讽刺、幽默的语气为支撑，将甲壳虫汽车理解为一个对象，至少在隐喻上是这样的，是用来培养情感的。然而，不管语言上如何花言巧语，这种古怪的诠释仍然是建立在甲壳虫汽车技术稳定性的基础之上的。毕竟，只有可信赖的人的工制品才能可靠地回报车主的感情承诺。于是，这款汽车可以一次又一次地反复修理，同时关注着反对抛弃社会的呼声。换句话说，甲壳虫汽车的技术特征直接支持了它荣升为反主流文化的后唯物主义的象征。[50]

虽然在 20 世纪 60 年代末和 70 年代初，反主流文化引起了激烈的公共冲突，但是甲壳虫汽车在另类圈子里的突出地位并没有使它成为一个有争议的对象。它那友好、可爱的神气和样子大大地保护了它免受破坏性的争论。此外，反主流文化从来没有主宰过汽车的公众形象，因为大众汽车在许多其他环境中都获得了突出地位，包括白人居住的郊区、非政治性的校园环境、赛车界和西海岸的海滩文化。在销量的支持下，数以百万计的美国消费者变成了日常大众汽车的驾驶者，直到 20 世纪 60 年代，甲壳虫汽车因逐渐融入了迥然不同的文化背景，仍然保持着它那非常规性汽车的声誉。

没有什么比 1969 年热播的电影《爱情臭虫》更能深刻地说明大众汽车在美国文化中作为一个非传统的象征，是如何深刻地根植于多样化的文化融合过程中的。1969 年的沃尔特·迪斯尼作品在票房收入上击败了《午夜牛仔》和《轻松骑士》等经典作品。《爱情臭虫》集结了重要的元素，在过去十年里塑造了汽车的文化形象：两者都以阳光明媚的加利福尼亚州和赛车界为背景，讲述了一个找到了爱情的穷困潦倒的驾驶者和因被拟人化的大众汽车赫比（Herbie）相互竞争，而赫比最终获胜的冒险故事。正如一位影评家所说的，赫比聪明地击败了机械上高人一筹的对手，赋予了汽车一种带有“特定人类资质”的“个性”。事实上，赫比的“哲学”是沿着互惠互利的路线运行的，这让人想起了约翰·缪尔的反主流文化因果报应的座右铭。赫比用爱心回报朋友，惩罚敌人，他制定了一条“你待我好，我就会待你好”的准则，正如新闻书册所解释的那样。《爱情臭虫》显然没把赫比塑造得那么无助，尽管如此，甲壳虫汽车还是扮演了一个可爱的小局外人和失败者。《爱情臭虫》讲述并加强了美国对甲壳虫汽车评估中最古老的主题，说明“这辆小小的外国车”到 20 世纪 60 年代末已经在美国经过了长途跋涉。毫无威胁性，深受人们喜爱的大众汽车成了一只可爱的甲壳虫，传达了一种个性和非传统性的概念。[51]

大众汽车的国际发展在联邦德国迅速成了新闻。鉴于这款汽车作为联邦德国战后复苏的显赫象征，其国外的好运势必将引起国内的注意。除了把大众汽车在国外的销售作为联邦德国重返世界市场的信号加以审视之外，国内媒体还把这款汽车视为象征性的使者和他们的新国家在更广阔圈子里的非正式大使。联邦德国正努力改善、提高其在国际上的作用和地位，在不同的社会和政治舞台上，人们对国际认可的强烈渴望激发了联邦德国人对在外国领土上的大众汽车的好奇心。鉴于美国在西方无可争议的领导地位以及汽车在美国的销量的飞涨，联邦德国观察家们将注意力集中在美国的汽车上，他们撰写文章，把在大西洋的声望解释为联邦德国在战后国际秩序中为自己开辟了一个新商机的证据。同时，大众汽车在美国的成功在联邦德国得到了回应，并加强了这款汽车在国内的标志性地位。

联邦德国作家们意识到，美国人把大众汽车看作是一款非常与众不同的汽车，他们对大众汽车在美国引起的各种“狂热和恶作剧”(Kult und Ulk)，包括参与 Vee 方程赛感到困惑不已。联邦德国的一流汽车杂志直接将这款汽车在美国的流行归因于“有趣的第二辆车的地位，如大学生用车、粉丝用车以及修补匠们追捧的平台”。德国读者了解到，不管汽车的大小和形状受到如何奚落，美国的车主们的爱车之心却没有改变。如此一来，访问记者指出，大众汽车在美国普通道路和高速公路上的出现频率越来越多是因为它能够吸引有辨别力、自信的客户。这些人知道自己是怎样的情况。德国一家省级报纸发现，他们并不需要一辆大型汽车来摆阔气，炫耀自己。这篇文章暗示，这款汽车吸引的是那些据称没有身份焦虑感的自信顾客，如美国中产阶级或“技术和文化知识分子”。[52]

正如德国观察家所发现的那样，大众汽车的可靠性和质量已成为国内经济复苏的象征，也赢得了美国消费者的尊重。他们反复提到，美国人赞赏这款汽车是因为这款汽车的可靠性和低廉的运行与维修成本。这些报告把汽车在美国的吸引力投射到德国读者非常熟悉的类别中，暗示大众汽车人致力于勤奋工作和高生产标准，从而为德国重返国际舞台提供了一个光明的模式。一位保守派记者在 20 世纪 60 年代初简明扼要地表达了这个信念，他说甲壳虫汽车“重新焕发了已暗淡下来的‘德国制造’标签的光芒”。由于联邦德国认为大众汽车在世界市场的复苏归功于对“高质量工作”的奉献，这一推理路线对德国国际经济实力的基础具有长期的信念。在联邦德国观察家的眼里，大众汽车及其 6 位数的海外销量就像为数不多的其他产品一样，说明了以可靠的质量为基础的“出口奇迹”如何支撑了国内“经济奇迹”，并帮助恢复了德国在国外已被毁坏的声誉。[53]

当联邦德国观察家以自豪的心情记录大众汽车在美国的成功时，德国的报道中却弥漫着一种自觉的清醒和克制的腔调。对大众汽车在美国名声的保留反应与波恩的外交官们自 20 世纪 50 年代以来采取的“谦虚的风格”相一致，毫无疑问，给国际世界留下了联邦德国拒绝煽动纳粹的暴力权力幻想的印象。

在某种程度上，大众汽车作为娱乐性汽车的形象抵消了德国被玷污的国际形象。事实上，当代人认为，联邦德国很难找到一个能比说明该国转型的大众汽车更好的非正式驻美大使——考虑到这款汽车的起源，这是一个极具讽刺意味的立场。“甲壳虫汽车是位优秀的德国人”，1967 年，一份光鲜亮丽的周刊在思考着人们对这辆横跨大西洋的汽车的同情时如是说。大众汽车的商业成功为通往国际认可的民间路线树立了一个榜样，这与德国领导人在20世纪上半叶追求的灾难性的效果有着根本的不同。[54]

联邦德国评论员十分珍惜大众汽车，将其视作一个不折不扣的、没有威胁感的国际大使。当他们考虑到汽车在美国的存在时，联邦德国评论员欣然接受了联邦德国在西方联盟中的从属地位。大众汽车作为出口企业的发展并没有引起公众对德国工业优势或复兴强劲势头公开地说三道四。当诺德霍夫觉得胜利主义在国外抬头时，便亲自出面干预，因为他担心公开表示国家自信会损害联邦德国及其公司的声誉，从而造成销售损害。在20世纪60年代早期，一些德国游客可能已经意识到“在美国道路上看不到甲壳虫汽车的影子是不可想象的”，但是这些声音需要与大众汽车的国际形象衡量评估的结果放在一起，而大众汽车的国际形象在联邦德国的报道中占着主导地位。1965年夏天的一个晚上，一位德国游客看到几辆大众汽车在时代广场上疾驰而过时，惊叹不已。他提醒自己，大众汽车在美国的市场份额只有3%，尽管占大众汽车公司1/3的产品出口到了大西洋彼岸。对大众汽车公司来说，这篇文章除了强调美国具有首要的经济重要性外，还强调了甲壳虫汽车在大西洋作为利基产品的地位。尽管国内对联邦德国正在成为一个出口国并享有日益增长的贸易顺差表示祝贺，德国媒体还是承认了美国在西方的无可争议的主导地位，并且与大众汽车在那里的二级市场地位进行了类比，认为联邦德国在世界经济圈里仍处于次要地位。[55]

正如大众汽车在国际上的成功向联邦德国社会证明了它在更广泛的世界中所扮演的有限角色所具有的利润优势一样，该车在美国作为一种非传统汽车的声誉在德国国内只留下了很小的痕迹，尽管通俗说法的变化似乎暗示了相反的情况。从 20 世纪 60 年代中期开始，联邦德国人不再把原本的“大众汽车”（Volkswagen）用缩写形式“VW”来表示，而是逐渐将其称为“卡弗”（Kafer），即德语的“甲壳虫”。事实上，大众汽车在 1968 年的德语宣传材料中就采用了“卡弗”作为汽车的正式名称。虽说这个决定是在国际反主流文化达到顶峰的年份作出的，但却并不意味着大众汽车开始在自己的国家里被视为非常规汽车。可以肯定的是，许多联邦德国“卡弗”在年轻人中享有吸引力，因为在 60 年代后半叶越来越多的联邦德国年轻人能买得起自己的

在 20 世纪 60 年代末和 70 年代初，拥有一辆“卡弗”可以让年轻的德国人在假期中四处冒险。此照片是一名年轻的工程师与他妻子——一位最近获得行医资格的医生的纪念照——车子把他们从巴伐利亚北部带到了摩洛哥。（该照片由吉塞拉、莱因霍尔德·洛伯格和威赫提供）

小汽车，于是选择了大众汽车。许多联邦德国反主流文化的人们像他们的美国同伴一样，开着大众汽车，用色彩斑斓的图画构图以及反越战争的和平象征来装饰他们的汽车。尽管如此，这些叛逆青年为此花的钱却没有把大众汽车在国内的主导声誉从战后正常的象征转变为非传统的标志。[56]

大众汽车在联邦德国的广告宣传活动取得的效果证明了这一点。多伊尔·丹恩·伯恩巴赫(Doyle Dane Bernbach)凭借其在美国日益增长的声誉迅速向国际扩张，并于1963年在杜塞尔多夫(Dusseldorf)开设了一个联邦德国分公司。DDB在联邦德国的广告活动不是白手起家的，而是回收了麦迪逊大街设计的大部分材料，在很多情况下是将美国广告直接翻译成了德语。从1963年开始，大部分出现在联邦德国杂志和报纸上的甲壳虫汽车促销活动都是从纽约直接输入的。联邦德国媒体立即挑出那些麦迪逊大街的产品作为他们自己的与众不同的外观，以及他们的讽刺与幽默的基调。德国的广告专业人士也赞扬了他们非同寻常的营销方式，并为DDB颁发了无数奖项。[57]

然而，无论这些广告在德语背景中的风格如何具有独特性，它们都没有给汽车带来什么非同寻常的气氛。大众汽车被描述为一种朴实无华、坚固、经济、可靠的汽车，这种汽车一直贯穿在大西洋两岸的DDB材料中，这对联邦德国人来说并不是一件令人惊讶或不寻常的事情，因为这些特征使甲壳虫汽车及其神秘性成为战后正常状态的联邦德国象征。在联邦德国，DDB组织的活动有效地提高了大众汽车作为可靠和正常汽车的声誉。DDB在德国最流行的广告是1963年在纽约的总部构思的。该广告描绘了一系列大众汽车消失在地平线上的照片，标题下面是询问顾客为什么要购买“这么多大众汽车”。在诸多广告所给出的理由中,“最重要的一个理由”是这款汽车的可靠性,坚称“它能跑啊,跑啊,跑,一直不停地跑下去”。在几年之内,这个短语就变成了常用的表达语句,并进入了联邦德国的日常会话中。不管它的国际销售和在美国作为非常规汽车的声誉如何,在其母国,“卡弗”在整个 60 年代里仍然是战后正常和稳定的象征。[58]

在 20 世纪 50 年代和 60 年代,大众汽车在国际市场上的出色销售,也依赖于同样的品质,从而使这款汽车在很大程度上成为联邦德国最受欢迎的汽车。除了公司的服务机构之外,大众汽车相对低廉的价格和运行成本,以及它的高质量和可靠性,都算得上是它在全球新兴汽车市场的主要吸引力。大众汽车不仅在吸引大量客户的国家建立了一个杰出的国际形象,而且在西欧国家如英国,也建立了杰出的国际形象,这些国家通过提高进口关税保护了国内汽车工业。随着发展成为一种全球性的商品,大众汽车获得了国际声誉。与此同时,大众汽车在全球范围的扩散过程中,同时还发生着主要语义的转换。

大众汽车在英国市场上的地位微不足道,不过英国媒体认为大众汽车绝非是一款无害和普通的汽车。在英国,在全球政治经济形势上压力日益加大和联邦德国工业复苏的背景下,英国评论员将大众汽车视为对“二战”后英国汽车业在国际上突出地位的一个严重挑战者。英国记者认为,随着大众汽车市场份额的增加,联邦德国公司的活力与英国汽车制造商的自满形成了鲜明对比,后者最初低估了前“民众之车”的商业潜力后,未能开发出具有同等经济影响力的车型。虽然个别英国汽车驾驶者称赞大众汽车有着迷人的气质,但英国媒体首先将这款汽车视为一个有纳粹血统的实质性竞争对手。

大众汽车起源于第三帝国，在 20 世纪 50 年代的美国已是家喻户晓，不过，这并没有削弱其在大西洋彼岸的吸引力，因为大众汽车公司及其产品在美国的支持下成了联邦德国战后重建成功的主要范例，这一点引起了美国观察家的注意。这款汽车对那些白人中产阶级来说，要么是因为他们需要第二辆车；要么就是对底特律生产的奢华而昂贵的产品不再抱有幻想的男女驾驶者们，认为这款汽车是非常合理的商品。最重要的是，在一个由豪华大型汽车塑造的汽车文化中，大众汽车作为具有吸引力的经济替代品脱颖而出，其坚固的工程设计，小巧玲珑的比例，尤其是，其圆形的车体，既没有威胁的内涵，又能使许多观察者觉得很“可爱”却又完全不传统。在整个 60 年代中，甲壳虫汽车作为一款非同寻常的汽车扩大了美国的声誉，显示出罕见地适应各种令人困惑的社会环境的能力。到了 60 年代末，甲壳虫汽车已经在美国的流行文化中深深地扎下了根。尽管大众汽车在美国证明自己是一款多用途的商品，但作为一种特殊的商品，仍然保持着它坚实的概念核心，让车主和驾驶者都表现出一种个人主义的感觉。美国商业上的成功让大众汽车开始了一段不同寻常的漫长文化之旅，在这段旅程中，大众汽车作为一个不惧权威、没有争议性、深受人们喜爱的非传统的偶像而赢得了持久的声誉。

联邦德国媒体关注这款汽车在美国幸遇好运气的同时，饶有兴趣地追踪着大众汽车在国际上成功的进展情况。大众汽车在国外的销售情况不仅凸显了国际经济成功的优势，也逐渐让联邦德国把自己看作是一个汽车出口国。鉴于大众汽车在国内的标志性地位，联邦德国人将这款车视为他们的非正式大使，恢复了德国在国外的声誉。在国内，同代人对大众汽车受到西方主流的热烈欢迎感到自豪，但他们在庆祝这款汽车在美国的显赫地位时则刻意避免表现出得意洋洋的民族主义色彩。联邦德国观察家注意到了大众汽车作为一款与众不同的汽车在美国的吸引力，但更加强调的是其在国外的销售取决于汽车的质量。尽管越来越多的联邦德国人接受了大众汽车的美国昵称，并在20世纪60年代将其重新贴上“卡弗”的标签，但这款汽车本身仍然是联邦德国可靠性和可信赖工程的同义词。

大众汽车作为一种标准化、大规模生产的产品，无论其技术性质如何，作为一种国际商品引领了无数人的生活，这不仅仅是因为个人持有者把它看成是私人财产。由于全球销售的迅速增长，大众汽车进入了不同的民族文化中，并因此留下了深刻的语义印记。在英国，大众汽车是一个声名狼藉的竞争对手；在美国，它变成了可爱的和非传统的甲壳虫；在联邦德国，大众汽车继续充当质量可靠的象征。联邦德国人把大众汽车看作是一款能不停地奔跑着的汽车，反映了这款汽车在20世纪60年代全球销量的强劲势头。尽管如此，在十年即将结束时，越来越多的国内外评论家注意到了沃尔夫斯堡的问题，并怀疑甲壳虫汽车是否开始驶离了道路。

“甲壳虫汽车已死——甲壳虫汽车永世长存”

1971年12月，大众汽车的销售主管卡尔·H. 哈恩(Carl H. Hahn)提出了重大庆祝活动的计划，这标志着甲壳虫汽车计划成为第一辆取代福特T型汽车从而成为全球最畅销汽车的日子即将到来。然而，经理误判了董事会成员们的情绪。出于成本考虑以及对负面宣传的担忧，执行委员会拒绝了哈恩的提议，与赞成50年代盛大的庆祝活动形成鲜明对比，执行委员会只批准“发布新闻、召开小型新闻发布会和开展广告活动”。1972年2月，破纪录的车辆从沃尔夫斯堡的装配线下线后，大众汽车公司没有把联邦德国公众当作一个奢侈的派对对象来对待，而是当作一个广告亮点，这个广告的乐观信息没有透露高管们的任何保留意见。观众被一群欣喜若狂的欢呼声包围着，仿佛刚刚目睹了一场扣人心弦的比赛的胜利结局，当画外音响起时，观众看到拳击台上有一辆浅蓝色的甲壳虫汽车，他们被告知：“在汽车的历史上，从来没有一款汽车能以如此之大的数量生产出来。”现场模仿兴奋的体育评论员的腔调，继续为甲壳虫汽车因“精湛的技术，坚不可摧的条件，朴实无华的生活方式”击倒了无数的“狡猾对手”而欢呼。当摄影机掠过一群载歌载舞的人群时，在宣布甲壳虫为无可争议的“世界冠军”之前，它短暂地停留在一位长得非常像穆罕默德·阿里(Muhammad Ali)的年轻非裔美国人的剪影上。[1]

事实证明，大众汽车公司在1972年甲壳虫汽车大获全胜的庆典上表现得相对谦虚是明智之举。在庆祝长居明星之位产品的两年后，总部位于沃尔夫斯堡的这家公司就像一个醉酒的巨人，在遭受了数亿德国马克的空前损失后，在商业舞台上摇摇欲坠。作为头条新闻，大众汽车公司不再是因为创造了利润和扩大了业务，而是因为出现了赤字和裁员，遭受着令许多联邦德国人深感不安的财富的急剧逆转。由于大众汽车公司在20世纪70年代初的困境与联邦德国的更广泛的经济和社会困难同时发生了，来自沃尔夫斯堡的新闻向焦虑的联邦德国评论员发出了信号，埃里克·霍布斯鲍姆(Eric Hobsbawm)所称的“资本主义黄金时代”即将结束。

联邦德国经济新问题源于几个重叠的原因。1971年布雷顿森林体系固定汇率的崩溃严重地打击了包括大众汽车公司在内的出口商，而1973年的石油危机又加剧了通货膨胀。这些外部冲击暴露了数年来在许多公司中积累的问题，触发了大量失业，这仍然是联邦德国社会的一个持久特征。在70年代中期的经济低迷时期，高补贴的采矿和钢铁行业尤其脆弱，汽车制造商和电子公司的员工也未能毫发无损地逃脱。制造业中日益增长的工作不安全感提供了一个有力的指标，表明联邦德国正逐渐从“经济奇迹”的工业社会转变为服务经济，尽管与包括美国和英国在内的其他西方“后工业”国家相比，其制造业更为显著和成功。[2]

许多工业企业未能从20世纪70年代变得有害的问题中解

脱出来。持续的困难可能是因为忽视新的管理方法、研发投资不足、依赖过时的生产模式、不稳定的劳资关系，以及无法考虑新的消费者愿望。虽然大众汽车成功地应对了十年中期的挑战，但它的幸存和未来的成功归因于痛苦的、戏剧性的和漫长的调整过程。在70年代之前，沃尔夫斯堡的经理们已经认识到他们不能再那么依靠甲壳虫汽车了。然而，为新的汽车景观设计一个令人信服的创业战略需要时间，因为在一个不景气的经济气候里大众汽车公司寻求的是一个更新的产品系列。70年代初，全球经济衰退的影响加剧了大众汽车公司转型时期的复杂性。[3]

那时，人们都知道甲壳虫汽车已经从大众汽车的力量源泉变成了它的致命弱点。许多观察家一致认为，该公司的麻烦主要是由于长期依赖费迪南德·保时捷在20世纪30年代设计的车型。正如评论员所担心的那样，大众汽车公司在冒着成为昔日成功的牺牲品的风险，这只甲壳虫汽车让同代人感到越来越过时了。尽管如此，该公司的困难并没有因此而弱化国内外同代人对这款小汽车的喜爱。尽管甲壳虫汽车很快就在市场上由旺销迅速演变成为一种高度边缘化的商品，但联邦德国人和美国人仍然高度重视它。“大众汽车过时了吗?”1957年，联邦德国周刊《斯特恩》(*Stern*)，一种随意模仿生活的联邦德国杂志，在一篇文章中如此问道。这篇文章列举了据称困扰沃尔夫斯堡制造的汽车的许多缺陷。《斯特恩》认为，大众汽车的发动机只有30马力，可见动力严重不足，其加速更是令人失望，最高时速只有70英里，令人难以满意。该出版物还说，由于车内空间狭小、发动机噪声大、供暖系统臭味难闻且不稳定，大众汽车几乎没给驾驶者和乘客带来什么舒适感。《斯特恩》连篇累牍指责的结论是，大众汽车很难驾驭，因此很危险：车的形状使它暴露在侧风中，而安放在后面位置的发动机则会加剧在转弯处转向过度的倾向。既小又慢，还臭，又古怪，且不安全——这些都是《斯特恩》附在这款汽车上的描述词，从而塑造了联邦德国与众不同的汽车文化。[4]

就在联邦德国汽车繁荣势头正浓之时，《斯特恩》杂志蓄意挑衅的报道，产生了可预测性的结果。在给编辑的信中，大众车主驳回了该杂志的批评，提请大家注意它的技术和商业优点，包括它的低廉价格和运营成本，它的高质量以及非凡的可靠性。尽管《斯特恩》在 1957 年遇到了一堵顾客忠诚度的坚固墙，但是它所提出的问题将如影随形地伴随着大众汽车的发展。仅仅两年后，《明镜周刊》就把《斯特恩》的头条新闻作为对海因里希·诺德霍夫采访的标题。除了重申先前的技术指控，包括汽车转向过度的“危险”倾向，《明镜周刊》坚持认为，大众汽车的行李箱容量有限，视野范围又小，其燃料消耗比公司所说的更高。在这种情况下，对大众汽车的批评却产生了一个更加复杂的结果。虽然没有人在整体经济性和质量方面对汽车挑三拣四，但一些读者在令人不舒服的后座、汽车窗口太小、加热系统产生的气味难闻和侧风问题方面的不足上宣泄了他们的不满。到了 20 世纪 50 年代末，一些消费者和记者开始关注费迪南德·保时捷设计在尺寸、速度、安全性和舒适性方面的局限性。虽说大众汽车主宰了国内市场，为联邦德国战后的复苏提供了无可争辩的象征，但它却受到了日益严格的技术审查。[5]

尽管诺德霍夫以明显的不耐烦态度挥手否认大众汽车即将过时的提示，但他还是认真地对待了这些方面的指控。他向《明镜周刊》保证，他深知福特在 20 世纪 20 年代遭遇的严重问题，当时驾驶者们已经厌倦了T型汽车，从而在高地公园引发了一场重大危机，使福特公司在美国失去了领军地位。诺德霍夫辩称，尽管顾客对其多有怨言，福特还是拒绝了T型汽车的改造。为了避免在沃尔夫斯堡重蹈覆辙，诺德霍夫经常命令汽车内装工程师重新设计甲壳虫汽车饱受指责的地方。例如，在整个20世纪60年代，大众汽车加大了车窗的尺寸来改善视野范围，增加了行李舱的面积，努力提高供暖系统的性能，并为车辆配备了力度更大的制动器。在60年代中期，该公司还推出了1.3升和1.5升的大型发动机，从而将动力提高到44马力，并提高了加速度和最高速度。这些技术上的改造伴随着无数的美化改变，使汽车在视觉上吸引着越来越苛刻的客户群。这些变化无疑有助于确保客户不流失，却无法克服客户对空间不足、汽车存在转向过度的倾向以及在侧风中表现出的脆弱性的抱怨。[6]

国内需求强劲，出口势头旺盛的状况一直持续到1966年，早期对汽车局限性的抱怨也没有因此使销售态势下滑。进入了20世纪60年代中期，诺德霍夫的首要任务是搞好公司的发展。从1962—1966年，联邦德国大众汽车公司的工人和雇员人数从7.8万人增加到多于9.15万人；甲壳虫汽车的年产量从81.932 6万辆增加到98.853 3万辆。1966年，当该公司公布净利润达3亿马克时，大众汽车公司在沃尔夫斯堡、汉诺威、布劳恩施韦格（Braunschweig）、卡塞尔（Kassel）和埃姆登(Emden)的工厂生产了接近150万辆汽车，后者专门为美国组装出口车辆。由于联邦德国经济蓬勃发展，大众汽车公司持续扩张，劳动力市场出现了短缺现象，该公司仿效其他公司的做法，于1962年开始雇用所谓的“客工”。利用诺德霍夫与梵蒂冈在教皇派厄斯十二世在私人访问中建立的关系，大众汽车公司将招聘工作集中在意大利。1966 年，大约有 6 000 名签订临时合同的意大利人云集在沃尔夫斯堡。扩张似乎为沃尔夫斯堡提供了无所不在的主题，尤其是在大众汽车公司于 1965 年收购了奥迪之后(奥迪已经是高端汽车的老牌制造商)确保了公司在利润丰厚的分支市场的立足。[7]

这些令人印象深刻的增长指标掩盖了这样一个事实，即大众汽车正在进入一个装备不良的经济环境。沃尔夫斯堡的问题在 20 世纪 70 年代中期达到戏剧性程度之前，即在 20 世纪 60 年代后半期首先显现出来，而造成这个结果的原因不止一个。相反，联邦德国汽车和消费领域的逐渐变化，以及日益动荡的经济条件，为公司的长期实力——福特大规模生产基本、高度标准化和可靠的汽车——变成负债提供了背景。为了应对这些新情况，大众汽车公司被迫在 60 年代中期和 70 年代中期之间经历了痛苦的重塑过程，将甲壳虫汽车的利润降级到了公司的极限。

在 20 世纪 60 年代初，大众汽车公司的联邦德国竞争对手开始挑战沃尔夫斯堡的领军地位，他们把目标直接对准了大众汽车公司的核心销售领域，推出了小型汽车。1962 年首次推出新版本福特陶纳斯(Taunus)12M，继而将欧宝推出的卡迪特(Kadett)以最重要的新品种横空出世。这些汽车的价格略高于甲壳虫汽车，其标签价格约为 5 000 马克，不过，测试表明，这两款汽车在几个方面比较有利。与甲壳虫汽车相比，这两款汽车的水冷发动机为前置式，其马力也略大一些，能够提供更好的加速效果并提高了最高速度，同时也避免了横风对汽车所产生的影响，而这个问题却困扰着沃尔夫斯堡制造的车辆。事实上，欧宝汽车因行驶平稳而受到人们的特别赞扬。此外，卡迪特牌汽车和 12M 汽车还以配置了更有效的供暖系统，更好的汽车视野，更舒适的汽车内部环境和更大的行李箱而引以为傲。在燃油消耗方面，这三款汽车的情况大同小异。只有涉及最终产品的工艺特点时，大众汽车才比福特和欧宝更具优势。汽车记者得出的结论虽然并非“耸人听闻”，但这两款新面世的汽车“与大众汽车都有着激烈的一拼”，因为“关于他们的一切都有道理”。[8]

随着许多汽车驾驶者开始关注这些和其他新车型的到来，大众汽车的国内市场份额从 1960 年的 45％下降到 1968 年的 33％，到了 1972 年又下降到了 26％。在某种程度上，这种下降曲线反映了大众汽车公司因在主要细分市场中缺乏令人信服的竞争对手而处于一种特殊的支配地位。随着福特陶纳斯 12M 和欧宝的卡迪特的出现，这个不同寻常的时期结束了。然而，仅仅在小型汽车行业的竞争并不足以解释大众汽车份额下降的原因。国家汽车市场的变化反映了联邦德国消费社会的更广泛趋势。由于可支配收入的增加，对新汽车的需求发生了重大的结构性转变。1960 年，汽车价格在 4 100 马克和 6 200 马克之间时，对顾客的吸引力最大；1969 年汽车价格在 6 200 马克和 9 300 马克之间时，成为商业重心。联邦德国社会在 20 世纪 60 年代实现了从小型汽车到中型汽车市场的转变。[9]

大众汽车公司未能开发出具有说服力的车型系列，没有充分利用新的利润丰厚的销售领域，这是其问题的核心所在。1961 年，沃尔夫斯堡推出了大众 1500，以回应中型车型的需求，但事实证明它的吸引力有限。这款汽车的价格大约为 6 400 马克，其底盘酷似甲壳虫汽车地盘，传动系统也是如此，发动机为 1.5 升、45 马力、后置空气冷却式。这款大众 1500 汽车避开了甲壳虫汽车的一些弱点，能以更高的速度行驶，提供的视野更宽阔，车内空间更宽敞，行李仓容量也更大。与此同时，车的后置气冷式发动机也承袭了甲壳虫汽车的一些缺点，包括加热系统不稳定、噪声大以及侧风问题。尽管销售量可观，但在1968年，大众1500汽车在国内所占的生产份额并没有超过16%。结果，当年在联邦德国由大众汽车公司制造的轿车中，几乎70%还是甲壳虫汽车。可见该公司仍然严重地依赖20世纪30年代设计的小型汽车。尽管这款汽车进行过多次改装，却仍然无法挤进20世纪60年代出现的新的、利润更高的汽车市场。[10]

市场研究表明，公司车型范围选择余地小，使得大众汽车越来越难以吸引驾驶者从中寻找他们的第一辆汽车。然而，从长远来看，更令人担忧的是，越来越多的联邦德国汽车拥有者希望"购买"动力更足、更舒适的车辆。甲壳虫车车主想购买更多的高端汽车，现实是大众汽车公司只能提供一个选择。其结果是，大众汽车公司在保持甲壳虫老牌驾驶者的忠诚度方面面临着重大问题。与欧宝和福特相比，大众汽车的品牌忠诚度在60年代后半期显示出了不容乐观和下降的迹象。[11]

就在大众汽车公司竭尽全力巩固其客户基础之时，公司的利润率也处于压力之中。其部分原因是，大众汽车公司的底线受到侵蚀，因为大众汽车公司继续给联邦德国工人支付最高的工资和福利，此时的社会所有部门都在享受着收入的大幅增长。许多旨在保持甲壳虫汽车吸引力的技术和美饰改进也都影响着利润的稳定性。例如，1968年，公司希望给汽车增加后备厢，但是，正如一位经理所回忆的那样，"这项工作需要重新设计前轴"，也需要承受超过1亿马克的投资用来进行新的技术制造。这位经理补充说，与欧宝和福特相比，大众汽车公司并没有获得优势，而是为了弥补与竞争对手相比长期存在的劣势而付出了额外的费用。由于大众汽车公司不得不给12M和卡迪特这两款主导汽车产品定价，因此不能将改造汽车所需要的全部成本转嫁给客户。[12]

另一个商业问题是因为对美国出口的激增而引起的。随着甲壳虫汽车在美国的销量从1963年的23.255万猛增到1968年的42.300 8万辆，在保持这种势头的同时问题产生了。尽管甲壳虫汽车在利基领域里几乎没有经历过有效的竞争，但在20世纪60年代后半期出现的更为严格的监管环境却给在美国的大众汽车带来了新的负担。为了回应环境和消费者活动家有效的游说努力，国会通过了一系列旨在减少排放、抑制价格上涨的商业行为以及提高安全标准的法律。为了满足新的规定，甲壳虫汽车必须安装一个可折叠的转向柱，以降低汽车在碰撞时所导致的伤害风险；安装更坚固的车锁以防止碰撞时门被打开，更换更大的指示灯和带有排放控制系统的发动机。而所有这些都增加了生产成本。例如，在1967年，大众汽车按照要求实施技术改造，致使每辆车的成本增加了200美元，然而，每辆汽车的零售价只能从1 645美元提高到1 700美元。简单地说，在20世纪60年代后半叶，大众汽车在美国获得的利润受到了减损。[13]

除了产生的财务压力之外，大众汽车公司在美国的运营状况也给公司带来了巨大的声誉风险。美国法律规定，制造商必须免费召回并修复在整个生产过程中因受特定设计缺陷影响而可能危及汽车驾驶者的车辆。全面召回产品所导致的声誉损害远远超过眼前的财政负担，因为美国媒体常常会非常详细地报道这些通告。美国汽车制造商是第一个触犯新规定的，1966年7月又轮到了大众汽车公司召回将近20万辆因前轴球关节问题可能导致转向控制失控的车辆。18 个月后，4.2 万辆大众汽车需要改进备用车轮的紧固件。媒体对这些缺陷的报道不仅削弱了大众汽车作为优质汽车生产商的声誉，还引起了消费权益保护者的注意，认定这款小型德国进口汽车很危险，发生撞车时无法为汽车驾驶者提供足够的保护。1966 年，消费者活动家拉尔夫·纳德(Ralph Nader)在国会关于汽车安全的听证会上首次阐明了这一点。20 世纪 70 年代初，这一指控像把达摩克利斯(Damocles)剑一样继续悬挂在美国甲壳虫汽车的头上。[14]

由于利润下降和安全方面的担忧，20 世纪 60 年代末期大众汽车在美国处于危险的境地。该公司以前所未有的程度依赖美国市场。1968 年，甲壳虫汽车在美国的销量几乎达到了其总产量的 40%；大众汽车公司主要依靠这款小型汽车在单一的利基市场的成功来维持。那时，大众汽车潜在的不稳定地位已经成为联邦德国的一个公开秘密。事实上，联邦德国财政部部长弗朗兹·约瑟夫·施特劳斯在 1967 年的一个理论问题讨论中就已总结了沃尔夫斯堡的情况："如果美国人不再宠爱甲壳虫汽车了，会发生什么呢？"[15]

施特劳斯的争论在董事会内外引起了共鸣，因为大众汽车公司在 1966 年经历了第一次重大衰退。经过长达 15 年的持续性强劲增长后，联邦德国经济遭遇了挫折，当年就使国内生产总值萎缩 2.1%，通货膨胀略有上升。这次衰退引发了人们对引以为豪的"经济奇迹"的深切忧虑，不过民意调查显示，人们对新的经济和政治秩序并没有形成持久的信任。由经济紧缩引发的公众焦虑，不仅导致了关于联邦德国经济前景的痛苦辩论，而且还导致了极右翼民族主义政党的选举收获，该党于 1967 年加入了黑森州(Hessian)和巴伐利亚州(Bavarian)的立法机构。反过来，这也为年轻学生领导的左翼运动注入了活力，使其在当年的活动达到了无与伦比的水平。在不安全的公众气氛中，经济和政治冲突在 1967 年占据了国家议程的主导地位。[16]

在大众汽车公司，经济低迷暴露了过去几年中积累起来的困难。国内销量受到重创，从 1965 年起，之前大约 60 万辆销量在两年后下降到了 37 万辆，因为忧心忡忡的消费者们决定不再购买汽车了。这种急转直下的态势表明，在经济不安全时期，消费者会推迟更换旧车的。这是一种典型的高度波动的汽车市场需求模式，而这一模式已经超越了即时的大规模机动化阶段。在这种新的形势下，大众汽车公司的高管们在极其紧张的气氛中展开了讨论。1967 年 3 月，面对大约 20 万辆尚未销售汽车的挑战，这位销售主管试图为自己辩护，他指出，通用汽车公司也存在着类似的情况，正在与卖不出去的库存汽车纠结着呢。“如果那样的话，你为什么不加入通用汽车呢？”诺德霍夫厉声回答道。内部审查显示，大众汽车公司的员工过剩率高达 30%，执行委员会担心大规模裁员会损害公司的公众形象，只好缩短工人的工时，并采取了史无前例的步骤，如在 1967 年上半年关闭德国工厂长达 42 个工作日。大众汽车公司将何去何从？苏德库斯克洛·蔡彤焦虑地问道。[17]

事实证明，大众汽车公司眼前的困难是短暂的。在联邦政府的凯恩斯主义（Keynesian）推动下，经济恢复了增长，联邦德国顾客回头购买了成千上万的甲壳虫汽车。到了 1967 年 11 月，执行委员会努力应对需求增加而非减少的问题，讨论增加雇员以扩大生产能力的需求问题。然而，经济复苏并没有使大众汽车重新回到现状。前一年销量的急剧下滑向包括诺德霍夫在内的高管们表明，随着市场对价格更高，装备更完善、更舒适的汽车的需求，大众汽车的命运与甲壳虫汽车的命运紧密相连。[18]

大众汽车公司若想生存下去，就需要从根本上改变其商业运营模式。诺德霍夫已经超过法定退休年龄，并患有健康问题，于 1968 年春死于中风。诺德霍夫的接力棒传给了库尔特·洛茨(Kurt Lotz)，一位曾经的财务总监，在电气工程公司布朗·勃法瑞(Brown Boveri)的排名中名列前茅。为了实现公司的现代化，这位新任首席执行官采取了一系列措施，包括通过电子数据处理使大众汽车的商业管理专业化，采用了美国最新模式的管理程序、新的培养方案，以及对研究与开发的重大扩展。

总之，洛茨制定了一个新的、更有利可图的产品系列，能够在不断扩大的中型汽车市场里锚定大众汽车。由于这一战略目标要求比大众汽车公司当下制造的汽车具有更低的噪声和更好的操纵特性(尤其在大风条件下)的高动力汽车，洛茨主动放弃了空气冷却式后置发动机，这种发动机，到目前为止，一直都是大众汽车工程特性的核心。假设大众汽车需要至少五年的时间来进行自我改造，这位首席执行官则授权对不少于三种不同的传动系配置——中置发动机、前轮驱动前置发动机和后轮驱动前发置动机——进行实验。与此同时，技术人员开始设计配置三种不同发动机规格的四种不同的未来车型，以确保广泛的商业影响。这个雄心勃勃的研发计划是工程师的梦想，却也是会计的噩梦。随着甲壳虫汽车销售量的下降和研发成本的不断上升，该公司的利润从 1969 年的 3.3 亿马克降至 1971 年的 1 200 万马克。由于新车型系列的研发情况必须保密，媒体的关注只能落在令人失望的财务新闻上。尽管洛茨在幕后推行了一系列措施，但公司不断恶化的结果让大众汽车公司看起来失去了方向。在监事会政治势力的压力下，洛茨于 1971 年秋辞职。[19]

取代洛茨的是鲁道夫·雷丁(Rudolf Leiding)。雷丁是在战后几年来公司历史上最具挑战性的条件下上位的,他的整个职业生涯都是在大众汽车公司度过的。当雷丁将大众汽车推向新的车型范围时,他不得不在急剧恶化的商业环境中引导公司稳步前进。在20世纪70年代初,那段自50年代初以来一直维持着西方经济的繁荣已经结束。1971年出现了酝酿全球经济危机的早期指标,当时美国允许美元浮动,以应对不断上升的通货膨胀和预算赤字的增加,从而加速了自40年代末以来支撑着西方经济秩序的固定汇率体系的崩溃。加上尼克松政府对所有进口产品征收10%的关税,新货币制度给大众汽车公司带来了问题。在接下来的两年里,随着德意志马克兑美元汇率上升40%,大众汽车公司面临着来自美国的销售收入的锐减。1973年,形势每况愈下。在石油输出国组织宣布石油禁运以报复西方在赎罪日战争中对以色列的支持之后,能源成本爆炸式的上涨引发了全球经济衰退。随着汽车需求的崩溃,石油危机严重加剧了大众汽车的问题。1974年,该公司公布了令人眼花缭乱的8.07亿马克的亏损;这个巨大亏损的部分原因是驻美国大众汽车公司已经产生了2亿马克的赤字。[20]

大众汽车公司在不断加深困难的同时恰逢西方工业社会发生的长期危机的开始,这场危机迅速吞噬了联邦德国。1973年年底,由于油价上涨,联邦德国通货膨胀率达到了7%。为了防止燃料和能源短缺,联邦和地方当局采取了严厉的、难以想象的紧急措施,加剧了联邦德国社会的普遍忧郁感。除了在1973年11月和12月的连续4个星期日发布禁止使用私家车的禁令外,波恩还临时在高速公路上实行了每小时62英里,在乡村公路上实行了每小时50英里的综合速度限制。许多地方政府通过禁止在公共场所进行电子圣诞装饰来补充这些节能措施——这可是节日期间任何有自尊的群体的审美支柱。欧佩克(OPEC)在1974年解除了禁令,让当年的圣诞节灯光又亮了起来,尽管如此,经济困难依然存在,由此引发的大规模失业率再次出现了。1975年,联邦德国的失业人数突破了100万大关。所有这些事件对于一个经历了20年几乎不间断的经济增长的社会来说都是一个沉重的打击。

在这种严峻的经济环境下,控制成本成为雷丁的首要任务之一。他立即遏制了前任的奢侈开发计划,将重点放在四款带有水冷前置发动机和前轮驱动的车型上。这个决定的结果是,大众汽车公司在1973—1975年先后推出了帕萨特(Passat)、高尔夫(Golf)、马球(Polo)等车型。与此同时,雷丁认为低效率的生产程序是资金流失的主要症结所在。一项内部研究显示,大众汽车公司的生产率仅达到欧宝汽车公司的2/3,但大众汽车公司的工人却仍然享受着联邦德国最高的工资和福利待遇。由于需求下降,管理层硬性实行缩短工时制。对此,工会以罢工作出了回应,并在1974年提出将工资提高15%的要求。经授权对劳资关系采取对抗态度的雷丁,发起了大规模裁员讨论,从而进一步加剧了紧张局势。如何达到解雇的目的,成了一个备受争议的问题。行政长官与同事、工会,最关键的是,与代表联邦政府的监理会成员发生了争执。1974年年底,雷丁放弃了自己的观点并辞职不干了。[21]

雷丁的苛刻立场之所以失败,不仅仅是因为由社会民主党领导的波恩政府严格关注大众汽车公司的就业问题。在失业率不断攀升的时期,一家部分国有的、象征性的知名公司的劳工问题为政府对社会福利的承诺提供了重要的试验案例。因此，波恩必然会推动一项能得到工会支持的解决方案。与此同时，政府明确地承认大众汽车公司需要重组，包括大规模裁员。1975 年 2 月，总理赫尔穆特·施密特(Helmut Schmidt)直接参与了托尼·施穆克(Toni Schmucker)在沃尔夫斯堡担任主席一职的任命。

推举这个新的接班人是个明智的选择。结束了福特汽车公司的职业生涯后，施穆克在 20 世纪 70 年代初成功地拯救了苦苦挣扎的莱茵斯塔尔(Rheinstahl)钢铁厂。这种发展轨迹使他成为联邦德国工业界一个罕见的类型：一个在汽车行业拥有丰富经验的重组专家。除了继续实施前任的机构改革和车型政策之外，施穆克还肯定了大幅裁撤工人数量的必要性。1975 年 4 月，他宣布了令人恐惧的消息，大众汽车公司将不得不在联邦德国 13.3 万名员工中裁减 2.5 万名员工。施穆克的严厉声明引发了媒体风暴和议会的激烈辩论。整个政治派别的观察家都发现，大众汽车公司命运的变化令人深感不安。鉴于公司不断攀升的赤字，以及公司高层的"旋转门计划"，《明镜周刊》的标题页上问道："大规模裁员，数百万亏损，管理危机：大众汽车公司将会变成什么样子?"公众的担忧情绪因无人能给出权威性答案而高涨。"国家担心的是经济实力的象征"，1975 年春，保守党的一家重要日报发表了评论。自由党周刊《时代周刊》补充道，沃尔夫斯堡不再是"经济奇迹之城"，沃尔夫斯堡已经变成了一个"危机中心"。[22]

举国上下弥漫着一种痛苦的感觉——大众汽车公司的问题标志着一个暂时的分水岭，这种令人痛苦的感觉引发了人们的担忧。塞巴斯蒂安·哈夫纳(Sebastian Haffner)，联邦德国最受尊敬的记者之一，在斯特恩的一篇社论中明确地表达了这一点，如同他对当前形势总结的那样：“令人不安的是什么呢？”他解释说：“是一个国家象征性的残害，不是亵渎。毕竟，大众汽车公司不仅仅是一家公司。……直到昨天，它还是德国经济奇迹的化身。……人们普遍认为，那些在大众汽车公司找到工作的人注定要在那里干一辈子，因为大众汽车公司似乎拥有‘成功的保证’。……而现在，突然间，大众汽车公司陷入了困境。……大众汽车公司的未来不安全了。”正如 20 世纪 50 年代和 20 世纪 60 年代的大部分时间一样，尽管现在因衰退条件发生了根本改变，但这家总部位于沃尔夫斯堡的汽车公司依然标志着国民的经济趋势。公司的麻烦源自长期依赖甲壳虫汽车，这只是加重了公众的关注。哈夫纳提醒他的读者，这款“跑来跑去”的汽车长期以来代表着“德国的勤劳和坚不可摧”，以及联邦德国“从瓦砾到未知大众富裕的意外崛起”。此外，它基本上不变的外观和基本技术设计使它成为谦逊的象征，也成为经济和社会稳定的象征。用哈夫纳的话说，甲壳虫汽车代表了“拒绝把汽车当作时尚商品和地位象征。……它是无阶级的，而且是永恒的。如此一来，每一辆大众汽车都是…… 变化中坚定不移的誓言”。他发现，大众汽车危机最令人担忧的方面是“这一切似乎都不再有效了”。正如哈夫纳所说的那样，甲壳虫汽车所体现的“大众时代”即将结束了。[23]

这只甲壳虫(汽车)突然松了一口气，这不亚于一个以社会保障和经济增长为特征的时代的终结。在这款汽车保持其标志性的威力的同时，迅速地变成一个正在衰退的经济奇迹的象征。在 20 世纪 70 年代中期，大众汽车公司的文化共鸣归因于一个明显的对比：在继续传达甲壳虫汽车与可靠性、稳定性和繁荣的长期联系的同时，强调了一种以无定形的不安全感为特征的历史存在。第一款大众车型越来越受到联邦德国公民青睐这一事实已成为过去，而这段过去的历史则被视为联邦德国的重头戏。这表明，哈夫纳和其他评论人士在 70 年代中期撰写有关大众汽车的文章时，都没有太多地关注这款汽车的纳粹起源，这在很大程度上是因为与当时的大众汽车无关。哈夫纳以前是纳粹德国的政治流亡者，当时他正在为希特勒的畅销书做最后的润色，当然知道甲壳虫汽车的褐色过去，他的同事也是如此。然而，历史在这一方面似乎与 70 年代中期的历史现状没有什么关联。就在支撑甲壳虫汽车商业成功的社会经济条件处于解体状态的这一刻，大众汽车的危机间接地巩固了这款汽车作为一个真正的联邦德国独有的标志地位。[24]

尽管甲壳虫汽车与大众汽车公司的困境有着密切的商业联系，但大众汽车公司最著名的产品并没有成为失败的象征。相反，联邦德国最大的汽车生产商却以惊人的速度摆脱了困境。托尼·施穆克设法在执行委员会和工会之间建立了一种信任的气氛，而且由于担心减少劳动力，劳资关系基本上保持着和平相处的状态。这种结果的部分原因是，在这段紧张的时期，大众汽车公司相对有序的氛围源于公司向那些自愿辞职的工人提供了慷慨的遣散费。事实证明，这一安排十分具有吸引力，尤其是对临时合同中担任低级职位的绝大多数意大利非工会的“外来工”，以及女性非技术工人更是如此。在 1975 年 4—7 月自愿离开公司的那些人是迄今为止公司 3.2 万名工人和雇员中所供养的最大的一个部分。随着大众汽车的管理层摆脱了潜在的社会摩擦，于是新车型系列立即超越了所有的预期，这对公司的未来至关重要。1974 年推出了高尔夫汽车，该车为前轮驱动，配有

50 马力的水冷式发动机。这款汽车在美国没被当回事儿，但在欧洲却因立刻成为畅销车而确立了自己的地位。仅在两年之内，公司就生产了 100 多万辆高尔夫汽车，并继大众汽车之后，在欧洲成为一个长达几十年的商业支柱。由于销售量的迅速增长，大众汽车公司在 1976 年获得了 10 亿马克的惊人利润，这个结果在两年前是没人敢做的梦。当新闻界对这个新“沃尔夫斯堡奇迹”惊叹不已之时，托尼・施穆克倒抽了一口气说，大众汽车公司的转变是“几乎难以置信的”。然后，他立刻正言警告道，“我们不能故步自封，躺在自己的荣誉上睡大觉”。一篇保守的社论也告诫人们不要沾沾自喜。“这场危机清楚地表明，大众汽车公司走到悬崖边缘是多么的容易，汽车行业的商业周期是多么的不可靠。”尽管大众汽车公司再度繁荣，但在 20 世纪 70 年代中期首先表现出来的不安全感仍然在顽固地持续着。[25]

沃尔夫斯堡的管理层意识到 1975 年危机后商业成功的脆弱性，继续密切关注着成本问题。随着高尔夫汽车销量的飙升，甲壳虫汽车的需求急剧下降。1977 年，决定购买大众汽车第一款车型的联邦德国人还不到 1.5 万人。第二年，执行委员会对甲壳虫汽车市场崩溃的反应是暂停在联邦德国生产这款汽车。为了减轻对联邦德国公众的打击，大众汽车公司在发布这一声明的同时，保证经销商今后将销售从墨西哥进口的甲壳虫汽车。自 1967 年起，大众汽车公司在墨西哥一直保持着一个综合性的制造厂。这一妥协让作家们得到了自我安慰，甲壳虫汽车并没有“死亡”，因为甲壳虫汽车将以“简单的经济型汽车”以及“珍贵的，充满记忆的第二辆车”的身份“生存”许多年。[26]

1977 年，围绕着联邦德国汽车未来的不安全感说明了甲壳虫汽车现在是靠借来的时间生活的普遍信念。这款汽车在美国的命运证实了这一看法。与联邦德国的母公司相比，大众在美国的汽车公司继续在财务上苦苦挣扎。随着管理层寻求振兴其在美国业务的方法，甲壳虫汽车无法再进一步发挥作用的事实很快就变得清楚明了了。持续不利的美元汇率妨碍了销售，而额外的安全和排放法规的引入使设计人员超出了模型的技术限制。最重要的是，大众汽车公司遇到了来自日本汽车制造商的激烈的且史无前例的竞争，日本汽车制造商在小型汽车领域以极具竞争力的价格和技术上优越的车型充斥着美国市场。[27] 尽管大众汽车公司被迫以相当大的损失提供这款汽车，但仍将甲壳虫汽车保留在其产品范围内，以保证销量，防止经销网络在20世纪70年代中期大范围解体。1977年，大众汽车管理层决策者放弃了这一战略。对于甲壳虫汽车的许多美国粉丝来说，这是个悲哀的消息。在大众汽车公司发布这款汽车即将下线的新闻稿之后，媒体满怀希望地提醒读者这款汽车的非传统魅力，其广告活动，以及许多美国人对他们“大众汽车”的厚爱。哥伦比亚广播公司晚间新闻发表了一篇报道，这篇报道对“臭虫即将灭绝”的前景充满了预期的怀旧情绪。“当甲壳虫汽车从我们的生活中挣扎出来的时候，”记者不无遗憾地指出，“你得说我们生活中的一个部分随之而去了。”[28]

8年后，管理层宣布这款汽车在联邦德国完蛋了。1984年，联邦德国的汽车销量在1万辆左右徘徊，当联邦政府规定所有车辆都必须使用催化转换器时，进口业务在商业上变得不可持续了。当时，评论家们更关注的是这种新的生态法规对国家汽车业的影响，而不是甲壳虫汽车的死亡。毕竟，“坚硬、刺耳、拥挤的甲壳虫汽车”，正如苏德库斯克洛(Suddeutscloe Zeitung)所写的那样，从20世纪70年代中期就开始逐渐地成了边缘性汽车产品，从而使联邦德国公众为它最终从汽车市场的消失作好了准备，因为人们对更强大、更舒适、生态更健康的汽车的需求越来越大。[29]

在20世纪70年代末和80年代初，大众甲壳虫汽车在两个主要市场停止销售了。为了回应消费者的批评，推出具有活力的竞争对手，大众汽车公司通过在设计上的改进来增强甲壳虫汽车的吸引力。然而，在联邦德国日益偏爱中型汽车的文化中，随着技术变革、工资不断上涨，美国的规章制度改革侵蚀了利润率所导致的累积效应，使得大众汽车这颗明星失去了它的光芒。当20世纪70年代早期预示着战后经济繁荣结束之时，大众汽车公司经历了一场极其严重的危机，需要裁减数以万计的工人，当时该公司刚刚推出了以高尔夫汽车为中心的新车型。在联邦德国持续不断的经济动荡和难以抗拒的大规模失业中，大众甲壳虫汽车变成了逐渐消退的“经济奇迹”的象征，突出了以不安全为特征的历史现在与以充分就业、收入增加和以稳定为特征的过去之间的对比。在大众汽车公司为了生存而战时，几乎没人会想到这款汽车来自第三帝国的起源，因此20世纪70年代的危机无意中加强了这款汽车作为联邦德国偶像的地位，尽管其中一个指的是快速消失的历史时期。不过，甲壳虫汽车并没有同时成为失败的象征，因为大众汽车公司很快又盈利了，这得感谢高尔夫汽车。

大众汽车公司在20世纪70年代末从美国撤回了这款车，这让许多仍然珍惜这款圆型小汽车的美国驾驶者深感遗憾。与此同时，这款汽车在1978年联邦德国国内停产之后，第一款大众汽车逐渐从联邦德国展厅消失了。然而，正如一些观察家所担心的那样,这款汽车在两大重要市场销售的终止并没有置甲壳虫汽车于“死地”。相反,由于没有经历过大规模机动化的社会的需求,这款汽车又存活了几十年。大众汽车在70年代末和80年代初在联邦德国的销售中逐步地退了出来,同时又从墨西哥进口这款汽车,绝非巧合。作为更广泛的全球业务的一部分,大众汽车公司自60年代以来一直在这个拉丁美洲国家保持着突出的地位,觊觎着复制联邦德国汽车繁荣的商业机会。尽管甲壳虫汽车在墨西哥走的是一条与众不同的国家道路,但它却再次证明了其特别的吸引力,正如在联邦德国和美国一样,其也成了一个备受喜爱、引人注目的标志。

“我心目中的沃奇托”

1971年11月26日，大众汽车公司驻墨西哥的高级经理在写给沃尔夫斯堡的上级信中说：“当所有的出租车停在城市大广场上时，其景观真是令人印象深刻。”赫尔穆特·巴施基斯(Helmut Barschkis)完全有理由感到自豪：大众甲壳虫出租车在出发前往寻找参加“喇叭音乐会”的顾客之前，在墨西哥城偌大佐卡洛广场上排成整齐的纵队，足有1 000辆。这位德国经理肯定地说，向墨西哥城地方政府交付第一批大众甲壳虫出租车，不仅仅是一次商业成功的悄然享受。获得许可在佐卡洛大规模展示大众汽车对公司来说是一次一流的公关策略，而这一成就的寓意所在，巴施斯基的德国老板们可能还没有意识到。在国家大教堂和总统宫殿的组织下，小型大众汽车公司临时接管了位于墨西哥国家形象中心的建筑群。像那些经常涌向广场将自己和他们的政治事业推向国家舞台的示威者一样，1971年接近尾声时，甲壳虫汽车公司自信地宣布，它在该国的地位不断上升。[1]

第一辆甲壳虫出租车举行的公开仪式预示着这款汽车今后在墨西哥的特殊命运。多年来，这款汽车不仅成了畅销车，而且在这个国家的崇拜对象中名列前茅。事实上，许多墨西哥人甚至宣称这款小巧玲珑的圆形大众汽车——被当地人称作为埃尔·沃乔(el vocho)和埃尔· 沃奇托(el vochito),是一款典型的墨西哥汽车。虽然这些可爱昵称的字面含义和词源来自何方仍然不清楚,但这款汽车能进入墨西哥国家万神殿却是一个引人注目的进展。那些在最初的设计和生产中没有发挥任何作用的商品,很少被当作国家的象征;不过,无论它的德国血统如何,甲壳虫汽车都算得上是在几个国家取得这一成就的文物之一了。在巴西,许多人认为大众汽车就是他们自己的"fusca"——另一个不可翻译的绰号。自从 20 世纪 50 年代末以来,大众汽车一直保留着生产设施,其生产时间断断续续的几乎长达 40 年。甲壳虫汽车因此进化成了一个具有多个民族性的图标。[2]

即使在交通工具不属于国家核心符号的国家里,甲壳虫汽车仍然传达着被社会广泛认可的独特含义。1974 年 9 月,埃塞俄比亚军事叛乱分子推翻了海尔·塞拉西(Haile Selassie)皇帝,他们使用了一种汽车仪式封印他们的政变,而这一仪式的含义并没有在统治者身上消失。海尔·塞拉西是个喜欢收藏且富有魅力的汽车的收藏家,他收集了 27 辆不可多得的车辆,有劳斯莱斯、奔驰、林肯大陆和其他一些豪华汽车。当海尔·塞拉西被禁止返回自己的宫殿时,他发现自己被带到了一辆绿色的大众甲壳虫汽车边。"你该不是在开玩笑吧!"皇帝轻蔑地说,"我应该这样走吗?"对于一个祖先可以追溯到圣经中的所罗门国王的长期统治者来说,被迫坐在如此寒酸的甲壳虫汽车的后座上简直就是一个典型的耻辱。[3]

大众汽车在墨西哥、巴西和埃塞俄比亚等不同国家的文化地位日益突出,这充分说明了大众汽车的全球商品的特性。大众汽车不断扩大的国际形象证明,大众汽车公司的高管们决心把公司定位为全球性的企业，令其业务范围超出了西欧和北美的富裕国家。在联邦政府友好出口政策的支持下，大众汽车公司不断地寻找着新的国际机遇，并成为全球化的有力推动者，不过，有时大众汽车公司在国外采取的企业行为会在国内引起强烈的反对。对全球市场的追求给大众汽车公司本身留下了深刻的印记，并一再地重塑着这个印记。与此同时，在该公司已建立商业存在的国家里，众多的行动者使汽车在全球占有重要地位，并在这一过程中赋予它独特的国家意义。在 20 世纪 50 年代和 20 世纪 60 年代，拉丁美洲和非洲各国政府努力招引大众汽车作为政策发展的一部分，并取得了不同程度的成功。除了那些担任高级政治职务者外，体力劳动者和大众汽车销售机构的员工，当然还有车主和汽车驾驶者，在“驯化”德国汽车方面发挥了关键作用。他们没有把这款汽车当作外来入侵者看待，而是在长期拨款过程中把甲壳虫汽车纳入国家象征的储备中。大众汽车公司的企业战略与该公司拓展业务的国家的一系列行动者之间的相互作用，促成了甲壳虫在全球的地位。

在战后的德国和美国，甲壳虫汽车的历史读起来像是一个成功的故事。相比之下，为反复经历深层经济危机的拉丁美洲和非洲如法炮制类似的乐观叙事故事却证明是不可能的。尽管如此，世界的这些地方在甲壳虫汽车的历史上却起到了至关重要的作用，因为当甲壳虫汽车的吸引力在西欧和富裕的北美洲即将消失之时，延长了甲壳虫汽车商品寿命的正是这些国家。德国历史学家欣然承认出口对联邦德国的财富做出了贡献，并在 20 世纪 80 年代自豪地声称自己是“世界出口冠军”，而那时德国的对外贸易超过了包括日本在内的所有竞争对手。同时，学者们还没有详细考虑德国企业在全球活动中所产生的国际影响。第一款大众汽车的迅速发展为我们提供了可以集中精力研究一家联邦德国公司在海外影响力的大量的机会。本文探讨的不是横跨几个国家的事，而是单独把在墨西哥的甲壳虫汽车拿出来讨论。沃奇托将大众汽车不断变化的全球战略、当地工人对其生产的参与，以及消费者为何无视大众汽车起源于德国这个事实而将其视为典型的墨西哥商品纳入了考虑。是沃奇托忠实的当地追随者的追随才使得该公司把这款汽车一直生产到了新千年。事实上，从1967—2003年，大众汽车公司在普埃布拉(Puebla)的工厂就从没中断过生产，这意味着这款汽车在墨西哥的生产时间比在联邦德国还要长。墨西哥大众汽车漫长而曲折的历史提供了一个研究案例，即作为全球化更广泛进程的一部分，揭示了为什么这款小型车将其标志性地位扩展到富裕的西方社会之外，并进入拉丁美洲。[4]

为了在当代观察家认为有利可图的未来市场中站稳脚跟，大众汽车公司董事长海因里希·诺德霍夫于1965年指示他的经理们在墨西哥推行“有远见的政策”。1954年，大众汽车公司通过进口子公司进入墨西哥，销售用从沃尔夫斯堡工厂运去的成套零部件，在墨西哥组装甲壳虫汽车。1962年，墨西哥政府颁布法令，要求全国销售的所有汽车，必须由60%的墨西哥自己生产的零部件组装时，沃尔夫斯堡所作出的回应是，在普埃布拉建立了一个耗资5亿比索的新的大型汽车厂，并于1967年开始投产。虽然这家工厂最初只生产甲壳虫汽车，但从20世纪70年代初开始，也开始生产其他车型以及大众汽车公司在其他国家运营的工厂所需的零部件。[5]

沃尔夫斯堡支持这项重大的投资决定，等于大众汽车公司从一个拥有全球分销网络的出口商，逐步转变为一个拥有多个大洲子公司生产中心和分销网络的等级化组织，并向着德国跨国公司迈出了一步。到20世纪60年代初，大众汽车公司已经在巴西开办了一家拥有近万名员工的综合制造工厂，在墨尔本(Melbourne)郊区为澳大利亚汽车生产了一半以上的零部件，同时还在南非和墨西哥建立了规模可观的工厂。至1967年，在联邦德国以外地区生产的大众汽车的总份额已经上升到了14%。[6]

大众汽车公司向全球制造业基地的转移与其说是经过深思熟虑的企业战略结果，不如说是对发展中国家在20世纪五六十年代寻求刺激国内增长经济政策的务实反应。巴西、南非和澳大利亚等国家都致力于通过坚持各种“进口替代工业化”战略来加强制造业的基础，而这些战略又赋予了国家积极的干预作用。在墨西哥案例中，当局追求的是多面的做法。除了通过土地改革加强农业部门之外，执政党革命机构(PRI)还致力于在高关税壁垒背后建立一个富有活力的制造业部门，以减少该国对外国进口产品的依赖。在采取保护主义措施保护国内生产商免受国际竞争的同时，该国希望通过规定在墨西哥运营的制造商在其产品中主要使用国产部件的方法来刺激该国的工业基础。1962年总统阿道夫·洛佩兹·马蒂奥斯(Adolfo Lopez Mateos)颁布的关于汽车工业“国家一体化”的法令反映了人们普遍持有的观点，认为汽车工业是发展中国家工业化进程中的一个关键部门。通过在普埃布拉建立工厂，大众汽车公司在墨西哥建立了一家公司，这家公司仅次于包括福特、通用汽车、克莱斯勒和日产在内的有限数量的竞争对手。[7]

在20世纪60年代，墨西哥最近的经济表现似乎证明了大规模投资的正当性。虽然1960年的人均国内生产总值只有

4 573 比索(约合 366 美元),因为 55%的人口仍然在从事低收入的农业工作,但在随后的 10 年里,该国的年经济增长率平均为 7%,而通货膨胀则保持在适度的 3%。在某种程度上,墨西哥的经济增长是由人口从 1960 年的 3 500 万急剧增加到 10 年后的 4 800 万,以及动态的城市化所推动的,而城市化又导致了墨西哥城在过去十年里从 520 万人扩大到 809 万人。此外,墨西哥的政治稳定使其与拉美国家,如巴西和阿根廷不同。在 1940—2000 年,虽然执政党革命机构垄断了国家政权,毫无疑问,这个国家遭受了管控和腐败的困扰,却从未沦为独裁政权,尤其是当军方对国家政治的参与有限时更是如此。当时,墨西哥作为一个政治稳定、经济前景良好的国家在欧洲被广为传颂。"墨西哥经济奇迹"——这是描述墨西哥过去几年特点的标签,联邦德国的主导商业日报在 1969 年如是告诉它的读者,另一份报纸将墨西哥冠名为"拉丁美洲的日本"。[8]

无论国家的承诺是什么,大众汽车公司都认为墨西哥的环境很艰难。除了监督进口替代品政策之外,墨西哥政府还在许多方面参与了国民经济活动,直接影响了大众公司的业务。与政府官员的斗争被证明是普埃布拉管理人员反复出现的问题。虽说大众汽车管理层在管理上遇到了一些小障碍,但却敏锐地意识到,与政府官员保持良好的关系是墨西哥商业成功的先决条件。1967 年,当公司正准备在普埃布拉开工时,赫尔穆特·巴施基斯强调了在当地精英中保持良好风度的重要性。"尤其是现在我们正在建厂。……我们似乎特别需要与所有政府部门建立关系",大众墨西哥公司的负责人写信给他的德国上司,并指出墨西哥总统古斯塔沃·迪亚兹·奥尔达斯(Gustavo Diaz Ordaz)是一个值得关注的人。沃尔夫斯堡显然把巴斯基斯关于“培养关系”的建议铭记在心上了。1969 年，大众汽车董事长库尔特·洛茨收到了迪亚兹的一封信，信中这位政治家对他“亲爱的好朋友表示感谢”，感谢他赠送给他一辆“卡曼·吉亚轿车”(Karmann Ghia)，说这是一辆很棒的汽车，“非常漂亮”。墨西哥政治的其他主要方面也可能会指望沃尔夫斯堡给他们优惠待遇。1970 年路易斯·埃切弗里亚(Luis Echeverria)就任墨西哥总统后，洛茨在一次私人访问中抽出时间在沃尔夫斯堡接待了这位政客的儿子。[9]

虽然这些举动有助于在一个容易受到国家大量监管和干预的经济环境中直接接触墨西哥的政治精英，但绝不能保证大众汽车公司在任何情况下都能获得其商业意愿。虽说公司一贯反对政府对所有车辆实行价格控制，但几十年来，墨西哥官员因为担心此举会导致制造商的收入膨胀，所以对“自由定价”的要求置若罔闻。[10] 政府在构建墨西哥汽车市场中所起的积极作用也引起了人们的不满，因为墨西哥政府为每家公司在墨西哥境内的年度汽车销售量做了规定，而最初给予大众汽车公司的配额被认为是不足的。1968 年，普埃布拉的工厂向墨西哥汽车经销商交付了 2.370 9 万辆汽车，这一产量导致了驻墨西哥大众汽车公司损失了 8 000 万比索，即 2 550 万马克。普埃布拉工厂的盈亏平衡点是 3.2 万辆汽车，年生产能力为 5 万辆，其规模比最初实现的规模要大得多。1967 年，一位高级经理愤怒地发泄了他对墨西哥“完全计划经济”的失望。1973 年，管理层被准许在普埃布拉生产将近 6.3 万辆甲壳虫汽车，然而抱怨依然继续着。虽然大众公司的领导人对政府这一规章制度迅速提出了批评，然而他们却没有承认自己也从政府的参与中获益良多。毕竟，像配额计划这样的计划贯穿了整个汽车行业，却也抑制了竞争。

因此，政府干预主义创造了一个封闭的市场，如果有限的话。[11]

公司可能将损失归咎于国家，但根本问题在于墨西哥的经济不发达和财富分配不均。20 世纪 60 年代和 70 年代早期的汽车市场一直很紧张，这是公开的秘密，因为只有少数人才有能力考虑购买汽车。1966 年，墨西哥汽车经销商协会指出，尽管过去 10 年的平均收入在不断上升，"但我们仍然还是一个贫穷的国家"，此外，还有"个人收入高度集中在人口相对较少的阶层人的手中"。尽管该国少数精英阶层能够负担得起购买和维护一辆或多辆汽车，但是由于巨大的收入差距，汽车大众市场的前景仍然遥遥不可及。可以肯定的是，20 世纪 60 年代后半期的经济增长导致人口或小型汽车市场扩大了 26%，1970 年新登记的汽车总数增加到 13 万辆。大众汽车公司从这种趋势中获益匪浅，因为沃奇托在大众化市场上逐渐占据了首要地位，其当年的销量就超过了 3.5 万辆。尽管如此，怀疑情绪在 70 年代初的沃尔夫斯堡根深蒂固，与早期对墨西哥市场的乐观态度形成鲜明对比。1973 年，大众汽车公司的首席执行官鲁道夫 · 雷丁直言不讳地宣布，从中期来看，墨西哥的销售前景"非常糟糕"。[12]

20 世纪 70 年代中期，当"墨西哥经济奇迹"开始失去动力时，大众汽车公司不得不应对因汽车市场的波动而加剧的整个国民经济的起伏。1974 年它的年销售量为 8.815 8 万辆，但三年后由于石油危机的延迟后果，销售量下降到 5.451 1 万辆。随后的能源繁荣使该国通过扩大石油产量而获利，令大众在墨西哥的公司于 1982 年随之水涨船高，销量超过了 11 万辆，其中包括 4.233 0 万辆沃奇托。发生在整个八九十年代的墨西哥的经济动荡使得大众汽车公司处于持续不可预测的需求模式状态。甲壳虫汽车的销量在 1987 年仅下降到 1.753 2 万辆；但在

1993年又急剧回升到了9.7539万辆;1995年再次下降到1.4830万辆。许多金融危机并不是无缘无故地导致了80年代被称为拉丁美洲的失去的10年。然而,尽管就业普遍不足、快速城市化、社会不平等和不安全情况日益严重,墨西哥的汽车拥有量却还是在缓慢地增长着。1980年,墨西哥人均汽车保有量比率大约为1∶17,10年后上升到了1∶12。[13]

在一种最初以国家干预为特征,随后因不可预测的商业周期而变得极易引起冲突的气氛中,建立和指导的一个综合性汽车厂使大众汽车公司陷入了许多冲突中。对普埃布拉郊区250万平方米(几乎相当于1平方英里)工厂场地的收购,成为墨西哥政府将工业化从日益拥挤和污染的墨西哥城市扩展出去的战略的一部分,却引发了相当大的冲突。1967年,一位联邦德国大使馆的官员报告说,大众汽车公司建厂所用的"ejido"(合作农场)是个被迫卖掉的农场,由于价格问题,农民以公开叛乱相威胁。他写道,这块土地价值约为每平方米20比索,而大众汽车公司却以每平方米3比索的价格从地方政府那里购得了这块土地。农民们之所以被激怒不仅因为国家强迫他们放弃自己的财产,而且还因为他们每平方米土地只得到了20美分——土地市场价值的1/100。毫无疑问,农民们对这种"虚假征用"的愤怒超越了国家官方,扩展到了德国公司。"与纳粹有什么两样",一本左翼杂志的头条新闻严厉地指控大众汽车公司的抢劫行为。当时,人们对农民抗议活动的关注度很高,尤其是在学生骚乱的伴随下,普埃布拉市中心发生了大规模的街头冲突。迪亚兹·奥尔达斯总统于1967年5月同意工厂正式开工,但因为"当地农民协会计划举行示威活动,反对政府的征用政策",如赫尔穆特·巴施基斯电报给失望的海因里希·诺德霍夫时所说的那样，而取消了所有原定在普埃布拉的出席活动。情况虽是这样，大众汽车公司与国家当局的合作可能对公司的物质优势起到了作用，不过，它也卷入了当地的冲突，致使与政治精英的关系复杂化。[14]

工厂刚刚建成了铸造厂、冲压车间、油漆车间，以及发动机、车轴和其他机械零件的装配设施，生产墨西哥制造的零部件汽车的要求便引起了许多忧虑。1968 年，普埃布拉的一份报告抱怨说，与当地供应商的合作推高了价格。几年后，人们开始对墨西哥产的金属板材质量表示十分失望。沃尔夫斯堡的董事会成员一直对公司的国际声誉表示担忧，尤其是对质量问题，而这一关注一直持续到 20 世纪 70 年代。[15]

为了提高普埃布拉的效率和质量，大众汽车公司采取了几项措施。1966 年，该公司开设了一个培训中心，从那时起，这个培训中心就成为了一所职业学校。为了资助这个机构，大众汽车公司得到了承认“缺乏技术工人”——这是墨西哥工业的最大瓶颈之一——的波恩发展部的帮助。尽管大多数非熟练或半熟练人员只在培训学校待了很短的时间，但作为这些人员之间的一个重要枢纽的熟练工人和大多数德国高层管理人员则接受了长期的、密集的培训。全面学徒计划的申请者面临着三个多月的漫长选拔过程，包括数学和一般知识的理论考试以及医学和心理考试。20 世纪 70 年代末，大众汽车公司每年从 3 000 多名年轻男性中接受 100 名实习生。该公司没有开发新的教学制度，而是引进了联邦德国备受赞誉的技术工业劳工培训模式，在三年中把理论和实践结合起来。受训者每星期在教室里学习一天，其余时间，用来接受广泛的技术学科的实践指导，专攻工业设计或内燃机等领域。[16]

除了培训熟练工人外，公司合并了一支员工队伍，从1967年的2 619名员工扩展到1974年的1.106 7万名。为了限制颠覆性的营业额，大众汽车公司从20世纪70年代初就提供了丰厚的报酬，从而复制了在联邦德国已被印证是成功的创业原则。在最初几年里，公司用物质产品和善意的姿态来补充工资，以此奖励员工。1971年，一位16岁时从贫穷的瓦哈卡(Oaxaca)来投奔公司的一线工人回忆说，12月的一个晚上，当经理们为工人的母亲和妻子分发免费的火鸡、熨斗、毛毯和孩子们的玩具时，他感到惊讶极了。[17]

然而，最为重要的是，墨西哥大众汽车公司效仿了高工资政策，这一政策巩固了公司作为联邦德国一家非常仁慈的雇主的声誉。在20世纪70年代初到20世纪80年代，大众汽车公司以当地平均工资的两倍左右支付员工的工资，吸引了非熟练工人从普埃布拉周围的纺织厂跳槽来为大众汽车制造商工作。大众汽车公司还为员工提供了诱人的福利，如参加国家社会保障计划、医疗保险、带薪休假，从80年代开始，还帮助支付学校的学费。技术工人获得了特别好的福利，其中包括一个"黄金基金"，由大众汽车公司10%的收益分成组成——大众汽车公司以优惠的条件投资了一年，然后才把钱支付出去。在年末"赠送"的第十三个月工资也构成了熟练雇员报酬的一部分，这一措施是直接从联邦德国薪酬惯例仿效而来的。[18]

除了吸引和保留不断扩大的劳动力外，大众汽车公司的相对慷慨也加强了公司作为基督教徒和慈善企业的自我形象。当普埃布拉大主教在1967年12月工厂开张后不久正式为该厂祝福时，他向德国领导人保证，他们的工厂是"普埃布拉的骄傲和荣耀"，因为它"为许多人提供了就业机会，为许多家庭提供生计”所做的“社会工作”。赫尔穆特·巴施基斯随之回答道“我们相信工厂很重要,但让工厂成为现实并持续运转的人们则更为重要”。德国的管理者意识到有必要采用在德国没有相似之处的天主教习俗。特别是,他们认识到了瓜达卢佩圣母(Virgen de Guadalupe)作为国家保护神的核心重要性,因为此神为人民提供支持和保护,使之免受人身的伤害。就像在墨西哥的许多其他工厂一样,每条生产线上都竖立着圣母祭坛;此外,每年的12月12日,公司都会敞开大门,与工人及其家人一起庆祝圣徒的节日。在宗教仪式之后,管理层款待员工吃东西、喝啤酒,举办彩票和游戏活动,根据一些狂欢者所到达的不同醉意状态,这些活动会演变成漫无目的的竞赛。为了确保态势不会失控,在20世纪70年代,因为一些工人在喝多了的情况之下试图操作重型机械给来访的亲戚留下印象,公司只好停止给员工提供酒精饮料。[19]

不管大众汽车公司领导层在社会责任方面的家长式言辞如何,其对员工却抱有很高的期望,并敦促普埃布拉效仿沃尔夫斯堡制定的生产标准行事。生产线上的工人实际上从来没有直接与厂领导——德国经理打过交道,不过,墨西哥大众汽车公司的工人们在厂内却感受到了异国情调,这与工厂大门外的世界形成鲜明对比。管理层对“纪律、秩序和清洁”的坚持——内部称其为“DOL”——让员工毫无疑问地认定他们是在一家德国公司工作。然而,对许多员工来说,并非只是因为这是家外资企业,才使得工厂这么难以对付。在车间高度规范的环境里,大多数生产线上的工人都在进行着重复性的劳动,通常一种工作一干就是数年之久。[20] 员工们抱怨噪声、恶臭、单调乏味,这一切都是由于大众汽车公司于20世纪50年代和20世纪60年代早期在德国开发的福特汽车的生产工艺所导致的结果。在将它们连同机器一起出口到墨西哥之前,它们已不再被认为是沃尔夫斯堡的最新产品。许多工人发现他们的工作很危险,尤其是对那些操作强大的冲压机冲压大型金属零件的工人更是如此。“一个人会感到很孤独,很冷。……这是一种危险的感觉,而且工作很辛苦,节奏很快”,一位冲压机操作者如是解释道。一位工人在生产线上出了一些差错后被解雇了,他把犯错的原因归咎于体力劳动的损耗,当他在40多岁时,体力劳动所导致的体力消耗越来越多。大多数生产线上的工人都觉得工厂是一个压力很大的世界。可以肯定的是,有些员工对公司的规模印象深刻,并以在这家大型工厂而不是在小作坊工作而感到自豪,但对于他们在70年代中期每周46小时的日常工作,他们几乎没有什么好说的。[21]

在20世纪60年代末和70年代初,缺乏有工作效率的工会代表加剧了在这种工作环境中必然出现的社会紧张局面。按照广泛使用的国家惯例,执政党革命机构所属的工会组织,墨西哥特拉巴贾多尔联合会(CTM)任命了一些从未在工厂工作过,对工人所关切的事知之甚少的人为代表。1972年4月,对现有工会的不满在抗议的浪潮中爆发了。工人们愤怒地指出,他们的工资和福利与国内其他汽车厂相比很差,工会代表从未在大众汽车公司工作过,他们的谈判不利,而且,更为糟糕的是,他们盗用了会费。为了更有力地追求自己的利益,工人们选出了一个新的“真正的工人执行委员会”,从此以后便领导了一个独立的工会。一份公开声明画龙点睛地指出,工会的目的是捍卫“我们宪法所赋予的罢工权……和过着有尊严生活的绝对权力”。当谈到工资和工作条件时,大众汽车公司的体力工人坚持他们自己代表自己。确保工会有权在工作组织问题上得到咨询，有权干预车间的日常事务，是工人提出的一个关键要求。[22]

工人们成功地打破了与墨西哥特拉巴贾多尔联合会的联系，建立了一个墨西哥罕见的独立工会。在某种程度上，普埃布拉的劳工从 1967 年的大约 2 600 人增加到 1972 年的将近 6 000 人，使得大众汽车公司的社会家长主义和墨西哥特拉巴贾多尔联合会对劳资关系的超然态度都无法解决伴随着工厂发展的组织复杂性问题。建立一个独立工会的尝试，得益于在工人代表权方面缺乏可行的组织模式。除了组织变革的必要性之外，工人们还从 20 世纪 70 年代初墨西哥的政治改革气氛中获益匪浅。1970 年路易斯・埃切弗里亚(Luis Echeverria)就任总统后，试图修复他前任迪亚兹・奥尔达斯的独裁主义造成的一些政治破坏。后者的强硬粗暴最终在 1968 年 10 月 2 日臭名昭著的"特拉特洛尔科之夜"——政府军向和平的学生示威者开枪，造成大约 200 人死亡——中结束。在劳工问题上采取更宽松的立场是埃切弗里亚对民众压力的让步，因而为当时几个汽车制造商成立独立工会助了一臂之力。普埃布拉的工人们通过选择不对墨西哥劳资关系的制度框架提出根本性的批评而打了一手好牌。如此一来，当局就可能把大众汽车公司的争议视为一个内部问题。与此同时，工人们间接地因大众汽车公司在其他地方所面临的问题而受益。面对美国销售额的下降，同时在向市场推出高尔夫球汽车的准备过程中，沃尔夫斯堡的管理层很少关注 1972 年发生在普埃布拉的劳资纠纷。[23]

在 20 世纪七八十年代期间，独立工会在保障和捍卫墨西哥大众汽车公司劳工获得有利的物质条件方面发挥了重要的作用。普埃布拉本地及其周边地区的许多人来到这家公司寻找工作，因为能在大众汽车公司找到工作被广泛认为是“交了好运”。工人们密切地关注着工会的活动，保留驱逐腐败官员的权力，就像他们在1981年所做的那样。由于工人们以极大的决心捍卫自己的物质利益，因而在当地获得了反叛者的名声。大众汽车公司的管理层发现充满自信的工人代表是个负担，80年代末，他们在公司庆祝历史时抱怨说，独立工会在工资水平和质量控制方面创造了“不可接受的局面”。鉴于他们为自己争取到的物质利益，工人们反对雇主减少工资法案的企图以及工会在工作上的影响，也就不足为奇了。[24]

1987年，当工会试图重新开始工资谈判以弥补100%之多的年通货膨胀率时，公司以微薄的30%的报价给予了回应。工人们拒绝了这一承诺，并投票举行罢工，以达到提高工资的目的。“我们是不会屈服的”，公司宣布道，因为普埃布拉的工资水平是全国平均水平的两倍之多，而当时据称工厂经营亏损严重。工会反驳说，大众墨西哥公司去年公布的利润是1.1亿美元，并补充说，通过国际比较，普埃布拉的收入很低。美国的汽车制造商平均每小时支付10美元报酬，而98%的墨西哥汽车工人每小时所赚的钱还不到1.45美元。的确，墨西哥大众汽车公司生产线上的工人一天的收入比他们在沃尔夫斯堡的同事们一小时挣得还要少。面对持续的高通货膨胀率，墨西哥工人对管理层的顽固立场表示愤怒。一位装配线女工提纲挈领地表达了她的观点：“德国人说是来教给我们什么的，但现实是他们只是拿走了我们挣的钱。”[25]

虽然罢工需要放弃在罢工期间的所有工资，但工人们在1987年夏天还是坚持了60天。争端发生一个半月后，由于许多工会成员再也买不起基本主食了，而被迫向地方政府寻求粮食捐赠。为了提高罢工的公众形象，工会并不回避激进策略。8月上旬，工会征用了数十辆公共汽车阻塞普埃布拉市内和周边的一条国道和主要道路，在大街上点燃了轮胎，并向天空排放大量的黑烟。公司的不妥协立场以及当地媒体充满敌意的报道只是进一步加剧了局势的恶化。由于普埃布拉为驻其他国家的大众汽车公司厂家制造精密部件，停工影响了公司的全球供应链。此外，从普埃布拉传回联邦德国的消息使这家公司明显受到了不利的影响，因为公司渴望保持自己在国内作为一个非常慷慨的雇主的声誉。8月中旬，大众汽车公司总部在联邦德国媒体上公开地批评了墨西哥管理层的"刚愎自用"的策略。当双方领导人在8月下旬回到谈判桌上时，他们迅速达成了协议，允许给工人78%的追溯性加薪。[26]

在墨西哥，这一结果让大众汽车公司的工人在强烈抵制政府1982年发起的自由市场改革而陷入四面楚歌的左翼人士中享有很高的知名度。除了著名的马克思主义历史学家阿道佛·吉利(Adolfo Gilly)之外，一位在特拉特洛尔科之夜之后被关押数年的"68岁"的前马克思主义历史学家，还在一份重要的"左倾"日报上庆祝了这个工会，说因为这次罢工行动"将对大众汽车公司的战斗变成普埃布拉战役，打破了跨国公司的冷漠和跨国公司及其盟国试图利用工人的疲劳的围攻"。[27]吉利用阶级斗争的雄辩辞令，把工人们当作勇敢反抗外国侵略者的斗士，还把他们比作参加1862年普埃布拉战役的士兵。当时正逢墨西哥军队在一次军事邂逅中击败了处于优势的法国侵略军，后来那次邂逅便成了国家神话中的重要故事。虽说吉利采用的方式与他的意图背道而驰，但他的历史类比被证明是异常贴切的。正如墨西哥军队无法阻止墨西哥最终在1863年被法国打败一样，工会在 1987 年赢得了战斗，但没有赢得战争。为了应对 20 世纪 90 年代初全球商业上的重大损失，大众汽车公司开始摆脱中央集权性跨国公司的角色，其周边工厂通过不再被视为西欧的前沿车型和生产技术来保护新兴市场。相反，该公司把自己变成了一个更具有统一制造标准的跨国汽车生产商，其全球模型范围密切关注着区域需求模式的差异。这一战略赋予了大众墨西哥汽车生产基地一个新的重要性。现在普埃布拉的吸引力更多的是来自墨西哥加入北美自由贸易区，而不是来自它作为通往国内和中美洲市场的门户的地位。为了让普埃布拉为北美自由贸易区作好准备，大众汽车公司发起了一系列变革，包括重大技术投资，为工厂生产捷达(Jetta)等车型做准备。为了控制成本，使质量与国际标准相一致，大众汽车公司在最初由日本开发的精益生产方法的基础上引入了新的劳动组织形式，该精益生产方法优先考虑装配线上的团队工作方法。[28]

在推进改革议程的同时，大众汽车公司管理层在 1992 年 7 月与墨西哥工会领导人达成了协议，通过修改工作合同来换取加薪。工会谈判人员没有就合同变更问题与劳工进行协商，于是，工会立即遭到了涉嫌腐败的怀疑。除了工人将失去资历权，根据新的绩效标准获得报酬之外，工人们还对工会事实上放弃对业务组织的影响感到愤慨。一项允许分包商在工厂进行维修工作的规定引起了人们的特别愤怒，因为他们的到来引发了工资贬值和工人对未来失业的恐惧。[29]

墨西哥法院宣布针对新的劳动合同的罢工为非法之后，大众汽车公司实施了一项在德国无法想象的措施：解雇了 1.4 万名墨西哥工人。虽然大多数人被重新雇用，但大众汽车公司不仅拒绝重新雇用抗议领袖，而且还坚持执行新的规定，从而明显地限制工会的权利。与1987年不同，该公司在1992年的冲突中获胜，为普埃布拉随后的年度汽车产量的增加铺平了道路，从1992年生产大约18.85万辆汽车，猛增到2000年的42.57万辆，在此期间，工资和福利作为总成本的一部分也从8%下降到大约4.5%。[30]

与此同时，对普埃布拉的紧张劳资关系在联邦德国的报道十分有限。诚然，普埃布拉的管理层和工人之间的对立状态引起了媒体的注意，包括一种对新殖民主义经济批评持有同情态度的“左倾”日报，以及与工会关系密切的全国性报纸《法兰克福·伦德绍》(*Frankfurter Rundshoau*)。但许多其他主流日报和周刊，包括法兰克福日报《时代报》《南德报》和《明镜周刊》，要么对普埃布拉劳资关系冲突毫无好奇心，要么只是在同情公司的简短文章中报道了这些事件。1992年11月，作为国事访问的一部分，当总统理查德·冯·魏茨萨克(Richard von Weizsacker)参观大众汽车公司驻墨西哥生产基地时，对最近发生的大规模枪击事件却没有任何提及。相反，德国记者却把这家工厂称赞为墨西哥与德国经济合作的典范，并且刻板地宣称两国之间的关系如同墨西哥的天空一样晴朗无云。德国对大众汽车公司在20世纪80年代末和90年代初的商业行为的批评仅出现在报纸上，而这些报纸对全球资本主义原则性的怀疑却被证明是大众汽车公司在国内的偶尔所为。只要大多数德国公众仍然不知道大众汽车公司在拉丁美洲的运营依靠的是墨西哥法律所规定的方法，但其在联邦德国是违法的，那么大众汽车公司就不会在国内有失去德国典型雇主之一的声誉危险。对墨西哥事态发展的沉默使公司免去了剥削工人的污名，进而通过延伸，为甲壳虫汽车在国内保持其标志性的光辉助了一臂之力。[31]

错综复杂的普埃布拉的劳资关系，丝毫没有削弱大众汽车在墨西哥作为最著名的汽车的吸引力。在1967—2003年的生产期间，超过140万辆沃奇托离开了普埃布拉汽车厂。沃奇托在全社会的吸引力是最显著的特点之一。来自各行各业的人们拥有并驾驶着这款汽车，从而使这款汽车成了墨西哥社会不可分割的一部分。由于甲壳虫汽车能够跨越深层次的社会分歧，并已赢得了墨西哥的第一个“卡罗德普韦布洛”（德语单词“大众”的直译）或“民众之车”的牢固声誉。

沃奇托不是墨西哥少数社会精英的消费品，而是更多普通墨西哥人的汽车。这款汽车作为非精英车主的产品可以追溯到20世纪60年代，那时大众汽车公司刚刚开始在普埃布拉生产这款汽车。当时，通用汽车和福特汽车以所谓的“标准”和紧凑型汽车占据了墨西哥市场，而大型汽车瞄准的则是一批有钱的驾驶者。正如墨西哥工业部长在1967年所说的那样，价格低廉的甲壳虫汽车正好填补了墨西哥汽车业的“空白”，因为它的目标瞄准的是墨西哥小城市的中产阶级，这个阶层的人数增长得十分缓慢。[32] 这个阶层是个由独立的和带薪的专业人员、经理、教师、技术人员、官僚和商人组成的社会群体，这个群体从1960年的9.4％增长到1980年的13.4％。1970年，墨西哥的主要汽车杂志《自动化机械》仍然将“财富和收入分配不均”确定为墨西哥汽车普及所面临的主要障碍。当时，只有20万墨西哥人，或者说占人口总数0.4％的墨西哥人，其月收入在5 000—10 000比索，需要一辆买得起的小汽车。结果是，甲壳虫汽车吸引了“中层阶层的专业人士和经理的眼球”，该杂志如是说。在墨西哥“奇迹岁月”里受到严格限制的汽车市场中，沃奇托汽车将汽车所有权带给了缓慢扩大中的中产阶级。如此一来，这款汽车的数量在街头上不断地激增，这一现象不仅反映了成功的墨西哥中产阶级的社会地位，也反映了整个国家经济的逐步进步。[33]

甲壳虫汽车直到20世纪80年代都是社会上的独家商品。1982年，随着该国经济问题的出现，中产阶级的收入急剧减少，甲壳虫的销售量也随之大幅度地下降了。直到20世纪末，这款汽车才进入了职业中产阶级以外的社会圈子。1989年8月，墨西哥政府颁布法令，规定销售低于1 400万比索（约合5 000美元）的车辆有资格享受大幅减税。大众汽车是唯一一家对这一声明作出反应的制造商，该公司在报纸全版广告中宣布，将汽车降价20%至1 375万比索，以便“让墨西哥的汽车更便宜”。墨西哥大众汽车公司总裁在记者招待会上强调，这一折扣有助于“方便更多的人们购买汽车。让我们携起手来一起共同建设一个墨西哥的新时代”。大众汽车公司希望近期的经济困难不会再次出现，并承诺“为我们的孩子们创造一个更公平的墨西哥和更繁荣的未来”。甚至就连大众汽车的批评观察家都认为“最受欢迎的汽车价格下跌”是一个重大事件。一位定期为普埃布拉工厂独立工会提供咨询的经济学家也承认说：“是的，这就是穷人开的汽车。”税收减免和短暂的繁荣确保了沃奇托的销售在1993年达到了近10万辆的巅峰。相对低廉的价格和税收的激励举措，保证了这款大众的经典汽车在20世纪80年代末进入了一个新的市场，并因此加大了社会吸引力，在公司逐步淘汰西欧市场的同时，延长了它的生命租赁期。在墨西哥的政治和经济的跌宕起伏中，沃奇托因此而成了国民日常生活中的物质压舱石。[34]

虽然甲壳虫汽车长期存在的可能性已使它成为大多数墨西

哥人即时熟悉的商品，但它作为一种国家汽车被采用，超过了它作为一种商品的地位。大众汽车公司通过专业营销活动，间接地支持了国家的拨款过程。墨西哥大众汽车公司授权给广告公司 DDB 制作合适的广告，还让该机构负责在美国和联邦德国的宣传活动。1965 年，DDB 在墨西哥开设了一家分公司，这家分公司很快就成为墨西哥顶级的广告公司之一。起初，DDB 主要根据当地的要求调整美国的宣传活动，正如其墨西哥主管特蕾莎·斯特拉克（Teresa Struck）在 1970 年解释的那样，这项修改要求“对墨西哥汽车驾驶者的心理有个详细的了解”。但从 20 世纪 70 年代中期开始，这家公司还专门为墨西哥市场做了一个沃奇托广告。20 世纪 80 年代的一则广告里有一张沃奇托形状的面包照片，称这款汽车和普通面包一样都是日常生活中的一部分。该广告采用了一种清晰、实用的美学风格，给甲壳虫汽车带来了一抹现代气息。同时，广告还将甲壳虫汽车与某种主食联系在一起，这种主食源自国外，但从 20 世纪 40 年代墨西哥面包店开始大规模生产面包起，就将其当作特色食物列在日常饮食的菜单上。DDB 就是这样把这款汽车打造成一种人人熟知的、家庭化的、不可或缺的商品。[35]

大众汽车的声誉深深地扎根于社会精英之中，其名声也得益于人们对大众汽车公司在该国拥有一家大型生产基地的普遍了解。多年来，这家德国公司在墨西哥的工业环境中获得了公众的高度关注，因为董事们雇用了媒体联系人来强调他们的墨西哥倡议是如何使公司和国家两方都受益的。1980 年 9 月普埃布拉生产的第一百万辆汽车的庆祝活动就是一个很好的例子。当一辆闪闪发光的红色沃奇托汽车从生产线上落地下线之时，标志着庆典活动开始，之后，墨西哥大众汽车公司的董事赫尔穆特·巴施基斯向听众，其中包括总统洛佩兹·波蒂略(Lopez Portillo)的代表、普埃布拉州州长、几位欧洲大使、大众汽车公司的董事长托尼·施穆克和数百名工人，作了发言。尽管公司面临困境，但巴施基斯还是向他的听众保证，他从没有失去信心，“因为他从没被欺骗过”。他还赞扬了“辛勤工作的墨西哥人的力量”。“正是因为他们的这双手，我们才取得了这个巨大的胜利：墨西哥生产的第 100 万辆大众。”巴施基斯在向墨西哥表示致敬的讲话中，反复提到大众汽车公司通过提供数千个工作岗位和大量投资对墨西哥经济所做出的贡献，以及在过去十年中出口超过 9 万辆汽车。根据官方统计，墨西哥大众汽车公司在出口商中排名第七。巴施基斯因此把他的大众汽车分公司描绘成一个在墨西哥起着统领作用的企业。[36]

普埃布拉的罢工和 20 世纪 80 年代的经济动荡都没有削弱大众汽车公司在墨西哥的知名度，1990 年 10 月在墨西哥城举行的庆祝活动就说明了这一点。这次，正逢第 100 万辆墨西哥甲壳虫汽车下线，也恰好赶上达到第 200 万辆汽车的总产量之时，这一巧合促使墨西哥总统卡洛斯·萨利纳斯·德·戈尔塔里(Carlos Salinas de Gortari)在普埃布拉为包括州长和驻墨西哥大众汽车公司新董事马丁·约瑟菲(Martin Josephi)，以及大众汽车公司的经销商和工人举行招待会。约瑟菲用最生动的语言描述了他的企业，还提到了公司对北美和欧洲不断增长的出口状况，以及在墨西哥汽车市场占有 28%的份额。萨利纳斯对此表示感谢，感谢公司“为国家发展的献身精神”。他始终不忘向工人们表示致敬，感谢他们“每天作出的非凡努力”，说：正是这些努力才确保了公司的竞争力。[37]

在公司庆祝会上发表的节日演讲掩盖了普埃布拉的社会和

政治紧张局势，但他们不仅把一家外国公司置于国家的聚光灯下，而且还把它当作是墨西哥工业结构中的一个重要元素。发言者一再提请注意劳工的贡献，从而强调了墨西哥人在大众汽车产品上留下的深刻印记。大众汽车公司在1977年发布的一则广告为这种效果提供了最为引人注目的声明，因为广告将沃奇托与该国最著名的美食之一进行了搭配。广告的标题是“不要接受任何鼹鼠”，指的是一种甜辣的巧克力酱，普埃布拉因这种酱料名扬墨西哥各地，这种酱料的制作需要很高的技巧和极大的耐心。在标语下面，读者看到一张彩色照片，上面是一只煨在炭火上的陶罐，里面装满了浓郁的棕色液体。照片下面的文字解释了这个陶罐是如何在汽车广告中出现的：

> 当一个人想做一道地地道道的鼹鼠波布拉诺时，就不会接受任何替代品，因为，众所周知，这是一道由非常特殊的原料制造而成的无与伦比的菜肴，这道菜肴需要费力的准备过程，容不得半点随心所欲。
>
> 同样，当一个人想要一辆好汽车，一辆制造精良，零部件质量最佳的汽车时，大众甲壳虫汽车就是必不可少的选择对象，顺便说一下，这款汽车产自普埃布拉。……
>
> 事实上，在普埃布拉，我们对自己的鼹鼠特别自豪。……也为我们的大众甲壳虫汽车感到骄傲。[38]

通过把普埃布拉员工的专业技能推向前台，公司强调了这款汽车适合墨西哥习俗的产品资格。在公司内部，大众汽车公司强调的是“纪律、秩序和清洁”，并将其视为车间日常工作的核心价值观，从而形成了一种工作文化，这种文化使得普埃布拉的许多员工被认为是德国人。然而,大众墨西哥并未明确地将沃奇托作为一种按照外界强加的规格生产的商品。相反,却强调了墨西哥工人的专业知识是如何支撑这款汽车的吸引力的。如果不是原来的设计,沃奇托早就成为一款按照墨西哥质量工艺、由墨西哥制造的汽车了。

大众汽车通过促销活动和广为宣传的庆祝活动在何种程度上成功地形成了公众舆论尚不清楚,但一些墨西哥人不同意将墨西哥民族的认同感归因于沃奇托杰作。持怀疑态度的人们欣然认可大众汽车在墨西哥的生产基地以及汽车的普遍存在,是由于汽车文化声望突出的原因,却认为雇用当地工人不足以使汽车变成具有墨西哥品质的产品。一位工人认为,沃奇托原本的德国设计和生产中所使用的德国技术,使墨西哥劳动力的贡献黯然失色。另一位工人反对把甲壳虫汽车列入“典型的墨西哥”产品的论据是,甲壳虫汽车的外国血统,正如一位技术工人所指出的那样,“与我们的文化无关”。这位工人坚持认为,无论这款汽车变得多么普及,本质上仍然还是一个外来货。[39]

然而,另一些人则大不以为然。“对我来说,这款汽车比起德国制造的汽车,更具墨西哥特色,因为它是由我们墨西哥制造的”,一位大众汽车工人相当自豪地解释道。持有这种观点的不仅仅是那些参与汽车生产的人。墨西哥城的一家街头食品摊贩对这款小巧玲珑的圆形大众汽车是否是墨西哥产品的问题滔滔不绝地给予了肯定的回答:“沃奇托就是我!”在给出评价的主要原因之前,他激动地叫了起来:“这是墨西哥制造的。”墨西哥人也赞同:是这款汽车的广泛社会吸引力和广阔的普及性使得这款汽车在墨西哥社会具有了特殊的地位。“每个人都有一辆”,另一个人试图传达一种印象,夸大其词地说:这款汽车在20世纪 90 年代早期就无处不在了。而且即使有人从来没拥有过沃奇托，但大多数人也可能乘坐过这款汽车，尤其是 20 世纪 90 年代中期以前，沃奇托一直都是全国主要的出租车。[40]

在墨西哥，大众汽车成了 20 世纪 70 年代至 90 年代无处不在的沃奇托。2008 年，在墨西哥城的每一个街角都能看到 90 年代的甲壳虫汽车。（照片由作者提供）

对许多墨西哥人来说，沃奇托的技术特征在于被认为是所谓的墨西哥人的核心。随着公司通过装备更强劲的发动机、能在高海拔地区可靠工作的新燃油喷射系统、新的制动器、更有效的悬架装置和催化转换器来改进车辆，这款汽车给墨西哥人的印象是异常坚固可靠的。早在 1971 年，奥托南多（Autornundo）发表了一篇文章，称赞"大众汽车因其'质量'和'坚实的结构'而被神话"。墨西哥的汽车驾驶者特别指出说，汽车的可靠性和坚固性是其成功的重要因素。这是一款汽车驾驶者可以信赖的车，因为正如另一位车迷所说的那样，这款汽车结实得像一辆“小坦克”。[41]

在许多墨西哥人的眼中，这些技术特性赋予了这款汽车一种文化亲和力，这是墨西哥日常生活的中心特征。一位汽车驾驶者回忆道，他的大众汽车是一辆“优秀的汽车”，并被视为墨西哥车，因为它“没有太多的需要”。他解释说，由于大众汽车的结构相对简单，技术上可靠，对于一个基础设施粗糙的国家来说是一种理想的车辆。换句话说，事实证明，甲壳虫汽车与墨西哥粗糙的基本设施十分般配。一则关于墨西哥汽车的笑话利用这个主题，把来自不同国家的汽车驾驶者的特征与他们选择的车辆联系在了一起。

> 一个美国人正在克莱斯勒的一条孤独的路上开车。这时，他听到一种奇怪的声音。他是怎么做的呢？他立即停下车来，用手机呼叫道路救援。15 分钟后，一辆拖车和一辆租赁车出现了，驾驶者坐在租赁车里继续安全地旅行。
>
> 一个日本男人正开着他的丰田车，沿着一条孤独的道路行驶。这时，他听到了一种奇怪的噪声。他是怎么做的呢？他立即把车停了下来，打开发动机罩，仔细检查起发动机，找出了故障，也想出了解决方案并加以实施，然后继续他的安全旅程。
>
> 一位墨西哥人正驾驶着沃奇托沿着一条孤独的道路行驶时，听到一阵奇怪的噪声。他是怎么做的呢？他拿起啤酒瓶从中啜了一大口，然后把汽车收音机调到最大音量，踩上踏板，继续他的安全旅程。

这则笑话本身给人的感觉是美国汽车不可靠，日本汽车需要合格的专家关照，同时开玩笑也自嘲地将沃奇托描绘成一款坚固、耐用、朴实无华的墨西哥交通工具，出点小毛病是不值得费神关注的。比较而言，当时的大众汽车平实稳健，并因突出了墨西哥生活和汽车之间的文化相似性而令墨西哥人印象深刻。从这个角度来看，甲壳虫汽车就是坚韧的、皮肤厚实的墨西哥人，能够应对道路上的实际颠簸和比喻性的颠簸。[42]

对于那些认定大众汽车固有的墨西哥血统的人们来说，沃奇托填补了墨西哥因没有最初自己制造和设计的流行车辆所导致的汽车文化的空白。在美国，许多人把福特 T 型车或凯迪拉克车视为国家技术创造力的体现，英国人崇拜小莫里斯（Morris Minor），而墨西哥却缺乏与这些车型直接相对应的汽车。在这个国家零售的汽车首先出现在边境以外的图板上。在某种程度上，由于缺乏更好的国内替代品，沃奇托被逐渐当作具有墨西哥民族身份的汽车来接受。此外，德国血统的甲壳虫汽车可能更倾向于在这个大多数其他种类汽车都拥有美国血统的国家里，被当作墨西哥商品在文化上予以接受。与美国起源的汽车相比，甲壳虫汽车没有与帝国主义有任何联系，这是由于长期不平等的权力关系所导致的结果，对此许多墨西哥人将其归咎于他们的北部邻居。虽然大众汽车公司的商业行为确实偶尔会因提及德国纳粹的过去而受到谴责，但是这些谩骂仍然会遭到孤立，而且从未发展出任何类似“反扬基”的恶意言论来。除了在普埃布拉的生产场地、长期的社会普及以及技术特点之外，沃奇托的德国起源而非美国起源有助于这款汽车被人们接受为国家产品。[43]

无论是作为正宗的国产汽车还是作为成功的进口汽车，墨西哥人所讲的甲壳虫汽车的故事都证明了它在日常生活中的突出地位以及在最近几年中的显著地位。多年来，沃奇托已经进入了许多墨西哥人的共同记忆库，并因此成为一种民族联系感的记忆场所之一。来自各行各业的人们不断地编织着各种新故事，并且乐此不疲。这些故事将甲壳虫汽车融入了一个集体的体验中，使得这款汽车在全国性的想象中的突出地位得以长存。[44]

这些故事的中心主题是简单而富有想象力的维修能力。在一个既没有复杂工具和精密部件，许多驾驶者又没有钱，道路经常崎岖不平，小作坊不可能总是提供值得信赖的良好服务的国家里，能够自己修理汽车是成功的重要前提。墨西哥的车主们津津乐道地讲述着在车子发生故障后，他们是如何通过能想到的最简单的辅助手段，包括绳子、橡皮筋和细铁丝，使汽车恢复正常运转的故事。一个狂热爱好者结束了与邻居关于这个话题的激烈交流，宣称："当汽车耗尽汽油时，你可以用水开车！"当这些故事归功于有能力在物质有限的条件下，足智多谋地解决墨西哥驾驶者们的汽车问题时，他们强调了一些共同的体验，并将大众汽车当作一款结构简单、适合在具有挑战性的汽车环境里驾驶的理想汽车。[45]

许多对沃奇托的记忆基本上是私人的，缺乏公开的政治层面，但这并不会削弱他们的集体效力。政治主题的缺位，很可能会让甲壳虫汽车的轶事加深墨西哥左派和右派之间意识形态的鸿沟。汽车和有关汽车的故事是共同文化的参照点，不会引起政治上的不和谐，因此它是一个共享民族认同感的前提条件，也不应该认为所有的个人轶事都需要完全的真实才能激发集体和私人的想象力。通常，他们的效果主要取决于富有同情心的听众的热情。“沃奇托是一款很棒的性爱车”，一款具有墨西哥特色的商品，一位前车主在一次关于这款汽车的谈话中如是回忆。

当被问及这句话与眼前的话题有何关系时，这位前车主详细地阐述道：“这不仅仅是因为墨西哥制造了许多沃奇托，沃奇托也制造许多墨西哥人。”虽然无法证实人们在他们的小汽车里都做了些什么，但这个断言却说明了谈论甲壳虫汽车是如何轻而易举地唤起人们的回忆的，以及作为一个多用途的日常话题

在墨西哥海滨城市波多安格尔(Puerto ngel)一处私人住宅旁边停放着一辆沃奇托的汽车外壳。相对而言，这款汽车的简单工程特性让驾驶者能够自己动手修改车辆。到了无法再用时，这辆沃奇托的零部件又可拆除另作他用。(照片由作者提供)

是如何被深深地编织进墨西哥人的集体记忆里。鉴于大众汽车的公共声望和私人意义,许多驾驶者认为大众汽车不仅仅是一种功能性的交通工具也就不奇怪了。一些人对其纷纷表示爱慕,另一些人则称赞它是一个“世界奇迹”。一位汽车酷爱者一生竟然购买了12辆大众汽车,他非常激动地说:“沃奇托就在我的心中。”[46]

通常,普埃布拉工厂生产线的工人对他们的雇主的一言一行十分挑剔,即使这样,他们对大众汽车公司在2003年决定停止生产这款经典汽车也是深感遗憾。在20世纪90年代中后期,沃奇托的销量在不断下降,但管理层却仍然继续不断地生产沃奇托,只是不再在生产线上进一步投资了,此外,管理层每两年就会对沃奇托的未来前景进行一次评估。到21世纪之交,这款旧式汽车的竞争力已是日落西山了。尼桑的四车门轿车鹤田(Tsuru)却很快流行起来,这款汽车自20世纪80年代末以来,就开始成为比小巧玲珑的圆形大众汽车更舒适、动力更强的驾驶者的替代品。2003年7月30日,在普埃布拉,随着最后一辆甲壳虫汽车伴随着身着盛装的墨西哥街头乐队演奏的悲哀曲调离开了生产流水线,甲壳虫汽车生产的最后帷幕降落了下来。对于一个在1979年受雇于本厂的工人来说,这个事件完全改变了他工作场所的性质特点。“没有沃奇托,工厂就像没有了面包卷的面包房”,他如是说。与其说是把一款汽车纳入工人自己可以负担得起的产品范围之内,倒不如说从那时起,墨西哥大众汽车公司只生产捷达(Jetta)和被称为“新甲壳虫”(New Beetle)的复古车等车型,这些车型瞄准的是更高的细分市场,通常是针对美国市场来的。毫无疑问,甲壳虫汽车仍然引起了人们的一些同情,而这些同情是来自那些把这款汽车当作汽车记忆的普通墨西哥人。[47]

自 2003 年以来，沃奇托开始成为怀旧的对象。普埃布拉工厂的工人们给生产最后一辆甲壳虫汽车的大楼命名为“泪堂”(中殿)，以期通过这种方式来表达他们的失落感。一名工人非常悲伤地目睹了甲壳虫汽车生产的终结。不久之后，他就弄了一辆二手甲壳虫汽车。“可爱、漂亮”，是他认为用来描述他发誓永远不会出售他那辆令他心仪财产的恰当形容词。实际上，怀有珍藏沃奇托愿望的绝不仅仅限于工人。沃奇托在墨西哥已停产 5 年了，这款汽车在大街小巷里仍然随处可见，其周边弥漫着一种即将失去之感。2003 年，墨西哥大众汽车公司为了纪念沃奇托停产而设计的“终极版本”不仅立即售罄，而且很快就变成了昂贵的收藏品。

2008 年，保养良好的沃奇托汽车广告标价为 12 万比索或约 1.2 万美元，这个价格只有富裕的墨西哥人才能想得到。于是，这款行将消失的汽车促使墨西哥人，不论穷富，都赶在这款汽车从道路上最终消失之前购买了一辆属于他们自己的“普埃布拉之车”。[48]

尽管沃奇托起源于国外，但作为一款典型的墨西哥汽车却赢得了良好的声誉。随着在全球商业上取得了成功，甲壳虫汽车在全球大宗商品领域里获得了罕见的成绩。除了像无数其他出口商品一样在各个市场找到了商业和文化场所外，甲壳虫汽车还成了一个多民族的交通工具。当生产结束时，墨西哥人像德国人一样，将这款汽车尊崇为国家的标志，而且他们不是唯一这样做的人，因为巴西人也以同样的方式珍惜这款汽车。

在墨西哥，甲壳虫汽车作为一种国家商品被采用，这与大众汽车在国际市场取得成功的决心密切相关。这一雄心壮志得到了联邦德国政府的积极支持，使德国汽车制造商成为全球化的代理人，并以巨大的精力和毅力解决了墨西哥业务带来的诸多困难。在20世纪60年代中期，墨西哥的商业环境十分艰难，因为该公司在有限的需求、有利的国家干预和70年代的经济政策以及随后的商业波动中挣扎着。尽管大众汽车公司赢得了墨西哥历届政府的善意，但它无法阻止1972年成立的独立工会，在未来的20年里该工会有效地捍卫了工人的权利和工资，有时还使大众汽车公司卷入了极具争议的劳工冲突中。直到1992年，公司抓住了时机，暂时解雇全体员工之后，才减少了工会的影响。这是一项支持后福特生产方式引入的激进措施，也是普埃布拉作为北美市场制造中心的新的战略态势。

事实证明，大众汽车公司决定在普埃布拉保留一家工厂，这对于沃奇托被视为非官方国宝至关重要。行政领导、政客和普通市民称赞这款车是“墨西哥制造”的优质产品，其简约性和坚固性使它非常适合这个国家的恶劣地面。由于价格相对低廉，沃奇托汽车的拥有量逐渐扩大了，超越了国家的精英阶层，通过中产阶级扩大到了更大的社会公民范围。在自己国家为国人制造的沃奇托汽车成了普埃布拉之车时，其技术特点似乎使汽车与国家的日常生活具有了文化亲和力。从这个角度来看，正是沃奇托的墨西哥情愫，让这款汽车在墨西哥那充满了挑战的汽车环境中顺畅行驶。

尽管沃奇托被当作墨西哥的车，但仍然带有资本主义全球不平等的印记。相对而言，大众汽车技术工人表现得异常出色，他们的工资和福利都很高，但迄今为止，这家工厂仍保留着昔日公用土地野营者从未因当地政府热衷于吸引外国汽车制造商的行为而蒙受的经济损失。同时,大众汽车公司非技术岗位和半技术岗位雇员的收入高于当地其他行业的同事,但按照国际标准衡量,他们的工资水平仍然很低。工厂开业 20 年后,大众墨西哥生产线上的工人的日薪远远低于沃尔夫斯堡的时薪。此外,墨西哥大众汽车公司的工人并不感谢因雇主的慷慨而获得的有限经济收益,而是感谢工会的积极行为。换句话说,普埃布拉大众汽车公司工人的收入高于墨西哥全国收入平均水平的事实,不能归因于全球资本主义固有的财富创造机制,而应归因于工人的主张。

鉴于墨西哥近代经济史上反复出现的跌宕起伏,甲壳虫汽车在墨西哥的标志性地位因此得到上升绝不能被说成是一个简单的成功故事。更贴切地说,那是一种非线性叙事,类似于 1987 年以来在墨西哥工作的比利时艺术家弗朗西斯·埃利斯(Francis Alys)的视频《叛逆一号》(*Ensayo 1*)。《叛逆一号》在 1999 年拍摄于提华纳(Tijuana),描述的是一只鲜红的甲壳虫汽车。这只甲壳虫汽车伴随着墨西哥街头乐队演奏的曲调“埃尔·彭德洛”(El pendulo)的乐声冲上了陡峭的泥土路,道路两旁矗立的是各种房屋建筑。每当音乐家中断演奏,汽车就会翻滚到山坡底部,直到乐队重新开始演奏,这辆甲壳虫汽车才开始继续上行之旅。最终甲壳虫汽车勇敢地到达顶部时用了差不多半个小时的时间,“永远不会成功”作为剧情的设想伴随着这一场景。埃利斯把西西弗斯在《叛逆一号》中所做出的努力描述为“一个斗争的故事,而非取得成就的故事”,并补充说,这项工作概括了缺乏有意义进展运动的“拉丁美洲发展原则”:“向前迈出三步,向后退去两步,再向前迈出一步,又向后退两步。”对于埃利斯来说,甲壳虫汽车的上山下山之旅是“墨西哥模棱两可之事与现代性的隐喻”。[49]

在埃利斯首次展出《叛逆一号》的四年后，普埃布拉的最后一辆沃奇托汽车从生产线上下线了。2003 年，墨西哥人对这一事件深感遗憾，但这并不意味着甲壳虫汽车的商品生命就此结束了。相反，在终极版甲壳虫汽车离开普埃布拉的五年前，大众汽车公司就向世界展示了一款新车，公开地揭开了围绕到目前为止第一款经典车型的历史神秘面纱。尽管这款汽车与其杰出的前辈们没有什么共同的工程特性，但却立即被公众认定是“新甲壳虫汽车”，并在全球掀起了对大众汽车公司生产的第一款车型的怀旧浪潮。

新旧甲壳虫汽车

“没有镀铬，马力不足，外来货。”这是 1960 年拍摄的当代热门电视连续剧《广告狂人》(*Mad Men*)中，广告主管萨尔瓦托·罗马诺(Salvatore Romano)在虚构的机构斯特林·库珀(Sterling Cooper)的一次业务会议上经仔细审查一则大众汽车的广告后，轻蔑地作出的定论。去年他们就下了这么个定论，表达了同样的蔑视：记住“要从小处着想”，这是半个页面的广告和整版页的交易。“你几乎看不到产品”，一位同事摇了摇头说，却遭到了皮特·坎贝尔(Pete Campbell)的反驳，这是这部剧表现出的竞争野心之一：“诚实。我认为是一个很大的角度。……真有趣。我认为很精彩，”经过几次进一步的交流，斯特林·库珀的创意总监唐纳德·德雷珀(Donald Draper)结束了这场聊天式的讨论：“你想说什么就说什么吧。不论你爱也好，恨也罢。在过去 15 分钟里我们一直在讨论这个问题。”[1]

甲壳虫汽车以其小巧玲珑、不张扬的设计特点以及广告公司值得注意的宣传活动为重点，在《广告狂人》中的客串亮相，标志着大众汽车公司结束进口后的几十年来，在美国一直保持着较高水平的文化形象。对于一个魅力在于唤起 20 世纪 60 年代才智的 2007 年的电视节目来说，甲壳虫汽车提供了一个不可或缺的时期细节，这一点恰如凯迪拉克·库普·德·维尔·唐纳德·德雷珀（Cadillac Coupe de Ville Donald Draper）在随后一集中获得了凯迪拉克跑车那样。在当代美国，小小的"大众汽车"作为历史的回忆对象，能够唤起我们对过去一些重要事情的回忆。当然，甲壳虫汽车作为记忆点的地位绝不只局限于美国，就像在其他国家取得销售成功一样，在不断地向其他国家延伸着。粗略地看上一眼1945年后德国人写的有关联邦德国历史的著作封面，便可证实甲壳虫汽车在20世纪90年代以后就已经被列为联邦德国最显著的标志之一了。然而，即使在像英国这样的国家里，这款汽车从未在那里获得过巨大的商业成功，媒体也会利用它来唤起人们对最近的过去的回忆。英国广播公司获奖的系列剧，《火星上的生活》（*Life on Mars*，2006）的开场白显示，主角在一场车祸后，神秘地从后千年的曼彻斯特回到1973年，并在震惊中跌跌撞撞地穿过一个被彻底改造了的城市景观，然后坐在橄榄绿色大众汽车里不相信地盯着自己在侧视镜里的倒影。[2]

作为一个历史性的道具，甲壳虫汽车在当代媒体中的流行，说明了它在西欧和美国的经销店消失很久之后，仍然还存在着文化的显著性。这款沃尔夫斯堡制造的汽车在工业产品中名列前茅，这些工业产品成功地延长了它们在大量使用时期的商品寿命。尽管批评人士经常指责富裕社会培养了一种源自西方对创新和经济增长迷恋的一次性精神，但许多文物一旦耗尽了表面上的效用，就避免了落进历史的尘土堆的下场。收藏家、修复者和其他对持有旧物很看重的人们常常会对其加以保护，从邮票、家具、开瓶器，再到啤酒杯垫和鸟笼等无数的大规模生产物件，都已成了值得保存的东西。这种把过去的商品置于变化着的旋风中的冲动伴随着创新的激动和动荡，体现在一位学者所描述的“垃圾的变身”之中。人们常常将历史意义归因于将它们与自己的过去联系起来的物体。大众汽车是历史上较为突出的收费商品之一，在当今的西方社会里，这种商品的历史地位可以追溯到现在。[3]

大众汽车持续吸引力的深层次情感冲动在拥有和驾驶旧甲壳虫汽车的国际车迷中尤为明显。这些资深大众汽车的持有者们将相当大一部分可支配收入和业余时间投入到了他们的小型汽车身上；老式大众汽车的车主们十分珍惜与具有历史意义的汽车之间的密切联系。在夏季的几个月中，他们的集会和节日吸引了西欧和美国的大批观众。甲壳虫汽车爱好者的聚会现场证明了大众汽车在国际流行文化中的第一个持久的突出地位，以及能够在广大人群中引发压倒性的情感反应和记忆。

大众汽车在 20 世纪 90 年代成功地推出了一款绰号为“新甲壳虫”的汽车，揭示了汽车制造商在多大程度上可以从掩盖标志性汽车的光环中获得巨大的商业利益。虽然这款车在工程特性方面与原版汽车没有任何共同之处，但它的外形通过复制其独特的轮廓，有意识地唤起了人们对经典的联想。制造新甲壳虫汽车的想法必须消除德国公司总部的怀疑，然后才能成为自千禧之年以来越来越多地出现在汽车市场上复古车中的第一辆车。除了强调过去的商业潜力外，这款新车还吸引了人们对 20 世纪下半叶第一款大众汽车获得的国际形象的关注。这款复古车基于一个古老的经典，由一个国际设计师和工程师团队研发，在德国以外的地方制造，其目标是非德国市场。换句话说，至 1998 年新甲壳虫汽车上市时，这款汽车已经拥有了一个完整的国际血统，由此反映了原款汽车在全球范围的成功，以及大众汽车向跨国公司的演变。调查旧款甲壳虫汽车的粉丝现状，结合了解在新款甲壳虫汽车背后的发展情况，可以看到各种各样的文化和经济因素，这些因素使得大众汽车在大西洋两岸富裕社会里的第一批商品的寿命得到了大大的延长，远远超过了大众汽车日常大量使用的时期。

在正式停止销售很长一段时间后，围绕这款旧甲壳虫汽车的深情仍在继续，这一点在夏季周末于西欧和北美大部分地区举行的露天聚会上表现得最为显著。这些活动是由把大众汽车车主汇聚在一起的俱乐部组织的，展示了大众汽车公司生产的第一款车型的修复样品，以及经过大量抑或是令人惊叹的汽车改装。就像汽车展一样，甲壳虫汽车展览会也展出了多个形状和规格尺寸的汽车。尽管一些集会仍然与不到 100 辆汽车保持着亲密关系，但五位数的观众仍然成群结队地涌向广为人知的周末节庆活动；这些节庆活动内容包括速度竞赛、为参展汽车颁奖、备件市场，以及各色的娱乐节目包括摇滚音乐会、喜剧之夜和迪斯科舞会。在新千年的第二个 10 年里，历史上的甲壳虫汽车场景没有显示过兴趣不再盎然的迹象。2010 年，有 3 000 多名旧款老爷车驾驶者云集在汉诺威的“麦卡弗”集会上，这是每年 5 月里举行的最大规模的德国集会之一。与此同时，发生在伦敦以北大约 60 英里的北安普敦郡（Northamptonshire）圣波德赛（Santa Pod）道上的“臭虫拥堵”，据称是世界上最大的一件与甲壳虫汽车有关的事件。2007 年吸引了 4 万名观众后，这个为期 3 天的庆祝活动完全名副其实，4 年后，由于担心造成英国乡村道路交通堵塞，组织者被迫阻止众多粉丝前往集会场所。[4]

至 2010 年，许多集会和组织集会的协会已经存在了 20 多年。美国老牌大众俱乐部，一个将全国社团联系在一起的综合组织，可以追溯到1976年。一年后，一群联邦德国的热心人萌生了筹建甲壳虫汽车俱乐部的想法，而这一想法在1981年竟然梦想成真了。“臭虫拥堵”于1987年首次敞开了它的大门。甲壳虫汽车协会网络和节日的出现，恰逢甲壳虫汽车在联邦德国的结束生产，从欧洲和北美市场退出来之时。对西欧和北美的大众汽车市场，这款汽车的年代已经久远了，有相当一部分社会少数派开始把这款汽车当作宝贵的历史财富。[5]

把甲壳虫当作历史文物者的背景各不相同。一些车迷很有钱，自称是“铁杆汽车迷”，他们把自己的大众汽车纳入大量昂贵的汽车收藏品中。不过，大多数车主的手头财政资源要少得多。作者在英国和德国举办的聚会中邂逅了一些甲壳虫汽车爱好者，其中一位是退休的汽车修理工，一位是玻璃工，一位是邮差，一位是电工，一位是社会护理工作者，一位是老师，还有一位是受过高等教育的电气工程师。[6]虽然男性拥有者的人数明显超过了女性，但旧款甲壳虫汽车圈子涉及的社会范围十分广泛，年龄从22—75岁不等。鉴于社会和代际的宽度，这一场景并不是由一种独特的人生观或类似的审美偏好构架起来的，从严格意义上讲，这种审美偏好体现了亚文化的特征。[7]一些成员在集会上形成了长久的友谊，但大多数发烧友的主要动机只是满足自己对展出汽车的好奇心。大众汽车的车迷们因此形成了一个围绕着对一款汽车痴迷的松散的团体。[8]

这一场景的社会广度反映了大众汽车与许多备受推崇的经典汽车的相对经济性。2006年，一位英国车主以3 500英镑(5 500美元)的价格出售了一辆1955年产的“优质、坚固”和“完全原装”的旧款汽车，而一款保养良好的1973年产的甲壳虫汽车的售价则是 2 250 英镑(3 600 美元)。10 年前,纽伦堡(Nuremberg)的一位驾校教员以区区 500 马克(360 美元)的价格购买了一辆 1971 年产的甲壳虫汽车。尽管在新千年的头 10 年里,由于不可避免的供应枯竭,甲壳虫汽车的价格就已经上涨了,但第一款大众汽车仍被认为是价格更实惠的经典汽车。以合理的成本价格提供现成的零配件,对收入相对有限的人来说也是其选择甲壳虫汽车的一个原因。“我的一个朋友有辆旧款迷你库珀车,”一位德国女保育员在 2011 年解释说,“当然,这款车是挺不错的,但汽车的零件却是很昂贵的,买零部件简直就是一场噩梦。甲壳虫汽车的零部件却便宜多了。”替换零部件的稳定供应并非完全来自高度发达的零部件交易市场,有些零部件是从无数旧甲壳虫汽车里拆下来回收、在网上提供的削价品和在甲壳虫汽车“旧货交换会”上交换的。相反,雷法·墨西卡纳(REFA Mexicana),位于普埃布拉大众墨西哥汽车工厂街对面的一家公司,连续生产了成千上万扇车门、挡泥板、底盘、保险杠等,其常使用曾经在沃尔夫斯堡用了几十年的旧标志。雷法公司生产的大部分产品面向的是拉丁美洲市场,而大众汽车公司却在全球范围内销售零部件,为的是确保西欧和北美的汽车驾驶者之所需。2008 年,价格低廉的甲壳虫汽车零部件离停产时间遥遥无期,雷法公司的经理希望他的公司还能再生产 20 年。[9]

尽管旧款大众汽车的价格相对低廉,但仍需要大量的投资。除了金钱之外,大众汽车的粉丝们还把时间和情感大量地注入在旧款甲壳虫汽车上,以确保汽车能处于正常的工作状态。有些汽车驾驶者一个月花在大众汽车上的时间超过了 25 个小时。对他们来说,这款汽车相对简单的技术是它的主要吸引力之一,因为它允许车主们自己进行许多维修和日常维护。除了帮助车主降低成本外，大众汽车的首款无障碍技术可达性还提供了展示对汽车的奉献精神和情感的机会。维修汽车可能会令人沮丧，但对一辆老化的汽车给予大量的机械关注也会带来相当大的满足感。一位车主说："当一切都变得如我想象的那样时，我会非常高兴的。"其他人认为，某些干预措施，比如出于好奇拆除发动机，是一种仪式，标志着他们是大众汽车驾驶者圈子里地地道道的成员。一位德国粉丝说："作为甲壳虫汽车的主人，我认为你只要做一次就行了。"[10]

那些自己不会修车的车主们，可以把汽车开到专门的汽车修理厂，或者找朋友帮忙，但大多数车主都能保证他们的甲壳虫汽车处于良好状态。实际上，不论男女，只要车库里停放着一辆旧款甲壳虫汽车，他们都会对汽车是否出现新锈斑非常警觉。一位妇女在描述她与甲壳虫汽车在世界上的主要敌人的战斗时说："人必须坚持不懈地保持警惕，不然，汽车就会在你的鼻子底下生锈的。"对机械衰退症状的关注普遍存在于酷爱甲壳虫的汽车拥有者中。"你会为听到的每下敲击声担心"，一位英国汽车迷如是指出。这种说法提醒人们，许多甲壳虫汽车已经超过40岁的高龄了，即使考虑到了这款汽车传奇般的耐力和耐用性，它们的寿命也远远超过了通常的预期寿命。车主们用同样的方法为他们的汽车宝贝进行维修、保养和担忧。[11]

虽然聚集在大型集会上的数以千辆计的具有历史意义的汽车最初都是福特主义标准化下的产品，但在任何甲壳虫汽车集会上展出的汽车，没有两辆汽车会是相同的。"我喜欢这样一个事实，尽管制造了两千多万辆甲壳虫汽车，却很少见到两辆相同的车。我从来没有见过一辆甲壳虫汽车和我的汽车一模一样。"

一位拥有 1965 年产的英国汽车驾驶者说；他那辆汽车漆着石灰白色的漆，悬架低，还装有一个“赛车专用发动机”。近几十年来，随着车主们根据自己的喜好对汽车进行改装和修复时，各种各样的风格应运而生。许多车主把甲壳虫汽车当作了画布，根据自己的审美观和技术偏好在上面作画。在某些情况下，当车主选择把低价的“残骸”变成闪亮的展示品时，其创造过程可能需要数年时间。为了完成这项需要技巧、知识、想象力、行为准则、奉献精神和现金的任务，圈子里的许多成员至少得暂时把甲壳虫汽车作为他们业余时间的中心点。像许多爱好一样，旧款大众汽车是个严肃的乐趣。“我的另一个爱好是我的女儿，”一位已婚的德国工匠在被问到他为大众汽车贡献了多少精力时，开玩笑地回答说。另一些人自嘲地用病理学的语言来描述他们对汽车的迷恋。用康涅狄格州的一位汽车修理工的话说，这只老甲壳虫“哪里是一种爱好，那简直就是一种瘾好”。[12]

对大多数热心者来说，甲壳虫汽车只不过是一件他们希望通过日常使用来展示的物件。可以肯定的是，有些车迷像平时驾车一样开着车去参加甲壳虫汽车集会，不过，他们的人数远远地超过了在特殊日子里开车出去兜风的人数。一位参加 2011 年在纽伦堡聚会的老人决定不开他那辆旧款甲壳虫车去那里了，因为天上的乌云预示着要下雨了。由于热衷于与其他车主讨论自己的爱车，老人带来了一本小相册，这种相册原是年轻父母常用来存放婴儿照片用的，以便让其他爱好者对他停在车库里的宝贝有一个深刻的印象。为了保护汽车免受任何可能的腐蚀，人们采取了如此谨慎的行为，以致许多人每年驾驶汽车的行程不超过 300—500 英里。[13]

构成这个场景的甲壳虫汽车种类太多了，在此无法一一赘述。在汽车系列的这一端，这些汽车虽然保留了大众汽车的外观，但却故意将其改装成各具特色、与众不同的产品。汽车改装的可能性几乎是无限的。拆卸汽车的挡泥板和防护板，更换原发动机罩，安装更宽的前后轴，降低或完全拆除车顶篷，用新的配件和彩色油漆装饰车身，这些介入措施都会加速许多粉丝的心动。扩大发动机容量，安装更坚固的悬架装置来提高车速和性能的这类改变，可追溯到 20 世纪 50 年代南加州的热捧场景。因此，全世界最受欢迎的运动型、快速臭虫汽车流行的款式是"卡尔外观"，这一点也不是巧合，也会让人想起那些年轻人。用一句早期加州大众汽车公司调音师的话来说，他们的目的是让"汽车跑得尽可能快，同时花费最少的钱"。[14]

2012 年，在英国大众车迷的一次集会上，一辆"卡尔外观"的甲壳虫汽车闪亮登场。这辆运动车的特点是前悬挂装置下沉，五辐轮圈，使用的是推杆(而不是保险杠)，几乎没有铬合金细节装饰。(作者提供照片)

自20世纪70年代中期以来,“卡尔外观”的特点被打上了非正式的标签,有时又是存有争议的惯例,包括修改前后悬架以降低汽车的鼻子;除去了铬合金细节装饰,包括保险杠;重新涂漆;配置五辐和八辐闪亮轮圈,以及安装高性能发动机。“卡尔外观”的甲壳虫汽车强调的是速度、功率和炫耀,与原款的朴素外观、适度加速和行车速度缓慢,形成了鲜明的非美学和技术性的对比。因此,“卡尔外观”展示了苏珊·桑塔格(Susan Sontag)很久以前认定的“营地”品质。依靠高度程式化的“技巧和夸张”,一辆全麦色“卡尔外观”甲壳虫汽车拖曳显示了“一种强烈的非自然性的爱”,因为这辆汽车试图将自己变成一辆高性能的汽车,这款汽车在赛车道上似乎比在郊区的车道上显得更自在。[15]

在旧款甲壳虫汽车收藏家的另一端,是些热衷于驾驶一辆在技术和美学特征上与特定车型年生产的大众汽车相同的汽车的爱好者们。大众汽车的粉丝们对那些通过寻找替换零件,研究配色方案,搜集与50年代使用的图案完全相似的布料,以“确保让汽车保持原样”的人们充满了钦佩。虽然车主在旧款甲壳虫汽车社区中的地位可以与他的汽车时代联系在一起,但修复后的大众汽车的粉丝们首先受到了一种对历史真实性的强烈探索欲望的驱使。在一些偶然的情况下,忠实地保存或重新研制一款具有历史意义的汽车,会让那些爱好者们打破过去和现在的间隔,从而回到过去。1998年,一位美国追随者偶然遇到了一辆1970年制造的“漆黑发亮”的甲壳虫汽车,这辆汽车20年来几乎从未离开过车库,这使他激动得几乎无法自已:“这辆车比我想象的还要好。……很像1970年在经销商展厅里看到的那辆名叫臭虫的汽车。既然复原的甲壳虫汽车会出现,同样,复原的甲壳虫汽车也会消失,但我知道这才是真实的再现,这与沃尔夫斯堡的意图完全一样。”这辆看似未受时间的影响，忠实地修复和精心保存的汽车因此从过去进口到现在，就具有了吸引力。简单地说，他们似乎要使历史重生。[16]

不管他们的汽车证明的是他们对风格化技巧的偏爱，还是对历史真实性的渴望，甲壳虫汽车的主人们都被一种独特的感觉团结在一起了。这个圈子是一个向众多美学和技术风格开放的大教堂，在这个大教堂里存在一个信念，实际上所有的礼拜者都坚持认为发动机需要空气冷却式，同时必须位于汽车的后部。这些技术特征将甲壳虫汽车与其他历史上的汽车和现代的汽车区分开来，同时也将普遍认可的甲壳虫轮廓和极具个性的轮廓区分开来。几位德国车主和英国车主在被问及他们最喜欢甲壳虫汽车的哪些地方时，他们回答说，“这可不一样”，他们还常常会补充说他们“喜欢汽车的外形”。在一个完全由更大的，通常是方形汽车和水冷前置发动机主导的现代汽车文化中，许多人一直认为甲壳虫汽车的外形使其成为一种既“酷毙”又“有趣”的汽车。[17]

许多车主对他们的甲壳虫汽车抱有好感是因为这款汽车让他们超越了日常的担心和忧虑，尤其是那些与他们的职业生活相关的担心和忧虑。像许多其他爱好一样，拥有一辆旧款大众汽车是一种“自主的选择和自我指导的活动”，这涉及“一种自主的‘工作’，以一种自己决定的速度来自己完成”，并缓解了弥漫在职业界中的异化压力。[18] 旧款大众汽车不仅仅是一种财产；购买、恢复、调整和维护甲壳虫汽车又可以让人们获得在日常生活其他方面中所丧失的自主权。对一些人来说，甲壳虫汽车实际上还是一个逃生舱，而不仅仅是为了修修补补或飙车兜风之用。一位德国驾校的教员非常珍惜他那辆 1971 年版最富有特色的旧款大众汽车，把它当作一个壳子，当他的工作需求威胁着要压垮他时，他就会退缩进去："忙碌一整天后，有时我一回家就会坐进甲壳虫汽车里。在那里坐上一刻钟，或半小时后，我就会感觉好多了。这是一个很熟悉的环境。它能让你有宾至如归的感觉，那里的气味也能让你有种回家了的感觉。"对于一些车主来说，甲壳虫汽车是他们家舒适区域不可或缺的一个组成部分。许多第一款大众汽车以适度的旅行速度提高了汽车的再生效果。这是一种不同的驾驶方式，其速度要慢得多了。"路边有什么，你可以看得真真切切的"，一位退休的老者解释了他的感受，然后把它与"今天的汽车和发动机"进行了比较，说，"你真的不明白"。难怪有几个车迷简直就把开甲壳虫汽车说成是"放松"。[19]

除了暂时摆脱日常忧虑之外，老版的大众汽车通常被持有者视为传记连续性的象征。在英国，这款臭虫汽车从未获得过大市场份额，收藏家们声称，他们主要是受汽车形状所吸引，或者干脆说他们"从年轻时就想要这么一辆甲壳虫汽车"。然而在德国，车主们往往会把大众汽车在他们家庭中的长期存在当作持续魅力的重要来源。驾校的老师回忆说，他的父亲，一个邮递员，把甲壳虫汽车上前排的乘客座椅拆了下来，这样就可以把汽车当作送货车用了，如此一来，既有空间存放他的信袋，同时还可以当作家庭用车使用。当家人坐在里面时，"我妈妈会坐在我爸爸旁边的一个木箱上"，他说。其他人则把他们对汽车的依恋归因于这样一个事实：一辆小巧玲珑的圆型大众汽车是他们家的第一辆汽车，或者说这让他们想起了一些值得注意的个人事件。一位六十多岁的男人对"青春回忆"中的细节有些说不清楚，但只要看到了这辆车便立刻敞开了记忆的大门。一位天天开着紫色甲壳虫汽车的女保育员说得更直截了当:“甲壳虫汽车是我的一件美丽、狂野青春的重要纪念品。我的初吻就发生在甲壳虫汽车里。”[20]

当汽车把车主带回到过去无法挽回的欢乐中时,老大众汽车的场景充满了怀旧、渴望的主题。尽管如此,甲壳虫汽车热爱者中的私人怀旧情绪往往没等发展到严重的忧郁程度就停止了。毫无疑问,甲壳虫汽车会唤起苦乐参半的记忆,会将车主与车主的个人历史联系起来,并在他们的传记中注入一种连贯感。对于那些吃力地修复汽车或反复修理汽车的人来说,汽车本身就成了一个自传的定盘星,由此,他们可以讲述出许多轶事来。对许多车主来说,甲壳虫汽车的功能是在表达怀旧情绪的同时,增强了自传的连贯性感。[21]

除了甲壳虫汽车可以假定的显著意义之外,根植于第三帝国的事实令其意义大为逊色。英国的车迷们要么不为这款汽车的政治渊源所“困扰”,要么在不关注更广泛的意识形态问题的同时,宣称这辆汽车“似乎是希特勒唯一的好主意”。在德意志联邦德国,第三帝国和大屠杀的重要纪念活动长期以来为民主的公共文化提供了重要的基础,它的拥有者们也没有将第一辆大众汽车与纳粹时期联系起来。相反,他们指出甲壳虫汽车已经变成了一款“国际性汽车”,或者说它的“鼎盛时期”只发生在20世纪50年代和60年代。即使是在2011年纽伦堡举行的甲壳虫汽车集会上,也没有像20世纪80年代末以来那样,在前纳粹党集会地的主要看台前——这个历史悠久的地点,引发对汽车在法西斯主义下起源的反思。游客们站在距离希特勒曾经发表演讲不到100码的地方欣赏着那些具有历史意义的甲壳虫汽车,这不应该被误认为是对纳粹隐藏着同情。这个曾经的聚会场地不是本活动的组织者，卡弗特·鲁恩伯格（Kaferteam Nurnberg）选择的，而是市政府指定的。几十年来，这个场地因为空间宽敞，被政府用来组织过无数次户外活动，包括以 U2、平克·弗洛伊德乐队为特色的赛车活动和摇滚音乐会。卡夫尔班（Kaferteam）还确保有一位专业的历史学家来给大家提供两小时、内容丰富、横跨政党舞台的巡演。[22]

尽管绝大多数甲壳虫汽车粉丝与极右派分子完全没有联系，但据一位德国受访者估计，大约场面的"3%—6%是由政治顽固分子组成的"。德国人并不是唯一的一个完全不受纳粹诉求影响的民族。布利兹克瑞格·瑞思（Blitzkrieg Racing）在加

在 2011 年纽伦堡召开的集会期间，甲壳虫汽车停放在前政党集会场地的看台前。集会组织者意识到这是一个历史悠久、可能会引发激烈反应的地点，提议参观这个重要的场地——一个纽伦堡市用来多次举办户外活动的场地。（照片由作者提供）

利福尼亚州纽波特市开展业务，提供服装系列、滑板、零部件和贴纸，贴纸上的装饰有明显的纳粹的视觉符号。布利兹克瑞格·瑞思把铁十字当作品牌的标志性装饰品，同时还零售以（纳粹德国的）国防军之鹰和SS符文为特色的黑白不干胶贴纸。

与此同时，南加州最古老和最负盛名的调音俱乐部之一，继续以“小坦克”的名义运营，并使用了一个韦尔马赫特之鹰作为会徽，鹰的爪子抓住了大众汽车的标志，而没使用纳粹党所用的十字符号。不论是闪电战还是小坦克，都没有被公开说成是散播纳粹思想。尽管如此，他们对视觉符号的使用充分地借鉴了第三帝国的军国主义文化，对某些人来说，这就是在强调汽车具有令人不安的美学吸引力的思想根源。[23]

当然，绝大多数甲壳虫汽车爱好者都被第三帝国给彻底排斥了。大多数车主都认为第一款大众汽车非常可爱，无论出现在哪里，几乎都能令人产生爱意。在德国、英国和美国销售结束几十年后，这款汽车继续拥有着西欧和北美公众的深切同情。2011年，一位德国女性汽车驾驶者说：“我的甲壳虫汽车会让人们的脸上浮出微笑。”“人们注意到了他们，”一位年轻的英国车主证实道。在诸多的轶事中，车主们讲述了汽车的魅力是如何超越自己的圈子的。一位男子因为没有大车库而在户外修复他那辆具有25年车龄的甲壳虫汽车时，发现路人对他的友好关注有时过于分散他的注意力：“我真的受不了了。”他回忆道，当时他父亲的看法与他截然不同，说：“这不是很好吗？比修复一辆没人感兴趣的车岂不是好了很多吗？”[24]

事实上，当德国人遇到旧款大众汽车时，一些私人的回忆常常会浮现在他们的脑海中。不莱梅的一位音乐记者于30多年前首次在一辆舒适的小型大众车里做爱，声称每当他看到甲壳虫汽车时，仍然会被当时的女朋友“让他走完全过程”时所感受到的“腹股沟里出现的奇怪而迷人的癖好”所征服。回顾2003年普埃布拉甲壳虫汽车结束生产时，一位前博物馆馆长写道，德国的集体记忆中包含了“无数个大众汽车的故事”。据他推测，“如果有人在群众口述汽车历史项目时畅所欲言，并且打开了德国人的相册”，一股“记住在什么时候”的回忆浪潮将会淹没我们。对那些在1989年国家统一之前的德国人来说，第一款大众汽车保留了极大的纪念意义。不足为奇的是，对“经济奇迹”的再次回忆以其高增长率和充分就业为基础，支撑了一个联邦德国对甲壳虫汽车的记忆式诉求，联邦德国自20世纪70年代中期以来一直受到顽固的劳动力市场问题和90年代以来蒙受的统一的社会成本的困扰。一位德国车迷简明扼要地说，对于许多前联邦德国人来说，这款汽车唤起了“美好时光的回忆”。在德国，个人的记忆和对经济稳定的集体怀念都交织在了这款旧甲壳虫汽车的身上。[25]

在德国，人们对第一辆大众汽车作为记忆对象的崇敬尤其强烈，但人们对这款汽车的个人回忆的流传已经远远超出了联邦德国的边界。单在美国就出售了500多万辆甲壳虫汽车。1980年，大众汽车公司决定从展厅中移除这款汽车，不过，这一举动并没有结束汽车驾驶者们对他们可爱的、非传统的汽车的依恋。在大众汽车停止在美国销售后的十多年里，美国二手甲壳虫汽车市场却蓬勃发展起来了。大众汽车俱乐部会员人数激增，车主们到处举办集会来炫耀自己的汽车，致使《华尔街日报》在1992年得出了“甲壳虫汽车趋势”将持续几代人的预测。[26]

甲壳虫汽车的神秘性在美国依旧强大，致使大众汽车公司在20世纪90年代末推出了一款名为“新款甲壳虫”的复古车，从而使大众汽车公司的雄风得以重振。在德国汽车制造商停止销售甲壳虫汽车后的近20年里，这款汽车在重新启动大众汽车在美国的运营方面发挥了至关重要的作用。它不仅深刻地展示了个人和集体记忆如何延长商品的寿命，还强调了大众汽车公司如何成功地利用其全球业务运作来开发因历史记忆而提供的商业机会。

在20世纪70年代末甲壳虫汽车的销售中止后，大众汽车公司却未能找到一款能在美国替代它的汽车明星。正当大众汽车公司的高尔夫汽车在欧洲热卖之时，1978年在宾夕法尼亚州，韦斯特摩兰县的一家新工厂开始生产这款汽车的美国版兔子牌汽车，但因质量问题和美国驾驶者对其造型不感兴趣而蒙受损失。与此同时，以丰田和本田为首的日本汽车制造商以其高度的可靠性能和适中的价格占领了美国汽车市场的大部分份额。在整个80年代里，随着销售量的下滑，大众汽车公司作为汽车制造商的可靠声誉在美国逐渐丧失。20世纪90年代初，美国经济的衰退严重地影响了大众汽车的地位，致使其1993年的年销量下降到5万辆以下，从而引发了人们对该公司即将退出全球最赚钱的汽车市场的猜测。大众汽车公司在美国的弱点使得更大范围的问题得到了极大的缓解：该公司当年公布的全球运营赤字约为12亿美元。[27]

大众汽车公司开发了一种多方面的补救措施来解决这些问题，同步实施严格的新质量控制措施与严厉的成本削减计划，并试图更有效地协调日益扩大的全球生产基地网络。除了加强信息流，向区域经理提供更有力的声音外，大众汽车公司还通过在全球各制造中心之间进行内部生产合同投标来提高生产力。此外,位于沃尔夫斯堡的总部还采用了一种新的产品开发战略,对世界各地不同国家市场的具体情况作出了比以前更为敏感的反应。在围绕着数量有限的底盘“平台”上组织生产活动以控制成本的同时,大众汽车公司扩大了其产品范围,针对特定区域市场设计的模型越来越多地指向客户。在 20 世纪 90 年代,大众汽车公司从一个高度集中的多元化公司转变为一个跨国公司,在各生产中心之间实施着严格的全球等级制度,在跨国公司的框架下,德国总部牢牢地掌握着公司的控制权,但在对其产品范围和制造业务上则更多地考虑灵活的全球需求和主动权。费迪南德·皮耶奇于 1993 年被任命为奥迪(Audi)姐妹公司的董事,在他担任首席执行官期间制定了大众汽车公司的大部分新的全球战略。[28]

就美国而言,大众汽车公司发起了一项极为非正统的企业战略,并取得了巨大的成功。在一个专注于创新的行业中,这家汽车制造商打出了一张历史传统的牌,决定复苏并重新包装其最知名的产品。事实上,开发新甲壳虫汽车的冲动来自美国,而不是德国。在 20 世纪 90 年代早期危机的顶峰时期,位于南加州的大众汽车公司工作室的两位设计师詹姆斯·梅斯(James Mays)和弗里曼·托马斯(Freeman Thomas)提出了复兴大众第一款车型的想法。他们指出,美国消费者把大众公司和那款甲壳虫汽车联系在一起比其他任何事情都重要。“我们得出的结论是,当大众汽车这个名字出现时,所有人谈论的都是甲壳虫汽车”,詹姆斯·梅斯回忆道。接着,他又补充说:“他们喜欢它所代表的一切。”代号为“概念 1 号”的这个项目在德国总部遭到了极大的怀疑。根据弗里曼·托马斯的说法,设计师们“不得不在德国对汽车和历史的态度上抵消许多事情”。沃尔夫斯堡的经理们把甲壳虫汽车看作是联邦德国“经济奇迹”的象征，一种商品，这种商品的出现伴随了长达一个时期的欢呼，又因德国最近的统一，很快又载入了历史史册。大众汽车公司的德国高管们认为，当继任者高尔夫逐渐成为一款汽车经典之作，并在德国和西欧享有持续强劲的销量时，几乎不需要再基于甲壳虫汽车而重新推出一款汽车了。[29]

结果是，梅斯和托马斯最初秘密追求“概念1号”，在大众加州设计工作室的负责人成功获得大众汽车公司新上任的首席执行官的初步支持之前，他对大众汽车在美国的地位深表担忧。一个斗志旺盛的政治掮客，费迪南德·皮耶奇作为执行官是绝对不想进入公司的编史记载的，因为在他看来，德国的主要汽车制造商已经从美国撤了出来。他肯定是因为家庭原因才被这个项目吸引的。皮耶奇出生于1937年，是费迪南德·保时捷的孙子，他的教名还得归功于历史上的一次意外。新甲壳虫汽车因此为皮耶奇提供了一个跟随他祖先辉煌脚步前进的独特机会。[30]

为了在公司内部试水，提升“概念1号”，美国管理层决定在1994年1月的底特律车展上展出一辆早期的样车。“概念1号”曲面车体由“三个圆柱形”组成，两个位于车轮所在的位置，一个形成车身，突出了原版汽车的外观特征。正如《道路与轨道》杂志所指出的那样，大众汽车正处在恢复“人们可以信任的熟悉外形”的过程中。“概念1号”引起了轰动，一举将大众汽车的展台变成了本车展的主要关注点之一。大众汽车的狂热者们滔滔不绝地说，“很多关注‘概念1号’的甲壳虫汽车迷们”，“还以为甲壳虫已经死了，去了天堂”，甚至就连经验丰富的汽车记者们也发现同样难以抗拒大众汽车实验样车的魅力。《芝加哥论坛报》(*Chicago Tribune*)作了一个非正式调查，在询问大众汽车公司是否应该重振甲壳虫汽车雄风时，引发了大量的肯定的回答，并促使该报的汽车记者给那个拥有工程学博士学位的皮耶奇写了一封公开信："博士，你还在等什么？把甲壳虫汽车带回来吧，快点吧。"1994 年 11 月，总部最终为其开了绿灯，结算资金，针对美国人开发了一款从大众第一款汽车中获得灵感的汽车。[31]

第二年，大众汽车公司为确定新汽车的生产基地在内部展开了一场竞争。普埃布拉积极游说并收集了 100 多万个墨西哥支持该项目的签名后，获得了该合同，并因此成为第一个在德国以外专门生产新车型的工厂。在 1996—1997 年，墨西哥员工在将最初来自加利福尼亚州的设计理念变为运行良好的汽车方面发挥了重要作用。虽然德国高管保留了总体控制权，但在沃尔夫斯堡监督该项目的 30 个强大的开发团队中有 10 名是来自普埃布拉的技术人员和工程师。他们的简报不仅仅起着大众汽车公司总部和生产现场之间联络人的作用，除了提供技术建议外，墨西哥员工还可以就设计问题，如车内空间的使用，提出建议。沃尔夫斯堡的工程师们对这些东西一无所知，因为他们习惯于制造有棱角的汽车。当普埃布拉的一名技术人员回忆起他在沃尔夫斯堡两年的工作经历时说："我们在普埃布拉生产沃奇托，对圆形汽车内部空间的设计有经验，所以许多对我们的德国同事来说很陌生的事儿，对我们来说却都是司空见惯的。"这只团队，包括美国产品设计师与德国和墨西哥工程师在内，将"概念 1 号"变成了现实，使这款汽车拥有了一个毫无疑问的国际血统。[32]

新甲壳虫汽车在 1998 年 3 月上市是一个精心策划的事件。

在这款汽车到达美国展厅的两个月前，大众汽车公司回到底特律车展揭晓了这一创举。一位资深大众汽车的驾驶者，设法潜入了这项活动，据他说，大众汽车公司营销团队准备的 1.5 万平方英尺竞技场在上午 9 点的时候就“挤满了”数百名忙着分享“老甲壳虫汽车美好回忆的疲惫不堪的汽车记者”。费迪南德·皮耶奇和其他几位高管们发过言后，帷幕徐徐升起，汇聚一堂的汽车新闻界代表们立刻“欢呼雀跃起来”，大声呼喊着迎接七辆新甲壳虫汽车的现身。黄色、红色、蓝色、绿色和银色的甲壳虫汽车在闪烁的灯光和悦耳的音乐中驶上了舞台。“这简直太棒了”，目击者如是写道，尤其是当记者们纵身冲上展台近距离仔细观察后。[33]

当这款汽车最终抵达经销商那里时，美国消费者们以疯狂的热情作出了回应，底特律媒体的眼球立刻被抓住了。开过一圈后，驾驶者们一致认为“新甲壳虫汽车的机械安装确实是与原来那款汽车完全相反”。新甲壳虫汽车配置的是水冷式 122 马力的前置发动机、强劲的加速装置、车内装有空调，还有从加热座椅到高质量立体声系统等诸多可供选择的附加装置。新甲壳虫汽车安装在经过改装后的高尔夫汽车的底盘上，这一切与以技术简单和低功耗为特点的原款汽车形成了鲜明的对比。由于车上配置了四个气囊、平均汽耗里程以及 1.6 万美元的起步价格，这款复兴汽车并没有使人们联想起曾经向数百万美国汽车驾驶者推荐的首款汽车时所强调的适度的购买成本和燃油的经济性。[34]

在机械和经济方面，新甲壳虫汽车与它的前身有着天壤之别，不过，它的圆形外观却赋予了具有历史意义的引证，从而使新甲壳虫汽车在美学上与经典甲壳虫汽车联系到了一起。新甲壳虫汽车看起来像是蹲在那里，为减少空气阻力，挡风玻璃的角度不太陡峭，引擎盖呈圆形，弯曲的车顶和圆形的后备厢，使人不禁回想起原款甲壳虫汽车的形状。公众以热情的怀旧心情迎接新甲壳虫汽车到来的情景，使人们想起了 20 世纪 50 年代欢迎原作时的那种温暖。当一名汽车记者试驾回来时说："微笑。每个看到大众新甲壳虫汽车时脸上都会绽露出笑意来。"他解释说，"这款汽车看起来像只甲壳虫"，当时一位同事十分肯定地说，这款车"可爱极了"。大众汽车公司在推出新甲壳虫汽车后的头两年努力将每年向美国市场的交货量从 5.6 万辆提高到 8.3 万辆，由于需求量巨大，消费者同意等待数月再提货。围绕这款复兴汽车的大肆宣传也提醒了消费者注意大众汽车公司的其他产品，因为该公司在美国的总销量从 1997 年的 13.341 5 万辆上升到了 2000 年的 34.771 0 万辆。[35]

在大众汽车公司声称新甲壳虫汽车跨越了"人口统计的边界"，并发出了一种特别广泛的吸引力之时，两个群体均以特别的热情欢迎这款汽车。经销商报告说，许多以前的车主以他们的方式进入了大众汽车展厅，他们站在刚抵达美国车展场地的汽车周围，回忆着他们的青年时代，交流他们高中和大学时代的故事。正如一位观察者解释的那样："每个人都有一个甲壳虫汽车的故事。那不仅仅是因为拥有了一辆大众汽车本身，更重要的是他们与大众汽车有着不解的亲缘关系。"1998 年 3 月底，一位经理说："在我们这里下订单的买家中大约一半是老顾客。"当公司收复了以前曾失去的客户时，记者们对大众汽车公司如此熟练地驾驭"老臭虫的巨大怀旧浪潮"惊讶不已。[36]

然而，销售并非完全出于个人的渴望。大众汽车公司还指出，这种新甲壳虫汽车还吸引了一大批 30 岁以下的富裕驾驶

2008 年，一辆新甲壳虫汽车和一辆老款甲壳虫汽车和谐地停放在墨西哥城。虽然这两款汽车的外形非常相似，但新甲壳虫汽车的挡风玻璃角度较小，可以减少空气阻力，符合其运动驾驶要求。（照片由作者提供）

者。正如汽车投放市场前的营销研究所揭示的那样，吸引这一群体对公司的美国复兴至关重要，因为大众汽车公司的潜在客户都极其期待来自大众汽车公司生产的“年轻”和“酷毙了”的产品。父母对原款臭虫的了解使一些年轻的汽车驾驶者们倾向于大众的最新款产品。此外，20 多岁的富裕城市消费者们还将新甲壳虫汽车视为“复古”物品之一。自 20 世纪 70 年代以来，通过选择性地适应和调整最近可识别的历史风格，在独特的世代美学中发挥了突出的作用。作为一款在时间概念上既瞻前又顾后的“两面神”(Janus-faced)“商品”，新大众汽车完美地体现了所谓的“复古时尚”，这种风格轻轻松松地将过去的美学元素导入了现在,同时基本没有受到苦乐参半的历史损失的影响,从而给怀旧带来了严肃的基调。这款新甲壳虫汽车将最先进的汽车设备隐藏在具有历史意义的轮廓之下,成就了逆行的缩影。[37]

除了个人记忆和对复古的渴望之外,在20世纪90年代后期的新甲壳虫汽车的狂热中弥漫着对60年代的强烈怀旧感。《纽约时报》请求读者"回忆30年前的不同时期,那时全世界各地的大众甲壳虫汽车满载的都是些身穿牛仔裤和凉鞋的长发青年男女。那是一个打火机不仅仅是为了点香烟用的,汽车驾驶者们更担心的是战争,而不是交通事故的时代"。60年代的类似选择性评价忽视了长达10年的种族紧张和政治冲突,同时理想化了反主流文化的个人主义和享乐主义的特点,从而出现了不止一种对复古汽车魅力的解释。与60年代不同,90年代后期的文化"越来越同质化",并且很重视"模仿"。"不仅仅是创意",一位甲壳虫汽车迷在一篇高度传统的评论中评论了它的历史现状。他声称,在这种背景下,大众汽车公司仍然是"一个与众不同、非传统"的自由标志。[38]

大众汽车公司的公共关系专家将消费者的兴趣沿着这些线路转向了原创的历史形象。幽默依旧,如20世纪60年代同出一辙,但这次却没有把注意力放在质量和经济实用上。相反,正是甲壳虫汽车的嬉皮士传统在这些积极的行动中发挥了特别重要的作用。有时,广告还提到东方灵性主义,以借鉴原作的反主流文化背景:"如果你过去生活得很好,你回忆起的东西会变得更好。"一条宣传新甲壳虫汽车,并将其作为汽车再生的标语如是写道。然而,其他口号则是削弱而不是加强了反主流文化主题。"少一点鲜花,多一点动力。"另一条广告是这么说的。这则广告吸引了购车者们对新甲壳虫发动机的关注,同时也远离了设计师为暗示甲壳虫汽车驾驶者对花卉装饰的嗜好而将其融入了复古汽车里的小花瓶。最著名的广告以玩笑的口吻讽刺了原作与后唯物主义的联系，并向汽车驾驶者们保证说："如果你在20世纪80年代出卖了自己的灵魂，此刻就是你赎回它的机会。"大众汽车公司将新甲壳虫汽车打造成了后雅皮士时代的汽车，同时也讽刺了早期对消费者文化的高瞻远瞩的批评。[39]

在伴随汽车的回归而来的讽刺和幽默的腔调下，隐藏着这两款汽车特性的根本差异，标志着汽车的可爱和非传统性。在20世纪50年代和60年代，接二连三的郊区居民、挑剔的消费者们、未来的汽车赛车手、年轻的享乐主义者和反主流文化者，在一个由更大、更浮华汽车为主导的市场中，对塑造和振兴原款甲壳虫汽车的古怪名声起到了至关重要的作用。当时，大众汽车公司的主要成就在于适应汽车的技术性能，确保其长期吸引不同类型的消费者，使之从中找到一款廉价、可靠，据说是诚实的，具有非传统声誉的汽车。由于这一声誉与汽车的技术性能直接相关，多伊尔·戴恩·伯恩巴克（Doyle Dane Bernbach）广告公司虚构的广告活动在20世纪60年代采用了一种辅助作用，使公司从没有成功地完全控制过肖像画的轮廓变得更加清晰。1998年，大众汽车公司通过严格管理的公关活动，对汽车的形象实施了严格的公司纪律。这一转变不仅说明了50年代以来市场营销的专业化，也反映了复兴汽车技术特征的必然性。由于这款新甲壳虫汽车的弯曲车身隐藏了典型的汽车技术，使它在外形和历史声誉方面脱颖而出，不过在工程上却不然。换句话说，与前代车型相比，复古车型的独特性与其材料特性的关联要小得多。

大众汽车公司的最新产品结合了历史性的外形、最新的工程技术和生物的舒适性，在《商业周刊》上被誉为“后现代的新甲壳虫汽车”，预示着又“回到了未来”。新款大众汽车回应了美国消费者社会的变化，反映了许多大众汽车驾驶者的传记轨迹。“这真的表明了婴儿潮一代是如何改变的”，一位首席执行官在1998年看到这一轮回潮时向纽约时报解释说，她在1969年买了第一款甲壳虫汽车。另一位受访者补充说，据称在20世纪60年代末和70年代初人们对消费主义不太感兴趣。另一位被采访者补充道：“现在，婴儿潮一代正统领一个始于20世纪80年代的潮流——我们仍然是唯物主义者，我们继续想要东西。”由于新甲壳虫汽车在美国占据了重要的消费趋势，同时也通过其独特的轮廓和汽车内部的特点，唤起了人们对最近的过去的怀念。一名记者被一只“插着一朵采自60年代雏菊”的百威花瓶所打动，而“百威花瓶”就摆放在一个高科技多级扬声器立体声旁边。后轮立足于60年代，前轮则指向未来，新甲壳虫汽车就是一部最新的历史，专门为90年代后期的美国社会而制作。考虑到它有意模糊的历史属性，如一位观察者所说，它的理想位置是表达和讽刺性地嘲笑“雅皮士的罪恶感”。如此一来，它表现出了让-弗朗戈伊斯·莱昂塔(Jean-Frangois Lyotard)所指出的“对元叙事的怀疑”，这是后现代主义的定义标志之一。[40]

由于新甲壳虫汽车的市场投放经常围绕着选择性，有时还令人啼笑皆非地提到20世纪60年代，美国媒体把这款复古汽车锁定在国家最近的一段时间。许多报道把新甲壳虫车当作是一款美国汽车，而不是一款在美国取得成功的外国汽车。事实上，几位观察家斗胆说，大众汽车公司只不过是把一个“美国偶像”给带了回来而已。原款甲壳虫汽车在美国的长期存在，美国消费者对新车的热情欢迎，人们对20世纪60年代的怀旧，以及

2006 年，田纳西州约翰逊市的后现代新甲壳虫汽车栖息地。（照片由作者提供）

大众汽车公司在美国的促销策略，这一切部分地解释了新甲壳虫汽车作为美国文化象征的典型地位。21 世纪初，经过长期的文化侵蚀过程，新甲壳虫汽车被彻底地驯化和同化了，甲壳虫汽车在美国商品市场的许多第二代移民后裔中轻轻松松地找到了自己的位置。[41]

新甲壳虫汽车进入美国商品万神殿的原因是大多数媒体对汽车跨国历史背景和起源于纳粹所保持的沉默。“二战”结束 50 多年后，许多美国人已经不再仅仅通过纳粹的棱镜来观察 20 世纪的德国及其公司和产品了。可以肯定的是，20 世纪 90 年代末，在犹太人“物质主张会议”的支持下，出现了一系列声势浩大、行之有效的法律举措，要求对“二战”期间德国企业剥削的强迫劳工进行赔偿。1998年夏，大众汽车公司在一系列集体诉讼中被列为德国公司之一，这些诉讼要求通过美国法庭支付过去强迫劳工的工资。[42]

然而，这些干预并未对复古汽车产生什么不利影响。大众汽车公司最初采取强硬立场反对赔偿要求，最终却通过表明其愿意为美国和德国谈判代表自1998年开始讨论的强迫劳工基金会提供资金，淡化了这个问题。[43] 此外，甲壳虫汽车在美国的长期存在使其继承人与纳粹起源的负面性联系隔绝开来。事实上，即使是那些对第三帝国罪行敏感的人，也找到了将新甲壳虫汽车从纳粹历史中分离出来的办法。《纽约时报》的一位半犹太血统的专栏作家，在新甲壳虫汽车上市半年后，反复批评那位开德国汽车的朋友和熟人，讲述了他是如何克服对大众汽车根深蒂固的怨恨，并获得了一辆复古车，因为他发现这款汽车"非常迷人"。当他告诉岳母——一个"保守的犹太人"——他购买大众汽车的事儿时，她回答说："祝贺你，亲爱的。也许战争终于结束了。"他的一位专栏读者认为整个问题牵强附会："没有人希望忘记20世纪40年代发生过的暴行。"同时，"如果人们继续纠缠于20世纪50年前的历史的不公正，也是越来越令人厌烦"。[44]

大多数美国观察家不仅忽视了原始甲壳虫汽车的德国血统，而且还将新甲壳虫的跨国背景边缘化了。基于在南加州产生的设计想法，由沃尔夫斯堡的国际工程团队开发，再经墨西哥工人制造，新甲壳虫汽车因此便拥有了一个典型的全球血统。与最初的甲壳虫汽车不同，最初的甲壳虫汽车由德国人制造，在国内市场作为商品销售，而后现代甲壳虫汽车的初衷则是出口到美国。沃尔夫斯堡的管理层决定只在普埃布拉生产这款汽车，这不仅是出于对墨西哥地理位置上靠近新甲壳虫汽车主要市场的考虑，也突显了大众汽车公司正在努力使其制造业全球化的想法。至关重要的是，是普埃布拉自己提出在生产基地实行较低工资制的，这样可使自己更有优势，尤其是管理层在20世纪90年代早期对当地工会进行了有效打击之后。尽管普埃布拉大众汽车公司全日制职工领取的工资按照墨西哥的标准衡量还是比较客观的，但在20世纪90年代末他们工会代表的效率和工资报酬仍然远远低于他们的德国同事。带有全球资本主义社会和经济不平等烙印的新甲壳虫汽车，其作为美国偶像的瞬间魅力在很大程度上取决于媒体的沉默，而媒体的沉默又使这款汽车在全球层面上适时地被忽视了。

大众汽车公司决定在美国而不是德国推出复古车，从而巩固了新甲壳虫汽车作为美国汽车明星的地位，其原因是它允许观察者只关注这款汽车在美国的特点。事实上，大众汽车公司在进入美国展厅仅8个月后就在德国推出了这款汽车。新甲壳虫汽车部分地扭转了几十年前在德国开始的全球商品流动，有效地将旧时出口的经典更新版本重新进口到联邦德国。这一举措进一步反映了大众汽车公司在整个20世纪90年代期间内部重组为跨国公司的过程，同时还表明了大众汽车制造商在推动日益密集的国际商品交易方面的作用，这是20世纪末全球化的特点。

当这款复古汽车最终到达德国时，没有像推向大西洋彼岸瞬间成名那样引起同样的轰动。尽管德国公众热切地期待着新甲壳虫汽车上市，但联邦德国的销售数字甚至远远不及美国对新甲壳虫汽车狂热的程度。在国内，大众汽车公司不需要上演一场卷土重来的大戏，因为该公司在高尔夫等车型上享受了巨大的销售盛况。很明显，一家柏林日报的汽车通讯员将这款新型甲壳虫汽车归为一种毫无意义的娱乐车:“没人需要它,不过,大众汽车生产商却没有这款汽车。”这个评价将这款新甲壳虫汽车的到来视为一个微不足道的补充,在一个产品系列中占据了一席之地,而这一系列产品则巩固了大众汽车公司作为一个非常合理的汽车供应商的国内声誉。此外,事实证明,德国的背景远不利于有趣、讽刺和幽默的营销方式,然而推动了大众汽车公司在美国的成功却正是这种营销方式。在德国,由于结构性经济变化以及最近政治统一带来的社会经济影响,失业率居高不下,这只老甲壳虫唤起了一个“经济奇迹”,联邦德国的公民对其无疑是怀着怀旧之情,而非将其视为笑料。当这款新甲壳虫汽车与它的汽车祖先联系在一起时,肯定不是指向回到 1998 年德国的“未来”,因此,观察者并没有试图辩称大众汽车公司已经成功地夺回了德国的标志。新甲壳虫汽车激发出了人们对原款美国偶像的热情,却未能激发起德国的类似情感,这最终提醒了人们作为一种全球性商品的地位,到了千禧年之交,这款产品已经坚定地发展出多元化和国家性独特的历史。[45]

大众甲壳虫汽车在退出市场几十年后,一直在西欧和北美保持着多种多样的存在形式。作为一款相对便宜的经典汽车,老款甲壳虫汽车处在一个社会多样性、松散交织的国际车迷场景的中心,那里的车迷将其视为一个幻想的汽车创作平台,或者是一个值得忠实保护的具有历史意义的古董。车主们常常将甲壳虫汽车视为一种爱好,对其表现出了超越日常的关心和义务,并将这款小巧、圆形、气冷式发动机的大众车视为个性化的标志,使之在以大型、棱角分明、水冷式发动机为主导的汽车文化中保持着它的独特性。在旧款甲壳虫汽车一度享有持续商业成功的国家，如德国这样的国家，这款汽车也被视作为一个价值极高的怀旧来源。

在美国，汽车的可爱外形和承载着的明显记忆使大众汽车在 20 世纪 90 年代末推出新款甲壳虫后，再次卷土重来。复古汽车有力地展示了隐藏在非传统和怀旧中的商机。大众汽车公司推出了一款汽车，其外形使人们想起了原款的标志性外形，在年轻富有且喜欢复古的汽车驾驶者中开拓了市场，也在怀念 20 世纪 60 年代婴儿潮的一代人中开拓了市场。无论新甲壳虫汽车的传统技术特征是什么，美国汽车迷们都会将其视为经典汽车的后现代转世。一些评论员甚至祝贺大众汽车公司重新树立了一个美国标志，这一解读忽视了原创的历史渊源、新来者的国际设计和生产历史。旧款甲壳虫汽车为车迷们提供了一款载满历史负荷的汽车，使他们走出了平凡的担忧，而新甲壳虫汽车则是一款浸透了历史的现代汽车，在这段历史中车主们可以将其融入他们的日常生活。无论是原款甲壳虫汽车还是新款甲壳虫汽车都在显示着费迪南德·保时捷当初那款设计独特的臭虫汽车是如何牢固地留在国内外个人和集体记忆中的。尽管大众甲壳虫汽车深深地扎根于德国 20 世纪的历史，但在 1998 年开始为美国市场生产复古版的同一家墨西哥工厂仍在生产原始车型的情况下，这款汽车已经发展成为一种完完全全的全球性商品。

后记：大众甲壳虫汽车——全球的标志

“德国已经对自己不忠了。长期以来，我们忽视了战后给联邦德国带来乐观、富裕、稳定和威望的成功秘诀。那时还没有人谈到全球化，但甲壳虫汽车却在世界各地到处奔跑着，它跑啊，跑啊，不停地跑着。当时，联邦德国的特点是建立了一个鼓励取得成就和社会进步的秩序。”如此这般，霍斯特·科勒（Horst Kohler）总统在 2005 年发表了一次高调的演讲中，干预了一场关于德国福利改革的争议性辩论。作为国际货币基金组织的前负责人，科勒毫不意外地支持那些主张用削减社会（福利）的手段来改进居高不下的失业状况的人。在此过程中，他呼吁将这款小型汽车作为一个灵感，为在过去道德基础上重新统一的德国建立一个更好的未来。在激烈的辩论中援引甲壳虫汽车的话题来探讨如何重新获得经济增长，并使国家恢复到原来的样子，相当于一个极其传统的举措。科勒暗示说，德国工人和雇员应该作好准备，采用坚固的、性能可靠的、不苛求的甲壳虫汽车作为社会角色的榜样。他做了在他之前数千人曾做过的事：把第一款大众汽车当作联邦德国的标志。[1]

科勒的演讲只是诸多例子中的一个，大众甲壳虫汽车在千禧年之交后没有表现出弱化的共振迹象。尽管基于费迪南德·

保时捷设计的车型在 2003 年就停产了，但国际收藏家和新甲壳虫汽车都证明了这款汽车在世界经典车型中的持续吸引力。在一个充斥着商品流通超越国界的全球商品文化中，第一款大众汽车在 20 世纪下半叶取得了一项罕见的成就。除了确保与可口可乐和麦当劳相当的国际可见度和认可度外，大众甲壳虫汽车还被德国、美国和墨西哥等不同国家采纳为国家标志。

第一款大众汽车登上了一个具有多个国籍标志性汽车的地位，要归功于遥遥领先的技术和制造工艺。可以肯定的是，它的材料特性是甲壳虫汽车在全球进步的一个重要因素，但这款汽车在其漫长的商品生命中也有能力体现和表达一系列令人困惑的想法。追溯甲壳虫汽车的历史可以发现，无论是错误的开始、危机还是意想不到的曲折，德国内外的众多行动者都揭示了这款车是如何在 1945 年后从日益全球化的商品文化中脱颖而出的。在这一过程中，这款汽车独特的圆形轮廓在几十年中基本保持不变，成为世界上最著名的形状之一。驾驶者和车主在推动汽车走向明星化方面发挥了特别重要的作用，因为他们不仅把它视作为一种方便的交通方式，而且常常把它当作个人的财富来对待。成为个人私藏这一资格为甲壳虫汽车的持久存在提供了必不可少的基础。鉴于其跨国商品的特点，加上私人性和公众性意义，第一款大众汽车强调了从 20 世纪 50 年代至今推动全球化商品文化的复杂动力。

在德国，第一款大众汽车的杰出地位归功于在魏玛共和国时期首次谨慎发布的人们对拥有通用汽车的梦想。纳粹政权的宣传运动把对汽车的渴望变成了一个突出的愿望，在思想上把大规模机动化融入现代“民众团体”的种族主义视野中。虽说第三帝国从未将汽车投入生产，但它以技术先进的样车、欧洲最大的汽车工厂，以及反复宣称个人汽车拥有量达到了现实预期的呼应的形式，留下了一笔至关重要的遗产。当大众汽车在1945年后成为一宗大众化商品时，其快速增长的态势最终实现了长期以来一直受挫的愿望，因此，其合法性可以追溯到第三帝国为实现机动化所采取的举措。由于最近的过去不可避免地与战后的历史现状交织在一起，甲壳虫汽车就说明纳粹如何塑造20世纪的德国，而不仅仅是犯罪和制造军事灾难，提供了一个强有力的例子，然而这些罪行和军事灾难仍然是该政权最鲜明的特点。从这个角度来看，大众汽车吸引了人们对显性的文化和经济连续性的关注，从而导致了从魏玛共和国到联邦德国的严重政治破裂。同时，甲壳虫汽车突出了20世纪德国历史上的巨大鸿沟。在工厂的商业成功突显了联邦德国在五六十年代转型为汽车生产国的同时，沃尔夫斯堡制造的汽车在几个方面体现了该国的新秩序。通过兑现1945年前的空头支票，大众汽车公司的扩大为当代人提供了联邦德国优于第三帝国的证据。这款汽车以前所未有的规模加强个人的流动性，证实了冷战时期普遍存在的言论自由，起初，联邦德国公众对其却抱有极大的政治怀疑态度。通过与繁荣的密切关联，甲壳虫汽车使联邦德国的“经济奇迹”和不断增长的稳定获得了成果结晶，同时预示着一个全新的富裕时代的到来，这个新的富裕时代据说是建立在成就精神、辛勤工作、合作的劳资关系、充分就业和（至关重要的）高工资的基础上的。虽然大众汽车公司的迅速扩张和拥有大众汽车的乐趣突显了联邦德国正在融入一个富裕社会，但其谦逊的外观和技术的可靠性使当代人深信，战后诱人的秩序是建立在坚实的基础上的。与此同时，大众甲壳虫汽车公司将战后的解决方案描绘成两种完全不同但又完全正常的解决方案，从而促成了一个联邦德国的成功故事，自“经济奇迹”在20世纪70年代结束以来，这一故事一再引起人们对怀旧的渴望。虽然这些渴望强调了个人对汽车的持续吸引力，但却表明了一种意识，即资本主义“黄金时代”的特殊条件在可预见的未来不太可能再次出现，尽管如此，像科勒总统的偶尔劝诫也不例外。

尽管德国评论员强劲地将大众汽车硬说成是一个靠自力更生成功的故事，但它之所以成为联邦德国最重要的国家标志，仅仅是因为它从一开始就具有国际性的烙印。除了费迪南德·保时捷——像希特勒一样——是个在德国追求雄心壮志的奥地利人外，他的样车在很大程度上借鉴了法国汽车出版社出版的捷克的设计和理念。沃尔夫斯堡的庞大生产基地在20世纪30年代末，如果没有意大利的建筑工人，是不可能建成的。战争期间，来自被占领欧洲各地的强迫劳工在偌大的大厅里辛苦地劳动着，因为管理层保留了大众汽车公司在德国战争经济中的独立企业地位。战后，是英国职业当局将样车投入了生产。意大利劳工在20世纪60年代初回到沃尔夫斯堡，这次是以所谓“外来工人”的身份来的。除了来自欧洲的动力之外，来自美国的刺激也为大众汽车公司提供了至关重要的动力，因为亨利·福特不仅开创了一款“通用汽车”，而且还开创了以他的名字命名的具有成本效益的生产模式。希特勒早就注意到了他的反犹太教倾向，这位美国大亨在30年代就为保时捷提供了大规模汽车生产的组织建议。美国也对海因里希·诺德霍夫产生了影响。诺德霍夫借鉴了战后底特律通用汽车公司首次开发的一种新式管理模式，并将大众汽车公司打造成一家以合作性劳资关系和高工资政策著称的公司。可见，大众甲壳虫汽车作为一个国家的标志，其明确的国际血统从其技术特点，延伸到生产程序，进而延伸到了在沃尔夫斯堡工厂的工人。

除了在巴西、墨西哥、澳大利亚和南非建立生产基地外，诺德霍夫早先决定将大众汽车公司定位为国际市场的参与者，为甲壳虫汽车在全球的成功奠定了基础。虽然这款汽车的国际吸引力在于吸引联邦德国驾驶者的相同材料特性，但国外甲壳虫车主所看到的甲壳虫汽车往往是不同的。通常情况是这样的，将商品转移到新的文化环境中，往往会赋予该产品在国内所不具备的含义。在甲壳虫汽车的案例中，转移的效果特别具有戏剧性，因为他们赋予了这款汽车一个全新的国家身份。大众汽车公司在许多国家里都找到了一个热情的客户群，为联邦德国的“出口奇迹”做出了非典型的贡献。位于沃尔夫斯堡的汽车公司与大多数联邦德国公司不同，它在 20 世纪 50 年代和 60 年代只获得了有限的欧洲市场份额，这是因为对汽车征收了高额的进口税，以及由甲壳虫汽车联想到第三帝国起源的大众汽车记忆。这在拥有强大国内汽车产业的欧洲国家尤其如此，比如说英国，在那里，大部分公众将大众汽车公司视为不受欢迎的竞争对手。

与诺德霍夫最初的预期不同的是，美国成了大众汽车公司的最重要的销售地区，在那里，小型德国汽车因其高质量、低价格和适中的维护成本而获得了相当大的市场定位。在 20 世纪 50 年代的美国，这款汽车的纳粹遗产几乎没有遇到什么障碍，因为联邦德国被视为冷战时期的重要盟友，而不是曾经的敌人。美国汽车业也没有把大众汽车公司视为一个强大的竞争对手，因为它瞄准的是底特律不感兴趣的细分市场。尽管甲壳虫汽车被视为一种利基产品，但它很快就在美国消费环境的边缘获得了可爱而非传统性产品的高知名度。在一个由更大、更华丽和更昂贵的汽车主导的汽车文化中，甲壳虫汽车吸引了许多来自郊区背景寻找第二辆家庭汽车的女性驾驶者。与此同时，德国出口的汽车还引起了心怀不满的白人中产阶级消费者对底特律的不满。始终如一的外观、幽默的广告、对技术改进的适用性以及机智的车主和驾驶者，巩固了汽车作为一种引发深厚感情的个人主义产品的声誉，而这款产品从反主流文化界到商业娱乐界都受到了深刻的影响。在 20 世纪 60 年代，大众汽车公司从一个地位上显示度高、文化上边缘化的外国商品转变成为美国的文化主流。这种对甲壳虫汽车的爱在 70 年代末期甲壳虫汽车从美国市场退出后幸存了下来，但 20 年后，这款新甲壳虫汽车又得到了热烈欢迎，并从此重获新生。从技术角度上讲，新甲壳虫汽车是一款完全不同的车辆，炫耀着人们所熟悉的原款形状。到了 90 年代末，对“臭虫”的记忆引发了人们深深的怀旧情愫，使得几位美国观察者宣称这款甲壳虫汽车是美国的象征。就像无数移民后裔一样，甲壳虫汽车在第二代时完全变成了美国货。

与此同时，墨西哥人也把这款汽车融入了他们的民族文化中。在普埃布拉建立一个综合性生产设施的决定，为后来将沃奇托描述为墨西哥优质劳动力的产品，以及大众汽车公司在该国所具有的坚实经济基础铺平了道路。几十年来，大众汽车的出现和广泛的社会扩散，使其成为墨西哥背景的永久性特征，并已成为一个重要的私人记忆场所。由于技术相对简单、健全，这款汽车让许多墨西哥人感到非常适合本国的苛刻道路条件——这款可信赖的汽车的特点让人联想到随时准备在经济反复动荡的国家里，面对日常生活挑战的坚强的墨西哥人。由于墨西哥缺乏一款不但是在国内制造，而且最初设计也是在本国完成的大众化的、价格合理的汽车，沃奇托便适时地填补了这一文化的真空，并因其成功地驾驭了墨西哥人日常生活的变幻莫测而逐渐被当作了该国的标志。

在联邦德国，甲壳虫汽车的国际形象在更广泛的世界范围内以一个令人喜爱的自我的形象大大地增强了联邦德国地位。联邦德国评论员将这款汽车在美国的商业成功解读为他们的年轻国家正在超越国际事务中贱民地位的证据。虽然摆脱了凯旋主义，强调了大众汽车在美国的边缘市场地位，但联邦德国的报道往往低估了商业扩张使大众汽车公司成为一个在世界其他地区的强大企业参与者这一事实。只有工会友好，“左倾”出版物才会报道大众汽车公司在20世纪80年代末和90年代初加速组织转型而成为跨国汽车生产商时对墨西哥员工所采取的对抗策略。普埃布拉除了帮助大众汽车公司保持其国内模范雇主的声誉外，对拙劣行为保持沉默的做法还支持了把联邦德国描述成一个没有加剧深深植根于全球化的不平等的国家。小巧玲珑、平和可爱、讨人喜欢，诸如此类的词语——这些与该国先前国际声誉相反的反义词，为甲壳虫汽车所传达的全球性角色的自画像中提供了主导性的主题。大众汽车公司完美地补充了联邦德国政治家的一个明显趋势，即以明显的克制来处理国际事务，以期克服该国带有瑕疵的全球声誉。

大众汽车公司不愿意在甲壳虫汽车获得全球商业成功的过程中公开地摆出一副国家姿态，这在把这款汽车提升为具有多个国籍的标志性汽车方面发挥了重要作用。毫无疑问，许多国际客户都知道这款汽车产自何方，他们的赞赏有助于战后“德国制造”商标名誉的恢复。尽管如此，公司仍不愿将其畅销车打造成典型的德国产品，因为沿着这些路线的促销策略可能会把汽车的纳粹起源带入公众视野。作为美国背景下的非传统商品，这款汽车的标志是质量好，为此，大众汽车公司避免将其技术属性打上明显的“德国”的烙印。墨西哥在对沃奇托这款典型德国车身份保持相对沉默的同时，高调地大谈特谈这款汽车在普埃布拉的制造历史。国际公共关系战略允许公司避而不谈甲壳虫汽车的早期历史，故意低估 1945 年前德国历史上对“民众之车”的突出作用，从而疏远了甲壳虫汽车与国家背景的联系。其结果是，大众汽车对海外的彻底文化同化所造成的障碍，比起那些炫耀民族起源的出口大热卖所造成的障碍要少得多。与麦当劳和可口可乐之类的商品相比，它的全球性魅力（以及偶尔引发的敌意）直接取决于唤起美国独特生活方式的能力，而甲壳虫汽车在国际舞台上的表现远不如它的起源地那么自信。具有讽刺意味的是，纳粹的极端民族主义思想从长远来看，间接地促成了这款汽车成为跨国公司标志。[2]

甲壳虫汽车在国际上的突出地位，有力地提醒人们，自“二战”以来，无数的资源滋养了不断扩大的国际商品文化。自 1945 年以来，随着摇滚乐、爵士乐、好莱坞电影、超市、非正式服装如牛仔裤等以及无数其他例子的普及，美国消费品、习俗和风格无疑在塑造这种全球消费文化方面发挥了极其重要的作用。尽管如此，来自西欧的艺术品和惯例，从法国烹饪和摄影到英国流行音乐，再到意大利设计的洪流源源不断，也使全球商品景观国际化产生了累积的冲击力。在这种背景下，冷战期间美国的相对文化开放不仅对美国战后文化的跨国层面有所启发，而且对支撑美国国际联盟的文化动力也产生了启发作用。对于 20 世纪 50 年代和 60 年代的联邦德国评论员来说，美国对甲壳虫汽车的欢迎证明了心理上的重要性，因为他们可以把美国对这款汽车的热情解读为西方大国接受他们新共和国的证据。与此同时,甲壳虫汽车在全球经济中获得了突出地位,正如在墨西哥的发展所证明的那样,全球经济继续表现出严重的国际不平等。可以肯定的是,大众墨西哥公司的员工比其他墨西哥公司的许多同事表现得好,不过,他们把自己的优势归因于坚定的工会,而不是所谓的资本主义固有的财富分配机制。甲壳虫汽车展示了全球化如何在全球持续不平等的条件下促进丰富多彩的国际商品文化的推广普及。[3]

1998 年,甲壳虫汽车作为后现代复古汽车的回归,为大众汽车公司最知名的产品在过去几十年构架的全球轮廓提供了最好的例证。新甲壳虫汽车在加利福尼亚州设计的目的是让大众汽车在美国得以复兴;在沃尔夫斯堡开发的目的是由相对低薪的普埃布拉工人生产。这款汽车在美国首次上市,8 个月之后才给德国驾驶者供货。这一举措反映了公司内部国际劳工的新分工,并部分地扭转了最初从欧洲横渡大西洋的商品流,大众汽车因此有效地将其经典车型的更新版和外国制造版重新进口到德国。第一款大众汽车最初帮助在不同地区之间建立了文化和经济联系,受其支撑,复古汽车实现了制造商向跨国公司的转型,并直接将其的存在归因于原车在全球的标志性魅力。就其商品历史、生产记录和对消费者的吸引力而言,新甲壳虫汽车集中体现了费迪南德·保时捷最初设计的汽车在国际范围内的影响力。

尽管如此,第一款大众汽车的全球特性显示出了明显的局限性。毫无疑问,商业上的成功使原版甲壳虫汽车在全球获得了知名度。然而,尽管这款甲壳虫汽车有跨越国界的能力,但它的根仍然牢牢扎在国家的框架中。与其采用混合或完全成熟的跨国身份——这种跨国身份不可能让甲壳虫汽车拥有一个独特的国家身份归属——倒不如让第一款大众汽车发展成为一个多民族的图标。全球化并没有使这款汽车摆脱民族共鸣性。在甲壳虫汽车强调接收过程是如何将来自其他地方的物体融入新的文化景观中之时，同时也引起了人们对“二战”以来全球化时代国家类别复原力的关注。

第一款大众汽车的标志性光芒将保持多久，目前尚不清楚。正如2003年决定停止生产时所表明的那样，这款汽车经过近60年的生产运行，最终变得过时了。至千禧年之交，甲壳虫汽车将变成一件纯粹的历史文物，一件让人感觉很讽刺的博物馆作品、复古文化和怀旧的引证。世界各地，包括那些仍在等待大规模机动化的国家，客户的需求在不断增长。尽管如此，甲壳虫汽车的吸引力依然存在。“我们会让甲壳虫汽车死去吗?”在20世纪60年代的一则广告中大众汽车如是提出了这个问题。50年了，新甲壳虫汽车经过几番投放市场后，现在我们才知道沃尔夫斯堡的答案是否定的。

注 释

Translations are by the author unless otherwise credited.

序言："有些形状很难改进"

1. *Unter dem Sonnenrad: Ein Buch von Kraft durch Freude* (Berlin: Verlag der Deutschen Arbeitsfront, 1938), 182.

2. Tom McCarthy, *Auto Mania: Cars, Consumers, and the Environment* (New Haven, CT: Yale University Press, 2007), 30–76; Douglas Brinkley, *Wheels for the World: Henry Ford, His Company, and a Century of Progress, 1903–2003* (New York: Penguin, 2003), 90–179, 199–206.

3. Mary Nolan, *Visions of Modernity: American Business and the Modernization of Germany* (New York: Oxford University Press, 1994); Stefan Link, "Rethinking the Ford-Nazi Connection," *Bulletin of the German Historical Institute, Washington DC* 49 (Fall 2011): 135–150.

4. David Edgerton, *The Shock of the Old: Technology and Global History since 1900* (London: Profile, 2006).

5. Roland Barthes, *Mythologies* (New York: Vintage, 1994), 88.

6. *The Marx-Engels Reader: Second Edition,* ed. Robert C. Tucker (New York: Norton, 1978), 319–329, esp. 319–321. On Marx, see Hartmut Böhme, *Fetischismus und Kultur: Eine andere Theorie der Moderne* (Reinbeck: Rowohlt, 2006), 283–372, esp. 326; Arjun Appadurai, "Introduction: Commodities and the Politics of Value," in *The Social Life of Things: Commodities in Cultural Perspective,* ed. Arjun Appadurai (Cambridge: Cambridge University Press, 1986), 1–63, here 7.

7. Leora Auslander, "Beyond Words," *American Historical Review* 110 (2005): 1015–1045, here 1016; Sherry Turkle, "What Makes an

Object Evocative?" in *Evocative Objects: Things We Think With* (Cambridge, MA: MIT Press, 2007), 307–326; Igor Kopitoff, "The Cultural Biography of Things: Commoditization as Process," in Appadurai, *Social Life of Things,* 64–93; Donald A. Norman, *The Design of Everyday Things* (Cambridge, MA: MIT Press, 1998); Harvey Molotch, *Where Stuff Comes From: How Toasters, Toilets, and Many Other Things Come to Be as They Are* (New York: Routledge, 2005); Roger-Pol Droit, *How Are Things? A Philosophical Experience* (London: Faber, 2005); Daniel Miller, *The Comfort of Things* (London: Polity, 2008); Randy O. Frost and Gail Stekete, *Stuff: Compulsive Hoarding and the Meaning of Things* (New York: Mariner Books, 2011).

8. C. A. Baily, *The Birth of the Modern World, 1780–1914* (Oxford: Blackwell, 2004); Jürgen Osterhammel and Niels P. Petersson, *Globalization: A Short History* (Princeton, NJ: Princeton University Press, 2005); Victoria de Grazia, *Irresistible Empire: America's Advance through Twentieth-Century Europe* (Cambridge, MA: Harvard University Press, 2005); Thomas Bender, *Nation among Nations: America's Place in World History* (New York: Hill & Wang, 2006); Andrei S. Markovits, *Uncouth Nation: Why Europe Dislikes America* (Princeton, NJ: Princeton University Press, 2007); Denis Lacorne and Tony Judt, eds., *With Us or against Us: Studies in Global Anti-Americanism* (New York: Palgrave Macmillan, 2005).

9. Gunilla Budde, Sebastian Conrad, and Oliver Janz, eds., *Transnationale Geschichte: Themen, Tendenzen und Theorien* (Göttingen: Vandenhoeck & Ruprecht, 2006); Heinz-Gerhard Haupt and Jürgen Kocka, eds., *Comparative and Transnational History: Central European Approaches and New Perspectives* (New York: Berghahn Books, 2009); C. A. Bayly et al., "AHR Conversation: On Transnational History," *American Historical Review* 111 (2006): 1441–1464; Elizabeth Buettner, "'Going for an Indian': South Asian Restaurants and the Limits of Multiculturalism in Britain," *Journal of Modern History* 80 (2008): 865–901; Priscilla Parkhurst Ferguson, *Accounting for Taste: The Triumph of French Cuisine* (Chicago: Chicago University Press, 2004); James L. MacDonald, ed., *Golden Arches East: McDonald's in East Asia* (Stanford, CA: Stanford University Press, 1997).

"民众之车"问世之前

1. "Der Verein," *Mein Kleinauto,* October 1927, 1–2.

2. Jean-Pierre Bardou et al., *The Automobile Revolution: The Impact on Industry* (Chapel Hill: University of North Carolina Press, 1982),

112; Christoph Maria Merki, *Der holprige Siegeszug des Automobils 1895–1930: Zur Motorisierung des Straßenverkehrs in Frankreich, Deutschland und der Schweiz* (Vienna: Böhlau, 2002), 115.

3. Wolfgang König and Wolfhard Weber, *Netzwerke, Stahl und Strom* (Berlin: Propyläen, 1997), 449–453.

4. "Nachruf Carl Benz," *Das Auto*, April 15, 1929, 292.

5. Bardou et al., *Automobile Revolution*, 112.

6. Susan Carter et al., *Historical Statistics of the United States: Earliest Times to the Present*, vol. 4, *Economic Sectors* (Cambridge: Cambridge University Press, 2006), 288, 635; B. R. Mitchell, *European Historical Statistics, 1750–1975* (London: Macmillan, 1975), 384–389, 420–422.

7. Robert E. Gallman, "Economic Growth and Structural Change," in *The Cambridge Economic History of the United States*, vol. 2, *The Long Nineteenth Century*, ed. Stanley L. Engerman and Robert E. Gallman (Cambridge: Cambridge University Press, 2000), 1–55; Naomi R. Lamoreaux, "Entrepreneurship, Business Organization, and Economic Concentration," in Engerman and Gallman, *Cambridge Economic History of the United States*, 2:403–434; Gary Cross, *An All-Consuming Century: Why Commercialism Won in Modern America* (New York: Columbia University Press, 1999), 24–38.

8. Anton Erkelenz, *Amerika von heute: Briefe von einer Reise* (Berlin: Weltgeist-Bücher, 1925), 29.

9. Henry Ford with Samuel Crowther, *My Life and Work* (Garden City, NY: Doubleday, 1922), 67. On the book's authors, see Stefan Link, "Rethinking the Ford-Nazi Connection," *Bulletin of the German Historical Institute, Washington, DC* 49 (Fall 2011): 135–150, esp. 139.

10. Tom McCarthy, *Auto Mania: Cars, Consumers, and the Environment* (New Haven, CT: Yale University Press, 2007), 32; James J. Flink, *The Automobile Age* (Cambridge, MA: MIT Press, 2001), 37; Douglas Brinkley, *Wheels for the World: Henry Ford, His Company, and a Century of Progress, 1903–2003* (New York: Penguin, 2003), 101–104, 120.

11. Ford, *My Life and Work*, 13–14; Brinkley, *Wheels for the World*, 120.

12. Ford, *My Life and Work*, 145; Brinkley, *Wheels for the World*, 111, 116, 129, 236; McCarthy, *Auto Mania*, 36.

13. Ford, *My Life and Work*, 145; Brinkley, *Wheels for the World*, 77–80.

14. Reynold M. Wik, *Henry Ford and Grass-Roots America* (Ann Arbor: University of Michigan Press, 1972), 33; Ronald R. Kline,

Consumers in the Country: Technology and Social Change in Rural America (Baltimore: Johns Hopkins University Press, 2000), 72–79.

15. Quoted in Brinkley, *Wheels for the World,* 118. On women, see Cotton Seiler, *Republic of Drivers: A Cultural History of Automobility in America* (Chicago: Chicago University Press, 2008), 50–60; Virginia Scharff, *Taking the Wheel: Women and the Coming of the Motor Age* (New York: Free Press, 1991), 15–34, 67–88. The percentages are from McCarthy, *Auto Mania,* 37; Kline, *Consumers in the Country,* 63–65.

16. Kathleen Franz, *Tinkering: Consumers Reinvent the Early Automobile* (Philadelphia: University of Pennsylvania Press, 2005), 26–31; Orvar Löfgren, *On Holiday: A History of Vacationing* (Berkeley: University of California Press, 1999), 58–71; McCarthy, *Auto Mania,* 35–36.

17. Quoted in Franz, *Tinkering,* 20. Ford's quip is from Ford, *My Life and Work,* 72. For nicknames, see Brinkley, *Wheels for the World,* 122. On animosity, see Brian Ladd, *Autophobia: Love and Hate in the Automotive Age* (Chicago: Chicago University Press, 2008), 13–41; Kline, *Consumers in the Country,* 63–65.

18. Stephen Meyer III, *The Five Dollar Day: Labor Management and Social Control at Fort Motor Company, 1908–1921* (Albany: SUNY Press, 1981), 2; Adam Smith, *An Inquiry into the Nature and Causes of the Wealth of Nations,* books 1–3 (Harmondsworth, UK: Penguin, 1986), 109–121. On Smith, see Emma Rothschild, *Economic Sentiments: Adam Smith, Condorcet, and the Enlightenment* (Cambridge, MA: Harvard University Press, 2001).

19. David A. Hounshell, *From the American System to Mass Production, 1800–1932: The Development of Manufacturing Technology in the United States* (Baltimore: Johns Hopkins University Press, 1982), esp. 67–124, 189–216; Carroll Pursell, *The Machine in America: A Social History of Technology* (Baltimore: Johns Hopkins University Press, 1995), 90–93; König and Weber, *Netzwerke, Stahl und Strom,* 427–441; Jonathan Zeitlin and Jonathan Sabel, eds., *Worlds of Possibilities: Flexibility and Mass Production in Western Industrialization* (Cambridge: Cambridge University Press, 1997).

20. Horace Lucien Arnold and Fay Leone Faurote, *Ford Methods and the Ford Shops* (New York: Engineering Magazine, 1919), 5.

21. Wilson J. Warren, *Tied to the Great Packing Machine: The Midwest and Meatpacking* (Iowa City: University of Iowa Press, 2007); Rick Halpern, *Down on the Killing Floor: Black and White Workers in Chicago's Packinghouses, 1904–1954* (Champaign: University of Illinois Press, 1997), 7–42.

22. Brinkley, *Wheels for the World,* 155; Frederico Buccci, *Albert Kahn: Architect of Ford* (New York: Princeton Architectural Press, 2002), 37–47.

23. Ford, *My Life and Work,* 79; Meyer, *Five Dollar Day,* 77.

24. Brinkley, *Wheels for the World,* 281–282.

25. Ibid., 170–171.

26. Meyer, *Five Dollar Day,* 123–148.

27. Flink, *Automobile Age,* 114; David L. Lewis, *The Public Image of Henry Ford: An American Folk Hero and His Company* (Detroit: Wayne State University Press, 1976), esp. 69–113. The folksy truism is in Ford, *My Life and Work,* 77. On the ill-fated rubber plantation, see Greg Grandin, *Fordlandia: The Rise and Fall of Henry Ford's Forgotten Jungle City* (London: Icon, 2010).

28. Brinkley, *Wheels for the World,* 259–264, 288–290; Flink, *Automobile Age,* 231–235; McCarthy, *Auto Mania,* 81–84, 87–89. On GM, see David Farber, *Sloan Rules: Alfred P. Sloan and the Triumph of General Motors* (Chicago: Chicago University Press, 2002); Sally H. Clarke, *Trust and Power: Consumers, the Modern Corporation, and the Making of the United States Automobile Market* (Cambridge: Cambridge University Press, 2007), 109–138, 175–204.

29. Egbert Klautke, *Unbegrenzte Möglichkeiten: "Amerikanisierung" in Deutschland und Frankreich, 1900–1930* (Stuttgart: Steiner, 2003), 191.

30. Eric D. Weitz, *Weimar Germany: Promise and Tragedy* (Princeton, NJ: Princeton University Press, 2007); Bernd Widdig, *Culture and Inflation in Weimar Germany* (Berkeley: University of California Press, 2001).

31. Detlev J. K. Peukert, *Die Weimarer Republik* (Frankfurt: Suhrkamp, 1987), 179. On film, see Thomas J. Saunders, *Hollywood in Berlin: American Cinema in Weimar Germany* (Berkeley: University of California Press, 1994); Katharina von Ankum, ed., *Women and the Metropolis: Gender and Modernity in Weimar Germany* (Berkeley: University of California Press, 1997).

32. Mary Nolan, *Visions of Modernity: American Business and the Modernization of Germany* (New York: Oxford University Press, 1994), 30–57; Joachim Radkau, *Technik in Deutschland: Vom 18. Jahrhundert bis heute* (Frankfurt: Suhrkamp, 2008), 188–196, 286–300; Klautke, *Unbegrenzte Möglichkeiten,* 196–199; Erkelenz, *Amerika von heute,* 61; Irene Witte, *Taylor, Gilbreth, Ford: Gegenwartsfragen der amerikanischen und europäischen Arbeitswissenschaften* (Munich: Oldenbourg, 1924), 74; Gustav Winter, *Der falsche Messias Henry Ford: Ein*

Alarmsignal für das gesamte deutsche Volk (Leipzig: Freie Meinung, 1924), 19; Carl Köttgen, *Das wirtschaftliche Amerika* (Berlin: VDI-Verlag, 1925).

33. Franz Westermann, *Amerika, wie ich es sah: Reiseskizzen eines Ingenieurs* (Halberstadt: Meyer, 1925), 18–19.

34. Merki, *Der holprige Siegeszug,* 115, 342; Benjamin Ziemann, "Weimar Was Weimar: Politics, Culture, and the Emplotment of the German Republic," *German History* 28 (2010): 542–571.

35. Heidrun Edelmann, *Vom Luxusgut zum Gebrauchsgegenstand: Die Geschichte der Verbreitung von Personenkraftwagen in Deutschland* (Frankfurt: VDA, 1989), 83, 87; Anita Kugler, "Von der Werkstatt zum Fließband: Etappen der frühen Automobilproduktion in Deutschland," *Geschichte und Gesellschaft* 13 (1987): 304–339, esp. 329–332.

36. Karl August Kroth, *Das Werk Opel* (Berlin: Schröder, 1928), 117, 119. On Opel, see Edelmann, *Vom Luxusgut,* 88; Rainer Flik, *Von Ford lernen? Automobilbau und Motorisierung in Deutschland bis 1933* (Cologne: Böhlau, 2001), 222.

37. Paul Thomes, "Searching for Identity: Ford Motor Company in the German Market (1900–2003)," in *Ford, 1903–2003: The European History,* vol. 2, ed. Hubert Bonin, Yannick Lung, and Steven Tolliday (Paris: PLAGE, 2003), 151–193, esp. 157–158; Sabine Saphörster, "Die Ansiedelung der Ford-Motor-Company 1929/30 in Köln," *Rheinische Vierteljahresblätter* 53 (1989): 178–210; *Frankfurter Zeitung,* March 14, 1929, evening edition, 3; *Neue Preußische Kreuz-Zeitung,* March 19, 1929, 2; *Der Abend,* March 19, 1929, 1.

38. Merki, *Der holprige Siegeszug,* 18–19.

39. Hans-Ulrich Wehler, *Deutsche Gesellschaftsgeschichte,* vol. 4 (Munich: Beck, 2003), 276–279, 313, 333–334.

40. Merki, *Der holprige Siegeszug,* 116, 120–125.

41. See Wehler, *Deutsche Gesellschaftsgeschichte,* vol. 4, 284–285, 294–304; Dietmar Petzina, Werner Abelshauser, and Anselm Faust, eds., *Sozialgeschichtliches Arbeitsbuch,* vol. 3 (Munich: Beck, 1978), 101–102; David Landes, *The Unbound Prometheus: Technological Change and Industrial Development in Western Europe from 1750 to the Present* (Cambridge: Cambridge University Press, 1969), 429, 450–451. The marketing study is Josef Bader, *Einkommen und Kraftfahrzeughaltung in Deutschland* (Berlin: Verlag der Wirtschaftsgesellschaft des Automobilhändler-Verbandes, 1929), 1, 9.

42. Edelmann, *Vom Luxusgut,* 95; "Was die Opelwerke über ihre neuen Wagen sagen," *Kleinauto-Sport,* May 1930, 4; Richard Hofmann, *Das Klein-Auto für den Selbstfahrer* (Berlin: Volckmann, 1925), 185–188.

43. R. J. Wyatt, *The Austin Seven: The Motor for the Million, 1922–1939* (Newton Abbot: David & Charles, 1982), 78–79, 117; "Der neue BMW-Kleinwagen," *Das Auto,* July 15, 1929, 560.

44. *Das Auto,* June 10, 1929, title page; "Von unseren Kleinen," *Kleinauto-Sport,* April 1930, 12; "Der 3/20 PS BMW 1932," *Das Auto,* April 30, 1932, 64–65.

45. Richard Hofmann and Fritz Wittekind, *Motorrad und Kleinauto* (Braunschweig: Westermann, 1925), 188. The rhyme is in Flik, *Von Ford lernen?* 155–156; "Hanomag jetzt Viersitzer!" *Kleinauto-Sport,* August 1930, 2–4, here 4.

46. "Aus dem Wirtschaftsbuch eines BMW-Kleinautos," *Kleinauto-Sport,* March 1930, 6–8; Hofmann, *Klein-Auto für den Selbstfahrer,* 24–25; Merki, *Der holprige Siegeszug,* 110, 375–403; Edelmann, *Vom Luxusgut,* 104–105; Flik, *Von Ford lernen?* 62–70, 300. The enraged outcry is from "Das gefesselte Auto," *Das Auto,* December 30, 1932, 183.

47. Hofmann and Wittekind, *Motorrad und Kleinauto,* 173–174, 178, 180; "Wintersorgen," *Kleinauto-Sport,* December 1929, 1–4; "Aus dem Wirtschaftsbuch eines BMW-Kleinautos," 8; "Das Hanomag-Kabriolett, ein Wagen für die Dame," *Das Auto,* May 30, 1929, 431.

48. Hofmann and Wittekind, *Motorrad und Kleinauto,* 109. See also "Hanomag-Kameraden," *Der Hanomagfahrer,* August 1929, 1–4, esp. 3; Merki, *Der holprige Siegeszug,* 111; Edelmann, *Vom Luxusgut,* 93–95.

49. Hofmann and Wittekind, *Motorrad und Kleinauto,* 109; "Hanomag-Kameraden," 1.

50. "Jedem sein Kleinauto," *Mein Kleinauto,* October 1927, 4; Hofmann and Wittekind, *Motorrad und Kleinauto,* 109; "Mit 16 PS an den Busen der Natur," *Der Hanomagfahrer,* August 1929, 4–8, esp. 6.

51. "Unsere Sonntagsfahrten," *Kleinauto-Sport,* September 1929, 13–15; *Kleinauto-Sport,* October 1929, 13–15; Rudy Koshar, "Germans at the Wheel: Cars and Leisure Travel in Interwar Germany," in *Histories of Leisure,* ed. Rudy Koshar (Oxford: Berg, 2002), 215–230.

52. Merki, *Der holprige Siegeszug,* 178–180, 194–196.

53. "ADAC-Avus-Rennen 1932," *Das Auto,* May 31, 1932, 83–84; *Der Abend,* May 23, 1932, 6; *Berliner Tageblatt,* May 23, 1932, evening edition, 2. See also "Der große Preis der Nationen," *Das Auto,* July 15, 1929, 588–589.

54. On technology and modernity, see Bernhard Rieger, *Technology and the Culture of Modernity in Britain and Germany, 1890–1945* (Cambridge: Cambridge University Press, 2005), esp. 20–30. On veneration of the automobile in Germany, see Wolfgang Ruppert, "Das Auto: Herrschaft

über Raum und Zeit," in *Fahrrad, Auto, Fernsehschrank: Zur Kulturgeschichte der Alltagsdinge,* ed. Wolfgang Ruppert (Frankfurt: Fischer, 1993), 119–161; Wolfgang Sachs, *For Love of the Automobile: Looking Back into the History of Our Desires* (Berkeley: University of California Press, 1992), 32–46.

55. *Berliner Tageblatt,* December 14, 1924, morning edition, 17; *Vorwärts,* December 14, 1924, 6; *Berliner Tageblatt,* February 17, 1929, morning edition, 9. See also *Tempo,* March 18, 1929, 9. For a particularly polemical intervention, see L. Betz, *Das Volksauto: Rettung oder Untergang der deutschen Automobilindustrie?* (Stuttgart: Petri, 1931), esp. 29, 62–63, 73–74. On driving cultures, see Rudy Koshar, "Cars and Nations: Anglo-German Perspectives on Automobility in the Interwar Period," *Theory, Culture and Society* 21:4/5 (2004): 121–144, esp. 137–139.

是民众团体的象征吗？

1. Neil Baldwin, *Henry Ford and the Jews: The Mass Production of Hate* (New York: Public Affairs, 2001), 284–285; *New York Times,* August 1, 1938, 5.

2. *New York Times,* August 4, 1938, 13; August 7, 1938, 13. On the wider context, see Philipp Gassert, *Amerika im Dritten Reich: Ideologie, Propaganda und Volksmeinung, 1933–1945* (Stuttgart: Steiner, 1997); Timothy W. Ryback, *Hitler's Private Library: The Books That Shaped His Life* (London: Vintage, 2010), 69.

3. *The Jewish Question: A Selection of Articles (1920–1922) Published by Mr. Henry Ford's Paper* (London: MCP Publications, 1927), 20, 40. On Ford's anti-Semitic publishing activities, see Douglas Brinkley, *Wheels for the World: Henry Ford, His Company, and a Century of Progress* (New York: Penguin, 2003), 257–268. Henry Ford's anti-Semitism differed from the National Socialism's racial variant. See Henry Ford with Samuel Crowther, *My Life and Work* (Garden City, NY: Doubleday, 1922), 251–253; Helmut Walser Smith, *The Continuities of German History: Nation, Religion, and Race in the Long Nineteenth Century* (Cambridge: Cambridge University Press, 2008); Hermann Graml, *Anti-Semitism in the Third Reich* (Oxford: Oxford University Press, 1992), esp. 33–86; Saul Friedländer, *Nazi Germany and the Jews: The Years of Persecution, 1933–1939* (New York: Harper-Perennial, 1997), 73–112. The book list is reproduced in Ryback, *Hitler's Private Library,* 57.

4. Hans Mommsen, "Cumulative Radicalisation and Progressive Self-Destruction as Structural Determinants of the Nazi Dictatorship," in

Stalinism and Nazism: Dictatorships in Comparison, ed. Ian Kershaw and Moshe Lewin (Cambridge: Cambridge University Press, 1997), 75–87. The quote is from *Kraft des Motors, Kraft des Volkes: Sechs Reden zur Internationalen Automobil- und Motorrad-Ausstellung Berlin 1937* (Berlin: RDA, 1937), 17–18.

5. Gerhard L. Weinberg, "Foreign Policy in Peace and War," in *The Short History of Germany: Nazi Germany,* ed. Jane Caplan (Oxford: Oxford University Press, 2008), 196–218; Wolfgang Benz, *A Concise History of the Third Reich* (Berkeley: University of California Press, 2006), 155–170. For contrary assessments of popular enthusiasm, see Richard J. Evans, *The Third Reich in Power* (London: Penguin, 2006), 708–709; Peter Fritzsche, *Life and Death in the Third Reich* (Cambridge, MA: Harvard University Press, 2009); Michael Wildt, *Volksgemeinschaft als Selbstermächtigung: Gewalt gegen Juden in der deutschen Provinz, 1919–1939* (Hamburg: Hamburger Edition, 2007); Frank Bajohr, *Aryanisation in Hamburg: The Economic Exclusion of Jews and the Confiscation of Their Property in Nazi Germany* (New York: Berghahn, 2002).

6. Ian Kershaw, *Hitler: 1889–1936 Hubris* (London: Penguin, 2001), 435.

7. Otto Dietrich, *Mit Hitler an die Macht: Persönliche Erlebnisse mit meinem Führer* (Munich: Eher, 1934), 13. Good summaries of Nazi ideology are Richard J. Evans, "The Emergence of Nazi Ideology," in Caplan, *Short History of Germany,* 26–47; Lutz Raphael, "Die nationalsozialistische Weltschanschauung: Profil, Verbreitungsformen und Nachleben," *Forum Politik* 24 (2006): 27–42.

8. "Zum Geleit," in *Volk ans Gewehr! Das Buch vom neuen Deutschland,* ed. Walter Gruber (Wiesbaden: Heinig, 1934), 7. On the "people's community," see Frank Bajohr and Michael Wildt, eds., *Volksgemeinschaft: Neuere Forschungen zur Gesellschaft des Nationalsozialismus* (Frankfurt: Fischer, 2009); Norbert Frei, "Volksgemeinschaft: Erfahrungsgeschichte und Lebenswirklichkeit der Hitler-Zeit," in *1945 und wir: Das Dritte Reich im Bewusstsein der Deutschen* (Munich: Beck, 2009), 121–142. On expansionism, see Mark Mazower, *Hitler's Empire: Nazi Rule in Occupied Europe* (London: Penguin, 2008), esp. 31–52.

9. Jochen Helbeck, *Revolution on My Mind: Writing a Diary under Stalin* (Cambridge, MA: Harvard University Press, 2006); David L. Hoffmann, *Stalinist Values: The Cultural Norms of Modernity, 1917–1941* (Ithaca, NY: Cornell University Press, 2003), 57–87; Peter Fritzsche and Jochen Helbeck, "The New Man in Stalinist Russia and Nazi

Germany," in *Beyond Totalitarianism: Stalinism and Nazism Compared,* ed. Michael Geyer and Sheila Fitzpatrick (Cambridge: Cambridge University Press, 2009), 302–341.

10. Dietrich, *Mit Hitler an die Macht,* 72. For a call for productivism, see the speech by the minister of transport von Eltz-Rübenach in 1934 in *Vollgas voraus! Drei Reden, gehalten aus Anlass der Internationalen Automobil- und Motorradausstellung* (Berlin: RDA, 1934), 14–20, esp. 15. On science, see Robert D. Proctor, *The Nazi War on Cancer* (Princeton, NJ: Princeton University Press, 1999); Paul Weindling, *Health, Race and German Nation between National Unification and National Socialism* (Cambridge: Cambridge University Press, 1989). On technology, see Bernhard Rieger, *Technology and the Culture of Modernity in Britain and Germany, 1890–1945* (Cambridge: Cambridge University Press, 2005), esp. 243–263.

11. *Kraftfahrt tut not! Zwei Reden zur Eröffnung der Internationalen Automobil- und Motorradausstellung in Berlin am 11. Februar 1933* (Berlin: RDA, 1933), 9–10; Anette Gudjons, *Die Entwicklung des "Volksautomobils" von 1904 bis 1945 unter besonderer Berücksichtigung des "Volkswagens"* (PhD diss., Technical University Hanover, 1988), 151–154; Adam Tooze, *The Wages of Destruction: The Making and Breaking of the Nazi Economy* (London: Penguin, 2007), 100.

12. *Kraftfahrt tut not!* 10; "Rosemeyers großer Sieg," *Motor und Sport* (hereafter *MuS*), June 21, 1936, 16; *Völkischer Beobachter,* July 7, 1937, 1; *NSKK-Mann,* July 2, 1938, 4; "Großer Preis von Monaco," *MuS,* April 26, 1936, 38–41; "Der moderne Rennwagen," *MuS,* July 26, 1936, 12–15. Scholarship includes Dorothee Hochstetter, *Motorisierung und "Volksgemeinschaft": Das Nationalsozialistische Kraftfahrkorps (NSKK) 1931–1945* (Munich: Oldenbourg, 2005), 277–329; Eberhard Reuß, *Hitlers Rennschlachten: Silberpfeile unterm Hakenkreuz* (Berlin: Aufbau Verlag, 2006).

13. *Kraftfahrt tut not!* 10; *Völkischer Beobachter,* May 20, 1935, 1; Erhard Schütz and Eckhard Gruber, *Mythos Reichsautobahn: Bau und Inszenierung der "Straßen des Führers," 1933–1941* (Berlin: Christoph Links, 2000), 51; Thomas Zeller, *Driving Germany: The Landscape of the German Autobahn* (New York: Berghahn, 2007), 47–78, 127–180.

14. Karl Gustav Kaftan, "Die Reichsautobahnen: Marksteine des Dritten Reiches," in Gruber, *Volk ans Gewehr!* 308–314, here 310; *Völkischer Beobachter,* May 20, 1935, 2. See also *Kraftfahrt tut not!* 10; *Parole: Motorisierung—Ein Jahr nationalsozialistischer Kraftverkehrsförderung* (Berlin: RDA, 1934), 3; Peter Reichel, *Der schöne Schein des*

Dritten Reiches: Gewalt und Faszination des deutschen Faschismus (Hamburg: Ellert & Richter, 2006), 361.

15. Waldemar Wucher, ed., *Fünf Jahre Arbeit an den Straßen Adolf Hitlers* (Berlin: Volk und Reich, 1938), 19; *Völkischer Beobachter,* September 15, 1933, 5. For similar celebrations, see Archive, Institut für Zeitgeschichte, Munich, file "Autobahnen," *Völkischer Beobachter,* February 3, 1935; August 18, 1936; *Der Oberbayrische Gebirgsbote,* November 26, 1934.

16. On this perception, see Fritzsche, *Life and Death in the Third Reich,* 58; Günter Morsch, *Arbeit und Brot: Studien zu Lage, Stimmung, Einstellung und Verhalten der deutschen Arbeiterschaft, 1933–1936* (Frankfurt: Lang, 1993).

17. Tooze, *Wages of Destruction,* 43–46, 60–63; esp. 62; Schütz and Gruber, *Mythos Reichsautobahn,* 10–12; Reichel, *Der schöne Schein,* 358.

18. The full text of the code is in "Aber noch fehlt der Volkswagen," *MuS,* June 17, 1934, 10–11, 40–42, here 41. The comment is "Einige Bemerkungen," *MuS,* October 7, 1934, 5. For a rare exploration of this measure, see Hochstettter, *Motorisierung und "Volksgemeinschaft,"* 376–379. On earlier speed restrictions, see Christoph Maria Merki, *Der holprige Siegeszug des Automobils, 1895–1930: Zur Motorisierung des Straßenverkehrs in Frankreich, Deutschland und der Schweiz* (Vienna: Böhlau, 2002), 355.

19. Joe Moran, *On Roads: A Hidden History* (London: Profile, 2010), 97. See also Sean O'Connell, *The Car in British Society: Class, Gender and Motoring, 1896–1939* (Manchester: Manchester University Press, 1998), 123–136.

20. Gustav Langenscheidt, "Nationalsozialismus und Kraftfahrwesen," in Gruber, *Volk ans Gewehr!* 315–329, here 325–326; *Völkischer Beobachter,* June 21, 1937, 2; "Der Führer eröffnet die Ausstellung," *MuS,* February 26, 1939, 21–25, here 25.

21. On "discipline" and "chivalry," see Langenscheidt, "Nationalsozialismus und Kraftfahrwesen," 326; *Völkischer Beobachter,* June 21, 1937, 2; Hochstetter, *Motorisierung und "Volksgemeinschaft,"* 383.

22. Langenscheidt, "Nationalsozialismus und Kraftfahrwesen," 327; "Wichtiges vom Volkswagen," *MuS,* July 3, 1938, 6. Joseph Goebbels drew on the term in 1938. See "Eröffnung der Automobil- und Motorradausstellung," *MuS,* February 27, 1938, 21–24. See also Karl Krug and Hans Kindermann, *Das neue Straßenverkehrsrecht* (Stuttgart and Berlin: Kohlhammer, 1938), x; Johannes Floegel, *Straßenverkehrsrecht* (Munich: Beck, 1939), 10; *NSKK-Mann,* May 6, 1939, 1.

23. Langenscheidt, "Nationalsozialismus und Kraftfahrwesen," 327; Krug and Kindermann, *Das neue Straßenverkehrsrecht,* xi; Hochstetter, *Motorisierung und "Volksgemeinschaft,"* 377, 387–393.

24. *Kraftfahrt tut not!* 7–8. The passage from Hitler's speech was cited repeatedly. See Wilfried Bade, *Das Auto erobert die Welt: Biographie des Kraftwagens* (Berlin: Zeitgeschichte Verlag, 1938), 311; Langenscheidt, "Nationalsozialismus und Kraftfahrwesen," 322. The legal opinion is Krug and Kindermann, *Das neue Straßenverkehrsrecht,* x. On individualism, see Moritz Foellmer, "Was Nazism Collectivistic? Redefining the Individual in Berlin, 1930–1945," *Journal of Modern History* 82 (2010): 61–99.

25. Victor Klemperer, *Tagebücher 1937–1939,* ed. Walter Nowojski (Berlin: Aufbau, 1999), 118. Himmler's decree is in *Völkischer Beobachter,* December 5, 1938, 5. On violence in November 1938, see Friedländer, *Nazi Germany and the Jews,* 269–279; Richard J. Evans, *The Third Reich in Power* (New York: Penguin, 2005), 580–610. On its automotive dimension, see Hochstetter, *Motorisierung und "Volksgemeinschaft,"* 202–206, 405–412.

26. "Der Führer eröffnet," 25. The revised highway code in "Die neue Straßenverkehrsordnung," *MuS,* November 28, 1937, 22–23; December 5, 1937, 21–22; December 12, 1937, 28–29, 34. See also Hochstetter, *Motorisierung und "Volksgemeinschaft,"* 374–379.

27. Heidrun Edelmann, *Vom Luxusgut zum Gebrauchsgegenstand: Die Geschichte der Verbreitung von Personenkraftwagen in Deutschland* (Frankfurt: VDA, 1989), 132, 160–165, 171; Bade, *Das Auto erobert,* 326; *Vollgas voraus!* 3; Hochstetter, *Motorisierung und "Volksgemeinschaft,"* 363. On Opel, see Henry Ashby Turner Jr., *General Motors and the Nazis: The Struggle for Control of Opel, Europe's Biggest Car Maker* (New Haven, CT: Yale University Press, 2005).

28. *Vollgas voraus!* 7–8, 10–12.

29. Gert Selle, *Design im Alltag: Thonetstuhl zum Mikrochip* (Frankfurt: Campus, 2007), 99–109; Tooze, *Wages of Destruction,* 147–149; Wolfgang König, *Volkswagen, Volksempfänger, Volksgemeinschaft: "Volksprodukte" im Dritten Reich* (Paderborn: Schöningh, 2004), 25–99.

30. Hartmut Berghoff, "Träume und Alpträume: Konsumpolitik im nationalsozialistischen Deutschland," in *Die Konsumgesellschaft in Deutschland, 1890–1990,* ed. Heinz-Gerhard Haupt and Claudius Torp (Frankfurt: Campus, 2009), 268–288; Hartmut Berghoff, "Gefälligkeitsdiktatur oder Tyrannei des Mangels? Neue Kontroversen zur Konsumgeschichte des Nationalsozialismus," *Geschichte in Wissenschaft und Unterricht* 58 (2007): 502–518.

31. "Wer den Volkswagen bauen soll," *MuS,* March 25, 1934, 7.

32. Hans Mommsen and Manfred Grieger, *Das Volkswagenwerk und seine Arbeiter im Dritten Reich* (Düsseldorf: Econ, 1997), 63–66.

33. Edelmann, *Vom Luxusgut,* 179.

34. Fabian Müller, *Ferdinand Porsche* (Berlin: Ullstein, 1999), 11–34; Heidrun Edelmann, *Heinz Nordhoff und Volkswagen: Ein deutscher Unternehmer im amerikanischen Jahrhundert* (Göttingen: Vandenhoeck & Ruprecht, 2003), 37.

35. Ulrich Kubisch and Hermann-J. Pölking, eds., *Allerweltswagen: Die Geschichte eines automobilen Wirtschaftswunders, von Porsches Volkswagen-Vorläufer zum Käfer-Ausläufer-Modell* (Berlin: Elefanten-Press, 1986), 16–20; Mommsen and Grieger, *Das Volkswagenwerk,* 87; Müller, *Ferdinand Porsche,* 39–40.

36. Mommsen and Grieger, *Das Volkswagenwerk,* 66, 104–105. Hitler's reminiscences are from Henry Picker, *Hitlers Tischgespräche im Führerhauptquartier* (Stuttgart: Seewald, 1977), 374. On the engineer as a "man of action," see Kees Gispen, *Poems in Steel: National Socialism and the Politics of Inventing* (New York: Berghahn, 2002).

37. *Schrittmacher der Wirtschaft: Vier Reden gehalten zur Internationalen Automobil- und Motorrad-Ausstellug* (Berlin: RDA, 1936), 16; Mommsen and Grieger, *Das Volkswagenwerk,* 94–99.

38. Mommsen and Grieger, *Das Volkswagenwerk,* 96–97, 167.

39. Ibid., 71. Porsche joined the NSDAP only in 1937.

40. Ibid., 74–75. On design issues, see Wilhelm Hornbostel and Nils Jockel, eds., *Käfer—der Ervolkswagen: Nutzen, Alltag, Mythos* (Munich: Prestel, 1999), 31; Selle, "Ein Auto für alle," 113–114; "Den Volkswagen erfunden," *Der Spiegel,* April 23, 1952, 10; Steven Tolliday, "Enterprise and State in the West German Wirtschaftswunder: Volkswagen and the Automobile Industry, 1939–1962," *Business History Review* 69 (1995): 272–350, 281.

41. Bade, *Das Auto erobert,* 356–357. See also Deutsches Museum, Munich, archive, Firmenschriften, file Volkswagen, *Dein KdF-Wagen* (Berlin: KdF, 1938), esp. 6–9; *Volkswagenwerk GmbH* (Berlin: KdF, 1939).

42. James J. Flink, *The Automobile Age* (Cambridge, MA: MIT Press, 2001), 213; Paul Atterbury, "Travel, Transport and Art Deco," in *Art Deco, 1910–1939,* ed. Charlotte Benton, Tim Benton, and Ghislaine Wood (London: V&A Publications, 2003), 315–323; Selle, "Ein Auto für alle," 121.

43. Mommsen and Grieger, *Das Volkswagenwerk,* 148–154. On Citroën and Fiat, see Omar Calabrese, "L'utilitaria," in *I luoghi della*

memoria: Simboli e miti dell'Italia unita, ed. Mario Isnenghi (Rome: Laterza, 1998), 537–557, esp. 543–545; Valerio Castronovo, *Fiat: Una storia del capitalismo italiano* (Milan: Rizzoli, 2005), 248–250; Dominique Pagneux, *La 2CV de 1939 à 1990* (Paris: Hermé, 2005), 8–12.

44. DAF had twenty-three million members in 1939. See Gerhard Starcke, *Die Deutsche Arbeitsfront: Eine Darstellung über Zweck, Leistungen und Ziele* (Berlin: Verlag für Sozialpolitik, 1940), 144. On DAF, see Tilla Siegel, *Industrielle Rationalisierung unter dem Nationalsozialismus* (Frankfurt: Campus, 1991); Matthias Frese, *Betriebspolitik im "Dritten Reich": Deutsche Arbeitsfront, Unternehmer und Staatsbürokratie in der westdeutschen Großindustrie* (Paderborn: Schöningh, 1991). On disorderly planning, see Mommsen and Grieger, *Das Volkswagenwerk,* 117–128, 156–176, 268–276; Marie-Luise Recker, *Die Großstadt als Wohn- und Lebensbereich im Nationalsozialismus: Zur Gründung der Stadt des KdF-Wagens* (Frankfurt: Campus, 1981).

45. Shelley Baranowski, *Strength through Joy: Consumerism and Mass Tourism in the Third Reich* (Cambridge: Cambridge University Press, 2004), 40–41, 118–161; Heinz Schön, *Hitlers Traumschiffe: Die "Kraft-durch Freude" Flotte, 1934–1939* (Kiel: Arndt, 2000); Jürgen Rostock, *Paradiesruinen: Das KdF-Seebad der Zwanzigtausend auf Rügen* (Berlin: Christoph Links, 1995). The propaganda statements are from *Unter dem Sonnenrad: Ein Buch von Kraft durch Freude* (Berlin: Deutsche Arbeitsfront, 1938), 93; Starcke, *Die Deutsche Arbeitsfront,* 8.

46. Institut für Zeitgeschichte und Stadtpräsentation, Wolfsburg, EB 1, Sigrid Barth, "Wie ich den Führer traf," photocopy of school exercise book, 3; *Völkischer Beobachter,* May 27, 1938, 1. On the ceremony, see Mommsen and Grieger, *Das Volkswagenwerk,* 182–186.

47. For PR initiatives, see "Mein Auto und ich," *MuS,* February 5, 1939, 6; *MuS,* April 30, 1939, 9; Karen Peters, ed., *NS-Presseanweisungen der Vorkriegszeit, vol. 6: 1938* (Munich: Saur, 1999), 872; "Probefahrt im KdF-Wagen," *MuS,* September 18, 1938, 32; *Völkischer Beobachter,* December 4, 1938, 5; "Wir fuhren den KdF-Wagen," *Arbeitertum,* September 1, 1938, 5–9; *New York Times,* July 3, 1938, 112. Technical information was provided in *Dein KdF-Wagen,* 21. Similar claims can be found in "Das Wichtigste über die Ausstellung," *MuS,* February 19, 1939, 51; "Dein KdF-Wagen," *Arbeitertum,* November 1, 1938, 9–10.

48. "Der KdF-Wagen kommt," *MuS,* June 5, 1938, 13. Ley's categorical statement is in *Völkischer Beobachter,* August 2, 1938, 2.

49. Starcke, *Das Auto erobert,* 348; "Wir fuhren den KdF-Wagen," 9. *Dein KdF-Wagen,* front cover. See also *Volkswagenwerk GmbH,* 3, 10.

50. Postcard, author's collection. On advertising, see Kristin Semmens, *Tourism in the Third Reich* (Basingstoke: Palgrave Macmillan, 2005), esp. 72–97.

51. Quoted in Monika Uliczka, *Berufsbiographie und Flüchtlingsschicksal: VW-Arbeiter in der Nachkriegszeit* (Hanover: Hahn, 1993), 179; *Deutschland-Berichte der Sozialdemokratischen Partei Deutschlands (Sopade), 1934–1940: Sechster Band 1939,* ed. Klaus Behnken (Salzhausen: Nettelbeck, 1980), 488; "Der Volkswagen," *MuS,* June 19, 1938, 39–40. For the figures, see Mommsen and Grieger, *Das Volkswagenwerk,* 197; Hochstetter, *Motorisierung und "Volksgemeinschaft,"* 185.

52. Deutsches Tagebucharchiv, Emmendingen, 1614/I, letter, Helmut Hartmann to his parents, April 14, 1935.

53. Mommsen and Grieger, *Das Volkswagenwerk,* 198.

54. Philipp Kratz, "Sparen für das kleine Glück," in *Volkes Stimme: Skepsis und Führervertrauen im Nationalsozialismus,* ed. Götz Aly (Frankfurt: Fischer, 2007), 59–79.

55. Tooze, *Wages of Destruction,* 141–143, 195–197; König, *Volkswagen,* 186–190; Mommsen and Grieger, *Das Volkswagenwerk,* 201; Gudjons, *Die Entwicklung des "Volksautomobils,"* 60–61; Hochstetter, *Motorisierung und "Volksgemeinschaft,"* 185.

56. *Meldungen aus dem Reich: Die geheimen Lageberichte des Sicherheitsdienstes der SS, 1938–1945,* vol. 2., ed. Heinz Boberach (Herrsching: Pawlack, 1984), 177.

57. Mommsen and Grieger, *Das Volkswagenwerk,* 250–311, 1032.

58. Ibid., 338–382, 477–496, 601–624, 677–710.

59. Ulrich Herbert, *Hitler's Foreign Workers: Enforced Foreign Labor in the Third Reich* (Cambridge: Cambridge University Press, 1997); Neil Gregor, *Daimler-Benz in the Third Reich* (New Haven, CT: Yale University Press, 1998), 150–217; Constanze Werner, *Kriegswirtschaft und Zwangsarbeit im Nationalsozialismus* (Munich: Oldenbourg, 2006); Turner, *General Motors and the Nazis,* 145–146. On the sadistic cook, see Institut für Zeitgeschichte und Stadtpräsentation, Wolfsburg, EB2, Gespräch Dr. Gericke mit Wilhelm Mohr, January 21, 1970, 20–21; EB1, Gespräch Dr. Siegfried und Hugo Bork, August 30, 1979, 8–11; Julian Banaś, *Abfahrt ins Ungewisse: Drei Polen berichten über ihre Zeit als Zwangsarbeiter im Volkswagenwerk von Herbst 1942 bis Sommer 1945* (Wolfsburg: Volkswagen, 2007), 25–60, here 28. See also Henk 't Hoen, *Zwei Jahre Volkswagenwerk: Als niederländischer Student im "Arbeitseinsatz" im Volkswagenwerk von Mai 1943 bis zum Mai 1945* (Wolfsburg: Volkswagen, 2005).

60. National Archives, London, WO 235/236, Proceedings of a Military Court for the Trial of War Criminals Held at Helmstedt, Germany, May 20 and 21, 1946, 10. For a love story against all odds, see *Olga und Piet: Eine Liebe in zwei Diktaturen* (Wolfsburg: Volkswagen, 2006). On prisoner abuse, see Mommsen and Grieger, *Das Volkswagenwerk,* 516–599, 713–799; Karl Ludvigsen, *Battle for the Beetle* (Cambridge, MA: Bentley, 2000), 61–75.

61. Mommsen and Grieger, *Das Volkswagenwerk,* 320–335, 383–405, 488–495, 1032.

62. Ibid., 624–649, 876–902.

63. *Motor-Schau* 5 (1941), 729, quoted, alongside other propaganda works, in König, *Volkswagen,* 172; Joseph Goebbels, "Wofür?" in Joseph Goebbels, *Das eherne Herz: Reden und Aufsätze aus den Jahren 1941/1942* (Munich: Eher, 1943), 329–335, here 334–335. (This article first appeared in *Der Angriff* on May 31, 1942.)

64. Postcard in the author's possession.

"我们不应该提出任何要求"

1. Hans Mommsen and Wolfgang Grieger, *Das Volkswagenwerk und seine Arbeiter im Dritten Reich* (Düsseldorf: Econ, 1997), 880–885, 926–927.

2. Institut für Zeitgeschichte und Stadtpräsentation, Wolfsburg (hereafter IZS), EB 1, Erlebnisbericht Hermann Chall, October 17, 1982, 33; Simone Neteler, "Besetzt und doch frei: Wolfsburg unter alliierter Herrschaft," in *Die Wolfsburg-Saga,* ed. Christoph Stölzl (Stuttgart: Theiss, 2009), 92. For an overview, see Richard Bessel, *Germany 1945: From War to Peace* (New York: Simon & Schuster, 2009).

3. Arthur Maier, *Wahlen, Wahlverhalten und Sozialstruktur in Wolfsburg von 1945 bis 1960* (Göttingen: n.p., 1979), 38; I. D. Turner, *British Occupation Policy and Its Effects on the Town of Wolfsburg and the Volkswagenwerk, 1945–1949* (PhD diss., University of Manchester, 1984), 71–78; Neteler, "Besetzt und doch frei," 93.

4. Tony Judt, *Postwar: A History of Europe since 1945* (London: Pimlico, 2007), 104–106; Mommsen and Grieger, *Das Volkswagenwerk,* 1031.

5. Christina von Hodenberg, *Konsens und Krise: Eine Geschichte der westdeutschen Medienöffentlichkeit 1945–1973* (Göttingen: Wallstein, 2006), 103–229. The newsreel *Wochenschau* reported on Wolfsburg both in 1946 and in 1948. See www.wochenschau.de (accessed July 21, 2011).

6. Ian Turner, "The British Occupation and Its Impact on Germany," in *Reconstruction in Post-War Germany: British Occupation Policy and*

the Western Zones, 1945–1955, ed. Ian Turner (Oxford: Berg, 1989), 3–14, esp. 4–5; John W. Cell, "Colonial Rule," in *The Oxford History of the British Empire,* vol. 4, *The Twentieth Century,* ed. Judith M. Brown and Wm. Roger Louis (Oxford: Oxford University Press, 1999), 232–254.

7. Ian Turner, "British Policy Towards German Industry, 1945–1949," in Turner, *Reconstruction in Post-War Germany,* 67–91, esp. 70–71; Turner, "British Occupation and Its Impact," 5–6; Werner Plumpe, "Wirtschaftsverwaltung und Kapitalinteresse im britischen Besatzungsgebiet 1945/6," in *Wirtschaftspolitik im britischen Besatzungsgebiet,* ed. Dietmar Petzina and Walter Euchner (Düsseldorf: Schwann, 1984), 121–152, esp. 128–130.

8. Markus Lupa, *Das Werk der Briten: Volkswagenwerk und Besatzungsmacht* (Wolfsburg: Volkswagen, 2005), 6–8; Ralf Richter, *Ivan Hirst: Britischer Offizier und Manager des Volkswagenaufbaus* (Wolfsburg: Volkswagen, 2003), 35–39; IZS, EB 16, *Fragen an Ivan Hirst, Januar/Februar 1996,* 6.

9. Christoph Kleßmann, *Die doppelte Staatsgründung: Deutsche Geschichte 1945–1955* (Bonn: Bundeszentrale für politische Bildung, 1986), 67; National Archives, London (hereafter NA), FO 1039/797, Zonal Executive Offices Economic Sub-Commission, Minden, Minutes of Meeting, July 15, 1946, 2.

10. Richter, *Ivan Hirst,* 38–41; Mommsen and Grieger, *Das Volkswagenwerk,* 952–953; IZS, *Fragen an Ivan Hirst,* 6.

11. IZS, *Fragen an Ivan Hirst,* 1; Richter, *Ivan Hirst,* 38; Ronald Hyam, "Bureaucracy and 'Trusteeship' in the Colonial Empire," in Brown and Louis, *Oxford History of the British Empire*, vol. 4, 255–279; Kenneth Robinson, *The Dilemmas of Trusteeship: Aspects of British Colonial Policy between the Wars* (London: Oxford University Press, 1965).

12. Richter, *Ivan Hirst,* 51; Lupa, *Das Werk der Briten,* 10, 25; Mommsen and Grieger, *Das Volkswagenwerk,* 1031.

13. *Times* (London), June 27, 1946, 3; Lutz Niethammer, *Die Mitläuferfabrik: Die Entnazifizierung am Beispiel Bayerns* (Berlin: Dietz, 1982); Ian Turner, "Denazification in the British Zone," in Turner, *Reconstruction in Post-War Germany*, 239–270.

14. Turner, *British Occupation Policy and Its Effects on the Town of Wolfsburg,* 257, 267–278; Lupa, *Das Werk der Briten,* 16–18; NA, FO 1039/797, Minutes of the Fifth Meeting of the Board of Control of the Volkswagenwerk, June 13, 1946.

15. Turner, *British Occupation Policy and Its Effects on the Town of Wolfsburg,* 278–298; Peter Reichel, *Vergangenheitsbewältigung in*

Deutschland: Die Auseinandersetzung mit der NS-Diktatur von 1945 bis heute (Munich: Beck, 2001), 37; Konrad Jarausch, *Die Umkehr: Deutsche Wandlungen 1945–1995* (Munich: Deutsche Verlags-Anstalt, 2004), 68–75; Edgar Wolfrum, *Die geglückte Demokratie: Geschichte der Bundesrepublik von ihren Anfängen bis zur Gegenwart* (Stuttgart: Klett-Cotta, 2006), 26–27; Axel Schildt and Detlef Siegfried, *Deutsche Kulturgeschichte: Die Bundesrepublik von 1945 bis zur Gegenwart* (Munich: Hanser, 2009), 46–48.

16. Lupa, *Das Werk der Briten,* 40; IZS, EB 1, Gespräch Dr. Gericke mit Horst Bischof, October 10, 1966, 5, 10, 13; NA, FO 1032/1379, Minutes of the Seventh Board of Control Meeting of the Volkswagenwerk, August 12, 1946; Minutes of the Eighth Board of Control Meeting of the Volkswagenwerk, September 12, 1946.

17. Quoted in Monika Uliczka, *Berufsbiographie und Flüchtlingsschicksal: VW-Arbeiter in der Nachkriegszeit* (Hanover: Hahn, 1993), 220.

18. Maier, *Wahlen, Wahlverhalten und Sozialstruktur,* 44–45; Jessica Reinisch and Elizabeth White, eds., *The Disentanglement of Populations: Migration, Expulsion and Displacement in Postwar Europe, 1945–1949* (Basingstoke: Palgrave Macmillan, 2011); Andreas Kossert, *Kalte Heimat: Die Geschichte der Vertriebene nach 1945* (Berlin: Pantheon, 2009), esp. 43–87; Pertti Ahonen, *After the Expulsion: West Germany and Eastern Europe, 1945–1990* (Oxford: Oxford University Press, 2003); Ralf Richter, "Die Währungs- und Wirtschaftsreform 1948 im Spiegel unternehmerischer Personalpolitik—Volkswagen, 1945–1950," *Zeitschrift für Unternehmensgeschichte* 48 (2003): 215–238, esp. 222.

19. Richter, "Die Währungs- und Wirtschaftsrefrom," 227–228; Turner, *British Occupation Policy and Its Effects on the Town of Wolfsburg,* 118, 127; Kleßmann, *Die doppelte Staatsgründung,* 48; A. J. Nicholls, *Freedom with Responsibility: The Social Market Economy in Germany, 1918–1963* (Oxford: Oxford University Press, 2000), 127.

20. Quoted in Uliczka, *Berufsbiographie und Flüchtlingsschicksal,* 235; Ian Connor, "The Refugees and the Currency Reform," in Turner, *Reconstruction in Post-war Germany,* 301–324, esp. 302; Turner, *British Occupation Policy and Its Effects on the Town of Wolfsburg,* 144; Richter, *Ivan Hirst,* 68; NA, SUPP 14/397, Report, The Volkswagenwerk Complex in Control Under Law 52, June 1947, 4–5, 8–9; FO 1046/193, Report, Head of DAF Section, August 26, 1947.

21. NA, SUPP 14/397, The Volkswagenwerk Complex in Control Under Law 52, 10. Unternehmensarchiv Volkswagen AG, Wolfsburg

(hereafter UVW), 69/150/2, memorandum for Major Hirst, July 31, 1947; UVW, 69/150/81, memorandum, Dr. Münch to Major Hirst, November 16, 1946; Lupa, *Das Werk der Briten,* 21; IZS, *Fragen an Ivan Hirst,* 10–11; UVW, 69/150/159, 160, note, Dr. Kemmler (Kaufmännische Leitung) an die britische Werksleitung, August 9, 1946.

22. Lupa, *Das Werk der Briten,* 30; Günter J. Trittel, *Hunger und Politik: Die Ernährungskrise in der Bizone, 1945–1949* (Frankfurt: Campus, 1990), esp. 81–126.

23. UVW, 69/150/32, memo (translation), Januar Produktion, December 27, 1946; UVW, 69/196/1/2, Bericht über die Tätigkeit der Technischen Leitung im Volkswagenwerk bis einschließlich Oktober 1947, [no date], 7, 21, 23–24; UVW, 69/149/21, Lagebericht für den Monat Juni 1947; UVW, 69/149/33, Lagebericht für den Monat Mai 1947; Richter, "Die Währungs- und Wirtschaftsreform," 220; Lupa, *Das Werk der Briten,* 64–65.

24. British Intelligence Objectives Sub-Committee, *Investigation of the Developments in the German Automobile Industry during the War Period: BIOS Final Report No. 300* (London: HMSO, 1945), 72; British Intelligence Objectives Sub-Committee, *The German Automobile Industry: BIOS Final Report 768* (London: HMSO, 1946), 12; Karl Ludvigsen, ed., *People's Car: A Facsimile Reprint of B.I.O.S. Final Report No. 998 Investigation into the Design and Performance of the Volkswagen or German People's Car: First Published in 1947* (London: Stationery Office, 1996), 79–80.

25. Ludvigsen, *People's Car,* 68–69, 115, 117, 118; *BIOS Final Report 300,* 97; *BIOS Final Report 768,* 31.

26. Ludvigsen, *People's Car,* 118, 69, 85; *BIOS Final Report 768,* 31. See Ministry of Supply, *National Advisory Council for the Motor Manufacturing Industry: Report on Proceedings* (London: HMSO, 1948), 15. Some historians have criticized British industry for missing a supposedly golden opportunity. See Martin Adeney, *The Motor Makers: The Turbulent History of Britain's Car Makers* (London: Fontana, 1989), 209; James Laux, *The European Automobile Industry* (New York: Twayne, 1992), 170.

27. Judt, *Postwar,* 90–99; Geir Lundestad, *The United States and Western Europe since 1945* (Oxford: Oxford University Press, 2003), 55–58; Alan Milward, *The Reconstruction of Western Europe, 1945–1951* (Berkeley: University of California Press, 1984).

28. Steven Tolliday, "Enterprise and State in the West German Wirtschaftswunder: Volkswagen and the Automobile Industry, 1939–1962," *Business History Review* 69 (1995): 272–350, here 296; Henry

Walter Nelson, *Small Wonder: The Amazing Story of the Volkswagen Beetle* (Boston: Little, Brown, 1970), 104–112.

29. Heidrun Edelmann, *Heinz Nordhoff und Volkswagen: Ein deutscher Unternehmer im amerikanischen Jahrhundert* (Göttingen: Vandenhoeck & Ruprecht, 2003), 9–63.

30. Paul Erker, "Industrie-Eliten im 20. Jahrhundert," in *Deutsche Unternehmer zwischen Kriegswirtschaft und Wiederaufbau: Studien zur Erfahrungsbildung von Industrie-Eliten,* ed. Paul Erker and Toni Pierenkämper (Munich: Oldenbourg, 1999), 3–18, esp. 5–6, 8–9; Edelmann, *Heinz Nordhoff und Volkswagen,* 68.

31. Heidrun Edelmann, "Heinrich Nordhoff: Ein deutscher Manager in der Automobilindustrie," in Erker and Pierenkämper, *Deutsche Unternehmer zwischen Kriegswirtschaft und Wiederaufbau,* 19–52, esp. 35–37, 39–44; Christoph Buchheim, "Unternehmen in Deutschland und NS-Regime 1933–1945: Versuch einer Synthese," *Historische Zeitschrift* 282 (2006): 351–390. For two far more egregious offenders, see Peter Hayes, *Industry and Ideology: IG Farben in the Nazi Era* (Cambridge: Cambridge University Press, 1987), 319–376; Norbert Frei et al., *Flick: Der Konzern. Die Familie. Die Macht* (Munich: Blessing, 2009), 327–368.

32. Nina Grunenberg, *Die Wundertäter: Netzwerke in der deutschen Wirtschaft, 1942–1966* (Munich: Pantheon, 2007); Tim Schanetzky, "Unternehmer: Profiteure des Unrechts," in *Karrieren im Zwielicht: Hitlers Eliten nach 1945,* ed. Norbert Frei (Frankfurt: Campus, 2001), 73–130; Erker, "Industrie-Eliten im 20. Jahrhundert," 12–13.

33. "Unproduktive Botschaft," *Der Spiegel,* June 19, 1948, 16–17.

34. Edelmann, *Heinz Nordhoff und Volkswagen,* 76, 89, 95–97; UVW, CH 4920/10, *Volkswagen Informationsdienst,* issue 3, December 16, 1948, 2; *Volkswagen Informationsdienst,* issue 1, August 1, 1948, 1; issue 2, October 5, 1948, 3–5; Karsten Line, ". . . bisher nur Sonnentage . . . Der Aufbau der Volkswagen-Händlerorganisation 1948 bis 1967," *Zeitschrift für Unternehmensgeschichte* 53 (2008): 5–32, esp. 9–12; Turner, *British Occupation Policy and Its Effects on the Town of Wolfsburg,* 604; Lupa, *Das Werk der Briten,* 64–71.

35. Wendy Carlin, "Economic Reconstruction in Western Germany, 1945–1955: The Displacement of 'Vegetative Control,'" in Turner, *Reconstruction in Post-War Germany,* 67–92.

36. Nicholls, *Freedom with Responsibility,* 178–233.

37. Harold James, "Die D-Mark," in *Deutsche Erinnerungsorte: Eine Auswahl,* ed. Etienne François and Hagen Schulze (Munich: Beck, 2005), 367–384; Christoph Buchheim, "Die Währungsreform 1948 in

Westdeutschland," *Vierteljahrshefte für Zeitgeschichte* 36 (1988): 189–231, esp. 217–220.

38. Nicholls, *Freedom with Responsibility,* 217; Buchheim, "Die Währungsreform," 220–223.

39. See Richter, "Die Währungs- und Wirtschaftsreform 1948," 233–235; Mommsen and Grieger, *Das Volkswagenwerk,* 1031; UVW, CH 4920/10, *Volkswagen Informationsdienst,* no. 3, December 16, 1948, 13–15; Richter, "Die Währungs- und Wirtschaftsreform 1948," 234; "Unproduktive Botschaft," 17; *Die Welt,* May 1, 1949, 14; Institut für Zeitgeschichte, Munich, archive, file Automobilindustrie, *Neue Zeitung,* January 27, 1949.

40. UVW, Presse 1948/1949, untitled speech manuscript, October 5, 1948, 2; Bernd Wiersch, *Volkswagen Typenkunde* (Bielefeld: Delius Klasing, 2010), 20–22.

41. Wiersch, *Volkswagen Typenkunde,* 28–29; Heinrich Nordhoff, "Presse-Empfang am 28. Juni 1949," in *Reden und Aufsätze: Zeugnisse einer Ära* (Düsseldorf: Econ, 1992), 73–87, here 76.

42. Edelmann, *Heinz Nordhoff und Volkswagen,* 102. UVW, Presse 1948/1949, *Tagesspiegel,* April 3, 1949.

43. *Die Welt,* November 30, 1948, 1; "Immer schwächer als die Männer," *Der Spiegel,* December 4, 1948, 8; Maier, *Wahlen, Wahlverhalten und Sozialstruktur,* 101–105; Turner, *British Occupation Policy and Its Effects on the Town of Wolfsburg,* 715; Günther Koch, *Arbeitnehmer steuern mit: Belegschaftsvertretung bei VW ab 1945* (Cologne: Bund, 1987), 61–62; Uliczka, *Berufsbiographie und Flüchtlingsschicksal,* 286.

44. NA, FO 1005/1869, Special Report No. 185, June 25, 1948; Public Opinion Research Office, Special Report No. 222, July 21, 1948; Reichel, *Vergangenheitsbewältigung in Deutschland,* 35–36.

45. The verdict is in NA, WO 235/779, War Crimes Group to Legal Division, memorandum, August 13, 1948; NA, WO 235/518, Minutes of Trial, August 13, 1948, Ferdinand Porsche, Erklärung an Eidesstatt, December 1, 1947; Georg Tyrolt, Eidesstattliche Erklärung, January 5, 1948.

46. NA, WO 311/523, Deposition by Ernst Lütge, May 20, 1947; NA, WO 309/202, Judge Advocate General's Office, memorandum, July 14, 1947.

47. Neteler, "Besetzt und doch frei," 95; UVW, file Presse 1948/1949, *Tagesspiegel,* April 3, 1949; *Niedersächsische Landeszeitung,* January 28, 1948; *Tagesspiegel,* April 3, 1949.

48. Klaus J. Bade and Jochen Oltmer, "Einführung: Einwanderungsland Niedersachsen—Zuwanderung und Integration seit dem Zweiten

Weltkrieg," in *Zuwanderung und Integration in Niedersachsen seit dem Zweiten Weltkrieg*, ed. Klaus J. Bade and Jochen Oltmer (Osnabrück: Rasch, 2002), 11–36, here 14–15; Buchheim, "Die Währungsreform," 229; Paul Erker, *Ernährungskrise und Nachkriegsgesellschaft: Bauern und Arbeiterschaft in Bayern* (Stuttgart: Klett-Cotta, 1990), 284; Connor, "The Refugees and the Currency Reform," 305–306, 318–323.

49. Nordhoff, "Ansprache an die Belegschaft am 6. Dezember 1948 über den Werkfunk," in *Reden und Aufsätze*, 63–66, here 64; Edelmann, *Heinz Nordhoff und Volkswagen*, 79.

50. Robert G. Moeller, *War Stories: The Search for a Usable Past in the Federal Republic of Germany* (Berkeley: University of California Press, 2001); Mary Nolan, "Air Wars, Memory Wars," *Central European History* 38 (2005): 7–40, esp. 17–19; Neil Gregor, *Haunted City: Nuremberg and the Nazi Past* (New Haven, CT: Yale University Press, 2008), 135–186.

51. "Ansprache an die Belegschaft am 6. Dezember 1948," 64; Heinrich Nordhoff, "Werkfunk-Ansprache an die Belegschaft am 25. Juni 1948," in *Reden und Ausätze*, 54–55, here 55; Heinrich Nordhoff, "Werkfunk-Ansprache an die Belegschaft anlässlich der Fertigstellung des 30 000. Volkswagens am 9. September 1948," in ibid., 57–58, here 58; Institut für Zeitgeschichte, Munich, archive, file Ferdinand Porsche, *Der Angriff*, May 5, 1942. For scholarship on the rhetoric of achievement, see S. Jonathan Wiesen, *Creating the Nazi Marketplace: Commerce and Consumption in the Third Reich* (Cambridge: Cambridge University Press, 2011), 28–33; Moritz Foellmer, "Was Nazism Collectivistic? Redefining the Individual in Berlin, 1930–1945," *Journal of Modern History* 82 (2010): 61–100, esp. 88–90.

52. *Neue Zeitung*, January 27, 1949; Günter Neliba, *Die Opelwerke im Konzern von General Motors (1929–1948) in Rüsselsheim und Brandenburg* (Frankfurt: Brandes & Apsel, 2000), 152–164; Paul Thomes, "Searching for Identity: Ford Motor Company in the German Market, 1903–2003," in *Ford, 1903–2003: The European History*, vol. 2, ed. Hubert Bonin, Yannick Lung, and Steven Tolliday (Paris: PLAGE, 2003), 151–193, esp. 160–161; *Die Daimler-Benz AG 1916–1948: Schlüsseldokumente zur Konzerngeschichte*, ed. Karl-Heinz Roth and Michael Schmid (Nordingen: Greno, 1987), 403–405.

早期联邦德国的标志

1. "In König Nordhoffs Reich," *Der Spiegel*, August 20, 1955, 16–26, here 16–17. See also www.youtube.com/watch?v=tNDeowQA_Jk (accessed May 27, 2011).

2. "Erlkönige in Detroit," *Der Spiegel,* February 18, 1959, 47–49, here 47; Heidrun Edelmann, *Heinz Nordhoff und Volkswagen: Ein deutscher Unternehmer im amerikanischen Jahrhundert* (Göttingen: Vandenhoeck & Ruprecht, 2003), 179–180; *Süddeutsche Zeitung,* July 11/12, 1953; Günter Riederer, "Das Werk im Kornfeld: Der Industriefilm *Aus eigener Kraft* (1954), Volkswagen und die Stadt Wolfsburg," in *Die Wolfsburg-Saga,* ed. Christoph Stölzl (Stuttgart: Theiss, 2009), 148–151.

3. Gert Selle, *Design im Alltag: Vom Thonetstuhl zum Mikrochip* (Frankfurt: Campus, 2007), 112; Erhard Schütz, "Der Volkswagen," in *Deutsche Erinnerungsorte: eine Auswahl,* ed. Etienne François and Hagen Schulze (Munich: Beck, 2005), 351–368, esp. 353.

4. Konrad Jarausch, *Die Umkehr: Deutsche Wandlungen* (Munich: Deutsche Verlags-Anstalt, 2004), 64–66, 76–96; Konrad H. Jarausch and Michael Geyer, *Shattered Past: Reconstructing German Histories* (Princeton, NJ: Princeton University Press, 2003), 235–237; Friedrich Kießling and Bernhard Rieger, "Einleitung: Neuorientierung, Tradition und Transformation in der Geschichte der alten Bundesrepublik," in *Mit dem Wandel leben: Neuorientierung und Tradition in der Bundesrepublik der 1950er und 60er Jahre,* ed. Friedrich Kießling and Bernhard Rieger (Cologne: Böhlau, 2011), 7–28, esp. 20–23; Axel Schildt and Detlef Siegfried, *Deutsche Kulturgeschichte: Die Bundesrepublik von 1945 bis zur Gegenwart* (Munich: Hanser, 2009), 124, 131–132.

5. Axel Schildt, *Ankunft im Westen: Ein Essay zur Erfolgsgeschichte der Bundesrepublik* (Frankfurt: Fischer, 1999), 93; Rudolf Oswald, *"Fußball-Volksgemeinschaft": Ideologie, Politik und Fanatismus im deutschen Fußball, 1919–1964* (Frankfurt: Campus, 2008), 300–303.

6. Hans-Ulrich Wehler, *Deutsche Gesellschaftsgeschichte, Fünfter Band: Bundesrepublik Deutschland und DDR, 1949–1990* (Munich: Beck, 2008), 54–58; Werner Abelshauser, *Deutsche Wirtschaftsgeschichte seit 1945* (Munich: Beck, 2004), 300–301.

7. Abelshauser, *Deutsche Wirtschaftsgeschichte seit 1945;* A. J. Nicholls, *Freedom with Responsibility: The Social Market Economy in Germany, 1918–1963* (Oxford: Oxford University Press, 2000); James C. Van Hook, *Rebuilding Germany: The Creation of the Social Market Economy, 1945–1957* (Cambridge: Cambridge University Press, 2004); J. Adam Tooze, "Reassessing the Moral Economy of Post-war Reconstruction: The Terms of the West German Settlement in 1952," in *Postwar Reconstruction in Europe: International Perspectives, 1945–1949,* ed. Mark Mazower et al. (Oxford: Oxford University Press, 2011), 47–70; Christoph Buchheim, *Die Wiedereingliederung Westdeutschlands in die*

Weltwirtschaft, 1945–1958 (Munich: Oldenbourg, 1990); Jeffry R. Frieden, *Global Capitalism: Its Fall and Rise in the Twentieth Century* (New York: Norton, 2006), 278–300; Charles S. Maier, *Among Empires: American Ascendancy and Its Predecessors* (Cambridge, MA: Harvard University Press, 2006), 198–228.

8. Manfred Grieger et al., *Volkswagen Chronik* (Wolfsburg: Volkswagen, 2004), 25, 61; Volker Wellhöner, *"Wirtschaftswunder"—Weltmarkt—westdeutscher Fordismus: Der Fall Volkswagen* (Münster: Westfälisches Dampfboot, 1996), 74, 85; Arthur Maier, *Wahlen, Wahlverhalten und Sozialstruktur in Wolfsburg von 1945 bis 1960* (Göttingen: n.p., 1979), 38; Ortwien Reichold, ed., *Erleben, wie eine Stadt entsteht; Städtebau, Architektur und Wohnen in Wolfsburg, 1938–1968* (Braunschweig: Meyer, 1998), 63.

9. Horst Mönnich, "Eine Stadt von morgen," in *Merian,* July 1958, iii–x, here iii; *Hannoversche Allgemeine Zeitung,* July 2, 1953; *Süddeutsche Zeitung,* July 11/12, 1953.

10. *Hamburger Freie Presse,* October 1951; *Frankfurter Neue Presse,* July 12, 1954; *Süddeutsche Zeitung,* August 8, 1958; "In König Nordhoffs Reich," 25; Edelmann, *Heinz Nordhoff und Volkswagen,* 80–84, 162. For critical letters, see *Der Spiegel,* October 7, 1959, 3, 6, 8; *Stuttgarter Zeitung,* December 8, 1959; Roland Marchand, *Creating the Corporate Soul: The Rise of Public Relations and Corporate Imagery in American Big Business* (Berkeley: University of California Press, 2001).

11. Heinrich Nordhoff, "Rede zur Betriebsversammlung am 23. März 1956," in *Reden und Aufsätze: Zeugnisse einer Ära* (Düsseldorf: Econ, 1992), 184–193, here 185; Wellhöner, "*Wirtschaftswunder,*" 110.

12. David Noble, *Forces of Production: A Social History of Industrial Automation* (New York: Knopf, 1984); Amy Sue Bix, *Inventing Ourselves Out of Jobs? America's Debate over Technological Unemployment, 1929–1981* (Baltimore: Johns Hopkins University Press, 2000); Christian Kleinschmidt, *Der produktive Blick: Wahrnehmung amerikanischer und japanischer Management- und Produktionsmethoden durch deutsche Unternehmer 1950–1985* (Berlin: Akademie Verlag, 2002), 159–161; Edelmann, *Heinz Nordhoff und Volkswagen,* 183–189; Wellhöner, "*Wirtschaftswunder,*" 109–135.

13. *Industriekurier,* June 23, 1959; Heinrich Nordhoff, "Ansprache bei der Pressekonferenz aus Anlaß der Produktion des 500000. Volkswagens am 4. Juli 1953," in *Reden und Aufsätze,* 146–164, here 156; Institut für Zeitgeschichte und Stadtpräsentation, Wolfsburg (hereafter IZS), EB 16, "Zeitzeugen-Interview zur Geschichte Wolfsburgs mit Eberhard Anlauf," September 12, 1995, transcript, 1; IZS, EB 18,

"Gespräch am 10.6.1996 mit Herren Amtenbrinck, Ziegler, Hondke und Kagelmann," transcript, 10–12; *Süddeutsche Zeitung,* January 31, 1956; Monika Uliczka, *Berufsbiographie und Flüchtlingsschicksal: VW-Arbeiter in der Nachkriegszeit* (Hanover: Hahn, 1993), 246.

14. Wellhöner, "*Wirtschaftswunder,*" 138–140; Stephen Meyer III, *The Five Dollar Day: Labor Management and Social Control in the Ford Motor Company, 1908–1921* (Albany: SUNY Press, 1981), 48–50.

15. Heinrich Nordhoff, "Vortrag vor der schwedischen Handelskammer in Stockholm am 13. März 1953," in *Reden und Aufsätze,* 129–145, here 131, 137; Günther Koch, *Arbeitnehmer steuern mit: Belegschaftsvertretung bei VW ab 1945* (Cologne: Bund, 1987), 59, 89–91.

16. Nordhoff, "Vortrag vor der schwedischen Handelskammer," 139–141.

17. Kevin Boyle, *The UAW and the Heyday of American Liberalism, 1945–1960* (Ithaca, NY: Cornell University Press, 1995), 61–106; Tom Sugrue, *The Origins of the Urban Crisis: Race and Inequality in Postwar Detroit: With a New Preface by the Author* (Princeton, NJ: Princeton University Press, 2005), 91–152; Volker Berghahn, *Otto A. Friedrich, ein politischer Unternehmer: Sein Leben und seine Zeit, 1902–1975* (Frankfurt: Campus, 1993), 230, 328.

18. Nordhoff, "Vortrag vor der schwedischen Handelskammer," 139, 142.

19. Koch, *Arbeitnehmer steuern mit,* 81–91; Steven Tolliday, "Enterprise and State in the West German Wirtschaftswunder: Volkswagen and the Automobile Industry, 1939–1962," *Business History Review* 69 (1995): 272–350, esp. 318–319; Werner Conze, *Die Suche nach der Sicherheit: Eine Geschichte der Bundesrepublik Deutschland von 1949 bis zur Gegenwart* (Munich: Siedler, 2009), 165–168; Anselm Doering-Manteuffel, *Wie westlich sind die Deutschen? Amerikanisierung und Westernisierung im 20. Jahrhundert* (Göttingen: Vandenhoeck & Ruprecht, 1999), 90–102; Julia Angster, *Konsenskapitalismus und Sozialdemokratie: Die Westernisierung von SPD und DGB* (Munich: Oldenbourg, 2003).

20. Tolliday, "Enterprise and State," 319; Wellhöner, "*Wirtschaftswunder,*" 146; Koch, *Arbeitnehmer steuern mit,* 78–80; Ralf Rytlewski and Manfred Opp de Hipt, *Die Bundesrepublik Deutschland in Zahlen 1945/49–1980: Ein sozialgeschichtliches Arbeitsbuch* (Munich: Beck, 1989), 119.

21. *Statistisches Jahrbuch für die Bundesrepublik Deutschland 1959* (Stuttgart: Kohlhammer, 1959), 445; *Neue Rhein Zeitung,* June 29,

1957; *Neue Rhein Zeitung,* January 5, 1956; Tolliday, "Enterprise and State," 321–323.

22. Mönnich, "Eine Stadt von morgen," III; *Die Welt,* April 11, 1957; Erich Kuby, "Der bürgerliche Arbeiter," in *Das ist des Deutschen Vaterland* (Reinbeck: Rowohlt, 1959 [1957]), 408–434, here 428.

23. Josef Mooser, "Abschied von der 'Proletarität': Sozialstruktur und Lage der Arbeiterschaft in der Bundesrepublik in historischer Perspektive," in *Sozialgeschichte der Bundesrepublik Deutschland: Studien zum Kontinuitätsproblem,* ed. Werner Conze and M. Rainer Lepsius (Stuttgart: Klett-Cotta, 1983), 143–186; Andreas Kossert, *Kalte Heimat: Geschichte der deutschen Vertriebenen nach 1945* (Munich: Siedler, 2008), 92–138; Helmut Schelsky, "Die Bedeutung des Schichtungsbegriffs für die Analyse der gegenwärtigen Gesellschaft," in *Auf der Suche nach der Wirklichkeit* (Düsseldorf: Diederichs, 1965), 331–336, here 332; Paul Nolte, *Die Ordnung der deutschen Gesellschaft: Selbstentwurf und Selbstbeschreibung im 20. Jahrhundert* (Munich: Beck, 2001), 330–335.

24. *Die Welt,* April 11, 1957; Reichold, *Erleben, wie eine Stadt entsteht,* 41–55; Simone Neteler, "Die Stadtmaschine springt an," in Stölzl, *Die Wolfsburg-Saga,* 106–113; Dietrich Kautt, "Wolfsburg im Wandel städtebaulicher Leitbilder," in *Aufbau West, Aufbau Ost: Die Planstädte Wolfsburg und Eisenhüttenstadt in der Nachkriegszeit,* ed. Rosemarie Baier (Berlin: DHM, 1997), 99–109.

25. *Stuttgarter Zeitung,* June 30, 1956; *Die Welt,* April 6, 1957; *Rheinische Post,* February 6, 1958; Postcard, author's private collection; Klaus-Jörg Siegfried, "Die 'Autostadt': Zur Selbstdarstellung Wolfsburgs in der Nordhoff-Ära," in Baier, *Aufbau West,* 239–247; Neil Gregor, *Haunted City: Nuremberg and the Nazi Past* (New Haven, CT: Yale University Press, 2008); Bernhard Rieger, "Was Roland a Nazi? Victims, Perpetrators, and Silences during the Restoration of Civic Identity in Postwar Bremen," *History and Memory* 17:2 (2007): 75–112; Rudy Koshar, *From Monuments to Traces: Artifacts of German Memory* (Berkeley: University of California Press, 2000), 143–173.

26. Joachim Käppner, *Berthold Beitz: Die Biographie* (Berlin: Berlin Verlag, 2010), 207–220; Frank Bajohr, *Hanseat und Grenzgänger: Erik Blumenfeld—eine politische Biographie* (Göttingen: Wallstein, 2010), 72–84; Constantin Goschler, *Schuld und Schulden: Die Politik der Wiedergutmachung für NS-Verfolgte seit 1945* (Göttingen: Wallstein, 2008), 125–254; S. Jonathan Wiesen, *West German Industry and the Challenge of the Nazi Past* (Chapel Hill: University of North Carolina Press, 2001).

27. Horst Mönnich, *Die Autostadt* (Munich: Andermann, 1951), 87, 89. For Nordhoff's praise, see Unternehmensarchiv Volkswagen AG, Wolfsburg (hereafter UVW), 319/10226, *VW-Informationen: Mitteilungsblatt für die VW-Organisation,* November 1951, 56; Peter Reichel, *Vergangenheitsbewältigung in Deutschland: Die Auseinandersetzung mit der NS-Diktatur von 1945 bis heute* (Munich: Beck, 2001), 66–72; Norbert Frei, *Vergangenheitspolitik: Die Anfänge der Bundesrepublik und die NS-Vergangenheit* (Munich: dtv, 1999); Hartmut Berghoff, "Zwischen Verdrängung und Aufarbeitung: Die bundesdeutsche Gesellschaft und ihre nationalsozialistische Vergangenheit in den fünfziger Jahren," *Geschichte in Wissenschaft und Unterricht* 49:2 (1998): 96–114; Robert G. Moeller, "Remembering the War in a Nation of Victims: West German Pasts in the 1950s," in *The Miracle Years: A Cultural History of West Germany, 1949–1968,* ed. Hanna Schissler (Princeton, NJ: Princeton University Press, 2001), 83–109.

28. Heinz Todtmann and Alfred Trischler, *Kleiner Wagen auf großer Fahrt* (Offenbach: Verlag Dr. Franz Burda, 1949), 52; UVW, Presse 1948/49, letter, Heinz Todtmann to Heinrich Nordhoff, January 22, 1949; letter, Heinrich Nordhoff to Heinz Todtmann, January 27, 1949.

29. *Süddeutsche Zeitung,* July 11/12, 1953; *Augsburger Zeitung,* April 6, 1957; *Industriekurier,* June 23, 1959; *Lübecker Nachrichten,* September 17, 1950; Heinrich Nordhoff, "Ansprache am 1. Juli 1961 anläßlich der ersten Hauptversammlung nach Umwandlung in eine Aktiengesellschaft," in *Reden und Aufsätze,* 276–286, here 277; Wehler, *Deutsche Gesellschaftsgeschichte, Fünfter Band,* 48; Schildt and Siegfried, *Deutsche Kulturgeschichte,* 98.

30. *Frankfurter Allgemeine Zeitung,* December 23, 1955; *Süddeutsche Zeitung,* July 11/12, 1953; Heidrun Edelmann, "Privatisierung als Sozialpolitik: 'Volksaktien' und Volkswagenwerk," *Jahrbuch für Wirtschaftsgeschichte* 1(1999): 55–72; Edelmann, *Heinz Nordhoff und Volkswagen,* 206–225. The Erhard quote is from "Vom Volkswagen zum Volkskapitalismus," *Der Spiegel,* February 20, 1957, 26–31, here 27.

31. *Christ und Welt,* July 11, 1957; *Frankfurter Allgemeine Zeitung,* December 23, 1955.

32. *Tatsachen und Zahlen aus der Kraftverkehrswirtschaft 1963/64* (Frankfurt: VDA, 1964), 148–149, 154, 195, 350; *Tatsachen und Zahlen aus der Kraftverkehrswirtschaft 1957/58* (Frankfurt: VDA, 1958), 159; Arnold Sywottek, "From Starvation to Excess? Trends in the Consumer Society from the 1940s to the 1970s," in Schissler, *Miracle*

Years, 341–358; Michael Wildt, *Vom kleinen Wohlstand: Eine Konsumgeschichte der fünfziger Jahre* (Frankfurt: Fischer, 1996).

33. Rytlewski and Opp de Hipt, *Die Bundesrepublik Deutschland in Zahlen,* 123; *Frankfurter Neue Presse,* July 7, 1953; *Tatsachen und Zahlen 1957/58,* 119; Dietmar Klenke, *Bundesdeutsche Verkehrspolitik und Motorisierung: Konfliktträchtige Weichenstellungen in den Jahren des Wiederaufstiegs* (Stuttgart: Steiner, 1993), 119, 124–132.

34. Wehler, *Deutsche Gesellschaftsgeschichte, Fünfter Band,* 155; *Tatsachen und Zahlen 1957/58,* 119; *Tatschen und Zahlen 1963/64,* 160; Thomas Südbeck, *Motorisierung, Verkehrsentwicklung und Verkehrspolitik in der Bundesrepublik der 1950er Jahre: Umrisse der allgemeinen Entwicklung und zwei Beispiele—Hamburg und Emsland* (Stuttgart: Steiner, 1994), 37–43.

35. Manfred Caroselle, "Die Düsenjäger des kleinen Mannes," in *Mein erstes Auto: Erinnerungen und Geschichten,* ed. Franz-Josef Oller (Frankfurt: Fischer, 1999), 67–83; Südbeck, *Motorisierung,* 34–36, 53–62.

36. Ulrich Kubisch and Volker Janssen, *Borgward: Ein Blick zurück auf Wirtschaftswunder, Werkalltag und einen Automythos* (Berlin: Elefanten Press, 1984), 92; Südbeck, *Motorisierung,* 34–35, 46; *Tatsachen und Zahlen 1963/64,* 247; Siegfried Rauch, *DKW—Die Geschichte einer Weltmarke* (Stuttgart: Motorbuch-Verlag, 1988).

37. Volkswagenwerk, *Bericht der Geschäftsführung für die Jahre 1951 bis 1953* (Wolfsburg: Volkswagenwerk, 1955), 6; Volkswagenwerk, *Bericht der Geschäftsführung für das Jahr 1956* (Wolfsburg: Volkswagenwerk, 1956), 12; Volkswagenwerk, *Bericht der Geschäftsführung für das Jahr 1961* (Wolfsburg: Volkswagenwerk, 1962), 20; *Tatsachen und Zahlen 1963/64,* 253; Tolliday, "Enterprise and State," 329; "In König Nordhoffs Reich," 18; "Der Kunde als Kreditgeber," *Der Spiegel,* October 15, 1958, 22–23; *Weißenburger Tageblatt,* August 24, 1957.

38. Walter Henry Nelson, *Small Wonder: The Amazing Story of the Volkswagen* (Boston: Little, Brown, 1970), 345–350; Bernd Wiersch, *Volkswagen Typenkunde, 1945–1974* (Bielefeld: Delius Klasing, 2009), 23–28, 32–55.

39. "Volkswagen," *Auto Motor und Sport* (hereafter *AMS*), no. 19, 1951, 649–651, here 649. Further test reports praising the car's quality include "Volkswagen 1958," *AMS,* no. 21, 1957, 13–16; "Ist der Volkswagen veraltet?" *Stern,* no. 43, 1957, 54–61; Arthur Westrup, *Besser fahren mit dem Volkswagen: Ein Handbuch* (Bielefeld: Delius Klasing, 1950), 12, 26–27, 61; *Süddeutsche Zeitung,* July 11/12, 1953; "Volkswagen 1956," *AMS,* no. 20, 1955, 22–25.

40. See letters to the editor, *Gute Fahrt* (hereafter *GF*), no. 5, 1955, 32; *GF*, no. 10, 1951, 12; "Was kostet Dich Dein Auto," *AMS*, no. 15, 1955, 18–19; Maiken Umbach, "Made in Germany," in François and Schulze, *Deutsche Erinnerungsorte,* 244–257; Helmuth Trischler, "'Made in Germany': Die Bundesrepublik als Wissensgesellschaft und Innovationssystem," in *Modell Deutschland: Erfolgsgeschichte oder Illusion?* ed. Thomas Hertfelder and Andreas Rödder (Göttingen: Vandenhoeck & Ruprecht, 2007), 44–60.

41. "Wie sieht der VW der Zukunft aus?" *GF*, no. 11, 1957, 16–17; UVW, 319/10226, *VW-Informationsdienst: Mitteilungsblatt für die VW-Organisation* 13, November 1951, 8; *Industriekurier,* June 23, 1959; UVW, 174/406/5, minutes, Hauptabteilungsleiter-Besprechung, September 27, 1954, 2–3.

42. "Wie sieht der VW der Zukunft aus," 16–17; Westrup, *Besser fahren,* 91; "Ist der VW veraltet?" *Der Spiegel,* September 30, 1959, 40–48.

43. Karsten Linne, "'Bisher nur Sonntage': Der Aufbau der Volkswagen-Händlerorganisation 1948 bis 1967," *Zeitschrift für Unternehmensgeschichte* 53 (2008): 5–32, esp. 12–22; "Der brave Wolfsburger," *Constanze,* no. 11, 1960, 72–73, here 72.

44. "Volkswagen," *AMS,* no. 19, 1951, 651; *Augsburger Allgemeine,* April 2, 1961.

45. For a reprint of this 1949 review, see Westrup, *Besser fahren,* 61–62, here 61; Bernhard Rieger, "Schulden der Vergangenheit? Der Mammutprozess der Volkswagensparer 1949–1961," in Kießling and Rieger, *Mit dem Wandel leben,* 185–209, esp. 204–205.

46. *Die Welt,* April 11, 1957; *Industriekurier,* June 23, 1959; *Das Auto,* no. 18, 1950, 587; *Bremer Nachrichten,* January 31, 1951; *Hannoversche Allgemeine Zeitung,* July 2, 1953; *Süddeutschen Zeitung,* October 29, 1961; Fritz Kölling, *Ein Auto zieht Kreise: Herkunft und Zukunft des Volkswagens* (Reutlingen: Bardtenschlager, 1962), 6; "In König Nordhoffs Reich," 17.

47. "Porsche von Fallersleben," *Der Spiegel,* May 18, 1950, 21–27, here 24; "Warum kaufen Sie eine Limousine," *GF*, no. 2, 1951, 17; *Industriekurier,* June 23, 1959; note, *GF*, no. 1, 1952, 22–23; letter to the editor, *GF*, no. 8, 1955, 37; note, *GF*, no. 3, 1957, 3.

48. Mönnich, *Die Autostadt,* 238–240; Thomas Kühne, "Zwischen Vernichtungskrieg und Freizeitgesellschaft: Veteranenkultur in der Bundesrepublik (1945–1995)," in *Nachkrieg in Deutschland,* ed. Klaus Naumann (Hamburg: Hamburger Editon, 2001), 90–113; Karsten Wilke, "Organisierte Veteranen der Waffen-SS zwischen Systemopposition und

Integration," *Zeitschrift für Geschichtswissenschaft* 53:2 (2005): 149–166; Detlef Bald, Johannes Klotz, and Wolfram Wette, *Mythos Wehrmacht: Nachkriegsdebatten und Traditionspflege* (Berlin: Aufbau, 2001).

49. Paul Betts, *The Authority of Everyday Objects: A Cultural History of West German Industrial Design* (Berkeley: University of California Press, 2004).

50. "Von großen und von kleinen Wagen," *GF*, no. 1, 1951, 16–17; *Industriekurier*, June 23, 1959; "Ein Auto ist kein Damenhut," *GF*, no. 9, 1952, 3; UVW, file 319/10226, *VW-Informationen: Mitteilungsblatt für die VW-Organisation*, no. 14, 1953, 45.

51. "Die unsichtbaren Verbesserungen am Volkswagen," *AMS*, no. 12, 1960, 16–17; "Ist der Volkswagen veraltet," *Stern*, no. 43, 1957, 54–61; "Ist der Volkswagen veraltet," *Der Spiegel*, September 30, 1959, 40–58. For praise, see the letters to the editor, *Der Spiegel*, October 7, 1959, 12; October 14, 1959, 16. On the culture of security, see Eckart Conze, "Sicherheit als Kultur: Überlegungen zu einer 'modernen Politikgeschichte' der Bundesrepublik Deutschland," *Vierteljahrshefte für Zeitgeschichte* 53 (2005): 357–380, here 366.

52. Gerhard Kießling, interview with author, Erlangen, June 17, 2010; Alon Confino, "Traveling as a Culture of Remembrance: Traces of National Socialism in West Germany, 1845–1960," in *Germany as a Culture of Remembrance: Promises and Limits of Writing History* (Chapel Hill: University of North Carolina Press, 2006), 235–254, esp. 249, 251.

53. Hasso Spode, "Der Aufstieg des Massentourismus im 20. Jahrhundert," in *Die Konsumgesellschaft in Deutschland 1890–1990: Ein Handbuch*, ed. Heinz-Gerhard Haupt and Claudius Torp (Frankfurt: Campus, 2009), 114–128, esp. 127; Axel Schildt, *Sozialgeschichte der Bundesrepublik Deutschland bis 1989/90* (Munich: Oldenbourg, 2007), 46.

54. *Gute Fahrt in Italien: Ein Reiseführer für motorisierte Menschen* (Bielefeld: Delius Klasing, 1954), 15; "Reisetips," *ADAC Motorwelt*, no. 6, 1953, 25; "Gute Tipps," *Constanze Reisetips 1955*, 4–5; "Falls Sie nach Italien fahren," *Constanze*, no. 10, 1956, 80.

55. Hanna Schissler, "'Normalization' as Project: Some Thoughts on Gender Relations in West Germany during the 1950s," in Schissler, *Miracle Years*, 359–375, esp. 362; Elizabeth Heineman, "The Hour of the Woman: Memories of Germany's 'Crisis Years' and West German National Identity," in Schissler, *Miracle Years*, 21–56; Dagmar Herzog, "Desperately Seeking Normality: Sex and Marriage in the Wake of the War," in *Life after Death: Approaches to the Cultural and Social His-*

tory of Europe during the 1940s and 1950s, ed. Richard Bessel and Dirk Schumann (Cambridge: Cambridge University Press, 2003), 161–192; Till van Rahden, "Wie Vati die Demokratie lernte: Religion, Familie und die Frage der Autorität in der frühen Bundesrepublik," in *Demokratie im Schatten der Gewalt: Private Geschichten im deutschen Nachkrieg,* ed. Daniel Fulda et al. (Göttingen: Wallstein, 2010), 122–151.

56. Michael Wildt, "'Wohlstand für alle': Das Spannungsfeld von Konsum und Politik in der Bundesrepublik," in Haupt and Torp, *Die Konsumgesellschaft in Deutschland,* 305–316, esp. 310–311; Conze, *Die Suche nach der Sicherheit,* 186; Schildt and Siegfried, *Deutsche Kulturgeschichte,* 105–108.

57. Erika Spiegel, *Soziologische Bedingtheiten von Verkehrsunfällen: Ein Beitrag zur Soziologie des PKW-Fahrers und des PKW-Verkehrs* (Frankfurt: Institut für Sozialforschung, 1963), 10, 102; Paul Reibestahl, *Das Buch vom Volkswagen: Eine aktuelle Plauderei in Wort und Bild über eine geniale Konstruktion* (Braunschweig: Schmidt, 1951), 162–164; Marianne Ludorf, "Ferien mit 80 Mark in der Tasche," in *Deutschland—Wunderland: Neubeginn, 1950–1960: 44 Erinnerungen aus Ost und West,* ed. Jürgen Kleindienst (Berlin: Zeitgut, 2003), 317–320.

58. Josef Heinrich Darchinger, *Wirtschaftswunder: Deutschland nach dem Krieg, 1952–1967* (Cologne: Taschen, 2008), 97.

59. Ludger Claußen, "Volltanken mit Obenöl, oder: Die Operation Katwijk," in Oller, *Mein erstes Auto,* 190–194, here 190; Alexander Spoerl, *Mit dem Auto auf du* (Munich: Piper, 1957), 11.

60. Westrup, *Besser fahren,* 187–205; Carl Otto Windecker, *Besinnliches Autobuch: Eine gedruckte Liebeserklärung* (Bielefeld: Delius Klasing, 1953), 50.

61. Westrup, *Besser fahren,* 198–199, 209–215; Spoerl, *Mit dem Auto auf du,* 242.

62. Letter to the editor, *GF,* no. 2, 1955, 27–28; Westrup, *Besser fahren,* 63; Kurt Möser, *Geschichte des Autos* (Frankfurt: Campus, 2002), 332; Hanns-Peter von Thyssen, "Mausi mit Familienanschluss," in Oller, *Mein Erstes Auto,* 161–163, 162; Spoerl, *Mit dem Auto auf du,* 239.

63. Spoerl, *Mit dem Auto auf du,* 76, 259–271. See also Helmut Dillenburger, *Das praktische Autobuch* (Gütersloh: Bertelsmann, 1957), 288–304, 370–373; Westrup, *Besser fahren,* 153.

64. Windecker, *Besinnliches Autobuch,* 6–7.

65. Interview with Gerhard Kießling; "Ein Deutscher am Steuer verwandelt sich," *Der Spiegel,* October 28, 1964, 65–72, here 70; Thyssen,

"Mausi mit Familienanschluss," 161; Max Reisch, *Mit "Fridolin" nach Indien* (Munich: Ehrenwirth, 1960); Peter Fischer, "Und zahlt und zahlt und zahlt," in Oller, *Mein erstes Auto,* 149–151, here 150; Jutta Aurahs, "Erst mein Fünfter war ein Kerl," in ibid., 157–160, 158.

66. Harold James, "Die D-Mark," in François and Schulze, *Deutsche Erinnerungsorte,* 367–384.

67. Dillenburger, *Das praktische Autobuch,* 17, 142–287, 377; Westrup, *Besser fahren,* 87, 139–140; Möser, *Geschichte des Autos,* 307; "Autoreise," *Constanze,* no. 11, 1957, 30–31.

68. Letter to the editor, *GF,* no. 2, 1951, 31; Ursula Eyermann and Heidemarie Bade, interview by author, Erlangen, June 19, 2010; "Der brave Wolfsburger," 73; letter to the editor, *GF,* no. 6, 1963, 3.

69. Spiegel, *Soziologische Bedingtheiten von Verkehrsunfällen,* 42; *Tatsachen und Zahlen aus der Kraftverkehrswirtschaft 1963/64,* 192; "Sie erobern sich einen Männerberuf," *Constanze,* no. 12, 1961, 40–42; "Sonntagsschule der Frauen," *GF,* no. 5, 1963, 14.

70. Marlies Schröder, "Heimlich zur Fahrschule," in Kleindienst, *Deutschland—Wunderland,* 330–334, here 333. For the figures, see Schildt, *Sozialgeschichte der Bundesrepublik Deutschland,* 18; Christina von Oertzen, *Teilzeitarbeit und die Lust am Zuverdienen: Geschlechterpolitik und gesellschaftlicher Wandel in Westdeutschland, 1948–1969* (Göttingen: Vandenhoeck & Ruprecht, 1999); Detlef Siegfried, *Time Is on My Side: Konsum und Politik in der westdeutschen Jugendkultur der 60er Jahre* (Göttingen: Wallstein, 2006), 45–50.

71. Response to letter, *GF,* no. 2, 1951, 31; letter to the editor, *GF,* no. 5, 1951, 8; note, *Constanze,* no. 8, 1950, 6; "Frauen fahren besser," *Constanze,* no. 4, 1951, 10–11. See also "Tipps für die Frau am Steuer," *Constanze,* no. 12, 1959, 60; letters to the editor, *GF,* no. 5, 1955, 37; *GF,* no. 9, 1957, 3.

72. Letter to the editor, *GF,* no. 6, 1963, 3; "Für Zuwiderhandelnde wird gebetet," *GF,* no. 4, 1963, 14.

73. "Die Steuerlast in der Ehe," *GF,* no. 2, 1963, 26–29, here 27.

74. Ludwig Erhard, "Verführt Wohlstand zum Materialismus?" in *Wohlstand für alle* (Düsseldorf: Econ, 1957), 232–245, here 236–237. Heinrich Nordhoff repeatedly attacked collectivism. See Heinrich Nordhoff, "Ansprache bei der Pressekonferenz aus Anlaß der Produktion des 500000. Volkswagens am 4. Juli 1953," in *Reden und Aufsätze,* 157–158; Nordhoff, "Rede anlässlich der Verleihung des Elmer A. Sperry-Preises am 13. November 1958," ibid., 226–239, esp. 238; Wilhelm Röpke, "Die Abstimmung von Straße und Schiene," *Der Volks-*

wirt, April 30, 1954, 9–19, here 9. On Röpke, see Alexander Nützenadel, *Die Stunde der Ökonomen: Wissenschaft, Politik und Expertenkultur in der Bundesrepublik, 1949–1974* (Göttingen: Vandenhoeck & Ruprecht, 2005), 37–43, 57–59.

75. Windecker, *Besinnliches Autobuch,* 85; Spoerl, *Mit dem Auto auf du,* 239; Schildt and Siegfried, *Deutsche Kulturgeschichte,* 130–131; Schildt, *Ankunft im Westen,* 93–95.

76. "Gelegenheit macht Liebe," *GF,* no. 7, 1955, 28; Spoerl, *Mit dem Auto auf du,* 83; Sybille Steinbacher, *Wie der Sex nach Deutschland kam: Der Kampf um Sittlichkeit und Anstand in der frühen Bundesrepublik* (Munich: Siedler, 2011), esp. 124–133; Elizabeth D. Heineman, "The Economic Miracle in the Bedroom: Big Business and Sexual Consumption in Reconstruction West Germany," *Journal of Modern History* 78 (2006): 846–877; Dagmar Herzog, *Sex after Fascism: Memory and Morality in Twentieth-Century Germany* (Princeton, NJ: Princeton University Press, 2005), esp. 101–104.

77. Letter to the editor, *GF,* no. 2, 1951, 31; interview with Gerhard Kießling.

78. Heinrich Popitz et al., *Technik und Industriearbeit: Soziologische Untersuchungen in der Hüttenindustrie* (Tübingen: Mohr, 1957), 112–119, here 118; interview with Gerhard Kießling; Spoerl, *Mit dem Auto auf du,* 81.

79. Georg Heinrich Spornberger, "Im Dschungel des Verkehrs," *Magnum,* no. 12 (1957), 39–40, here 40; Dillenburger, *Das praktische Autobuch,* 19–20. For scholarship, see David W. Plath, "My Car-isma: Motorizing the Showa Self," *Daedalus* 119:3 (1990): 229–244, esp. 231; Tim Dant, "The Driver-Car," *Theory, Culture & Society* 21:4/5 (2004): 61–79; Nigel Thrift, "Driving in the City," *Theory, Culture & Society* 21:4/5 (2004): 41–59.

80. Dietmar Klenke, *Freier Stau für freie Bürger: Die Geschichte der bundesdeutschen Verkehrspolitik, 1949–1994* (Darmstadt: Wissenschaftliche Buchgesellschaft, 1995), 50–59; Axel Schildt, "Vom Wohlstandsbarometer zum Belastungsfaktor—Autovision und Autoängste in der westdeutschen Presse," in *Geschichte der Zukunft des Verkehrs: Verkehrskonzepte von der Frühen Neuzeit bis zum 21. Jahrhundert,* ed. Hans-Liudger Dienel and Helmuth Trischler (Frankfurt: Campus, 1997), 289–309, esp. 297–300.

81. *Verhandlungen des Deutschen Bundestages,* 1. Wahlperiode 1949, vol. 9 (Bonn: n.p., 1951), 7049; *Verhandlungen des Deutschen Bundestages,* 1. Wahlperiode 1949, vol. 14 (Bonn: n.p., 1953), 11572; *Der Spiegel,* October 17, 1956, 25.

82. *Statistisches Jahrbuch für die Bundesrepublik Deutschland 1952* (Stuttgart: Kohlhammer, 1952), 306; *Statistisches Jahrbuch für die Bundesrepublik Deutschland 1955* (Stuttgart: Kohlhammer, 1955), 340; *Statistisches Jahrbuch für die Bundesrepublik Deutschland 1963* (Stuttgart: Kohlhammer, 1963), 373.

83. Windecker, *Besinnliches Autobuch,* 74, 77; Martin Beheim-Schwarzbach, *Der geölte Blitz: Aus den Aufzeichnungen eines Volkswagens* (Hamburg: Dulk, 1953), 37; "Psychologie des Überholens," *AMS,* no. 21, 1957, 11; "Nächstes Jahr langsamer," *Der Spiegel,* October 17, 1956, 22–31, esp. 28; "Die Menschen versagen," *Constanze,* no. 1, 1955, 15; "So ist das heute," *GF,* no. 6, 1955, 14–15; Bundesarchiv, Koblenz (hereafter BAK), 108/2638, Cardinal Frings, public statement, Cologne, January 18, 1958; BAK, B108/2202, memorandum, Auswärtiges Amt an Bundesministerium für Verkehr, July 24, 1961. On debates about accidents, see Dietmar Klenke, *Bundesdeutsche Verkehrspolitik und Motorisierung,* 145–161; Helmut Vogt, "'Das schaurige Schlachtfeld der Straße': Mobilitätskonflikte in der Frühzeit der Bundesrepublik," *Geschichte im Westen* 16 (2001): 38–46.

84. Windecker, *Besinnliches Autobuch,* 75; Spornberger, "Im Dschungel des Verkehrs," 39; "Psychologie des Überholens," 11; "Ein Deutscher am Steuer," 65.

85. *Verhandlungen des Deutschen Bundestages,* 1. Wahlperiode 1949, vol. 9, 7049; BAK, B108/2638, minutes, 11. Sitzung des Straßenverkehrssicherheitsausschusses, March 14, 1957; Das Schwerpunktprogramm für die Zeit vom März 1958 bis März 1959, typescript, Bonn, no date. On the introduction of the award "Kavalier der Straße" (Gentleman of the Road) in 1959, see BAK, B108/ 2677, Kuratorium "Wir und die Straße," copy, November 11, 1965. On manners, see Paul Betts, "Manners, Morality, and Civilization: Reflections on Postwar German Etiquette Books," in *Histories of the Aftermath: The Legacies of the Second World War in Europe,* ed. Frank Bies and Robert G. Moeller (New York: Berghahn, 2010), 196–214, here 198–199; Jarausch, *Die Umkehr,* esp. 26–30. On road rage, see Tom Vanderbilt, *Traffic: Why We Drive the Way We Do (and What It Says about Us)* (London: Penguin, 2008), 19–39; Mike Michael, "The Invisible Car: The Cultural Purification of Road Rage," in *Car Cultures,* ed. Daniel Miller (Oxford: Berg, 2001), 59–80; Jack Katz, *How Emotions Work* (Chicago: Chicago University Press, 2000), 18–86.

86. *Statistisches Jahrbuch für die Bundesrepublik Deutschland 1953,* 341; *Statistisches Jahrbuch für die Bundesrepublik Deutschland, 1959* (Stuttgart: Kohlhammer, 1959), 315; *Statistisches Jahrbuch für die*

Bundesrepublik Deutschland, 1963, 375. On lobbying, see *Süddeutsche Zeitung,* January 31, 1956; "Nächstes Jahr langsamer."

87. Letters to the editor, *GF,* no. 4, 1952, 29; *GF,* no. 3, 1955, 3. See also "Psychologie des Überholens"; letters to the editor *GF,* no. 8, 1955, 33; *GF,* no. 1, 1957, 6; *GF,* no. 5, 1957, 3.

出口大热卖

1. "The Beetle Does Float," *Sports Illustrated,* August 19, 1963, 58–67.

2. "A Volkswagen Runaway," *Business Week,* April 9, 1955, 140–144; "Volkswagen May Not Be a Big Car," *Popular Mechanics,* October 1956, 155–159, 304–313, esp. 155.

3. C. A. Bayly et al., "AHR Conversation: On Transnational History," *American Historical Review* 111 (2006): 1441–1464, here 1444.

4. Heinrich Nordhoff, "Vortag vor dem neuernannten Beirat am 22. Mai 1951," in *Reden und Aufsätze: Zeugnisse einer Ära* (Düsseldorf: Econ, 1992), 110–118, here 117; Heidrun Edelmann, *Heinz Nordhoff und Volkswagen: Ein deutscher Unternehmer im amerikanischen Jahrhundert* (Göttingen: Vandenhoeck & Ruprecht, 2003), 135–138.

5. Volker Wellhöner, *"Wirtschaftswunder"—Weltmarkt—westdeutscher Fordismus: Der Fall Volkswagen* (Münster: Westfälisches Dampfboot, 1996), 181. Lothar Gall, "Von der Entlassung Alfried Krupp von Bohlen und Halbachs bis zur Errichtung seiner Stiftung, 1951–1967," in *Krupp im 20. Jahrhundert: Die Geschichte des Unternehmens vom Ersten Weltkrieg bis zur Gründung der Stiftung,* ed. Lothar Gall (Berlin: Siedler, 2002), 473–590, here 526.

6. Hans-Ulrich Wehler, *Deutsche Gesellschaftsgeschichte, Fünfter Band: Bundesrepublik Deutschland und DDR 1949–1990* (Munich: Beck, 2008), 52; Nina Grunenberg, *Die Wundertäter: Netzwerke in der deutschen Wirtschaft, 1942–1966* (Berlin: Pantheon, 2007), 148–150; Werner Abelshauser, *Deutsche Wirtschaftgeschichte seit 1945* (Munich: Beck, 2004), 258–262.

7. Wellhöner, *"Wirtschaftswunder,"* 181–182; Markus Lupa, *Das Werk der Briten: Volkswagenwerk und Besatzungsmacht, 1945–1949* (Wolfsburg: Volkswagen, 2005), 72–77; Society of Motor Manufacturers and Traders, *Monthly Statistical Review March 1963* (London: The Society, 1963), 7, 22.

8. James Foreman-Peck, Sue Bowden, and Alan McKinley, *The British Motor Industry* (Manchester: Manchester University Press, 1995), 94; Roy Church, *The Rise and Fall of the British Motor Industry* (Cambridge: Cambridge University Press, 1999), 47.

9. John Ramsden, *Don't Mention the War: The British and the Germans since 1890* (London: Little, Brown, 2006), esp. 212–294. Aaron L. Friedberg, *The Weary Titan: Britain and the Experience of Relative Decline* (Princeton, NJ: Princeton University Press, 1988); Maiken Umbach, "Made in Germany," in *Deutsche Erinnerungsorte: Eine Auswahl,* ed. Etienne François and Hagen Schulze (Munich: Beck, 2005), 244–257.

10. "How Now, Mr. Ostrich," *Autocar,* March 13, 1953, 1; "Foreign Sales," *Autocar,* May 11, 1956, 515. On the sales network, see "Volkswagen Abroad," *Autocar,* August 10, 1951, 937; "Volkswagen Production," *Autocar,* April 9, 1954, 494; "Volkswagen de Luxe Saloon," *Autocar,* March 19, 1954, 401–403; letter to the editor, *Autocar,* May 10, 1957, 660.

11. *Daily Telegraph,* February 1, 1956; *Guardian,* June 27, 1960, 10.

12. *Daily Telegraph,* March 26, 1956; *Daily Telegraph,* February 1, 1956; *Observer,* September 16, 1956, 7.

13. On the lack of adequate vehicles, see letter to the editor, *Autocar,* February 12, 1954, 225; David Kynaston, *Austerity Britain, 1945–1951* (London: Bloomsbury, 2008), 497; "An Assessment of German Competition," *Motor Business,* September 1955, 1–12, esp. 6; *Daily Telegraph,* February 1, 1956.

14. *Daily Mail,* June 25, 1953; *Daily Mail,* November 8, 1954; *Observer,* September 16, 1956; letter to the editor, *Autocar,* May 24, 1957, 724.

15. Edelmann, *Heinz Nordhoff und Volkswagen,* 137. For the figures, see Henry Walter Nelson, *Small Wonder: The Amazing Story of the Volkswagen Beetle* (New York: Little, Brown, 1970), 333; Steven Tolliday, "From 'Beetle Monoculture' to the 'German Model': The Transformation of the Volkswagen, 1967–1991," *Business and Economic History* 24 (1995): 111–132, here 112–113.

16. U.S. Bureau of the Census, *Statistical Abstracts of the United States: 1956* (Washington, DC, 1956), 550. On stamina, see "A Volkswagen Runaway," 141, 144; "Volkswagen May Not," 157, 304, 313; *New York Times,* January 30, 1955, X25; "Herr Tin Lizzie," *Nation,* December 3, 1955, 475–476; "Volkswagen Races 858 Miles," *Popular Science,* September 1956, 145–149, 296–298, 310; "Will Success Spoil Volkswagen?" *Popular Mechanics,* February 1958, 160–184, 254, 282–283, here 254; "Big Forever," *Time,* August 13, 1965, 71; *"Road and Track" on Volkswagen* (Cobham, UK: Brooklands Books 1986), 4–7.

17. "A Volkswagen Runaway," 144; "Volkswagen May Not," 154; "Why People Buy Bugs," *Sales Management,* July 19, 1963, 33–39. On

two-car households, see Sally Clarke, *Trust and Power: Consumers, the Modern Corporation, and the Making of the United States Automobile Market* (Cambridge: Cambridge University Press, 2007), 239; Lizabeth Cohen, *A Consumers' Republic: The Politics of Mass Consumption in Postwar America* (New York: Vintage, 2004), 195; Maggie Walsh, *At Home at the Wheel? The Woman and Her Automobile in the 1950s* (London: British Library, 2007), esp. 3; Maggie Walsh, "Gendering Mobility: Women, Work and Automobility in the United States," *History* 93 (2008): 376–395, esp. 383–387; Tom McCarthy, *Auto Mania: Cars, Consumers, and the Environment* (New Haven, CT: Yale University Press, 2007), 101.

18. "Volkswagen May Not," 154, 155, 159, 306, 313; *New York Times,* January 30, 1955, X25; "Herr Tin Lizzie," 475. On cuteness, see Gary S. Cross, *The Cute and the Cool: Wondrous Innocence and Modern American Children's Culture* (Oxford: Oxford University Press, 2004); Anne Higonnet, *Pictures of Innocence: The History and Crisis of Ideal Childhood* (London: Thames and Hudson, 1998).

19. *New York Times,* January 30, 1955, X25.

20. McCarthy, *Auto Mania,* 101; Clarke, *Trust and Power,* 249; Robert Baldwin, "The Changing Nature of U.S. Trade Policy since World War II," in *The Structure and Evolution of Recent Trade Policy,* ed. Robert E. Baldwin and Anne O. Krueger (Chicago: Chicago University Press, 1984), 5–32, esp. 7–13; Raymond Bauer, *American Business and Public Policy: The Politics of Foreign Trade* (New York: Atherton Press, 1964), 251–264.

21. McCarthy, *Auto Mania,* 99–109; David Gartman, *Auto Opium: A Social History of American Automobile Design* (London: Routledge, 1994), 136–181; Lawrence J. White, *The Automobile Industry since 1945* (Cambridge, MA: Harvard University Press, 1971), 92–176.

22. "The Badness of Bigness," *Consumer Reports,* April 1959, 206–209; "Volkswagen May Not," 159; "Herr Tin Lizzie," 476; letter to the editor, *New York Times Magazine,* October 16, 1955, 6; letter to the editor, *Consumer Reports,* May 1957, 210.

23. Karal Ann Marling, *As Seen on TV: The Visual Culture of Everyday Life in the 1950s* (Cambridge, MA: Harvard University Press, 1994); Andrew Hurley, *Diners, Bowling Alleys, and Trailer Parks: Chasing the American Dream in Postwar Consumer Culture* (New York: Basic Books, 2001); Shelley Nickels, "More Is Better: Mass Consumption, Gender and Class Identity in Postwar America," *American Quarterly* 54 (2002): 581–622; Alison J. Clarke, *Tupperware: The*

Promise of Plastic in 1950s America (Washington, DC: Smithsonian Institution Press, 1999); Daniel Horowitz, *The Anxieties of Affluence: Critiques of American Consumer Culture, 1939–1979* (Amherst: University of Massachusetts Press, 2004), 101–128; Cohen, *Consumers' Republic*, 347–357.

24. *New York Times*, October 20, 1956, 28; letter to the editor, *New York Times Magazine*, October 2, 1955, 4. On the wider phenomenon, see Giles Slade, *Made to Break: Technology and Obsolescence in America* (Cambridge, MA: Harvard University Press, 2006), 151–186.

25. Martin Mayer, *Madison Avenue, U.S.A.* (New York: J. Lane, 1958), 26; Lola Clare Bratten, "Nothin' Could Be Finah: The Dinah Shore Chevy Show," in *Small Screens, Big Ideas: Television in the 1950s*, ed. Janet Thumin (London: I. B. Tauris, 2002), 88–104; Christopher Innes, *Designing Modern America: Broadway to Main Street* (New Haven, CT: Yale University Press, 2005), 120–143, 156–169; Thomas E. Bonsall, *Disaster in Dearborn: The Story of the Edsel* (Stanford, CA: Stanford University Press, 2002).

26. *New York Times*, October 20, 1956, 28; "Volkswagen Runaway," 141; "Volkswagen May Not," 155.

27. Grace Elizabeth Hale, *A Nation of Outsiders: How the White Middle Class Fell in Love with Rebellion in Postwar America* (New York: Oxford University Press, 2011), esp. 13–48; Robert Bruegman, *Sprawl: A Compact History* (Chicago: Chicago University Press, 2005), 121–136; Elaine Tyler May, *Homeward Bound: American Families in the Cold War Era* (New York: Basic Books, 1999 [1988]); "Comeback in the West," *Time*, February 15, 1954, 84–91, esp. 85; "Herr Tin Lizzie," 474; "Not since the Model T," *Forbes*, July 15, 1964, 20–21.

28. Christina von Hodenberg, "Of German Fräuleins, Nazi Werewolves, and Iraqi Insurgents: The American Fascination with Hitler's Last Foray," *Central European History* 41 (2008): 71–92; Petra Goedde, *GIs and Germans: Culture, Gender and Foreign Relations, 1945–1949* (New Haven, CT: Yale University Press, 2003); Geir Lundestad, *The United States and Western Europe since 1945* (Oxford: Oxford University Press, 2005). The following sections follow my line of reasoning in Bernhard Rieger, "From People's Car to New Beetle: The Transatlantic Journeys of the Volkswagen Beetle," *Journal of American History* 97 (2010): 91–115, esp. 96–99.

29. "Germany—Report on a Perplexing People," *New York Times Magazine*, April 3, 1955, 9, 68–71; Charles Thayer, *The Unquiet Ger-*

mans (London: Michael Joseph, 1957), 43, 57–59; "Germany and the West," *Nation,* June 18, 1960, 537–538. On the importance of work, see "Hans Schmidt Lives to Work," *New York Times Magazine,* May 25, 1959, 15, 81–83.

30. "Comeback in the West," 84; "The Volkswagen: A Success Story," *New York Times Magazine,* October 2, 1955, 14, 63–64, esp. 14.

31. "Comeback in the West," 86, 88; *New York Times,* November 16, 1958, F3; "The Volkswagen: A Success Story," 63; "Will Success Spoil Volkswagen?" 180–184.

32. Jeffrey Louis Decker, *Made in America: Self-Styled Success from Horatio Alger to Oprah Winfrey* (Minneapolis: University of Minnesota Press, 1997); David E. Shi, *The Simple Life: Plain Living and High Thinking in American Culture* (Athens: University of Georgia Press, 1985).

33. Peter Novick, *The Holocaust in American Life* (Boston: Houghton Mifflin, 1999), 98; Brian C. Etheridge, "*The Desert Fox,* Memory Diplomacy, and the German Question in Early Cold War America," *Diplomatic History* 32:2 (2008): 207–231, esp. 223–232, 235–236; Shlomo Shafir, *Ambiguous Relations: The Jewish American Community and Germany since 1945* (Detroit: Wayne State University Press, 1999); Hans Koningsberger, "Should a Jew Buy a Volkswagen?" *fact* 2:1 (1965): 40–43.

34. Nelson, *Small Wonder,* 333; Wellhöner, "*Wirtschaftswunder,*" 217; *Advertising Age,* April 18, 1960, 178; *Advertising Age,* October 5, 1959, 28.

35. "Import Revival," *Time,* November 24, 1961, 77–78; Nelson, *Small Wonder,* 349–354; Edelmann, *Heinz Nordhoff und Volkswagen,* 202–203; Dana Frank, *Buy American: The Untold Story of Economic Nationalism* (Boston: Beacon Press, 1999).

36. Robert Jackall and Janice M. Hirota, *Image Makers: Advertising, Public Relations, and the Ethos of Advocacy* (Chicago: Chicago University Press, 2000), 67–89; Thomas Frank, *The Conquest of Cool: Business Culture, Counterculture, and the Rise of Hip Consumerism* (Chicago: Chicago University Press, 1997), 52–73; Daniel Pope and William Toll, "We Tried Harder: Jews in American Advertising," *Jewish American History* 72 (1982): 26–51, esp. 41–50.

37. Nelson, *Small Wonder,* 226–231, esp. 227; *Advertising Age,* March 2, 1959, 3; S. Jonathan Wiesen, "Miracles for Sale: Consumer Displays and Advertising in Postwar West Germany," *Consuming Germany in the Cold War,* ed. David Crew (Oxford: Berg, 2003), 151–178; Unternehmensarchiv Volkswagen AG, Wolfsburg (hereafter UVW),

1850 (Generaldirektion 1958), memo on promotional gifts, December 9, 1957; UVW, 263/394, comment on letter to Heinrich Nordhoff, "Werbung und Verkaufsförderung Inland," April 22, 1963.

38. Bernbach is cited in Nelson, *Small Wonder,* 232. See also his remarks in Dennis Higgins, *The Art of Advertising: Conversations with William Bernbach, Leo Burnett, George Gibson, David Ogilvy, Rosser Reeves* (Chicago: Advertising Publications, 1965), 11–25, esp. 14; *Advertising Age,* March 27, 1961, 87–96.

39. Dan R. Post, *Volkswagen: Nine Lives Later: the Lengthened Shadow of a Good Idea* (Arcadia: Motor Era Books, 1966), 193–197; Nelson, *Small Wonder,* 232–237; Rowsome, *Think Small: The Story of Those Volkswagen Ads,* 71–74; *New York Times,* February 19, 1950, 10; January 25, 1955, 19; January 31, 1958, 9; McCarthy, *Auto Mania,* 88–89.

40. *50 Jahre Volkswagen Werbung: Stern Spezial* (Hamburg: Stern, 2002), 2.

41. Nelson, *Small Wonder,* 234–235; Frank, *Conquest of Cool,* 63.

42. On cool, see Dick Pountain and David Robbins, *Cool Rules: Anatomy of an Attitude* (London: Reaktion, 2000).

43. For the figure, see Nelson, *Small Wonder,* 248.

44. David N. Lucsko, *The Business of Speed: The Hot Rod Industry in America, 1915–1990* (Baltimore: Johns Hopkins University Press, 2008); Robert C. Post, *High Performance: The Culture and Technology of Drag Racing, 1950–1990* (Baltimore: Johns Hopkins University Press, 1994); *"Road and Track" on Volkswagen,* 24–25, 84–85; "Shot Out at the Riverside Corral," *Hot Rod Magazine,* June 1967, 44–47. The car descriptions are from "The Beetle Bomb," *Time,* December 20, 1963, 64; *New York Times,* February 14, 1968, 38; "Bug Is Small, but Oh My!" *Sports Illustrated,* December 12, 1966, 22–23; *New York Times,* December 8, 1968, 6.

45. Nelson, *Small Wonder,* 321; Bob Waar, *Baja-Prepping VW Sedans and Dune Buggies* (Los Altos: H. P. Books, 1970); Gary Gladstone, *Dune Buggies* (Philadelphia: Lippincott, 1972).

46. Michael Mase, telephone interview with author, July 21, 2009. On the van, see Bernd Wiersch, *Der VW Bully: Die Transporter Legende für Leute und Lasten* (Bielefeld: Delius Klasing, 2009); Kirse Granat May, *Golden State, Golden Youth: The California Image in Popular Culture, 1955–1966* (Chapel Hill: University of North Carolina Press, 2002), esp. 74–113; Drew Kampion and Bruce Brown, *A History of Surf Culture* (Cologne: Taschen, 2003), esp. 69–108; Lawrence Culver, *The Frontier of Leisure: Southern California and the*

Shaping of America (Oxford: Oxford University Press, 2010), 170–197; *Small World*, Winter 1963/1964, 3–4; ibid., Fall 1964, 17.

47. Hale, *A Nation of Outsiders*, 84–131, 163–237. For Beetles at Woodstock and at happenings, see "Talk of the Town," *New Yorker*, August 30, 1969, 17–21; *New York Times*, August 13, 1967, 71.

48. Peter Abschwanden, "How I Got the Bug in My Eye," in *My Bug: For Everyone Who Owned, Loved, or Shared a VW Beetle*, ed. Michael J. Rosen (New York: Artisan, 1999), 19–22, here 19; Jean Rosenbaum, *Is Your Volkswagen a Sex Symbol?* (New York: Hawthorn, 1972), 19–20; *Small World*, Fall 1968, 12–13; ibid., Winter 1969, title page, 12–13; ibid., Winter 1970, 12–13.

49. John Muir, *How to Keep Your Volkswagen Alive: A Manual of Step-by-Step Procedures for the Compleat Idiot* (Santa Fe: John Muir, 1990 [1969]), 3.

50. The Beetle's relative technical simplicity worked to this effect, too. See *The Last Whole Earth Catalogue: Access to Tools* (New York: Random House, 1971), 248.

51. Susan Sackett, *The Hollywood Reporter Book of Box Office Hits, 1939 to the Present* (New York: Billboard Books, 1996), 202–204; British Film Institute, London, "The Love Bug," BFI microjacket collection, file *The Love Bug*, Walt Disney Studios, *The Love Bug* press book (Los Angeles, 1969); "The Love Bug," *Variety*, December 11, 1968, 10; BFI microjacket collection, file *The Love Bug*, untitled clipping, *Time*, April 4, 1969; *Hollywood Reporter*, December 9, 1968, 3, 8.

52. "Wunder der Wanze," *Der Spiegel*, May 26, 1965, 119–125, esp. 125; "Käfer-Strategie," *Auto Motor und Sport*, no. 25, 1962, 12–13, here 13; *Hessische Nachrichten*, July 24, 1957; *Schwäbische Landeszeitung*, April 6, 1957; "Die Dinosaurier," *Der Spiegel*, May 28, 1958, 54–55, here 54.

53. *Christ und Welt*, July 19, 1963; *Hannoversche Allgemeine Zeitung*, July 13, 1963. On "German quality work," see Sebastian Conrad, *Globalisierung und Nation im Deutschen Kaiserreich* (Munich: Beck, 2006); Joan Campbell, *Joy in Work, German Work: The National Debate, 1800–1945* (Princeton, NJ: Princeton University Press, 1989).

54. "Mit 30 immer noch ein flotter Käfer," *Quick*, January 22, 1967, 45; Johannes Paulmann, "Deutschland in der Welt: Auswärtige Repräsentation und reflexive Selbstwahrnehmung nach dem 2. Weltkrieg—eine Skizze," in *Koordinaten deutscher Geschichte in der Epoche des Ost-West Konflikts*, ed. Hans-Günther Hockerts (Munich: Oldenbourg, 2004), 63–78; Kay Schiller and Christopher Young, *The*

1972 Munich Olympics and the Making of Modern Germany (Berkeley: University of California Press, 2010), esp. 87–126.

55. Edelmann, *Heinz Nordhoff und Volkswagen,* 137; *Christ und Welt,* July 19, 1963; *Die Zeit,* June 11, 1965.

56. Eckberth von Witzleben, "Des Käfers Schritte: Die Volkswagen-Chronologie," in *Käfer: Der Erfolkswagen; Nutzen—Mythos—Alltag,* ed. Wilhelm Hornbostel und Nils Jockel (Munich: Prestel, 1997), 11–130, here 123; Detlef Siegfried, *Time Is on My Side: Konsum und Politik in der westdeutschen Jugendkultur der 60er Jahre* (Göttingen: Wallstein, 2006), 264–274. For hippie Beetles, see *Das deutsche Auto: Volkswagenwerbung und Volkskultur,* ed. Knuth Hickethier, Wolf Dieter Lützen, and Karin Reiss (Wiesmar: Anabas, 1974), 222–227.

57. "Harte Männer, weiche Muskeln," *Der Spiegel,* September 16, 1964, 108–109; *Werbung in Deutschland: Jahrbuch der deutschen Werbung '64,* ed. Eckard Neumann and Wolfgang Spraug (Düsseldorf: Econ, 1964).

58. "Luft und Luft," *Der Spiegel,* May 2, 1966, 103–104; *Die Welt,* July 8, 1966; *Münchner Merkur,* October 12, 1966.

"甲壳虫汽车已死——甲壳虫汽车永世长存"

1. Unternehmensarchiv Volkswagen, Wolfsburg (hereafter UVW), 373/162,3, minutes, meeting of the executive board, December 12, 1971, 7; "Classic VW Beetle TV Ad: Der Weltmeister!" www.youtube.com/watch?v=Ym0pLJU9R2E (accessed August 17, 2011).

2. Charles Maier, "'Malaise': The Crisis of Capitalism in the 1970s," in *The Shock of the Global: The 1970s in Perspective,* ed. Niall Ferguson et al. (Cambridge, MA: Harvard University Press, 2010), 25–48; Charles Maier, "Two Sorts of Crisis? The 'Long' 1970s in the West and the East," in *Koordinaten deutscher Geschichte in der Epoche des Ost-West-Konflikts,* ed. Hans Günther Hockerts (Munich: Oldenbourg, 2004), 49–62; Martin Geyer, "Rahmenbedingungen: Unsicherheit als Normalität," in *Geschichte der Sozialpolitik in Deutschland seit 1945: Band 6, 1974–1982,* ed. Martin Geyer (Baden-Baden: Nomos, 2008), 1–110; Anselm Doering-Manteuffel and Lutz Raphael, *Nach dem Boom: Perspektiven auf die Zeitgeschichte seit 1970* (Göttingen: Vandenhoeck & Ruprecht, 2008), esp. 34–42; Gerold Ambrosius, "Sektoraler Wandel und internationale Verflechtung: Die bundesdeutsche Wirtschaft im Übergang zu einem neuen Strukturmuster," in *Auf dem Weg in eine andere Moderne? Die Bundesrepublik Deutschland in den siebziger und achtziger Jahren,* ed. Thomas Raitel, Andreas Rödder, and Andreas Wirsching (Munich: Oldenbourg, 2009), 17–30; Konrad H. Jarausch, "Verkannter Strukturwandel: Die siebziger Jahre als

Vorgeschichte der Probleme der Gegenwart," in *Das Ende der Zuversicht? Die siebziger Jahre als Geschichte,* ed. Konrad Jarausch (Göttingen: Vandenhoeck & Ruprecht, 2008), 9–26.

3. Morten Reitmayer and Ruth Rosenberger, "Unternehmen am Ende des 'goldenen Zeitalters': Die 1970er Jahre in unternehmens- und wirtschaftshistorischer Perspektive," in *Unternehmen am Ende des "goldenen Zeitalters": Die 1970er Jahre in unternehmens- und wirtschaftshistorischer Perspektive,* ed. Morten Reitmayer and Ruth Rosenberger (Essen: Klartext, 2008), 9–26; Kim Christian Priemel, "Industrieunternehmen, Strukturwandel und Rezession: Die Krise des Flick-Konzerns in den siebziger Jahren," *Vierteljahrshefte für Zeitgeschichte* 57 (2009): 1–31.

4. "Ist der VW veraltet? Teil I," *Stern,* no. 43, 1957, 52–61; "Ist der VW veraltet? Teil II," ibid., no. 44, 1957, 60–65; Christina von Hodenberg, *Konsens und Krise: Ein Geschichte der westdeutschen Medienöffentlichkeit, 1945–1973* (Göttingen: Wallstein, 2006), 183–186.

5. Letters to the editor, *Stern,* no. 46, 1957, 57; "Ist der VW veraltet?" *Der Spiegel,* September 30, 1959, 40–58; letters to the editor, ibid., October 7, 1959, 3–14.

6. Walter Henry Nelson, *Small Wonder: The Amazing Story of the Volkswagen Beetle* (Boston: Little, Brown, 1970), 349–354; Bernd Wiersch, *Volkswagen Typenkunde, 1945–1974* (Bielefeld: Delius Klasing, 2010), 50–79.

7. Manfred Grieger et al., *Volkswagen Chronik* (Wolfsburg: Volkswagen, 2004), 63, 73; Volkswagenwerk AG, *Bericht über das Geschäftsjahr 1963* (Wolfsburg: Volkswagenwerk, 1964), 10; Volkswagenwerk AG, *Bericht über das Geschäftsjahr 1966* (Wolfsburg: Volkswagenwerk, 1967), 8; Anne von Oswald, "Volkswagen, Wolfsburg und die italienischen 'Gastarbeiter,' 1962–1975," *Archiv für Sozialgeschichte* 42 (2002): 55–79; Roberto Sala, "Vom Fremdarbeiter zum 'Gastarbeiter': Die Anwerbung italienischer Arbeitskräfte für die deutsche Wirtschaft (1938–1973)," *Vierteljahrshefte für Zeitgeschichte* 55 (2007): 93–120; Ulrich Herbert and Karin Hunn, "Guest Workers and Policy on Guest Workers in the Federal Republic: From the Beginning of Recruitment in 1955 until Its Halt in 1973," in *The Miracle Years: A Cultural History of West Germany, 1949–1968,* ed. Hanna Schissler (Princeton, NJ: Princeton University Press, 2001), 187–218.

8. "Die große Jagd beginnt: Opel Kadett," *Auto Motor und Sport* (hereafter *AMS*), no. 18, 1962, 25–28, here 28. See also "Daten und Fahreigenschaften des Opel Kadett," *AMS,* no. 19, 1962, 14–17; "Ford Taunus 12M," *AMS,* no. 22, 1962, 20–25.

9. Steven Tolliday, "From 'Beetle Monoculture' to the 'German Model': The Transformation of Volkswagen, 1967–1991," *Business and Economic History* 24 (1995): 111–132, 112; UVW, 69/530/2, Dokument B. 3358, Strukturverschiebungen auf dem Automobilmarkt.

10. Wiersch, *Volkswagen Typenkunde,* 56–62, 70–75; "VW 1500: Deutschlands Maßhalte-Auto," *Der Spiegel,* October 31, 1962, 70–79; Kurt Lotz, *Lebenserfahrungen: Worüber man in Wirtschaft und Politik auch sprechen sollte* (Düsseldorf: Econ, 1978), 93.

11. UVW, file 69/530/2, Dokument B. 4216, Markenloyalitätsrate.

12. Lotz, *Lebenserfahrungen,* 94; *Kölnische Rundschau,* March 29, 1966.

13. Nelson, *Small Wonder,* 337, 355–356; Tom McCarthy, *Auto Mania: Cars, Consumers, and the Environment* (New Haven, CT: Yale University Press, 2007), 165–175; Jameson M. Wetmore, "Redefining Risks and Redistributing Responsibilities: Building Networks to Increase Automobile Safety," *Science, Technology and Human Values* 29 (2004): 377–405, esp. 382–389; UVW, file 69/722/2, minutes, meeting of the executive board, June 7, 1967, 11.

14. *New York Times,* July 7, 1967, 1; January 12, 1968, 47; April 15, 1966, 20; John W. Garrett and Arthur Stern, *A Study of Volkswagen Accidents in the USA* (Buffalo, NY: Cornell Aeronautical Laboratory, 1968); Center for Auto Safety, *Small—on Safety: The Designed-in Dangers of the Volkswagen* (New York: Grossman, 1972).

15. Quoted in Tolliday, "From 'Beetle Monoculture,'" 113.

16. Werner Conze, *Die Suche nach der Sicherheit: Eine Geschichte der Bundesrepublik Deutschland von 1949 bis zur Gegenwart* (Munich: Siedler, 2009), 362–363; Werner Abelshauser, *Deutsche Wirtschaftsgeschichte seit 1945* (Munich: Beck, 2004), 288–292; Detlef Siegfried, "Prosperität und Krisenangst: Die zögerliche Versöhnung der Bundesbürger mit dem neuen Wohlstand," in *Mit dem Wandel leben: Neuorientierung und Tradition in der Bundesrepublik der 1950er und 60er Jahre,* ed. Friedrich Kießling und Bernhard Rieger (Cologne: Böhlau, 2011), 63–78, esp. 69–72.

17. Grieger et al., *Volkswagen Chronik,* 71, 75; UVW, 69/722/2, minutes, meeting of the executive board, April 6, 1967, 8–9; *Süddeutsche Zeitung,* May 20, 1967; Manfred Grieger, "Der neue Geist im Volkswagenwerk: Produktinnovation, Kapazitätsausbau und Mitbestimmungsmodernisierung, 1968–1976," in Reitmayer and Rosenberger, *Unternehmen am Ende,* 31–66, here 34.

18. UVW, 69/722/2, minutes, meeting of the executive board, November 10, 1967, 8–9.

19. See Grieger, "Der neue Geist," 36–44; Lotz, *Lebenserfahrungen,* esp. 101–109; *Die Zeit,* April 16, 1971; June 25, 1971; *Süddeutsche Zeitung,* September 11, 1971.

20. Grieger et al., *Volkswagen Chronik,* 97.

21. Grieger, "Der neue Geist," 44–54; UVW, 69/730/1, minutes, meeting of the executive board, January 15, 1974, 2; ibid., minutes, meeting of the executive board, January 23, 1974, 3; ibid., minutes, meeting of the executive board, March 11, 1974, 5.

22. *Frankfurter Allgemeine Zeitung,* April 18, 1975; *Die Welt,* April 18, 1975; Deutscher Bundestag, Berlin, Pressedokumentation, file 102–5/10, *Heute* (7 pm edition), transcript, April 15, 1975; *Plusminus,* transcript, April 17, 1975; "Massenentlassungen, Millionenverluste, Managementkrise: Was wird aus VW?" *Der Spiegel,* April 14, 1975, 25–33; *Deutsche Zeitung,* April 18, 1975; *Die Zeit,* April 18, 1975; *Frankfurter Allgemeine Zeitung,* February 8, 1975.

23. "VW—war denn alles falsch?" *Stern,* no. 18, 1975, 170.

24. Jürgen Peter Schmied, *Sebastian Haffner: Eine Biographie* (Munich: Beck, 2010), 407–429.

25. Grieger, "Der neue Geist," 54–64; Tolliday, "From 'Beetle Monoculture,'" 121–123; *Frankfurter Allgemeine Zeitung,* July 8, 1976; *Stuttgarter Zeitung,* July 8, 1976.

26. *General-Anzeiger,* November 8, 1977; *Die Welt,* December 19, 1977.

27. *General Anzeiger,* November 8, 1977; *Frankfurter Rundschau,* December 31, 1977.

28. DDB Information Center, New York City, file corp-Volkswagen, *CBS Evening News with Morton Dean,* transcript, August 26, 1977; *New York Times,* August 21, 1977, 1–2.

29. *Süddeutsche Zeitung,* March 20, 1985; *Neue Ruhr Zeitung,* February 1, 1985; *Hannoversche Allgemeine,* March 26, 1985.

"我心目中的沃奇托"

1. Unternehmensarchiv, Volkswagen AG, Wolfsburg (hereafter UVW), 174/641/2, telex, Helmut Barschkis to Dr. Prinz, November 26, 1971.

2. Alexander Gromow, *Eu amo fusca* (São Paulo: Ripress, 2003); Joel Wolfe, *Autos and Progress: The Brazilian Search for Modernity* (New York: Oxford University Press, 2010).

3. Ryszard Kapuściński, *The Emperor: Downfall of an Autocrat* (London: Penguin, 2006), 12–13, 162; *New York Times,* September 13, 1974, A1, A13.

4. Harm G. Schröter, "Außenwirtschaft im Boom: Direktinvestitionen bundesdeutscher Unternehmen im Ausland, 1950–1975," in *Der Boom 1948–1973: Gesellschaftliche und wirtschaftliche Folgen in der Bundesrepublik Deutschland und in Europa,* ed. Hartmut Kaelble (Opladen: Leske & Budrich, 1992), 82–106; Werner Abelshauser, *Deutsche Wirtschaftsgeschichte seit 1945* (Munich: Beck, 2004); Harold James, *Krupp: Deutsche Legende und globales Unternehmen* (Munich: Beck, 2011).

5. UVW, 174/435/3, note on conversation, January 13, 1965; *El Sol de Puebla,* December 2, 1967.

6. See Claudia Nieke, *Volkswagen am Kap: Internationalisierung und Netzwerke in Südafrika 1950 bis 1966* (Wolfsburg: Volkswagen AG, 2010), 5, 187–193; Ludger Pries, "Volkswagen: Accelerating from a Multinational to a Transnational Automobile Company," in *Globalization or Regionalization of the European Car Industry?* ed. Michel Freyssenet et al. (London: Palgrave Macmillan, 2003), 51–72, esp. 54–55; Frank Wellhöner, *"Wirtschaftswunder"—Weltmarkt—westdeutscher Fordismus: Der Fall Volkswagen* (Münster: Westfälisches Dampfboot, 1996), 259–304.

7. Jeffry A. Frieden, *Global Capitalism: Its Fall and Rise in the Twentieth Century* (New York: Norton, 2006), 303–306; Asociación Nacional de Distribudores de Automóviles, *Aspectos fundamentales de la fabricación y distribución de automóviles y camiones en México* (Mexico City: Arana, 1966), 32–33; Douglas C. Bennett and Kenneth E. Sharpe, *Transnational Corporations versus the State: The Political Economy of the Mexican Auto Industry* (Princeton, NJ: Princeton University Press, 1985), 117–154.

8. Enrique Cárdenas, *La política económica en México, 1950–1994* (Mexico City: El Colegio de México, 1996), 56–85; Elsa M. Gracida, *El desarrolismo: Historia económica de México,* vol. 5 (Mexico City: UNAM, 2004); INEGI, *Estadísticas historicas de México, cuarta edición,* vol. 1 (Aguascalientes: SNC, 2000), 334; Nora Lustig, *Mexico: The Remaking of an Economy* (Washington, DC: Brookings Institution, 1992), 17; Nacional financiera, *La economía Mexicana en cifras 1990: 11a edición* (Mexico City: INEGI, 1990), 47; *Handelsblatt,* September 15, 1969 (special issue, *Mexiko: Ein Wegweiser für den deutschen Geschäftsmann*); *Die Welt,* November 22, 1966.

9. UVW, 174/435/3, minutes of meeting Vorstands-Ausschuß für Tochtergesellschaften im Ausland und Montagewerke, February 12, 1964; UVW, 69/826/2, Situationsbericht der Volkswagen de Mexico, S.A. de C.V., January 1967; UVW, 69/826/2, memorandum by Helmut

Barschkis, Xalostoc, January 5, 1967; Politisches Archiv, Auswärtiges Amt, Berlin (hereafter PA), B65-IIIB4, vol. 181, report, German Embassy Mexico City, March 2, 1964; UVW, 174/640/2, letter, Gustavo Díaz Ordaz to Kurt Lotz, February 18, 1969; UVW, 174/640/2, letter, Helmut Barschkis to Kurt Lotz, July 27, 1970.

10. UVW, 174/435/3, minutes of meeting, Vorstands-Ausschuß für Tochtergesellschaften im Ausland und Montagewerke, August 28, 1963; UVW, 69/826/2, report, Volkswagen de México, February 2, 1968, 2.

11. Gerhard Schreiber, *Una historia sin fin: Volkswagen de México* (Puebla: Volkswagen de México, 1988), 395; UVW, 69/826/2, report, Betriebswirtschaftliche Abteilung, Volkswagen de México, February 2, 1968, 1; UVW, 174/435/3, minutes of meeting, Vorstands-Ausschuß für Tochtergesellschaften im Ausland und Montagewerke, June 22, 1967; UVW, 69/723/1, minutes, meeting of the executive board, November 10, 1967, 11; Archivo, Programa de Industria Automotriz, Benemérita Universidad Autónoma de Puebla (hereafter APIA), database *Sedán en la industria automotriz en México.*

12. Asociación Nacional, *Aspectos fundamentales,* 38, 48; Alonso Aguilar Monteverde and Fernando Carmona, *México: Riqueza y miseria* (Mexico City: Editorial Nuestro Tiempo, 1968); "La invasión de menores," *Automundo,* April 1971, 72–75, 74; UVW, 69/731/1, minutes, meeting of the executive board, August 28, 1973.

13. Schreiber, *Una historia sin fin,* 397; Asociación Mexicana de la Industria Automotriz (hereafter AMIA), *La industria automotriz de México en cifras, edición 1988* (Mexico City: AMIA, 1988), 81; AMIA, *Organo informativo,* vol. 349, December 1994, 4; AMIA, *Organo informativo,* vol. 373, December 1996, 5; Nacional financiera, *La economía Mexicana en cifras 1990,* 47, 100; Miguel Ángel Vite Pérez, *La nueva desigualdad social Mexicana* (Mexico City: Miguel Ángel Porrúa, 2007); Isabel Rueda Peiro, *La creciente desigualdad en México* (Mexico City: UNAM, 2009).

14. Schreiber, *Una historia sin fin,* 80–86; PA, B65-IIIB4, vol. 181, report, German Embassy Mexico, April 26, 1967; Wil Pansters, *Politics and Power in Puebla: The Political History of a Mexican State, 1937–1987* (Amsterdam: CEDLA, 1990), 102–123; UVW, 69/826/2, telex, Helmut Barschkis to Verwaltungsrat Volkswagen AG, April 24, 1967.

15. UVW, 69/826/2, report, Volkswagen de México, February 22, 1968, 2; UVW, 69/731/1, minutes, meeting of the executive board, November 6, 1973.

16. PA, B65-IIIB4, vol. 181, report, German Embassy Mexico, February 19, 1968; car worker A.J., interview by author, Puebla, September

19, 2008; car worker S.L.A.C., interview by author, Puebla, September 27, 2008.

17. Schreiber, *Une historia sin fin,* 396; car worker F.G.L., interview by author, Puebla, September 23, 2008.

18. Car worker E.T.G., interview by author, Puebla, September 20, 2008; Yolanda Montiel, *Proceso de trabajo, acción sindical y nuevas tecnologías en Volkswagen de México* (Mexico City: Colección Miguel Othón, 1991), 97; car worker C.C.P.O., interview by author, Puebla, September 23, 2008; car worker F.G., interview by author, Puebla, September 20, 2008; A.J., interview.

19. *El Sol de Puebla,* December 20, 1967, 1–2; F.G., interview; A.J., interview.

20. A.J., interview; car worker J.D.D., interview by author, September 23, 2008; F.G., interview; J.D.D., interview.

21. Montiel, *Proceso de trabajo,* 48, 57, 60–61; J.D.D., interview; APIA, *Contracto colectivo de trabajo Volkswagen de México,* 1976, 29.

22. Huberto Juárez Núñez, "Global Production and Worker Response: The Struggle at Volkswagen," *Working USA* 9 (2006), 7–28; Steven J. Bachelor, "Toiling for the 'New Invaders': Autoworkers, Transnational Corporations, and Working-Class Culture in Mexico City, 1955–1968," in *Fragments of a Golden Age: The Politics of Culture in Mexico since 1940,* ed. Gilbert Joseph, Anne Rubinstein, and Eric Zolov (Durham, NC: Duke University Press, 2001), 273–326, esp. 287–291; Montiel, *Proceso de trabajo,* 249.

23. Kevin J. Middlebrook, "Democratization in the Mexican Car Industry: A Reappraisal," *Latin American Research Review* 24:2 (1989), 69–93; Elena Poniatowska, *La noche de Tlatelolco* (Mexico City: Biblioteca Era, 1998); Pansters, *Politics and Power in Puebla,* 125–128; Yolanda Montiel, *Breve historia del sindicato independiente de Volkswagen de México* (Mexico City: Fundación Friedrich Ebert, 2007), 19.

24. Montiel, *Proceso de trabajo,* 82, 170–178; Schreiber, *Una historia sin fin,* 126.

25. José Luis Ávila, *La era neoliberal: Historia económica de México,* vol. 6 (Mexico City: UNAM, 2006), 280; *El Sol de Puebla,* August 7, 1978, 1, 10; *La Jornada,* July 1, 1987, 11; *La Jornada,* July 3, 1987, 13; *tageszeitung,* August 12, 1987; *tageszeitung,* August 11, 1987.

26. *La Jornada,* August 12, 1987, 10, 32; *El Sol de Puebla,* August 12, 1987, 1, 10; *La Jornada,* August 6, 1987, 10, 32; August 12, 1987; *El Sol de Puebla,* August 6, 1987, 1, 10; August 12, 1987, 1, 3.

27. *La Jornada,* August 12, 1987, 11. See also *La Jornada,* August 27, 1987, 1.

28. Pries, "Volkswagen: Accelerating from a Multinational," 56–62; Juárez, "Global Production," 11–12; Hans-Ludger Pries, "Globalisierung und Wandel internationaler Unternehmen: Konzeptionelle Überlegungen am Beispiel der deutschen Automobilkonzerne," *Kölner Zeitschrift für Soziologie und Sozialpsychologie* 52 (2000): 670–695.

29. *La Jornada,* August 13, 1992, 23, 56; August 12, 1992, 1, 14; Huberto Juárez Núñez, "La impunidad empresarial y nuevas relaciones de trabajo en VW, 1992," *Trabajo y democracia hoy: Número 64, edición especial* (2001): 130; Rainer Dombois and Hans-Ludger Pries, *Neue Arbeitsregimes im Transformationsprozeß Lateinamerikas: Arbeitsbeziehungen zwischen Markt und Staat* (Münster: Westfälisches Dampfboot, 1999), 115–121.

30. On VW's position, see *La Jornada,* July 27, 1992, 44, 14; Schreiber, *Una historia sin fin,* 395; AMIA, *Organo informativo,* vol. 443, December 2001, 7; Juárez, "Global Production," 14.

31. *tageszeitung,* August 21, 1992; *Frankfurter Rundschau,* July 30, 1992; *Frankfurter Allgemeine Zeitung,* July 30, 1992; *Süddeutsche Zeitung,* August 3, 1992; *Tagesspiegel,* November 25, 1992; *Frankfurter Allgemeine Zeitung,* November 23, 1992; *Welt am Sonntag,* November 22, 1992.

32. Asociación Nacional, *Aspectos fundamentales,* 48; UVW, 174/435/3, minutes, conversation between Octaviano Campos Salas and Otto Höhne, n.d.

33. Dennis Gilbert, *Mexico's Middle Class in the Neoliberal Era* (Tucson: University of Arizona Press, 2007), 12, 29; "La invasión de menores," 74–75; Asociación Nacional, *Aspectos fundamentales,* 38.

34. Gilbert, *Mexico's Middle Class,* 38–40; Salvador de Lara Rangel, "El impacto económico de la crisis sobre la clase media," in *Las clases medias en la conyuntura actual,* ed. Soledad Loanza and Claudio Stern (Mexico City: El Colegio de México, 1987), 29–49; Huberto Juárez Núñez, "Ahora sí, auto para los pobres," *Crítica: Revista de la Universidad Autónoma de Puebla* 41/42 (1990): 67–69.

35. *Publicidad Mexicana: Su historia, sus instituciónes, sus hombres,* ed. José A. Villamil Diarte (Mexico City: Demoscopia, 1971), 237; *Automundo,* December 1970, 47; Jeffrey M. Pilcher, "Mexico's Pepsi Challenge: Traditional Cooking, Mass Consumption, and National Identity," in Joseph, Rubinstein, and Zolov, *Fragments of a Golden Age,* 71–90, esp. 81.

36. *El Sol de Puebla,* September 13, 1980, 1, 2, 8; "Somos exportadores," *Automundo,* June 1971, 14.

37. *El Sol de Puebla,* October 19, 1990, 1, 6.

38. *Automundo,* August 1977, 43; Jeffrey Pilcher, *¡Que vivan los tamales! Food and the Making of Mexican Identity* (Albuquerque: University of New Mexico Press, 1998), 130, 139–141.

39. J.D.D., interview; C.C.P.O., interview.

40. E.T.G., interview; F.G., interview; conversation of author with street food vendor, Calle Rio Lerma, Mexico City, September 13, 2008.

41. Schreiber, *Una historia sin fin,* 345–377. "¿Es mi mama un Volkswagen?" *Automundo,* May 1971, 46; A.J., interview; F.G., interview; E.T.G., interview.

42. Car worker C.G.L., interview by author, Puebla, September 23, 2008. The joke as told by Huberto Juárez Núñez, Puebla, September 22, 2008.

43. John Mason Hart, *Empire and Revolution: The Americans in Mexico since the Civil War* (Berkeley: University of California Press, 2002); Julio Moreno, *Yankee Don't Go Home! Mexican Nationalism, American Business Culture, and the Shaping of Modern Mexico, 1920–1950* (Chapel Hill: University of North Carolina Press, 2003); Stephen D. Morris, *Gringolandia: Mexican Identity and the Perception of the United States* (Lanham, MD: Rowman & Littlefield, 2005), 215–242.

44. Pierre Nora, *Les lieux de memoire,* 7 vols. (Paris: Gallimard, 1984–1992).

45. Distrust of the country's small workshops informs Gerardo Salgado Fonseca, *Cómo reparar su Volkswagen* (Mexico City: Editores Mexicanos Unidos, 1988), 7; conversation between F.G. and Huberto Juárez Núñez, Puebla, September 20, 2008; conversation between J.D.D. and C.C.P.O., Puebla, September 23, 2008.

46. Conversation between Huberto Juárez Núñez and A.J., Puebla, September 19, 2008; C.C.P.O., interview; A.J., interview.

47. S.L.A.C., interview.

48. Conversation with tour guide during factory tour, Puebla, October 1, 2008; E.T.G., interview; *Reforma,* September 20, 2008, sección automotriz, 18.

49. Francis Alys, *Rehearsal I* (*Ensayo I*) (1999), exhibited at *Francis Alys: A Story of Deception,* Tate Modern, London, June 15–September 5, 2010.

新旧甲壳虫汽车

1. *Mad Men,* "Ladies Man," first aired on AMC, July 26, 2007.

2. Frank Witzel, Klaus Walter, and Thomas Meinecke, *Die Bundesrepublik Deutschland* (Hamburg: Nautilus, 2009); "Episode 1," Disc 1, *Life on Mars,* directed by Bharat Nalluri (London: Kudos Film, 2006).

3. Steven M. Gelber, *Hobbies: Leisure and the Culture of Work in America* (New York: Columbia University Press, 1999), 139; Wolfgang Hardtwig, *Verlust der Geschichte—oder wie unterhaltsam ist die Vergangenheit?* (Berlin: Vergangenheitsverlag, 2010).

4. M. Santoro, "Das große Krabbeln," *Gute Fahrt,* no. 6, 2010, 73–76, here 76; Brett Hawksbee, *Bug Jam and All That* (n.p.: Sane VA Publications, 2007), 11; "Bugjam VW Festival," www.bugjam.co.uk (accessed August 29, 2011).

5. "Vintage Volkswagen Club of America," www.vvwca.com/aboutus (accessed August 29, 2011); Michael Mößlang, "Die Anfänge," *Der Käfer,* 3, 1985, 23–27.

6. Questionnaire 2, distributed at London Volksfest, North Weald Airfield, August 1, 2004.

7. On a proper motorized subculture, see Dick Hebdige, "Object as Image: The Italian Scooter Style," in *Hiding in the Light* (London: Routledge, 1988), 77–115.

8. Questionnaire 1, distributed at London Volksfest, North Weald Airfield, August 1, 2004; questionnaire 3, distributed at London Volksfest, North Weald Airfield, August 1, 2004; questionnaire 7, distributed at London Volksfest, North Weald Airfield, August 1, 2004.

9. Classifieds, *VolksWorld,* March 2006, 102; Frank Weigl, interview by author, Nuremberg, July 24, 2011; Gisela Feldner, interview by author, Nuremberg, July 24, 2011; A.J., interview by author, Puebla, September 19, 2008.

10. Questionnaire 3, distributed at Steintribünentreffen, Nuremberg, July 24, 2011; questionnaire 3, Nuremberg, 3; questionnaire 5, distributed at Steintribünentreffen, Nuremberg, July 24, 2011; Klaus Jahn, interview by author, Nuremberg, July 24, 2011.

11. Questionnaire 2, Nuremberg; questionnaire 1, Nuremberg; questionnaire 3, distributed at London Volksfest, North Weald Airfield, August 1, 2004; questionnaire 5, distributed at London Volksfest, North Weald Airfield, August 1, 2004.

12. Questionnaire 3, North Weald Airfield; Volker Petz, interview by author, Nuremberg, July 24, 2011; Joe Hughes, personal communication to author, Middletown, CT, March 27, 2008.

13. Interview with anonymous VW enthusiast, Nuremberg, July 24, 2011.

14. Keith Seume, *The Story of the California Look VW* (Beaworthy: Herridge and Sons, 2008), 23; David N. Lucsko, *The Business of Speed: The Hot Rod Industry in America, 1915–1990* (Baltimore: Johns Hopkins University Press, 2008), 85–102.

15. Paul Wager, *Beetlemania* (London: Grange Books, 1995), 44. See also Alessandro Pasi, *The Beetle: A History and a Celebration* (London: Aurum Press, 2000), 97–105; Susan Sontag, "Notes on Camp," in *Against Interpretation and Other Essays* (London: Penguin, 2009), 275–292, esp. 275, 281; Christopher Breward, "The Uses of 'Notes on Camp,'" in *Postmodernism: Style and Subversion, 1970–1990,* ed. Glenn Adamson and Jane Pavitt (London: V&A Publishing, 2011), 166–169.

16. Rich Kimball, "The Restoration of a Driver," *Dune Buggies and Hot VWs,* March 1986, 84–87, here 87; Steve Mierz, "The Real Deal," *VW Autoist,* January/February 1998, 6–9, here 7.

17. Santoro, "Das große Krabbeln," 74; questionnaire 7, distributed at London Volksfest, North Weald Airfield, August, 1, 2004.

18. Steven Biel, *Down with the Old Canoe: A Cultural History of the Titanic Disaster* (New York: Norton, 1996), 189–190; Gelber, *Hobbies,* esp. 23–56.

19. Weigl, interview; Bjarne Erik Roscher, interview by author, Nuremberg, July 24, 2011; Anonymous, interview by author, Nuremberg, July 24, 2011; Randy O. Frost and Gail Steketee, *Stuff: Compulsive Hoarding and the Meaning of Things* (Boston: Mariner Books, 2010), esp. 44–51; Daniel Miller, *The Comfort of Things* (London: Polity, 2008).

20. Questionnaire 9, North Weald; Weigl, interview; questionnaire 1, distributed at Steintribünentreffen, Nuremberg, July 24, 2011; questionnaire 3, Nuremberg; questionnaire 2, Nuremberg.

21. Sventlana Boym, *The Future of Nostalgia* (New York: Norton, 2001), 49–55.

22. Questionnaire 4, North Weald; questionnaire 5, North Weald; questionnaire 6, North Weald; questionnaire 3, North Weald; program, distributed at Steintribünentreffen, Nuremberg, July 24, 2011.

23. Roscher, interview; "Blitzkrieg Racing," http://blitzkriegracing.com (accessed September 3, 2011); "Welcome to the DKP Website," www.dkpcarclub.com/ (accessed September 3, 2011).

24. Questionnaire 2, Nuremberg; questionnaire 9, North Weald; Weigl, interview.

25. Wolfgang Klebe, "Im Sog der Beatles: Sigrid und ihr schwarzer VW," in *Mein erstes Auto: Erinnerungen und Geschichten,* ed. Franz-Josef Oller (Frankfurt: Fischer, 1999), 142–144, here 144; Christoph Stölzl, "Er läuft nicht mehr," *Die Zeit,* June 26, 2003, 47–48, here 47; Weigl, interview.

26. Cited in *Die Welt,* January 13, 1992.

27. David Kiley, *Getting the Bugs Out: The Rise, Fall, and Comeback of Volkswagen in America* (New York: Wiley, 2002), 114–149.

28. Ludger Pries, "Volkswagen: Accelerating from a Multinational to a Transnational Automobile Company," in *Globalization or Regionalization of the European Car Industry?* ed. Michel Freyssenet et al. (London: Palgrave Macmillan, 2003), 51–72; Ludger Pries, "Globalisierung und Wandel internationaler Unternehmen," *Kölner Zeitschrift für Soziologie und Sozialpsychologie* 52 (2000): 670–695.

29. James Mays, quoted in Matt de Lorenzo, *The New Beetle* (Osceola, WI: MBI Publishing, 1998), 23, 35; *Philadelphia Daily News,* March 30, 1998, local section, 5; Florian Illies, *Generation Golf: Eine Inspektion* (Berlin: Fischer, 2000).

30. Kiley, *Getting the Bugs Out,* 15–17.

31. "What a Concept," *VW-Autoist,* March/April 1994, 6–7, here 7; John Lamm, "Show Time," *Road and Track,* April 1994, 92; *Chicago Tribune,* February 13, 1994, transportation section, 1.

32. Pries, "Volkswagen," 63–64; Pries, "Globalisierung und Wandel internationaler Unternehmen," 673; *Wall Street Journal,* October 26, 1995, A4; A.J., interview.

33. See Tom Janiszewski, "Dawn of a New Era," *VW-Autoist,* March/April 1998, 6–11, here 8, 10; Bill Vlasic, "Still Groovy after All These Years," *Business Week,* January 12, 1998, 46; *New York Times,* January 11, 1998, C4.

34. Matt DeLorenzo, "The New Beetle," *Road and Track,* April 1998, 76–78, here 78; Matt Stone, "The Beetles: Yesterday and Today," *Motor Trend,* July 1998, 81–88, esp. 85; DeLorenzo, "New Beetle," 88–90.

35. DeLorenzo, "New Beetle," 77; Stone, "Beetles," 85; *New York Times,* March 22, 1998, B4; Kiley, *Getting the Bugs Out,* 239; *Ward's Automotive Yearbook 1999* (Southfield, MI: Ward's Communications, 1999), 276; *Ward's Automotive Yearbook 2001* (Southfield, MI: Ward's Communications, 2001), 271.

36. Dan Quelette, *The Volkswagen Bug Book: A Celebration of Beetle Culture* (Santa Monica, CA: Angel City Press, 1999), 19; *Philadelphia Daily News,* March 30, 1998, local section, 5.

37. Kiley, *Getting the Bugs Out,* 195–197. On retro-chic, see Raphael Samuel, *Theatres of Memory* (London: Verso, 1994), 83; Elizabeth E. Guffey, *Retro: The Culture of Revival* (London: Reaktion Press, 2006), esp. 17; "The Nostalgia Boom," *Business Week,* March 23, 1998, 58–64, esp. 60–62; "New Legs for a Bug," *Newsweek,* January 12, 1998, 46–48.

38. *New York Times,* January 11, 1998, C2; Quelette, *Volkswagen Bug Book,* 15.

39. "New Legs for a Bug"; *New York Times,* March 13, 1998, B6; *Advertising Age,* April 1, 1998, 26.

40. "Nostalgia Boom," 59–61; *New York Times,* January 11, 1998, C2; Jean-François Lyotard, *The Postmodern Condition: A Report on Knowledge* (Minneapolis: University of Minnesota Press, 1993), xxiv. The term "yuppie guilt" is from *New York Times,* January 11, 1998, C2.

41. *Automotive News,* January 19, 1998, 12; *Washington Post,* March 13, 1998, C1.

42. *New York Times,* June 13, 1998, A5; *New York Times,* September 1, 1998, A9; Constantin Goschler, *Schuld und Schulden: Die Politik der Wiedergutmachung für NS-Verfolgte seit 1945* (Göttingen: Wallstein, 2008), 413–450.

43. See *New York Times,* July 8, 1998, A1; Susanne-Sophia Spiliotis, *Verantwortung und Rechtsfrieden: Die Stiftungsinitiative der deutschen Wirtschaft* (Frankfurt: Fischer, 2003).

44. Gerald Posner, "VW Day," *New York Times Magazine,* October 4, 1998, 128; letter to the editor, *New York Times Magazine,* October 25, 1998, 6.

45. *Berliner Zeitung,* November 4, 1998, section Auto & Straße; *tageszeitung,* November 27, 1998, 8.

后记：大众甲壳虫汽车——全球的标志

1. Horst Köhler, "Die Ordnung der Freiheit," speech delivered on March 15, 2005, www.bundespraesident.de/SharedDocs/Reden/DE/Horst-Koehler/Reden/2005/03/20050315_Rede.html (accessed January 2, 2012).

2. Harvey Molotch, *Where Stuff Comes From* (New York: Routledge, 2003), esp. 161–193; Mark Pendergrast, *For God, Country and Coca-Cola* (New York: Basic Books, 2000); James L. Watson, ed., *Golden Arches East: McDonald's in East Asia* (Palo Alto, CA: Stanford University Press, 1998); Rob Kroes, "American Empire and Cultural Imperialism: A View from the Receiving End," in *Rethinking American History in a Global Age,* ed. Thomas Bender (Berkeley: University of California Press, 2002), 295–313.

3. Priscilla Parkhurst Ferguson, *Accounting for Taste: The Triumph of French Cuisine* (Chicago: Chicago University Press, 2004); Vanessa Schwartz, *It's So French: Hollywood, Paris, and the Making of Cosmopolitan Film Culture* (Chicago: Chicago University Press, 2007); Emilio

Ambasz, ed., *Italy: The New Domestic Landscape; Achievements and Problems of Italian Design* (New York: New York Graphic Society, 1972); Laura E. Cooper and B. Lee Cooper, "The Pendulum of Cultural Imperialism: Popular Music Interchanges between the United States and Britain, 1943–1967," *Journal of Popular Culture* 27 (1993): 61–78.

致　谢

“在研究昆虫学吗?”我回答了同事一个关于我在做什么的问题后,他有点怀疑地问我。不,我向他保证,我不是在研究甲壳虫昆虫,那只是一种甲壳虫,尽管这个物种非常特殊。

许多机构和人们为我追随大众汽车的起源和发展历程助了一臂之力。历史学家没有钱将一事无成,为此我满怀感激之情向英国科学院和人文科学研究委员会为我提供的财政支持致以谢忱,感谢他们资助了我的档案之旅,也使我摆脱了一些教学义务。当我申请这些补助金时,亨利·布伦斯、海伦·马修斯和尼古拉·米勒为我提供了重要的指导。

如果没有我访问过的图书馆和档案馆工作人员的专业知识,甲壳虫汽车在世界各地留下的许多痕迹势必会与我擦肩而过。我非常感谢联邦新闻办公室和柏林联邦议院的报业档案馆、柏林外交部的政治档案馆、柏林和慕尼黑的政治档案馆、当代历史研究所和城市陈列馆、沃尔夫斯堡、国会图书馆、马里兰大学图书馆、费城免费图书馆、墨西哥纳西科国家图书馆、海默特克·普埃布拉和克佑区国家档案馆的专业人员。感谢赫尔穆斯·特里施勒一再放宽德国慕尼黑穆塞姆博物馆的准入条件。这里特别需要感谢的是沃尔夫斯堡的大众公司的档案馆的古兹曼和曼弗雷德·格里格。除了书面文字外,对那些我采访过和对他们作过调查的人们一并致以深切的感激,感谢他们为我打开了大量原本不可能获得的信息之门。

在展开我的想法之时,我有幸在伦敦、剑桥、纽卡斯尔、布赖顿、维也纳、慕尼黑、图宾根、埃朗根、东兰辛、米德尔顿(康涅狄格州)和墨西哥城的研讨会和会议上讨论了我的想法。尤其令人高兴的是,我曾与一些仁人志士们交谈过,他们是阿奇姆、海蒂·巴德、莫里茨·巴斯勒、沃克尔、伯格翰,迈克尔·伯克维茨、克斯廷·布鲁克维、简·卡普兰、马丁·J. 道顿、安瑟尔姆·多林·曼特弗尔、杰夫·埃利、塞思·费恩、杰里·加西亚,马丁·盖尔、克里斯蒂娜·冯·霍登堡、玛丽莎·克恩、伊桑·克莱因伯格、弗里德·基林、丹尼尔·拉夸、彼得·曼德勒、埃卡德·米歇尔、斯蒂芬·莫特勒、霍尔格·内林、奥汉内斯·保尔曼、帕特里斯·波图斯、彼得·施罗德、刘易斯·西格尔鲍姆、德特勒夫·西格弗里德、本·史密斯、玛蒂娜斯·蒂伯、埃利奥特·韦斯和托马斯·西拉。感谢匿名读者对我的手稿提出了建设性的意见。哈佛大学出版社的布莱恩·迪斯泰尔伯格以垂范的效率处理了我的问题。就像在我之前的许多历史学家一样,我对乔伊斯·萨尔茨敏锐的编辑眼光赞不绝口。我在墨西哥遇到的热情好客是我在这个项目中最受鼓舞的经历之一。感谢朱利奥·卡斯特拉诺斯·埃利亚斯、路易斯·安东尼奥·拉姆雷斯,尤其是哈伯托·朱雷兹·恩雷兹,如果没有他,关于墨西哥这一章将更变得更加贫瘠。

丽兹·布特纳从设计阶段就开始参与这个项目,她很高兴能在后视镜中看到甲壳虫汽车。她那爱的鼓励,她那充满了智慧的陪伴,以及她能看到事情有趣一面的天赋,一直都是我的主要推动力。

在此，我谨以此书致我的母亲和我父亲的记忆——两位甲壳虫汽车的驾驶者。